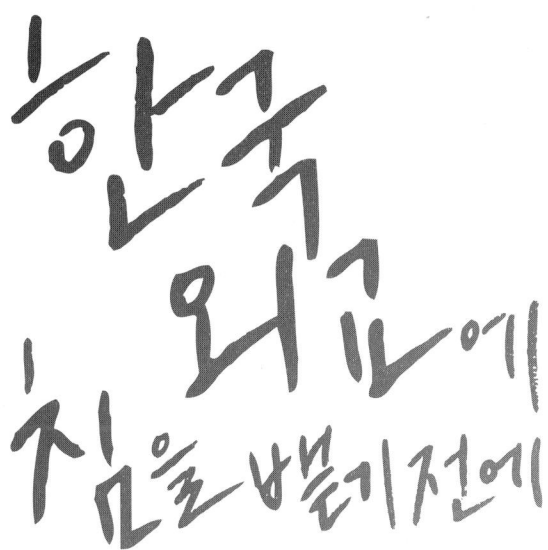

유현석 지음

외교의 이해와 한국 외교의 성찰

차례

서 장 무지, 오해, 편견에서 한국 외교를 구해야 하는 이유   7

프롤로그 외알못을 위한 외교 기초

외교는 무엇인가 16
외교의 속성: 외교에서 100 대 빵의 승리는 없다 20
외교만의 독특한 수행 방식들 24

제1부 외교를 만나다

제1장 외교라는 전쟁의 전사들, 외교관   31
바바리코트 입지 마라!: 외교관에 대한 편견들 32
외교관, 정말 내 세금으로 놀고먹는가? 38
외교관은 공인된 스파이인가?: 외교관의 정보수집 활동 47
외교관 여권을 받은 BTS, 면책특권을 갖게 된다?: 외교관 여권과 면책특권 54
파티와 외교관: 부러우면 니가 가라 58
외교관 면책특권, 요술 지팡이가 아니다 64
영화 〈모가디슈〉 속의 외교관들, 외교관은 얼마나 위험한 직업인가? 69
외교관이 누리는 10가지 혜택? 75
직업으로서의 외교관: 외교관은 좋은 직업인가? 82
그냥 공무원이 되어가는 외교관들: 외교관의 관료화 91

제2장 외교의 야전 지휘부, 대사관 그리고 대사   97
재외공관은 어떻게 활동하는가? 98
대사관은 치외법권 지역: 위키리크스 설립자 줄리안 어산지의 사례 108
대사관과 대사관저는 안전한가?: 대사관 보안에 관한 이야기들 112
대사관은 21세기에도 살아남을 것인가?: 살아남기 위한 대사관의 변신 118
대사 차량에 태극기를 달기까지: 대사가 되는 복잡한 과정 126
대사라고 다 같은 대사는 아니다: 대사의 종류 133

아니 그 사람이 왜 거기서 나와?: 말도 많고 탈도 많은 특임대사 138
좋은 대사의 자질 145
외교관의 꽃, 대사: 화려함 뒤의 그늘 157
정장을 벗어 던지고 사이클링복을 입는 대사: 변화하는 대사의 역할 162
대사 부인도 명함이 있다: 대사 부인의 역할 168

제3장 외교의 실제 엿보기 176

외교는 어떻게 이루어지는가: 2021년 이란의 한국 선박 나포를 둘러싼 외교 사례 175
국익을 위한 외교 전쟁: 다자외교의 현장 184
외교 의전: 예절 이상의 외교 행위 193
대통령은 최상의 외교관(물론 잘만 한다면…) 203
당신을 VVIP로 모십니다!: 미국의 대통령 별장 정상외교 209
정상회담은 만능인가?: 정상회담의 성공과 실패 216
아그레망과 외교관계 I: 한일 갈등과 강창일 주일대사에 대한 아그레망 226
아그레망과 외교관계 II: 미국의 우리 대사 내정자 거부가 내정간섭? 230
왜 돈 스파이크는 나이로비에 나타났을까?: 다시 주목받는 공공외교 234
외교에서 국민의 역할: 문재인 정부의 '국민외교'에 대해 243
국민과 외교부의 접점, 영사 서비스 250

제2부 대한민국 외교와 외교부의 제자리 찾기

제1장 한국 외교 왜 위기인가? 267
1. 청와대를 중심으로 이루어지는 한국 외교 269
2. 국내 정치에 휘둘리는 한국 외교 273
3. 외교가 중요한 나라의 열악한 외교 인프라 276
4. 외교 주무 부처 외교부의 위기 281

제2장 외교부의 위기는 어떻게 해결할 것인가? 285
1. '청와대 왕국' 한국에서 외교부는 무엇을 해야 하는가?: 외교부의 정체성 만들기 286
2. 넥타이를 풀고 현장으로: 외교관들의 관료화를 막아라 289
3. 아랍어 잘하는 한국 외교관은 없는가?: 외교부 역량 강화를 위한 인사 및 평가 제도 개혁 293
4. 외교관, 꼭 시험으로 뽑아야 하나?: 다양성을 가진 인재들로 채워진 외교부 만들기 295

제3부 한국 외교의 핵심 현안과 해법

제1장 미·중 대결 시대, 한국의 외교적 선택   301
    1. 신냉전으로 접어든 미·중관계 302
    2. 미·중 대결 시대가 한국에 주는 도전 307
    3. 신냉전 시대와 한국의 외교 전략 314

제2장 북핵, 북한 문제의 극복을 위한 한국의 외교정책   323
    1. 한국 외교에서 북한 문제와 북핵 문제 324
    2. 북한, 북핵 문제에 대한 한국과 미국의 역할과 과제 325
    3. 북한 핵에 대한 한국의 군사적 대응 전략: 3축 체계, 전술핵, 핵 공유 프로그램 330

제3장 한미관계의 도전에 대한 대응   335
    1. 미·중 갈등과 한국의 선택 337
    2. 미국 국내 정치적 요인에서 오는 도전 338
    3. 미국의 동북아 전략과 한일 갈등의 문제 339
    4. 한미동맹이 처한 도전들과 해법 343

제4장 한일관계의 수렁에서 벗어나기   353
    1. 한일관계: 어떻게 여기까지 왔는가? 354
    2. 위안부와 징용자 배상 문제와 한일관계의 파국 359
    3. 한일관계, 어떻게 풀어야 하나? 367

제5장 변화된 중국에 대응하는 한중관계 모색   379
    1. 한중관계의 현황 380
    2. 중국 전랑(戰狼)외교 시대의 한중관계의 현안 383
    3. 건강한 한중관계를 위한 한국의 외교전략 391

에필로그 국력에 걸맞은 21세기 한국 외교를 위해

    1. 스마트한 외교 포트폴리오가 필요하다 398
    2. 한국만의 외교 브랜드가 필요한 때가 왔다 401
    3. 국제 질서의 수용국에서 국제 질서 창출의 주역으로 405
    4. 지역외교 강화를 통한 동아시아 핵심 국가의 위상 만들기 407

Understanding Diplomacy and
Contemplating Korea's Diplomacy

서장

무지, 오해, 편견에서
한국 외교를 구해야 하는 이유

지금은 '악플의 전성시대'이다. 소셜미디어의 댓글 창에는 비난과 분노 그리고 억지성 흠집 내기가 넘쳐난다. 이런 글들의 공통점이 있다. 사안의 내용에 밝지 못하며, 편견이 깔려 있고 잘못된 정보에 부화뇌동하며 감정적 분노가 깔려 있다. 여기에다 이상하게 다른 견해는 찾아볼 수 없고 집단 광기가 발동하는 듯한 '다구리' 현상이 나타난다. 이 책의 주제인 외교, 특히 한국의 외교도 이 저주의 굿판의 단골 제물이다.

대한민국의 외교는 언제부터인지 분노 그리고 조롱의 대상이 되었다. 외교나 외교부에 관련한 긍정적 기사나 외교 관련 기사의 댓글에서 '선플'을 찾는 짓은 스크롤 낭비이다. 이러한 '외교 동네북' 현상에 대한 나의 진단은 간단하다. 외교는 일반인들이 잘 알기 어려운 분야이기 때문이다. 외교는 마치 국내 정치처럼 모두가 다 잘 안다고 생각하지만 사실은 제대로 알기 어려우며, 잘못된 정보와 편견, 오해가 뒤범벅되어 있으면서도 아무도 정확한 사실을 알고 싶어 하지 않는 분야이다. 여기에 보통 사람들보다 많은 정보를 갖고 있는 정치인, 기자 등 여론 주도층도 이 무지의 잔치에 뛰어들어 판을 더 어지럽힌다. 상황이 이러한데 보통 사람들이 도대체 어떻게 외교에 관한 올바른 정보를 얻고 합리적인 판단을 할 수 있겠는가?

대학에서 외교 관련 과목들을 가르치고 연구하는 학자로서 그리고 잠시나마 외교 현장에서 일했던 내 눈에 한국 외교는 애처롭기 그지없다. 외교가 너무나 중요한 지정학적 환경에 있는 나라에서 우리 외교 그리고 외교의 주무 부서 외교부는 국민의 사랑이나 지지를 받지 못한다. 국민들의 질타를 받아야 마땅한 잘못들이 없다는 말이 아니다. 기본적으로 외교의 중요성을 알고 "차선이 최선"인 외교에 임하는 사람들의 어려움을 알아주는 사람들이 없다는 말이다. 극적 재미를 위해 사실과 동떨어진 내용으로 만든 영화 한 편을 마치 다큐멘터리라도 되는 듯 우리 외교를 도매금으로 매도하는 근거로 삼는 현실은 기본적으로 외교에 대한 관심도 이해도 애정도 없기 때문이다. 이런 상황에서 잊을 만하면 등장하는 외교관들의 비리, 성범죄, 파렴치한 행동들은 외교와 외교부에 대한 불신과 분노를 더 악화시킨다. 부처 구성원들의 범죄, 일탈이라는 측면에서 외교부가 다른 정부 부처에 비해 특별히 더 심한 것은 아니라는 사실은 외교부에 별 도움이 되지는 않는다.

국민 거의 모두가 해외여행객인 대한민국에서 해외에서 어려운 일을 당한 여행객에 대한 현지 외교관의 무뚝뚝한 응대, 만족스럽지 못한 일 처리에 분노하는 포스팅 하나에 국민 모두가 일치단결하여 외교부를 성토한다. 정치인들은 국익도 무시하고 정치적 이익을 위해 외교적 사안을 악용하는 것을 서슴지 않는다. 타협과 주고받기가 핵심인 외교에 정치적 목적을 위해 타협이 있을 수 없는 민족주의적 잣대를 들이대고 외교적 타협을 매국 행위로 매도하는 정치인들 때문에 외교관들은 좌절하고 자긍심을 잃어버린다. 이런 정치인들의 행태를 준엄히 꾸짖어야 할 언론 또한 외교부의 지원자로 보기는 어렵다. 외교부가 도대체 뭘 하는 일이 있냐고 질타하면서도 청와대가 외교를 장악하고 외교부는 뒤치다꺼리만 하고 있는 구조적 문제에 대한 개선에는 큰 관심이 없다.

외교의 주인공 자리에서 밀려나 들러리가 된 외교관들이 그저 그런 관료 집단이 되어버린 것은 외교관 그들만의 책임은 아니다. 외교의 큰 전략이나 외교정책의 방향, 새로운 외교 메뉴들과 같은 고민들을 할 필요가 없는 외교관들은 상사에게 줄 자료나 보고서를 잘 만드는 게 '성공한 외교관'이 되는 지름길이라고 생각할 수밖에 없다. 공관 근무 사이에 본부에서 보내는 시간은 다음 임지를 결정짓는 기회 이상으로는 생각되지 않는다. 공관에 부임하면 부지런히 주재국 인사들을 만나기보다는 좋은 인사고과를 위해 책상 앞에 앉아 본부에 보내는 전문을 쓴다. 그나마 승진과 좋은 임지로 가기 위해 그렇게라도 애쓰는 사람들은 관료로서의 최소한의 책임감은 가진 경우다. 그도 저도 아닌 외교관들은 꿈도 희망도 일에 대한 사명감도 애정도 없이 자리만을 지킨다. 자신의 존재 이유를 부정당한 외교부는 조직 전체가 하나의 커다란 박제와 같다. 관료화와 관성화된 업무 방식, 4강 외교와 정무 중심 외교에 매몰되어 새로운 외교 메뉴나 업무 방식의 혁신을 고민하지 않는다. 빠르게 발전하는 정보화 기술 변화가 덴마크의 국익에 막대한 영향을 미친다는 것을 인식하고 미국 실리콘밸리에 대사관을 설치하고 기술대사(Tech Ambassador)를 임명하는 덴마크의 외교 혁신은 지금의 한국 외교에서는 불가능하다.

* * *

이 책은 한국 외교 비난 행렬에 편승하는 것도, 외교부를 감싸고 변호하고자 하는 것도 아니다. 우선 외교는 조금만 알고 관전하면 너무나 흥미진진한 마치 바둑 방송이나 게임 방송과 같은 분야라는 것을 알려주고 싶었다. 일단 외교가 돌아가는 이치를 잘 알게 되면 관전의 재미뿐만 아니라 우리 외교에 대한 이해도 넓어질 것이고 또 터무니없는 비난과 저주를 함부로 할 수 없게 될 것이다. 하지만 이 책의 사명은 그것보다는 더 엄중하다. 국민들이 외교에 대해 무지해서 잘못된 정보나 선동에 휘둘리게 되면 외교가 국내 정치적 논란거리가 되고 다시 외교정책에 나쁜 영향을 미치게 된다. 외교에 대한 무지가 잘못된 정책을 만드는 토양을 제공하는 것이다. 예를 들어 우리나라 대사 내정자에 대한 미국의 거부는 엄연히 접수국 미국의 주권에 속하는 권리인데 이것을 내정간섭이라고 프레임하여 반미 감정을 선동하는 것은 결국 불필요하게 한미관계에 부담을 주게 된다. 이것은 국가이익의 문제이고 때로는 국가의 운명에 영향을 미치는 엄중한 문제이다. 나는 우리 국민들이 외교에 관한 관심과 어느 정도의 이해 그리고 외교 사안에 대한 판단력을 갖기를 소망한다. 그래서 외교를 자신들의 사적·집단적 이익을 위해 악용하려고 하는 사람들의 어리석음을 좌절시킬 수 있는 방어막이 되어주기를 바란다. 이 책은 그러한 소망을 위해 내가 할 수 있는 작은 기여라고 생각한다.

이 책은 일반인들에게 생소했던 외교의 세계를 최대한 재미있게 소개하기 위한 책이다. 그래서 외교에 정통한 현·전직 외교관, 외교 관련 분야 학자, 언론인, 전문가들은 굳이 이 책을 읽기를 권하지 않는다. 나의 짧은 외교관 생활의 경험을 이 책 여기저기에 이야기하는 것이 부끄럽고 직업 외교관들에게 누가 될까 두렵기도 하다. 외교를 좀 더 쉽게 설명하고 현실에서의 외교에 대한 이해를 돕기 위한 목적이니 실수가 있더라도 너그럽게 봐주셨으면 좋겠다. 이 책의 1부는 (희망하건대) 가볍게 읽을 수 있는 외교의 세계에 대한 소개이다. 국민과 함께 외교의 주인공인 외교부, 외교관, 재외공관(대사관, 총영사관 등등), 외교의 꽃이라고 하는 대사의 업무와 삶에 관한 이야기들을 통해 외교관이 하는 일 그리고 그들의 삶에 대해서 이야기할 것이다. 그리고 멀게만 느껴지는 대사관과 대사들이 어떠한 활동을 통해 국익을 확보하기 위해 노력하는지도 알아볼 것이다. 또 외교의 실제 사례들을 통해 외교가 어떻게 이루어지고 어떤 외교 세계의 문법이 작동하고 있는지를 보여주고자 한다. 이 책의 2부와 3부는 1부보다는 조금 무겁다. 한국 외교가 직면한 도전에 관한 내용이기 때문이다. 2부는 한국 외교의 위기, 특히 외교부의 위기에 대해 이야기해 보고자 한다. 외교부가 제 역할을 하고 사랑받아야만 우리 외교가 제대로 돌아가는 것은 당연하다. 왜 우리의 외교부가 현재와 같은 안타까운 상황에 이르렀는가를 진단하고 외교부 그리고 한국 외교가 새롭게 거듭나기 위한 내 나름대로의 제안을 해보고자 한다. 마지막 3부에서는 한국의 핵심 외교 현안에 대한 소개와 분석을 통해 대한민국이 외교적으로 어떠한 방향으로 나가야 하는지를 이야기해 볼 것이다. 외교를 잘 모르더라도 여기서 다루는 외교 현안들은 대한민국의 생존과 국익에 절대적으로 중요한 사안들이기 때문에 대한민국 국민이면 꼭 적당한 수준의 정보를 가지고 있어야 한다고 믿는다. 결국 국민들이 정부를 선택하는 것이기 때문에 국민들이 외교정책에 대해 판단할 수 있는 능력이 있어야 좋은 정부를 선택할 수 있다. 미·중 대결 시대의 한국의 외교정책, 북핵을 포함한 북한 문제에 대한 해법, 한미관계와 한미동맹의 안정적 관리, 한일관계의 파국을 막아야 하는 과제 그리고 점점 더 공격적으로 변해가는 중국과의 관계를 어떻게 건강하게 관리할 것인가를 고민해 보고자 한다. 3장에서 다루는 외교 현안에 대한 생각은 내 개인적인 현실에 대한 인식과 그에 따른 내 개인적인 처방이니 생각이 다르더라도 하나의 의견으로 이해해 주면 좋을 것 같다. 마지막으로 한국 외교의 업그레이드라는, 어렵지만 반드시 필요한 과제들에 대한 개인적 생각들을 나누고자 한다. 아마도 문제에 대한 진단은 다른 전문가들과 크게 다르지 않을 것이고 그에 대한 해답 역시 유레카를 외칠 만큼 획기적인 것이 있을 수는 없다. 하지만 이 책의 애초의 의도처럼 외교를 잘 알지 못하는 보통 사람들이 한국의 외교적 현안과 과제에 대해 생각할 기회를 갖고 관심을 갖게 되는 것만으로도 이 책의 2부와 3부는 의미 있는 작업이 될 수 있을 것이라 기대한다. 마지막 에필로그는 한국 외교를 한국의 국격과 국제적 위상에 걸맞은 수준으로 업그레이드하기 위한 생각들을 담고 있다. 외교 조직이나 예산 등 인프라에 관한 이야기는 아니고 한국 외교의 방향성에 관한 개인적 생각이다. 여러분들도 같이 고민했으면 하는 생각에서 마지막에 정리해 보았다.

나는 직업 외교관은 아니다. 하지만 외교와 외교정책을 연구하고 학교에서 외교 관련 과목들을 가르치는 외교 전문가이다. 그리고 자문 역할, 외교부 업무 성과에 대한 평가위원, 외교부 직원들을 대상으로 내 전문 분야에 대한 특강, 외무고시 심사위원 등 여러 가지 영역에서 오랜 기간 동안 외교부와 같이 일해 본 경험이 있다. 그리고 2년 좀 못 되는 짧은 기간이지만 외교부 직원(주말레이시아 한국 대사)으로 일하기도 했다. 그런 과정에서 한국 외교와 한국 외교부에 대해 여러 가지 생각들을 했고 하고 싶은 이야기도 많아졌다. 특히 외교부에 대한 편견이나 오해에 대해서는 당사자가 아닌 내가 좀 더 객관적인 이야기를 할 수 있다고 생각해 왔다. 이 책을 통해 외교가 무엇인지 그리고 우리의 외교관들과 외교부가 어떻게 치열한 외교 전쟁터에서 싸우고 있는지를 이야기하고 싶다. 한국이 강대국으로 발돋움하는 이 시점에 어떠한 외교적 도전들을 직면하고 있고 그러한 도전들을 어떻게 헤쳐 나가야 하는지에 대해서도 내 생각을 이야기하고 싶다. 한국 외교에 침을 뱉기 전에 외교에 대해 그리고 우리 외교에 대해 어느 정도는 알아야 하지 않겠는가? 그래야 의미 있는 비판도 애정 어린 질책도 할 수 있을 것이다. 침은 그때 뱉어도 늦지 않다.

프롤로그

외알못을 위한 외교 기초

외교라는 용어가 그렇게 낯선 용어는 아니라고 생각한다. 외교부가 떠오르고 외교관이 떠오르고 외교 협상하는 모습이 연상되지 않을까? 그 정도면 충분히 준비는 된 상태이지만 본격적으로 외교가 어떻게 돌아가는가를 알아보기 전에 외교가 무엇인지 그리고 어떤 특성을 가지고 있는지 약간의 정보가 필요할 수도 있다.

◊ DIPLOMACY ◊

외교는 무엇인가

외교(外交, diplomacy)**는** 한자어를 풀어보면 타국과 사귀고 교류하는 것을 말한다. 실제 의미도 크게 다르지 않다. 다른 나라들과의 관계와 관련된 행위들, 타국과의 상호작용들이 외교라고 보면 된다. 외교는 국가와 국가 사이에 벌어지는 일들이기 때문에 국가를 대표하는 정부가 외교의 주인공이다. 정부 중에서도 외교부가 외교의 주무 부서이다. 이란 해군이 우리 국적의 선박을 석연치 않은 이유로 나포해 억류하는 사태가 발생했을 때 한국의 외교부는 대변인을 통해 항의 성명을 발표하거나 한국에 주재하는 이란 고위 외교관(대사나 공사)을 불러들여 우리 정부의 항의를 전달한다. 필요하다면 협상도 하게 된다. 이런 것들이 정부가 주체가 되어 이란과의 외교를 수행하는 외교의 실제이다. 외교의 특징 중의 하나는 외교는 오래전부터 축적되어 온 관습에 따라서 이루어진다는 것이다. 사실 기원전 도시국가 때부터 외교라고 부를 수 있는 국가 간 상호 교류는 존재했었다. 그때도 사신의 안전을 보장한다든지 하는 상호 간에 존중하는 약속들이 있었다. 그런 약속들이 관습으로 굳어져 외교 행위의 가이드라인이 되었다. 물론 결정적으로는 1961년의 '외교에 관한 비엔나 협약'이 만들어짐으로써 외교에 관한 국가들 간의 행위를 국제적 약속에 따라 수행하게 되었다. 이 약속에 따라 한국에서 폭력 행위를 저지른 주한 벨기에 대사의 부인은 면책특권을 행사하고 사법처리를 피한 뒤 한국을 떠날 수 있었다.

외교는 국가 간 공식적인 행위이기 때문에 외교관계의 시작은 수교, 즉 외교관계를 맺는 것이다. 수교를 통해 상대 나라를 국제법적으로 인정하고 그 나라의 주권을 존중한다는 약속을 한다. 수교를 하게 되면 서로 상대국의 수도에 자국의 외교공관을 설치하게 된다. 한국과 미국과의 외교관계를 보면 1882년 조미수호통상조약을 맺음으로서 외교관계를 시작했다. 지금은 복원된 워싱턴 D.C.에 있는 주미공사관을 설치한 것은 9년 후인 1891년 11월이었다. 그러나 1905년 을사늑약으로 인해 미국과의 외교 관계가 단절되었고(대한제국이 외교권을 빼앗김) 1948년 정부수립 이후 제일 먼저 미국과 외교관계를 맺고 1882년의 조미수호통상조약을 승계했다. 그래서 한국과 미국이 수교한 지는 2022년 현재 140년이 되었다. 2021년 문재인 대통령과 바이든(Biden) 대통령의 정상회담에서 문재인 대통령은 "한미 정상 간의 만남이 수교 139년의 뜻깊은 선물이 될 것"이라고 말한 바 있다.

두 나라 사이의 외교에서 핵심적 역할은 상대국에 설치한 외교공관, 특히 외교공관의 장인 대사(대사관이 없고 공사관이나 총영사관이 설치된 경우에는 공사 또는 총영사)가 맡게 된다. 워싱턴 D.C.에 나가 있는 주미 한국 대사가 한국을 대표해 한국 정부의 요구사항을 전달하거나 협상이 필요한 경우 협상을 벌이기도 한다. 미국 안에서 한국의 이미지를 높이기 위해 한국을 소개하고 홍보하는 역할도 한다. 최근에는 교통통신의 발달로 국가를 대표하는 국가 정상들이 만나는 기회가 많아지면서 국가 정상들의 외교적 중요성이 커지면서 종전에 대사가 하던 일들의 상당 부분을 국가 정상들이 수행하고 있다고 볼 수 있다.

우리가 흔히 쓰는 용어 중에 외교정책(foreign policy)이라는 용어가 있다. 대외정책이라고 번역해야 맞으나 한국에서는 외교정책이라는 말이 압도적으로 쓰인다. 외교정책은 외교와는 구별되어서 사용되어야 한다. 외교정책은 한 나라가 대외관계 분야에서 수립하는 정책을 말한다. 보통 모든 나라는 생존과 관련된 외교안보정책, 무역정책을 포함한 대외 경제정책 그리고 자국의 국익에 큰 영향을 미치는 국가들에 대한 양자 간 외교정책(예를 들어 대미 정책 혹은 대중국 정책)도 가지고 있다. 또한 주요 국제 현안에 대한 외교정책도 있다. 예를 들어 기후변화나 에너지 수급과 관련된 외교정책, 인권에 관한 외교정책, 대량살상무기에 관한 외교정책 등도 중요한 외교정책의 영역이다. 이런 대외정책들이 수립되면 거기에는 국가가 달성하고자 하는 목표가 설정되고 그러한 목적을 달성하기 위한 방법과 그것을 위한 수단들이 설정된다. 그다음 이러한 계획들을 실행해야 하는데 이렇게 대외정책을 실행하는 영역이 외교의 영역이다. 결정된 정책에 따라 목적을 달성하기 위해 다른 국가를 설득, 협력, 교섭, 압박 등 다양한 수단을 동원해 외교를 시행하게 된다.

외교를 수행하는 데는 많은 자원(resource)이 동원된다. 외교를 하는 데 있어서도 경제적 자원, 즉 돈은 매우 중요하다. 다른 나라와의 관계에서 경제적 도움(원조나 차관 등)을 준다든지 아니면 경제제재를 활용해 외교적 목표를 달성하는 일은 흔하다. 외교는 군사적 수단과 관계가 없어 보이지만 직접 군사력을 사용하는 것이 아니라 군사적 지원이나 지원의 철회 등이 유용한 외교적 자원이 된다. 미군이 주한미군 철수 카드를 한국과의 외교에 활용해

왔던 것이 좋은 예이다. 또 프랑스의 문화 자산, 한국의 BTS와 같은 대중문화 자산도 외교 수행에 도움이 된다. 마지막으로 협상 능력과 같은 외교관의 능력도 중요한 외교 자산이다.

◈ DIPLOMACY ◈

외교의 속성

외교에서 100 대 빵의 승리는 없다

외교는 갈등을 다루는 예술이다. 모든 국가는 자국의 국익을 최우선으로 하기 때문에 국가들 간에는 좋은 일보다 다툼이 생길 만한 일들이 더 많다. 그것을 관리하고 해결하는 것이 외교의 임무이다. 독도에 대한 일본의 영유권 주장과 같은 영토 분쟁이나 미국과 중국 간의 무역 분쟁은 당사자 국가들이 자기의 국익을 앞세우기 때문에 일어나는 매우 흔한 국가 간 분쟁이다. 영토 분쟁이나 무역 분쟁 이외에도 국가들은 별의별 문제들을 가지고 갈등을 빚는다. 2014년 아르헨티나 외교장관은 옆 나라 우루과이의 펄프 공장 생산량을 늘리겠다는 결정에 대해 이런 결정이 아르헨티나의 환경주권을 침해한다고 비난하고 이 문제를 국제사법재판소에 제소하겠다고 말했다. 아르헨티나 환경단체들은 펄프 공장으로 몰려가 시위를 벌이려다 우루과이 국경수비대와 충돌을 빚었다. 문제는 펄프 공장의 폐수였다. 이 폐수가 우루과이강의 생태계를 파괴하고 강을 접하고 있는 아르헨티나까지 환경오염을 일으켰기 때문이다. 2020년 인도는 중국산 게임을 포함한 118개 모바일 앱의 사용을 금지했다. 인도는 중국 앱들이 사용자 정보를 빼내 무단 전송하고 있다며 이런 앱들이 인도의 국가안보에 위협이 되고 있다고 주장했다. 여기에 대해 중국은 인도 정부의 조치가 근거가 없다고 반박했다. 이렇듯 국가들 간의 갈등은 어느 분야에서든 예고 없이 늘 일어나는 일이고 이런 갈등을 관리하고 해결하는 것이 외교의 임무이다. 갈등이 생기면 외교관들은 분주히 움직이면서 서로의 불만이 무엇인지 그리고 원하는 것이 무엇인지를 청취하고 두 나라가 필요성을 인정하면 협상을 시작한다. 국가 간의 갈등이 결코 서로에게 도움이 되지 않기 때문이다. 협상이 성공한다면 갈등은 외교적으로 평화롭게 해결되지만 실패한다면 갈등은 더 심각한 충돌로 이어질 수도 있다.

그렇다면 협상의 성공은 무엇을 의미하는가? 내가 원하는 것을 모두 얻는 것이라고 생각했다면 그것은 외교에서는 이루어질 수 없는 목표이다. 간단히 말하면 협상의 성공은 협상에 참여한 양측이 모두 협상 결과(제시된 해결책)에 동의해서 협상이 타결되는 것을 의미한다. 타결되지 못한 협상은 실패한 협상이다. 협상이 타결되었다는 것은 내가 원하던 것을 얻었음과 동시에 상대방도 그가 원하는 것을 얻었다는 것을 의미한다. 이것을 정확하게 수치로 표현하면 50 대 50이겠지만 현실에서 그런 타협안은 존재하기 어렵고 사안에 따라 한쪽이 조금 더 양보하는 경우(예를 들어 55 대 45)가 흔할 것이다. 어떤 나라도 상대의 요구 70~80%가 받아들여지고 내 요구의 20~30%만이 받아들여지는 협상안에 동의할 수는 없을 것이다. 이 말은 외교적 해결, 외교 협상에서 압도적 승리는 존재하지 않는다는 의미이다. 내가 압도적인 승리를 원하는 건 당연한 일이지만 문제는 상대도 그런 결과를 원하고 따라서 그런 협상 목표를 고집해서는 협상은 절대로 타결되지 않는다. 어떠한 경우에도 굴욕적인 협상 결과를 받아들이는 협상 참여자는 없기 때문이다. 무엇보다도 굴욕적 협상 결과는 그런 양보를 한 국가의 국내에서 받아들여지지 못한다. 협상에서 타결된 결과가 결국 국내적 반대로 인해 의회에서 비준을 받지 못한다든지 협상 결과가 정치 문제가 되어 무효화되는 일이 흔하게 일어난다.

간단히 말해 외교는 자국의 이익을 추구하지만 상대의 이익 역시 고려해야 하는 게임이다. 내 국익이 중요하지 않아서가 아니라 상대의 이익을 배려해 주지 않으면 타협이 이루어지지 않기 때문이다. 그래서 외교관은 100 대 빵을 목표로 하는 사람들이 아니고 나와 상대가 합의할 수 있는 해결책을 찾는 사람들이다. 상대의 이익을 챙겨줘야지만 내 이익도 챙겨갈 수 있다는 협상의 진리를 외교관들은 경험으로 체득하고 있다. 이러한 외교와 외교 협상의 성격을 이해하지 못하고 100 대 빵의 승리를 요구하는 사람들이 있다. 협상의 결과로 피해를 입는 국내의 이해당사자들이 그렇다. 쌀 시장을 개방하지 않으려는 쌀 생산 농가들이 그러할 것이다. 이것은 이해할 수 있는 문제이다. 그런데 이들 이외에 100 대 빵을 고집하는 사람들이 또 있다. 정치인들이다. 외교관들이 협상 상대국과 힘겹게 만들어낸 협상 결과를 정치적 목적을 위해 '굴욕적 협상', '매국적 협상'으로 매도하고 공격하는 일은 부지기수다.

협상에서 완벽한 승리가 없다는 것을 받아들이지 못하는 사람들이 큰 목소리를 갖는 문화에서 외교관들은 갈등을 관리하고 타협점을 찾는 외교의 본질에 충실할 수 없게 된다. 협상의 결과에 만족하지 못하는 국민 여론과 그런 여론에 편승해 기름을 부어대는 언론, 왜 100 대 빵인 협상을 하지 못했느냐며 질타하고 협상을 담당하는 외교관을 징계하라고 압박하는 정치인들이 외교를 어렵게 만드는 외교의 적들이다. 상대가 있는 외교관계에서 내가 원하는 대로만 해결될 일이 있을까? 사람 간의 관계에서건 국가 간의 관계에서건 상대방의 양보를 얻기 위해 나도 어느 정도의 양보를 해야 한다는 평범한 사실을 왜 '외교'에서는 생각하지 못하는 걸까? 외교를 이해하는 첫 시작은 '100 대 빵은 없다'를 받아들이는 것이다.

◈ DIPLOMACY ◈

외교만의 독특한 수행 방식들

외교는 국가 간의 관계 중에서도 매우 독특한 영역이다. 간단히 말해 외교의 세계에는 외교만의 방식이 있다. 외교에서의 의사 전달 방법도 독특하다. 우리는 일본이 한국의 국익을 침해하는 경우 서울에 주재하는 일본 대사를 불러들여〔어려운 말로 초치(招致)라고 한다〕항의하는 방식으로 우리의 불만을 전달하는 것을 흔히 보게 된다. 좀 더 심각한 경우에는 일본에 나가 있는 우리 대사를 불러들임으로써 한국이 매우 화가 났다는 것을 외교적으로 표현한다. 이것은 외교에서 국가의 불만을 상대국에게 전달하는 관습화된 방법이다. 그 전 단계에서는 보통 외교부 대변인이 상대 국가의 행동에 대해 잘못을 지적하고 엄중히 항의하거나 재발 방지를 요청하는 성명을 발표한다. 하지만 상대국의 행동이 그런 정도의 불만 표시로는 충분치 못하다고 판단되면 상대국 대사 초치를 하게 된다. 초치도 사안의 심각성에 따라('화가 난 정도에 따라'로 바꿔 써도 틀리지 않다) 낮에 불러들일 수도 한밤중에 불러들일 수도 있다. 상대국에 나가 있는 자국 대사를 소환(불러들이기)하는 외교적 행위는 대사가 자국을 대표하는 상징성을 가지고 있기 때문에 대사를 불러들임으로써 쉬운 말로 '너희 나라와 상대하고 싶지 않다'라는 강한 항의의 의사를 표현하는 것이라고 생각된다. 2021년 10월 미국이 호주에 핵잠수함 개발 기술을 지원하기로 하면서 호주는 2016년 프랑스와 맺은 잠수함 구입 계약을 파기했다. 화가 난 프랑스는 미국과 호주에 있는 자국 대사를 소환했다. 이 정도면 프랑스가 보통 화가 난게 아니라는 것을 말해 주는 것이다. 일반적으로 화가 더 많이 날수록 자국 대사를 임지로 복귀시키지 않는 기간이 길어지게 된다. 이런 상황보다 더 심각한 상황, 즉 정말로 화가 머리끝까지 났다면 아마도 대사관을 철수할 수도 있을 것이다. 최소의 시설 유지 인원만 남겨 놓고 외교관들을 철수시키는 것은 사실상 외교관계를 지속하지 않겠다는 매우 심각한 최후통첩이다. 북한이 말레이시아에서 김정남을 암살했을 때 말레이시아는 북한에 있던 주북한 말레이시아 대사관을 폐쇄하고 철수했다. 대사관 철수 다음 단계는 외교관계의 마지막, 즉 단교이다. 말레이시아와 북한의 경우는 2021년 초에 말레이시아가 자금세탁 등으로 미국의 대북 제재를 위반한 혐의로 말레이시아에서 복역하던 북한인을 미국에 송환했다는 이유로 북한이 외교관계 단절을 선언하고 모든 외교관이 말레이시아에서 떠났다. 양국 간의 외교관계가 끊긴 것이다.

외교에서는 단어의 선택도 외교적 의미를 가지고 있다. 그래서 성명서에 등장한 단어만 보더라도 그 성명을 쓴 나라가 얼마나 문제를 심각하게 받아들이는지 그리고 얼마나 화가 났는지를 알 수가 있다. 예를 들어 북한이 핵실험을 했을 때 한국을 비롯한 여러 나라들이 비난 성명을 내는데 그때 어떤 단어를 사용하는지를 보면 그 나라와 북한의 관계를 알 수 있고 그 나라가 북한 핵 문제를 보는 시각도 알 수 있다. 예를 들어 핵실험과 같은 안보를 위협하는 행동에 대해 부정적 평가를 하는 단어의 강도를 보면 concern(우려한다)로 시작해 regret(유감으로 생각한다) 그다음 condemn(규탄한다) 그다음 protest(항의한다) 등으로 강도가 더해진다. 여기에 형용사 grave(엄중한), strong(강력한) 등을 붙여서(예를 들어 gravely concern, strongly condemn 등) 단어의 강도를 높이기도 한다. 북한의 핵실험에 대해 중국은 concern 이상의 단어를 잘 사용하지 않는다. 북한의 동맹국으로서 되도록 부정적인 표현을 자제하는 외교적 행동으로 볼 수 있다. 용어의 선택은 때로는 외교정책의 변화를 상징하기도 한다. 클린턴(Clinton) 대통령 시절 미국은 2000년 6월 이란, 이라크, 리비아, 시리아, 북한 등을 지칭하는 용어로 기존에 사용하던 rogue state(깡패 국가)라는 말 대신 'state of concern(우려하고 있는 국가들)'이라는 용어를 사용했다. 이들 나라들에 대한 미국의 정책이 완화되는 변화가 왔음을 보여주는 것으로 볼 수 있다.

 외교에서는 또 여러 가지 행동으로 자국의 불만을 전달한다. 예를 들어 자국의 주요 행사에 자국에 주재하는 대사들 중 특정국 대사를 초청하지 않는 경우가 있다. 이것은 그 나라에 대한 외교적 불만을 간접적으로 표출하는 것이다. 이 경우 초대 받지 못한 대사는 반드시 본국에 이 사실을 보고하여 주재국 정부가 강한 외교적 불만을 가지고 있다는 것을 본국 외교 당국에 주지시켜야 한다. 공석이 된 대사 자리를 오랫동안 비워두는 것도 불만을 표출하는 방법이다. 인도는 중국과의 1962년 국경 충돌 이후 14년 동안 공석이 된 주중대사를 임명하지 않았다. 국경 충돌에 대한 불만을 외교적으로 표출한 것이다. 주재국 정부가 특정 국가의 대사들의 고위급 관리 면담 요청을 거부하는 것도 외교적 불만의 표출이다. 강창일 주일본 대사가 부임 1년이 넘은 2022년 2월까지도 일본 외무상이나 총리를 면담하지 못하고 있는데 이것은 일본의 한국에 대한 외교적 불만의 표출이다. 전임 남관표 대사는 부임 나흘 만에 일본 외무상을 면담했고 12일 만에 아베(安倍晋三) 총리를 만났다.

외교의 세계에서는 이렇게 행동이나 언어를 사용해서 외교적 메시지를 발신한다. 그래서 우리는 상대 국가의 행동이나 말 하나하나에 외교적 의미를 두고서 관찰해야 하는 것이다. 물론 외교관들은 이러한 신호들을 쉽게 포착하니 혹시 외교관들이 이러한 신호들을 잘 알아듣지 못하면 어떻게 하나라는 걱정을 할 필요는 없다.

외교의 세계에서 통용되는 또 하나의 중요한 원칙은 상호성(reciprocity)이다. 쉽게 말하면 외교에서의 행동의 기준은 상대방이 한 만큼, 같은 방법으로 대응한다는 것이다. 이것은 선한 행동이나 혹은 제재와 같은 징벌적 행동 모두에 적용된다. 타국이 어떤 사안에서 호의적인 행동을 베풀었다면 우리도 향후 그러한 사안에서 동등한 호의적 행동으로 대응해야 하는 것이다. 외교에서의 상호성은 외교 갈등으로 인한 외교관 추방 시에 가장 잘 관찰할 수 있다. 상대 국가가 우리 외교관 10명을 추방하면 잘잘못과 관계없이 우리도 동수(10명)의 상대국 외교관을 추방하는 맞대응을 하게 된다. 외교에서는 보복에 있어서도 상대방이 가한 제재에 상응하는 수준으로 해야 하는 것이 확립된 규범이다.

▶ **대사를 올바로 부르는 법** 주재국이라는 말은 외교관들이 파견되어 근무하는 나라를 말한다. 미국에 나가 있는 우리 외교관들은 주재국 정부(미국 정부)와 밀접하게 접촉한다. 대사를 부를 때는 먼저 '주'(주재한다는 의미이다) 자를 붙이고 주재하는 나라를 말해야 한다. 만일 "지금 미국 대사가 누구야?"라는 식으로 누가 질문을 한다면 한국에서 파견한 미국에 있는 대사를 말하는 것인지 아니면 한국에 주재하는 미국이 파견한 대사를 말하는 것인지 혼란이 오게 된다. 따라서 항상 '주'라는 말을 먼저 붙이고 근무하고 있는 나라를 붙여야 한다. 이수혁 대사는 주미국 한국 대사이다. 우리끼리 부를 때는 당연히 한국 대사를 말하기 때문에 주미대사라고 불러도 된다. 하지만 미국 대사라고 불러서는 안 된다. 주미 영국 대사는 당연히 미국에서 근무하고 있는 영국이 파견한 대사를 말한다. 그렇다면 지금은 이임했지만 두산베어스와 치맥을 좋아했던 마크 리퍼트(Mark Lippert) 대사는 어떻게 불렀어야 하나? 주한 미국 대사이다.

제**1**부

외교를 만나다

Understanding Diplomacy and
Contemplating Korea's Diplomacy

제1장

외교라는 전쟁의 전사들, 외교관

외교부에 근무하는 사람들의 공식적 직함은 외무공무원이다. 외교관이라는 명칭은 이들 외무공무원들이 해외에 있는 대한민국의 공관들(대사관, 총영사관 등)에 나가서 일할 때 부르는 명칭이다(하지만 국내에 있다고 해도 이들 외무공무원들과 일하는 외국 외교관들은 이들을 외교관이라고 부를 것이다). 외교관은 선망의 대상이자 오해와 편견의 대상이다. 외국에 나가서 일하는 것이 특권이었던 시기는 이미 오래전에 지났지만 아직도 외교관에 대한 부러움은 사라지지 않고 있는 듯하다. 그러한 국민들의 정서와는 별개로 사실 외교관은 외교정책을 현장에서 수행하는 외교 전선의 전투병들이다. 이들이 어떤 환경에서 어떤 일들을 수행하는지를 이해하는 것은 외교를 이해하는 첫 단추가 될 것이다.

◊ DIPLOMACY ◊

바바리코트 입지 마라!
외교관에 대한 편견들

한 외교부 장관이 외교부 내부적으로 바바리코트 금지령을 내린 적이 있다. 물론 정식으로 지시를 내린 것은 아니지만 간부 회의에서 웬만하면 바바리코트를 자제하라는 언급을 한 것이다. 왜 이런 언급이 나왔을까? 이 외교부 장관은 다른 정부 부처의 협조가 필요한 사안에서 외교부가 타 부처의 협조를 받기가 너무나 어렵다는 사실을 잘 알고 있었다. 외교부도 다른 부처와 마찬가지로 매년 다음 해 예산을 짜는 철이 되면 예산을 늘리기 위해 기획재정부(이하 기재부) 문턱이 닳도록 찾아가서 예산이 더 필요한 이유를 설명하지만 외교부의 고충을 이해하고 도움을 주는 기재부 관료들은 드물었던 것이다. 그리고 정부 타 부처 공무원들이 외교부 공무원들에 대해 호감보다는 비호감 그리고 동질감보다는 이질감을 느끼고 있다는 이야기도 예전부터 흔히 듣던 이야기였다. 그러던 중 이 장관이 직원들과 점심을 먹고 청사로 돌아오면서 보니 광화문 정부 종합청사 주변의 공무원들 중 누가 외교부 직원인지 한눈에 보이더라는 것이다. 그때가 가을이었는데 외교부 직원들은 대부분 바바리코트를 입거나 말끔한 정장에 다 비슷비슷한 넥타이를 매고 있더라는 것이다. 정부 청사로 향하는 다른 사람들은 잠바 차림이 대부분인데 그 사이사이에 바바리코트를 입고 있는 외교부 직원들이 바로 눈에 띈다는 것이다. 이 장관은 타 부처 공무원들이 외교부 공무원들에 대한 이질감을 느끼는 것이 옷차림에도 그 원인이 있다고 생각하고 외교부가 먼저 노력한다는 차원에서 바바리코트 금지령을 내린 것이다.

사실 외교부에 들어오면 선배들이 옷 입는 것에 대해 잔소리를 하던 때가 있었다고 한다. 후줄근하게 입고 다니거나 정장 안에 털조끼를 껴입고 다니거나 와이셔츠가 아닌 두꺼운 모직 셔츠 등을 받쳐 입고 오면 여지없이 잔소리를 들었다고 한다. 이 결과 외교부 생활을 2~3년만 하면 모두 단정한 머리에 몸에 잘 맞는 정장, 정장 구두, 특정 브랜드의 넥타이를 매는 '외교관 패션'을 장착하게 된다고 한다. 여기에 날씨가 좀 서늘해지면 해외 출장 때 구입한 바바리코트가 곁들여진다.

물론 이러한 외교부 패션이 공무원들 사이에 이질감을 주는 데 한몫을 하는 것은 사실이지만 사실 이질감의 진짜 이유는 다른 데에 있다. 바로 충원 방법의 차이이다. 정부 공무원 중에 외교부 공무원들만 다른 통로를 통해 충원된다. 2013년까지는 외무고시를 통해 외무공무원을 선발했고 2013년 이후부터는 외무고시를 폐지하고 외교관 후보자 선발시험을 통해 선발해 1년 동안 국립외교원에서 교육을 받고 수료하면 5급 외무공무원으로 임용된다(2013년은 외시와 외교자 후보자 선발시험이 모두 있었다). 다른 정부 부처 공무원들은 5급 행정고시를 통해 충원되고 부서 배치를 받기 전에 같이 연수를 받기 때문에 동질감을 형성할 기회를 갖게 된다. 각자의 부처로 배치된 후에도 행시 동기회, 연수원 모임 등 각종 모임을 통해 인연을 유지하고 업무와 관련해서도 서로 도움을 주는 관계를 유지하게 된다. 그러나 외무공무원은 따로 연수를 받기 때문에 이들과 인간적 유대를 가질 기회가 없고 나중에 업무상 타 부처의 협조가 필요한 경우에도 전혀 인맥이 없는 상태에서 일을 해야 하는 것이다. 외무공무원들은 또 2~3년마다 해외 공관 근무를 하기 때문에 업무를 하면서 어렵게 만든 인적 관계를 유지하기 어려운 약점이 있다. 선발 인원도 한 해에 30~40명 정도이기 때문에 소수의 인원만이 외무공무원이 된다는 자부심과 집단의식, 그리고 엘리트 의식이 강하다.

외교관이 선망의 대상이었던 시대가 있었다. 해외여행이 쉽지 않던 1980년대까지는 외교관은 자기 커리어(career)의 3분의 2를 세계 곳곳에서 근무하는 매력적인 직업으로 인식되었다. 그때까지는 한국보다 잘사는 나라가 많던 시기이기 때문에 해외에서 근무한다는 것이 특혜처럼 느껴지던 시기였다. 또 선진국에 파견이 되면 자식들을 해외 명문 학교에서 교육시킬 수 있다는 점도 매력적인 요인이었다. 그러나 이러한 매력 요인들은 이제 거의 없어진 것이 사실이다. 지금은 웬만한 큰 기업들은 주요 국가에 해외 지사가 있고 정부 부처들도 해외 사무소들을 보유하고 있거나 주재관 파견 제도를 활용해 해외 근무를 할 수 있기 때문에 해외에서 근무한다는 것이 더 이상 외교관들만이 누리는 특권이 아니다. 그리고 외교관은 공무원 신분이기 때문에 대기업의 해외 근무자들보다 급여, 주택보조비, 해외근무수당 등에서 훨씬 못 미치는 처우를 받고 있다. 유일한 혜택이라면 면세 혜택인데 아마도 현지에서 사용할 자동차를 면세로 구입할 수 있다는 것이 유일한 특혜가 아닌가 생각된다.

그럼에도 불구하고 외교관을 보는 일반인들의 시선은 그리 따뜻하지는 않다. 몇 가지 이유가 있다고 생각한다. 첫째는 외교관들이 다른 직업이 누릴 수 없는 큰 혜택을 누리고 있으며 특히 내가 낸 세금으로 그런 혜택들을 누리고 있다고 생각하는 것이다. 외교관 자녀들의 외국 학교의 학비(아마 전액 다 지원하는 것으로 알고 있겠지만 사실은 70%를 보조해 준다), 주택보조비, 이사 비용 지원 등이 언론에 흔히 오르내리는 경제적 특권이라는 것들인데 이런 것들은 해외 근무를 하는 대부분의 지·상사 근무자들이나 공무원들이 공통적으로 받는 혜택들이므로 외교관만이 누리는 특혜라고 보기는 어렵다. 학비 지원의 경우 어느 곳에 발령을 받더라도 현지 학교가 아닌 영어를 사용하는 외국인 학교나 사립학교를 보내야 하는데 대체로 학비들이 무척 비싸서 정부에서 제공하는 학비 보조만 가지고는 부족하기 때문에 개인적인 지출을 해야 하는 경우가 대부분이다. 영국 런던 주재 한국 대사관은 외교관들이 선호하는 좋은 임지가 분명하지만 영국의 공립학교의 질이 크게 떨어지기 때문에 사립학교를 보낼 수밖에 없는데 그 학비가 어마어마해서 정부 지원으로는 턱없이 부족하다. 그래서 자녀의 학교 문제로 런던 근무를 기피하는 일이 자주 벌어져 이 문제를 해결하는 것이 한때 외교부의 큰 현안이었을 정도다.

두 번째는 외교관으로서의 일과 삶에 대한 이해 부족이다. 외교관이 어떤 일을 하고 어떤 삶을 사는지 잘 모르는 일반인들은 외교관은 잘 차려입고 파티에서 와인이나 칵테일을 마시며 화려한 삶을 사는 사람들로 생각하는 경우가 많다. 아마도 영화나 드라마에서 그려진 외교관의 이미지를 굳게 믿고 부러워하거나 시샘을 하는 것 같다. 이 책의 다른 장에서 자세하게 다루겠지만 외교관의 파티는 그저 또 다른 일터일 뿐이다. 외교관들이 파티에서 샴페인 잔을 손에 들고 무엇을 해야 하는지를 안다면 외교관의 삶에 대한 부러움은 크게 줄어들 것이다.

세 번째로 외교관들에 대한 부정적 인식이 가장 큰 이유는 외교관들이 제대로 일을 하지 않고 있다는 생각 때문일 것이다. 내가 보기에 우리 국민들이 외교관들에게 실망하고 아까운 세금을 낭비하는 사람들쯤으로 여기는 인식을 갖게 된 이유는 크게 세 가지 이유가 있다고 본다. 하나는 몇몇 외교관들의 성 관련 비리나 횡령 등 일탈 행위로 인해 전체 외교관들이 욕을 먹게 되는 경우이다. 외교관들의 성추행, 성희롱 문제는 때로는 2020년 뉴질랜드 주재 한국 외교관의 성추행 문제처럼 외교 문제로 비화되기 때문에 그 파장이 매우 크고 국민들의 관심도 크기 때문에 한 외교관의 문제로 끝나지 않는다. 이 점과 관련해서 외교부에서 억울해하는 점이 있다. 문제를 일으킨 외교관 중 일부는 외교부 소속의 외교관이 아니라 현지 행정원이거나 주재관 형식으로 해외 공관에 근무하고 있던 타 부처 직원들이지만 현지 공관에 근무할 때는 외교관 신분으로 일하기 때문에 외교부 직원들이 도매금으로 피해를 보고 있다는 볼멘소리를 하곤 한다. 외교관들의 개인적 범죄행위나 일탈은 동정의 여지가 없다. 하지만 그들의 잘못된 행동이 전체 외교관을 판단하는 잣대가 되어서는 안 된다. 험지에서 묵묵히 나라와 주재국에 있는 한국 국민들을 위해 일하는 외교관들이 대부분이라는 것을 잊지 말았으면 한다. 두 번째는 재외국민보호와 관련된 부정적인 사례들로 인해 외교관들에 대한 나쁜 이미지가 만들어졌기 때문이다. 재외국민보호는 해외에 거주하는 한국 국민들, 여행자들을 보호하는 임무를 말한다. 코로나19 이전에 우리는 '2000만 해외여행객'의 시대에 살고 있었다. 한국인 여행객들이 선호하는 여행지들은 여행 시즌에는 수만 명의 한국인 관광객들로 넘쳐난다. 이들이 뜻하지 않은 어려운 일을 당했을 때 자신이 기대했던 현지 한국 공관의 보호나 대응을 받지 못하는 경우 그에 대한 불평과 비난을 소셜미디어 또는 언론에 올림으로써 논란거리가 되는 경우가 많다. 이로 인해 외교관들에 대한 인식은 급격히 악화되고 전체 외교관들이 비난의 대상이 된다. 마지막으로 한일관계 현안(위안부 문제, 강제징용자 문제, 독도 문제 등)등 국민들의 관심이 많은 외교 사안에서 우리 외교부와 외교관들이 국민들의 정서에 맞는 만족스러운 성과를 내지 못하기 때문이다. 애국심과 일제의 식민지 지배에 대한 분노 그리고 일본 지도자들의 신사참배나 망언들에 분개하는 국민들에게 일본의 책임을 확실히 묻지 못하고 타협하는 듯한 모습은 외교관들에 대한 실망과 분노의 이유가 된다.

외교관들은 외교의 최전선에서 국익을 위해 싸우는 보병들이다. 이들이 무슨 일을 하는지에 대해 조금 더 관심을 가질 필요가 있다. 이들의 일과 삶을 좀 더 이해한다면 이들에 대한 과한 분노나 비난이 조금은 줄어들 수 있을 것이다.

♾ DIPLOMACY ♾

외교관, 정말 내 세금으로 놀고먹는가?

외교관의 비리나 성범죄 관련 기사에 달린 댓글들을 보면 '내가 낸 세금으로 놀고먹는 외교관 놈들' 같은 외교관에 대한 원색적 비난이 많다. 외교관이 정말 놀고먹는 직업인지, 대체 무슨 일들을 하는지 좀 알 필요가 있다. 외교부에 5급 외교통상직이나 7급 외무영사직, 외무정보직 등으로 입부(회사에 입사하는 것과 같은 의미, 외교부이기 때문에 입부라는 용어를 사용한다)해서 어떤 일을 하게 되는지를 이야기해 보자. 외무공무원들도 국내에 있을 때는 다른 부처의 공무원들처럼 사무실에 앉아 서류를 읽고 작성하고 상사에게 보고를 하고 또 때에 따라 서울에 주재하는 다른 나라 대사관의 직원들을 만나는 등의 일을 한다. 외국 출장도 많고 국내에서 외교 행사도 많아서 늘 일에 쫓기는 생활을 한다. 하는 일이 외국과의 관계와 관련되어 있고 업무상 만나는 사람들이 외국인인 경우가 많지만 다른 정부 부처 공무원과 크게 다르지 않다. 그래서 일반적인 사무직들의 애환을 똑같이 가지고 있다. 계속되는 회의, 보고서와 자료 작성, 야근, 상사와의 마찰, 동료들과의 인간관계에서 생기는 스트레스 등 외교관들도 다른 직장인들이 겪는 업무 스트레스를 그대로 겪는다. 그리고 다른 정부 부처 공무원들처럼 외교부 공무원들도 제 시간에 퇴근하는 건 꿈같은 이야기이다. 야근은 상시적인 일이고 주 52시간 근무가 법제화되었어도 야근은 아직도 남아 있는 것으로 안다.

우리가 생각하는 본격적인 외교관의 업무는 재외공관에 부임해서 일할 때 이루어진다. 대사관에서 맡은 일에 따라 차이가 있지만 외교관의 가장 기본적인 임무는 주재국의 정보를 수집하는 일이다. 1961년 외교에 관한 비엔나 협약에도 '적법한 수단에 의해 주재국에 관한 각종 정보를 조사해 본국에 보고하는 것'을 외교관(외교공관)의 임무 중 하나로 규정하고 있다. 애초에 상주대사관을 설치하고 외교관을 파견하는 이유가 그 나라에 대한 정보수집을 원활하게 하기 위한 것이니 외교관의 이런 임무는 당연한 것이다. 정보수집은 주재국의 주요 신문, 방송 등 언론 매체를 통해 이루어지기도 하고 공개된 세미나, 학술회의, 강연회 등에 참석해서 수행되기도 한다. 따라서 외교관들은 주재국의 신문이나 시사 잡지, 연구기관들의 정책보고서들을 꼼꼼하게 읽고 정리해서 본부에 보고해야 한다. 또 하나의 정보수집 방법은 주재국의 주요 인사들을 접촉해서 정보를 파악하는 일이다. 대사관에 부임하게 되면 전임자가 만들어 놓은 주요 접촉 인사 리스트를 바탕으로 인적 네트워크를 만들게 된다. 전임자가 인수인계를 하면서 새로운 후임자를 주재국 인사들에게 소개시켜 주는 것은 매우 중요하다. 후임자는 주요 인사들에게 부임 인사를 다니고 그 후 저녁식사 등을 통해 친밀한 관계를 형성해야 한다. 주재국의 주요 인사는 주재국 외교부의 담당 직원들, 주요 부처 공무원들, 정치인들, 언론인, 법조인, 기업인, NGO 관계자들, 연구기관의 학자들, 대학교수들, 현지 사정에 밝은 교민들 등이다. 이들을 정기적으로 만나 주재국의 정치, 외교, 경제, 사회 현안들에 대해 이야기를 나누고 여기서 수집한 정보들을 정리해 본부에 보고하는 일을 한다.

좋은 외교관은 절대 밥을 혼자 먹지 않는다는 이야기가 있다. 이 말은 외교관은 인적 네트워크 구축이나 정보수집을 위해 식사를 기회로 활용해야 한다는 말이다. 물론 이러한 활동을 위한 예산(외교 네트워크 구축비)도 책정되어 있다. 주재국에 나와 있는 다른 나라의 외교관들과도 친밀한 관계를 유지해야 한다. 모든 나라의 외교관들이 정보수집을 하기 때문에 내가 필요한 정보 그리고 내가 갖고 있지 않은 정보를 타국 외교관들이 가지고 있는 경우가 있다. 내 경우에도 말레이시아에 주재한 북한 대사관의 동향 같은 정보는 북한과 친밀한 관계를 갖고 있는 동남아시아 국가들이 많이 가지고 있어서 그런 나라의 대사들과의 만남을 통해 많은 정보를 얻을 수 있었다. 이런 통로를 통해 정보를 얻기 위해서는 타국 외교관들과 평소에 친밀한 관계를 맺어 두어야 한다. 타국 대사관들의 같은 직급 외교관들과의 모임을 만든다든지 특정 지역 외교관들의 모임(예를 들어 한·중·일 정무 담당 외교관 모임)을 구성해서 인적 네트워크를 만들고 유대 관계를 유지하는 노력들을 한다.

대사들 간의 비공식 모임도 매우 중요한데 외교적으로 가까운 나라이거나 정보력이 좋은 나라, 또는 대사 개인의 사교성 등에 따라 비공식 모임에 초대 받을 가능성이 커진다. 나의 경험을 이야기해 보면 2016년 주재국 말레이시아에서 주말레이시아 스리랑카 대사가 공항에서 스리랑카 교민 시위대들에 공격을 당한 일이 있었다. 대사는 본국에서 국제회의 참석차 말레이시아에 온 전직 스리랑카 대통령을 배웅하러 공항에 나왔다가 타밀(Tamil) 반군을 지지하는 인도계 스리랑카 시위자들로부터 폭행을 당했던 것이다. 현직 대사가 공항에서 피습을 당한 것은 심각한 외교 문제이기 때문에 말레이시아 주재 대사들은 집단적으로 말레이시아 외교부에 대사들에 대한 경호 및 안전보장 문제를 요구하고 있었다. 어느 날 가깝게 지내던 터키 대사에게서 전화가 왔는데 자신이 말레이시아 내무부 차관을 초청해 이번 사태에 대한 설명과 보안 강화에 관한 대화를 나누는 자리를 마련했는데 나를 초청하고 싶다는 이야기를 했다. 그렇지 않아도 사안에 대한 자세한 정보도 필요하고 내무부 차관과 인사할 기회를 찾고 있었기에 초대에 감사함을 표하고 터키 대사관저에서 열린 오찬 모임에 갔다. 나를 포함해 여섯 명의 대사들만 초청한 조촐한 모임이었고 덕분에 내무부 차관과 인사할 기회를 갖고 그 계기로 친해져 나중에 김정남 암살 사건 때에 많은 도움을 받을 수 있었다. 터키 대사는 내가 평소에 "한국과 터키는 형제 나라"라는 이야기를 하며 각별히 대접을 하고 챙겨준 데에 대한 보답으로 나를 초청했던 것 같다. 사석에서는 "You are my sister"라고 농담을 하며 친하게 지낸 것이 외교 활동에 큰 도움이 된 것이다(터키 대사는 여성 대사였다).

두 번째로 외교관들이 많은 시간을 할애하는 일은 바로 전문 읽고, 쓰기이다. 전문 읽기와 쓰기는 곧 본부의 지시를 확인하고 거기에 대한 보고를 하는 것을 말한다. 전문은 본부와 재외공관 간에 오고 가는 공문을 말하는데 예전에 본국에 대한 보고를 전보를 통해 보내던 때에 사용하던 말인 전문(電文)이 아직도 그대로 사용되고 있는 것이다. 물론 지금은 인터넷을 통해 전문이 오가고 있다. 전문은 외교관이 수집한 정보를 보내거나 본부에서 지시하거나 문의한 사항에 대한 답변을 보내기 위해 가장 많이 쓴다. 예를 들어 서울 외교부 본부에서 주재국 외교부에 가서 한국에서 열리는 국제 행사에 주재국 정부대표단 파견을 요청하라고 지시하면 담당 외교관은 주재국 외교부를 방문해 이러한 초청 의사를 전하고 참석 여부를 확인하여 본국에 보고해야 한다. 예를 들어 "원칙적으로 참석할 예정이나 행사 일자가 자국의 국제 행사와 겹쳐 장관이 참석하기 어려울 수도 있다. 행사가 가까워지면 확정해 알려주겠다"라는 담당자의 답변을 받았다고 전문으로 보고하는 것이다.

전문은 외교관의 인사평정에 중요한 기준이 된다. 다시 말해 일을 많이 하면 많은 전문을 쓸 수밖에 없기 때문에 본부에 보내는 전문의 수가 인사고과에 반영된다. 공관에서 정무 분야를 담당하는 외교관들이 특히 그렇다. 외교관들은 본부에서 요청한 정보 이외에도 본인이 읽은 주재국 관련 언론 기사들을 요약해서 현지 정세 보고 전문으로 보내기도 한다. 이러한 이유로 서울의 본부와 공관 간에 오고 가는 전문은 계속 늘어나고 있는 실정이다. 외교관들은 출근해서부터 전날 퇴근 후에 본부에서 온 전문을 읽거나 본부 전문의 지시에 답변하기 위해 주재국 인사들을 면담하거나 언론 기사들을 꼼꼼히 읽거나 주재국 외교부 담당자와의 면담을 잡아 주재국의 의사나 답변을 청취하고 결과들을 전문으로 작성하느라 늘 바쁘다.

세 번째, 외교관들은 국익을 확보하기 위한 임무를 수행한다. 각 공관마다 달성해야 할 주요 성과 목표들이 있고 담당 외교관들은 그 사안에서 성과를 내기 위해 분주하게 돌아다닌다. 위에서 말한 정보수집과 그를 위한 면담, 정보 보고를 위한 전문 쓰기는 물론 기본으로 해야 하는 일들이고 자신에게 부여된 목표들을 달성하기 위한 업무들을 추진해야 한다. 한국 기업들을 지원하는 상무 담당자의 경우, 한국 기업이 수출에 대한 예비 덤핑 판정(한국 기업이 턱없는 저가로 수출해 주재국의 경재 기업에 피해를 주었다는 판정)을 받게 될 경우 반드시 이를 막아야 한다. 주재국의 통상산업부에 들어가 담당자를 만나 한국 기업의 수출이 주재국 기업에 피해를 주지 않았음을 설명하고 덤핑 본 판정에서 한국 기업을 빼줄 것을 요구해서 관철시켜야 한다. 이런 일들은 한두 번의 면담으로 끝나지 않으며 많은 경우 대사까지 움직여서 더 윗선에서 다양한 차원(외교적 차원, 다른 사안과의 연계 등)에서 접근하여 풀어야 한다. 시간도 많이 걸리고 많은 인원이 매달려 노력해야 하는 사안이다. 내가 대사로 근무할 때 주말레이시아 한국 대사관의 핵심 과제 중의 하나는 당시 말레이시아와 싱가포르가 추진 중이던 쿠알라룸푸르-싱가포르 고속철 사업을 한국 기업이 수주할 수 있도록 한국 기업을 지원하는 일이었다. 담당자이던 국토관(국토부 파견) 이외에도 상무관, 그리고 공사, 대사가 모두 매달려 한국 기업의 수주를 위해 뛰어다녀야 했다. 입찰에 관련된 주요 인사들을 한국으로 초청하도록 서울 본부 측에 요청하고 도움이 될 만한 모든 인사를 면담해 한국 고속철의 우수성을 홍보해야 했으며 신문 인터뷰나 특별 기고 등을 통해 말레이시아 대중들에게도 한국의 고속철을 선택해야 하는 이유를 설득하는 일들을 해야 했다. 본국에서 이 일로 방문하는 국토부 장차관이 이끄는 출장단을 지원하고 이들이 만나길 원하는 현지 인사들과의 면담을 주선하고 배석하고 또 면담 결과를 정리해 보고하고 하는 일들이 수도 없이 이루어졌다. 한국의 고속철 사업단과 컨소시엄을 맺을 현지 파트너를 찾아내는 일도 어려운 일이었다. 중국은 돈의 힘을 앞세워 엄청나게 유리한 조건들을 제시하며 말레이시아 정부를 설득하고 있었고 일본은 고위대표단이 한 달에 한 번씩 쿠알라룸푸르를 방문해 수상을 면담하는 외교적 공세에 총력을 기울이고 있었다. 힘에 부치는 싸움을 하는 말레이시아 주재 한국 대사관으로서는 서울 외교부 본부에 최고위급 대표단(총리 이상)의 파견을 요청하고 그냥 최선을 다해서 뛰는 수밖에 없었다(결국 총리는 오시지 못했지만 의전 서열 2위인 국회의장이 공식 방문하셨다). 이런 상황은 단지 말레이시아뿐만 아니다. 모든 재외공관이 당면 현안과 성과 목표가 있다. 원전을 수출하는 일, 한국의 수출품에 대한 무역 장벽을 해소하는 일, 상대국 정상의 방한을 성사시키는 일(아마도 2021년 주중 한국 대사관의 핵심 목표가 이것이었을 것으로 생각한다) 등 일상적 업무 이외에도 부여된 목표 달성을 위해 해외 공관은 늘 정신없이 바쁘게 돌아간다.

네 번째, 외교관들의 주요 업무 중 요즘 들어 더 강조되고 있는 업무가 있다. 바로 주재국 국민과의 관계를 강화하기 위한 업무이다. 보통 공공외교라고 부르는 이 업무는 상대국 정부가 아닌 상대국 대중을 상대로 하는 외교를 말한다. 상대국 대중들이 한국에 호감을 갖고 친밀감을 갖도록 하는 일은 매우 중요하다. 한국의 해외 공관들은 정무, 경제, 공공외교의 3대 축을 중심으로 일하고 있다. 대사는 물론이고 문화, 교육 담당자는 물론 정무 담당 외교관들도 한국의 대외정책들을 설명하는 일을 상대국의 여론 주도층을 대상으로 열심히 하고 있다. 실제로 주말레이시아 한국 대사인 내 업무만 살펴봐도 하루 업무의 절반 정도는 공공외교로 분류할 수 있는 일이었다. 내 하루 일과를 공공외교 중심으로 가상해서 구성해 보기로 하자. 오전에 현지 라디오 채널 〈모닝 그릴(Morning Grill)〉 생방송에 출연해 최근 한국과 관련된 현안에 대해 인터뷰를 하고 점심에는 문화체육관광부가 해외에서 운영하는 '코리아 플라자(Korea Plaza)'에서 열리는 한식 만들기 행사에 가서 말레이시아 사람들과 한국에 대한 질의·응답을 하고 주재국 내의 한국 K-Pop 팬클럽 회원들과 김밥 만들기를 한다. 오후에는 말레이시아 태권도 협회가 주최하는 태권도 대회 개막식에 참석해서 인사하고 한국에서 온 태권도 시범단들을 격려하고 이들 시범단의 시범을 참관한 후 참가자들과 사진 촬영을 한다. 저녁 행사에 가기 전에 이세탄(Isetan) 백화점 지하에 있는 슈퍼마켓에서 열리는 한국 음식 페스티벌에 참여해서 부스들을 둘러보고 말레이시아 쇼핑객들과 사진 촬영을 한다. 마지막 일정은 한국 영화 상영회 장소인 파빌리온(Pavillion) 쇼핑몰 안에 있는 영화관에 가야 한다. 〈부산행〉 상영 행사에 앞서 한국 영화에 대한 간단한 소개와 인사말을 하고 관객들과 사진 촬영을 한다. 사실 이보다 더 많은 공공외교 행사들이 있지만 대사가 가지 못하는 곳은 공사가 가거나 아니면 담당 직원이 가기도 한다. 공공외교 관련 업무는 계속 늘어나고 있고 외교관들도 그러한 변화를 따라가기 위해 노력하고 있다.

　마지막으로 외교관들이 하는 일 중의 가장 중요한 일은 주재국에 있는 우리 국민을 보호하는 일이다. 보통 영사업무라고 부르는 이 임무는 영사들이 아니라도 모든 외교관들의 기본 업무이다. 가장 많은 업무는 여행 중에 곤란한 상황에 처한 국민들을 지원하는 일이다. 여행 중에 여권을 분실하는 경우 영사관에서 여행증명서를 발급하는 등의 서비스를 제공하는데 이것은 영사관에서 처리하는 업무이다. 여행지에서 범죄의 피해를 입은 우리 국민(여행자나 교민들) 혹은 현지의 법을 위반한 혐의로 현지 경찰서에 구금된 우리 국민이 대사관이나 영사관에 도움을 청하는 연락을 하면 연락을 받는 즉시 경찰서에 가서 우리 국민이 안전한지, 부당한 대우를 받고 있는 것은 아닌지 확인하고 한국에 있는 가족들과의 연락이나 변호사가 필요하다면 변호사를 소개해 주기도 한다. 구금된 경우에는 필요한 물품들을 구입해 넣어주고 영치금을 대납(이것은 영사들이 개인적 차원해서 도움을 주는 것이다)해 주기도 한다. 말레이시아 한국 대사관의 경우 경찰영사 1명과 행정원 1명이 이 업무(사건·사고 업무)를 담당하고 있고 일반 영사 1명도 필요한 경우 이 업무에 투입된다. 재외국민 보호는 외교부가 가장 심혈을 기울이지만 가장 외교부를 애먹이는 업무이다. 100명이 만족하더라도 이 100명은 아무런 목소리를 내지 않지만 만족하지 못한 1~2명이 제기하는 불만이나 민원만이 언론에 대서특필 되고 아니면 사이버공간에서 확산된다. 영사업무에 관해서는 뒤에 조금 더 자세하게 다루어볼 것이다.

　'꿀 빼는 외교관들'이라는 비난이나 '내가 낸 세금으로 흥청망청 노는 세금 도둑들'이라는 외교관들에 대한 비난은 짧은 외교관 생활을 경험해 본 나로서도 받아들이기 어려운 비난이다. 비교적 환경이 좋은 공관에 속하는 말레이시아보다 열악한 공관이 전체 공관의 70% 이상은 된다고 생각한다. 이들 공관에서 3~4명의 외교부 직원과 1~2명의 타 부처 주재관들 그리고 현지 행정원들이 어려운 환경 속에서 일하고 있다. 언론에 대서특필 되는 소수의 외교관들의 범죄나 추태들이 절대로 모든 외교관을 대표한다고 생각해서는 안 된다. 그런 외교관들은 정말 소수이고 외교관이 되어서는 안 되는 사람들이다. 외교부와 대부분의 외교관들도 이들 같은 동료들의 피해자라는 것을 꼭 알아주었으면 한다.

⟡ DIPLOMACY ⟡

외교관은 공인된 스파이인가?
외교관의 정보수집 활동

2019년 영국에 거주하고 있는 전 러시아 스파이 세르게이 스크리팔(Сергей Скрипаль)과 그의 딸이 독극물을 통한 암살 공격을 받았다. 영국 정부는 이것이 러시아 스파이들의 소행이라고 발표하고 영국 주재 러시아 외교관 23명을 추방했다. 총리 테레사 메이(Theresa May)는 추방된 외교관들이 러시아 정보 요원들이라고 말했다. 쉽게 말해 스파이라는 것이다. 사실 모든 나라의 대사관에는 정보기관 직원들이 외교관 신분으로 일하고 있다. 쉽게 말하면 한국에 있는 미국 대사관에는 미국 중앙정보국(CIA) 정보 요원들이 외교관 신분으로 근무하고 있고 한국의 국정원 직원들도 해외에 있는 우리 외교공관에 파견되어 외교관 신분으로 일하고 있다. 이러한 관행은 일반적인 것이며 모든 나라가 자국의 수도에 있는 외국 대사관에서 그 나라 정보 요원들이 일하고 있다는 것을 알고 있다. 이들은 합법적인 테두리 내에서 정보수집을 해야 하며 그러는 한에 있어서는 주재국 정부는 이들의 활동을 문제 삼지 않는다.

해외 공관에 나가 있는 외교관들의 임무는 크게 다섯 가지 정도로 정리할 수 있다. 한국과 한국의 이익을 대표하는 일, 주재국과 교섭을 하는 임무, 주재국의 정치, 경제, 사회 관련 정보를 수집하는 일, 그리고 주재국에 있는 한국 국민과 한국 기업을 보호하는 일이다. 요즘에는 주재국 대중들을 상대로 한국을 알리고 호감을 갖도록 하는 활동인 공공외교도 매우 중요한 임무로 강조되고 있다. 이 중에서 대부분의 재외공관이 가장 많은 에너지를 쏟는 임무가 주재국에 관한 정보수집 임무이다. 그래서 어떤 의미에서는 모든 외교관은 정보 요원이라고 말할 수 있을 것이다. 1961년에 만들어진 외교에 관한 비엔나 협약 제3조 제1항 (d)에는 외교관의 가장 중요한 임무 중 하나로 '모든 합법적인 방법에 의한 접수국의 사정과 발전의 확인과 파견국 정부에 대한 상기 사항의 보고'가 명시되어 있다.

애초에 상주공관이 생기고 상주 외교관을 파견한 가장 큰 이유가 그 나라에서 일어나는 일을 파악하고 분석해서 본국에 보고하기 위함이었다. 이 당시는 근대적 주권국가가 자리를 잡아가는 시기였고 모든 나라가 자신들에게 적대적인 국가들이 자국을 침략하거나 전복시키지 않을까 하는 두려움을 가지고 있었고 그러한 움직임을 미리 파악하기 위해 자국의 해외 상주 외교관들의 정보에 의존하고 있었다. 접수국은 접수국대로 타국의 외교관들이 자국의 반대 세력과 결탁하여 정부 전복을 도모하는 간첩 활동을 하지 않을까 두려워했다. 그래서 그때부터 외교관은 주재국의 국내 정치에 간섭해서는 안 된다는 내정간섭 불가의 원칙들이 강조되었고 파견국이 보내는 외교관들에 대한 접수국의 동의[아그레망(agrément)] 관습이 생겨났다. 접수국은 자국의 안정에 위해가 될 만한 사람이나 의심이 가는 사람은 거부할 수 있는 권리를 행사하도록 한 것이다. 1961년 비엔나 협약에서는 이러한 접수국들의 우려가 반영된 조항들이 법으로 제도화되었다. 접수국의 권리들을 말하는 것인데, 외교관 외에도 무관(군사 관련 업무를 담당하는 외교관, 군에서 파견함)들에 대해서도 접수국이 아그레망 절차를 요구할 수 있다는 조항(제7조)이 포함되었고 외교관들의 접수국 내 이동에 대해 제한을 둘 수 있는 조항도 포함되었다(제26조). 외교관의 정보수집 활동을 보장하면서도 이들이 자국의 안녕에 위협이 되지 않도록 하는 조치들을 취할 수 있게 접수국의 권리를 보장해 준 것이다.

외교관들이 정보를 수집하는 가장 중요한 통로는 주재국 사람들을 만나는 것이다. 특히 외교관들은 주재국의 정부 관리들, 정치인 이외에도 정치, 경제, 사회에 영향력을 가지고 있는 학자, 언론인, 기업인, 시민단체 인사들을 만나게 된다. 이런 주재국 인사들로부터 얻는 주재국 관련 정보들은 취합하여 전문을 통해 본국에 보고하고 본부에서는 이런 보고서들을 취합, 분석하여 외교 상대국의 국내 정치나 주요 정책들을 파악하고 대응이 필요한 사항에 대해서는 정부 차원의 대응책을 마련하게 된다.

이러한 일은 외교관에게 허용된 업무이기 때문에 문제가 없지만 문제는 이러한 활동이 법의 테두리 안에서 수행되는 활동인지 아닌지는 때때로 주재국 정부에 의해 매우 자의적으로 판단되기도 한다는 점이다. 1996년 9월 24일 미국 워싱턴 D.C. 포트마이어 육군 장교 클럽에서는 주미 한국 대사관 주최로 '한국 국군의 날' 행사가 열리고 있었다. 대사관 해군 무관 백동일 대령은 평소에 업무 관계로 가깝게 지내던 재미동포 시민권자인 로버트 김을 초대했다. 로버트 김은 미국 해군정보국에서 19년 동안 정보분석가로 일하고 있었고 1995년 한미해군정보교류회의에서 한국 측 행사 준비 담당자인 백동일 대령을 만나게 되었다. 행사가 진행되던 중 FBI 요원들이 나타나 로버트 김을 바깥으로 불러낸 뒤 스파이 혐의로 체포했다. 혐의는 로버트 김이 백동일 대령에게 북한 관련 정보(북한 무기 수출입 현황, 북한군 휴전선 배치 실태 등등) 50여 건을 우편이나 전화로 백 대령에게 제공했다는 것이었다. 이 가운데 39건은 백 대령에 의해 한국 정부에 보고되었다. 로버트 김과 변호인은 넘겨준 자료가 이미 호주를 포함한 우방국에 제공된 정보이고 미국의 안보를 위협할 정보도 아니며 간첩 활동이었다면 우편과 같은 방법으로 전달했을 리 없다고 항변했지만 검찰 측은 백 대령과 로버트 김의 대화 도청 기록을 제출하며 간첩 혐의가 있음을 주장했다. 결국 로버트 김은 혐의 사실을 인정하는 대가로 간첩죄 대신 형량이 가벼운 기밀 유출죄로 기소되어 징역 9년에 보호관찰 3년형을 선고받아 복역하다 2004년 출소하고 1년의 보호관찰 기간 후 집행정지 결정으로 자유의 몸이 되었다. 백동일 대령은 외교관 신분이었기 때문에 외교관 면책특권으로 법적 처벌은 받지 않고 미국 정부에 의해 기피 인물(persona non grata)로 지정되어 강제 추방되었다. 그 이후 한국에서도 미국의 요구로 주한미군과 관련된 업무에서는 배제되었고 미국 입국 비자 신청도 모두 거부되어 아들들이 사는 미국에 한 번도 들어가지 못했다.

이 사건은 동맹국 외교관의 첩보수집 활동에 대해 간첩죄를 적용한 사건으로 한국 측에는 충격으로 받아들여졌다. 로버트 김은 대부분 기밀로 분류되지 않은 정보들만 백 대령에게 제공했고 대부분은 이미 다른 우방국에게도 제공된 정보라서 문제가 되지 않을 것으로 생각했다고 증언했다. 미국이 눈감아 줄 수도 있는 이러한 정보수집 활동을 문제 삼아 법적 처벌을 하고 백 대령을 추방한 것은 몇 가지 이유로 설명할 수 있을 것이다. 하나는 북한에 대한 고급 정보가 한국에 전달되었을 때 이러한 내용들이 한국 언론에 공개되는 경우가 많았다. 그럴 경우 북한이 정보 출처가 미국이라는 것을 알게 되고 결국 미국의 대북 정보수집 활동에 타격을 받게 될 것이기 때문에 이러한 한국의 정보수집 활동을 중단시키고 또 북한에도 한국에 민감한 정보를 제공하지 않는다는 신호를 보내기 위해 미국이 의도적으로 문제를 삼은 것일 수 있다. 두 번째는 백 대령의 증언에서 나온 이야기인데 당시 미 해군이 한국에 C4I(지휘통제통신컴퓨터 및 정보) 관련 장비를 한국에 팔기 위해 노력 중이었는데 로버트 김이 한국 해군 측에 이 시스템이 한국 실정에 잘 맞지 않으니 심사숙고하라는 조언을 한 것을 FBI 측이 도청을 통해 파악하면서 로버트 김이 미국의 국익을 해치는 활동을 하고 있다고 보고 로버트 김을 기소한 것이라는 설명이다. 마지막으로 이 당시 김영삼 정부 시기에는 한미관계가 매우 악화된 시기였었다. 김영삼 대통령은 1994년 한국을 배제한 채 미국과 북한이 제네바 합의를 한 것에 대해 크게 분노했고 ≪뉴욕타임스(The New York Times)≫와의 회견에서 미국이 대북한 협상에서 순진하고 북한에 끌려다닌다며 불만을 표시했다. 미국은 김영삼 대통령이 미국 대북정책의 훼방꾼이라는 인식을 가졌고 북한에 대해 강경책을 쓰는 김영삼 정부를 골칫덩이로 생각했다. 이러한 한미관계의 악화는 한국 무관의 정보수집 활동에 대한 미국의 허용도에 영향을 미쳤고 법에 따른 엄격한 처리를 가져왔다고도 볼 수 있을 것이다.

조성우 주러시아 대사관 참사관 추방 사건 역시 러시아가 러시아 주재 한국 외교관의 정보수집 활동을 문제 삼아 간첩혐의로 추방하면서 한·러 양국 간에 생긴 외교 갈등이다. 1998년 7월 4일 주러시아 한국 대사관의 조성우 참사관은 러시아 외무성의 모이세예프(Моисеев) 아주국(아시아 국가들을 담당하는 국) 부국장 집에서 나오다 러시아 연방보안국(FSB)에 의해 현행범으로 연행되어 2시간 동안 신문을 받았고 조서를 쓰고 자필 서명을 한 뒤 풀려나왔다. 당시 조성우 참사관은 서류 봉투를 가지고 있었으며 모이세예프 부국장도 간첩죄로 체포되었는데 그는 조성우 참사관으로부터 뇌물을 받고 정보를 건넨 혐의로 기소되었다. 그 후 조성우 참사관은 기피 인물로 지정되어 3

일 내에 러시아를 떠나라는 통보를 받고 러시아를 떠났다. 러시아의 한국 외교관 추방에 대해 한국 정부는 주한 러시아 대사관의 올레그 아브람킨(Oleg Abramkin) 참사관을 간첩 활동 혐의로 맞추방 했고 이로 인해 러시아와 한국이 심각한 외교 갈등을 빚게 되었다. 조성우 참사관은 당시 안기부에서 파견된 정보 요원이었고 아브람킨 참사관 역시 러시아 해외정보국(SVR) 소속의 정보 요원이었다. 결국 한국의 이러한 조치에 격분한 러시아는 러시아에서 양국의 합의하에 활동하던 안기부 소속 한국 정보 요원 5명을 압박하여 철수하도록 했고 이로 인해 한국의 정보수집 활동이 크게 위축되었다. 이러한 외교적 파장으로 인해 당시 한국 외교부 장관이 경질되었다.

한국과 러시아 모두 조성우 참사관이나 아브람킨 참사관이 정보기관에서 파견된 요원이라는 사실을 알고 있었고 조성우 참사관과 함께 체포된 모이세예프 부국장 역시 러시아 외교부 내 한국통으로 조성우 참사관과 매우 긴밀히 접촉하면서 한국의 정보수집 활동에 도움을 주고 있었다. 이런 관계가 가능한 것은 물론 한국과 러시아가 수교하면서 양국 사이에 맺은 정보협력 협정의 결과이다. 이렇게 양국의 약속하에 이루어지고 있던 정보수집 활동이 갑자기 간첩 행위로 지목되어 한국 외교관이 추방당하고 러시아 측 상대도 기소되어 12년 형을 선고(이후 무죄로 풀려나게 된다) 받게 된 것은 왜인가? 당시 많은 추측들이 있었지만 하나만 소개하면 한·러 수교 이후 러시아 외교부 내에서 한반도 전문가들 가운데 수적 우위와 더 큰 영향력이 있던 친북한파들의 세력이 약화되고 친남한파들이 우위에 서게 되면서 이들 사이에 갈등과 알력이 생겼고 친남한파들에게 타격을 가하려는 친북한파들의 공작으로 인해 조성우 참사관과 친남한 세력의 핵심인 모이세예프 부국장이 희생양이 되었다는 이야기가 설득력 있게 돌아다녔다. 또 이러한 과정에서 한국이 러시아에게 제공한 30억 달러의 차관(실제로는 14억 7000만 달러)의 상환이 러시아의 경제적 어려움으로 인해 늦어지고 있는 상황에서 한국이 빚 독촉을 하고, 이러한 내용이 한국 국회에서 야당 의원들이 정부를 공격하는 단골 메뉴로 활용되면서 국내 신문에 대서특필 되었다. 이에 대해 러시아가 매우 모욕적으로 느끼면서 러시아 정부 내에서 반한 감정이 악화되었고 한국 정부를 한번 손봐야 한다는 분위기가 있었다는 이야기도 있다. 외교관 그리고 외교관 신분으로 파견된 정보기관 직원들의 정보수집 활동은 일상적인 일이다. 다만 간첩으로 몰려 추방당하는 불상사를 겪지 않기 위해서는 법의 테두리를 넘어서는 지나치게 적극적인 정보수집 활동을 삼가고 양국 관계의 기류를 잘 살펴야 할 것이다.

☙ DIPLOMACY ❧

외교관 여권을 받은 BTS, 면책특권을 갖게 된다?
외교관 여권과 면책특권

2021년 9월 14일 정부는 BTS를 '미래 세대와 문화를 위한 대통령 특별사절'로 임명하고 대통령의 유엔(UN) 총회 연설 행사에 동행하도록 했다. 이 소식이 전해진 후 화제가 되었던 것은 BTS 멤버들이 붉은색 표지의 외교관 여권을 발급받은 사실이다. BTS 멤버들은 어떻게 외교관 여권을 발급받게 되었을까? 2020년 10월 '국민의 힘'당 조수진 의원실은 외교부, 법무부로부터 제출받은 자료를 근거로 추미애 법무부 장관이 외교관 여권을 소지하고 있으며 이것을 반납해야 함에도 반납하지 않고 있다고 밝힌 바 있다. 그렇다면 BTS, 추미애 전 장관은 외교관도 아니면서 어떻게 외교관 여권을 가지고 있는 것일까?

외교관 여권 발급 대상은 나라마다 다르다. 한국의 경우 외교관 외에도 전·현직 대통령, 국무총리와 국회의장, 대법원장, 헌법재판소장 등 4부 요인과 그 가족들(배우자와 만 27세 미만 미혼 자녀만)이 발급 대상이다. 외교부 직원이 아닌 정부 타 부처의 직원들도 재외공관에 파견되어 주재관으로 일할 경우 외교관 여권을 발급받게 된다. 그 외에 국회 외교통일위원회 소속 국회의원들에게도 원활한 외교업무 수행을 위해 외교관 여권을 발급하고 있다. 물론 외교통일위원회 위원의 임기가 끝나고 6개월 이내에 외교관 여권을 반납해야 한다. 추미애 장관의 경우 외교통일위원회 소속일 때 발급받은 것을 임기가 끝나고도 반납하지 않은 것으로 보인다. BTS 멤버들이 외교관 여권을 발급받은 이유는 이들이 대통령 특별사절(문화특사)로 정식 임명되었기 때문이다. '여권법 시행령' 제10조 제4호에는 특별사절에게 외교관 여권을 발급할 수 있다고 되어 있다. 하지만 이 여권은 특사 임무를 수행할 때만 사용해야 하고 BTS가 개인적 사유로 해외에 나갈 경우 일반 여권을 사용해야 한다.

추미애 전 장관의 외교관 여권 미반납을 야당에서 문제를 삼는 이유는 물론 규정을 지키지 않았다는 이유도 있지만 외교관 여권에 많은 혜택이 있다는 인식이 한몫을 했다고 생각한다. BTS가 외교관 여권을 발급받은 이후 여러 온라인 포스팅에 외교관 여권에 대한 이야기들이 올라왔는데 그중 내 관심을 끈 것은 BTS가 외교관 여권을 발급받았기 때문에 면책특권을 갖게 되었다는 내용이다. "외교관 여권 소지자는 경범죄에 대해서는 면책특권이 주어진다"라는 글들이 올라왔다. 과연 외교관 여권을 소지하고 미국에 가는 BTS는 면책특권을 갖게 될까?

외교관 여권 소지자가 누릴 수 있는 혜택에 대한 일반인의 생각은 틀린 점, 과장된 점이 많다. 인터넷에 떠도는 외교관 여권의 혜택 정보는 사실 거의 다 부정확한 정보이다(별도의 꼭지에 자세히 설명하겠다). 특히 강조하고 싶은 것은 외교관 여권을 가졌다고 다 면책특권을 갖는 것이 아니라는 점이다. 2019년 11월 몽골의 헌법재판소장이 한국으로 오는 비행기 안에서 여성 승무원을 성추행한 혐의로 체포되었다. 이들 일행은 외교관 여권을 소지하고 있었으며 외교관 면책특권을 주장해서 한국 경찰은 이들을 풀어주었다. 경찰에서는 한국 외교부에 이들의 면책특권 여부를 문의했고 외교부는 이들이 외교관 여권을 소지하고 있지만 외교관이 아니며 따라서 면책특권을 주장할 수 없다고 답변했다. 이에 따라 경찰은 이들을 입건했다. 이 사건에서도 알 수 있듯이 외교관 여권을 가지고 있다고 외교관 면책특권이 자동적으로 부여되는 것은 아니다.

기본적으로 면책특권은 타국에서 주재하며 활동하는 외교관들을 보호하기 위한 제도이다. 면책특권은 주재국 외교부의 외교관 명단에 정식으로 등재되어 있는 상주 외교관에게만 해당이 된다. 이것은 권리이며 주재국은 면책특권 행사를 존중해 주어야 한다. 그러나 외교관 여권을 가진 외교관이라 할지라도 본부에서 근무하는 사람은 사실 면책특권과 별 관련이 없다. 서울 외교부 본부에서 근무하는 외교관이 휴가 때 외국에 놀러갔다가 범법 행위를 했을 경우 외교관 여권을 소지하고 있더라도 면책특권을 행사할 수 없다. 그렇다면 문재인 대통령의 UN 행사에 동반한 BTS가 정식으로 특사 임명을 받고 외교관 여권을 소지했는데 만일 한 멤버가 미국에서 범죄를 저지른 경우 면책특권을 행사할 수 있을까? 이 질문에 대한 답은 사실 좀 복잡하다. 우선 이런 가상적인 질문에 기분이 나빠진 아미 여러분이 있으시다면 먼저 양해를 구한다. 질문에 간단히 답하면 BTS는 미국 상주 외교관이 아니기 때문에 면책특권(권리)이 없다. 그런 특권을 줄 것인지는 미국 정부의 재량권이 된다. 사실 더 복잡한 것은 UN 본부와 미국은 별개의 법적 주체(UN 본부 지역은 미국 안에 있을 뿐이지 미국이 아니라 UN의 치외법권 지역이다)라서 BTS의 출장은 UN과의 문제이다 보니 혹시 한국 정부에서 면책특권 문제가 제기되더라도 미국 정부가 면책특권을 부여할 가능성이 더 희박하다. 아마도 UN 본부와 미국 국무부의 협의가 필요할 것이고 미국 외교부의 재량에 달려 있을 것이다. 정리해 보면 면책특권은 외교관 여권 소지 여부와는 관계가 없다. 혹시 외교관 여권이 마법의 패스 같은 것으로 생각했다면 잘못 생각한 것이다.

🔖 DIPLOMACY 🔖

파티와 외교관

부러우면 니가 가라

나는 대사로 근무했던 말레이시아에서 길고양이를 입양해 한국에 데려왔다. 특별할 것도 없는 검은색, 흰색이 섞인 길에서 흔히 볼 수 있는 일명 턱시도 고양이다. 말레이시아는 무슬림 국가라 개는 불결한 동물로 생각하고 매우 싫어한다. 반대로 고양이는 무척 사랑을 받는다. 동네 식당에 가도 야외 좌석 주변에는 항상 그 식당을 무대로 사는 고양이들이 몇 마리씩 있고 손님들은 먹을 것을 주면서 귀여워한다. 그래서 동네마다 길고양이들이 많이 돌아다닌다. 어느 날 엄마, 아빠를 보러 한국에서 온 아들이 밖에 나갔다 관저로 걸어 들어오는데 고양이 한 마리가 아들을 따라왔다. 아들은 그 고양이가 귀여워 과자를 주었고 그 후 고양이는 매일 관저 현관 앞으로 놀러왔다. 고양이 먹이를 사서 주고 물그릇도 만들어 물도 주고 했더니 어느 날부터 현관 앞에서 자기 시작했다. 결국 한 달 후에는 관저 안에서 사는 우리 집 고양이가 되었다. 나는 원래 고양이를 무서워했다. 내가 살던 아파트 단지의 캣맘(고양이에게 밥을 주는 분들)과 말싸움을 한 적도 있다. 지금은 한강 둔

치에 운동하러 갈 때 고양이 먹이를 가져가 여기저기 고양이들 먹이 접시가 있는 곳에 먹이를 두고 오는 소극적 캣대디(cat daddy)가 되었다. 우리 식구들은 이런 나를 보고 무슨 조화냐며 놀라워한다. 내가 어쩌다 고양이를 사랑하게 되었을까?

대사 시절 찍은 사진 중에 언제나 나를 뭐라 표현하기 어려운 짙은 감상에 빠지게 하는 사진이 있다. 밤에 찍은 사진인데 내가 관저 현관 앞 계단에서 우리 고양이 '탱고'를 어루만지고 있는 사진이다. 이때는 탱고가 관저 현관 앞에서 살 때이다. 그 사진에서 나는 넥타이를 푼 정장 차림에 술기운이 도는 붉은 얼굴로 탱고를 만지며 행복하게 웃고 있다. 이 사진을 찍을 때의 기분과 감정선을 정확히 기억한다. 아마도 일이 많던 어느 날 어떤 나라의 국경일 행사에 갔다가 피곤과 행사장에서 마신 와인의 취기에 젖은 채 차 뒷자리에 구겨져 있다가 차가 관저 현관 앞에 들어섰을 때 그 계단 앞에서 마치 나를 기다리고 있었던 것처럼 얌전히 앉아 나를 쳐다보는 탱고를 발견했었다. 차에서 내려 탱고 옆 계단에 앉아 탱고를 쓰다듬어 주었다. "탱고야 니가 나를 기다리고 있었구나." 취기 때문인지 호르몬 때문인지 눈물이 차올랐다. 그때 알았다. 내가 이 생활을 힘들어하고 있다는 것을. 지금도 우리 둘을 본 집사람이 찍어준 그 사진을 보면 탱고를 어루만지며 웃는 내 모습에 겹쳐져 위로가 필요했던 지친 유 대사가 보인다.

이 글을 읽는 분들의 대부분은 나의 이러한 감정에 공감하기 어려울 수도 있다. 단지 내 입장이 되어 보지 못했기 때문이 아니라 보통 사람들이 가지고 있는 외교관 그리고 대사에 대한 선입견 때문에 그럴 것이다. 외교관 하면 떠오르는 이미지 중의 하나가 턱시도 아니면 말끔한 정장을 입고 파티를 하는 모습이다. 한 손에 샴페인 잔을 들고 화려하게 차려입은 사람들과 유쾌한 표정으로 담소를 나누는 모습. 이게 외교관이나 대사에 관한 스테레오타입(전형)이 아닐까? '허구한 날 좋은 음식과 술을 먹고 다니는 사람이 왜 힘들다는 타령을 할까'라는 생각을 하기 쉽다. 우선 파티라는 단어가 여러분의 생각에 영향을 미칠 것 같아 분명히 하고 넘어가고 싶다. 외교관들이 말하는 파티나 연회는 절대로 젊은이들이 즐기는 그런 파티가 아니다. 공식적인 행사일 뿐이다. 항상 식전 의식이 있고 연설이 있는 무늬만 연회인 그런 행사 말이다.

사실 대사는 연회에 가는 것이 거의 매일의 저녁 일과이다. 공사도 그런 기회가 많고 참사관, 서기관들은 공식 파티보다는 타국 공관의 참사관, 서기관들과의 모임들이 자주 있다. 쿠알라룸푸르에만 100개에 가까운 외국 공관이 있고 이 중 60개 이상은 크고 작은 규모의 국경일 연회 행사를 개최한다. 대한민국의 국경일 행사(10월 3일 개천절에 열린다)는 600~700명의 하객이 참여하는 대형 행사이지만 형편이 어려운 공관들은 대사관이나 대사관저에서 소수의 말레이시아 외교부 사람들과 자국 교민들을 초청해서 국경일 행사를 한다. 말레이시아에 있는 북한 대사관이 여는 북한 국경일 행사는 북한 식당을 빌려 보통 20~30명 정도만 참여하는 소규모 행사였다. 60개의 국경일 행사 외에 국가별로 또 여러 종류의 연회나 파티들이 있다. 자국의 큰 명절(예를 들어 멕시코 대사관의 "죽은 자의 날" 파티, 남미 음식축제)이나 자국 상공회의소(예를 들어 말레이시아 한인 상공회의소)가 주최하는 파티, 대사나 공사들의 이임 송별 파티 등등 일주일에 6일은 저녁에 연회 일정이 있다고 보면 된다. 대사 커뮤니티는 엄격한 품앗이 관례가 있다. 내가 상대의 행사에 참여해 주어야 상대도 내 행사에 온다. 손님이 없는 썰렁한 연회는 주최국 대사의 게으름을 보여주는 지표이다. 특별한 일이 없으면 다른 나라의 연회에 꼭 참석해야 한다. 여기에 주재국 왕실이나 수상실, 각 부처에서 대사들을 초청하는 연회들도 있다. 이 외에 내가 대사로서 주최하는 파티들이 우리 관저에서 열린다. 본국에서 오는 대표단, 교민들, 한국문화예술 홍보 파티, 현지 언론인 초청 파티 등등 일주일에 두세 번 정도는 이런 연회를 주최해야 한다. 겹치기 출연을 안 하면 소화하기 어려운 일정이다. 그래서 하루에 두 곳 이상의 연회에 가는 것은 기본이다. 한 곳에 가서 인사하고 사진도 찍고 또 바로 나와서 쿠알라룸푸르 시내의 살인적 교통 체증을 뚫고 또 다른 행사에 가서 얼굴을 보여줘야 한다. 이러한 일정들은 물론 수십 개의 전문을 읽고 오찬 모임에 가고 방문자들을 접견하고 한 시간이 걸리는 주재국 외교부에 들어가기도 하는 긴 하루를 보낸 후의 일정이다. 두 번째 저녁 행사를 마치고 관저로 돌아가는 길은 피곤과 스트레스가 부른 음주로 인해 멍한 상태 그 자체이다.

이런 얘기를 지인들에게 한 적이 있는데 그 반응은 대체로 이런 식이었다. "그래도 좋은 음식 먹고 와인 마시며 노는데 불평하면 안 되지." 이해해줄 것이라 생각하고 한 넋두리는 아니지만 꼭 얘기하고 싶은 것은 외교관들에게 연회, 오찬, 만찬(거창하게 들리지만 점심 약속, 저녁 약속을 말하는 것이다)은 업무일 뿐이다. 대사의 모든 연회 일정은 전문용어로 라포(rapport, 유대관계)를 형성하거나 정보를 수집하기 위한 활동의 하나일 뿐이다. 외교관들은 식사나 파티를 하면서 자신이 궁금한 사안들에 대해 질문을 하고 답을 듣기 위해 노력한다. 특히 대사관들의 국경일 행사에는 주재국 정부와 외교부 고위관리들이 꼭 오기 때문에 필히 참석해서 그들과 조용히 이야기 나눌 수 있는 기회를 반드시 잡는다. 어떤 날 저녁에 어떤 나라의 국경일 행사가 있는 경우 정무 담당 참사관이 방으로 찾아와 "오늘 파티에 가시면 주재국 외교부 고위급들이 올 텐데 이런 사항들을 좀 알아봐주십시오"라는 부탁을 하기도 한다. 이럴 때는 파티에 가서 필요한 사람들을 찾아서 날씨 얘기와 같은 스몰 토크(small talk)부터 시작해서 무거운 질문까지 이끌어내는 '업무'를 봐야 한다. 나만 연회에 와서 업무를 보는 게 아니다. 다른 대사들도 나에게 와서 남북관계에서부터 주재국 정부가 발주하는 거대 프로젝트에 관한 한국 기업들의 입찰 참여 여부와 같은 다양한 질문을 하면서 자신들의 숙제를 한다. 말레이시아 기업인들 또한 한국 진출, 수출, 협력 사업 등의 가능성을 가지고 대한민국 대사와 이야기를 나누기 위해 순서를 기다리고 있다.

말레이시아에 주재하는 다른 나라 대사들과 같이 하는 골프 라운딩도 마찬가지이다. 김정남 암살 사건 직후 미국(대사대리), 일본, 싱가포르 대사와 골프 회동을 한 적이 있다. 내가 정보 교류 오찬을 제안했지만 싱가포르 대사가 보안상 골프가 좋겠다고 해서 골프를 하게 된 것이다. 골프 코스를 걸으며 예민한 이야기들을 나누었다. 넷이서 모였지만 미국 대사대리가 한국 대사인 나한테만 공유하고 싶은 얘기들이 있을 때는 둘만 앞서 걸으면서 대화를 나누었다. 그날 어떻게 골프를 쳤는지 스코어는 어땠는지는 전혀 기억이 없다. 보통의 지인들과의 식사 자리도 예외는 아니다. 중국계 말레이시아 기업인들과 개인적으로 친하게 지냈는데 어느 날 저녁을 같이 먹다가 자기 친구들이 모여 있으니 같이 가자해서 자리를 옮긴 적이 있다. 옮긴 식사 자리에서 옆에 앉은 사업가가 자기가 북한 사람들과 친하다며 이야기를 꺼냈다. 그때부터 신경은 온통 그가 아는 쿠알라룸푸르에 있는 북한 사람들에 대한 이야기를 듣는 데 집중되었다. 결국 그날 북한 식당 VIP인 그 중국계 말레이시아 사업가로부터 쿠알라룸푸르에 딱 하나 있는 북한 식당의 영업 관련 사항 그리고 그 식당이 곧 철수할 것이라는 정보를 듣게 되었다. 물론 그날 무얼 먹었는지는 하나도 생각나지 않는다.

말레이시아에 주재하는 대사 중 만찬 행사를 업무적으로 가장 잘 활용하는 대사는 주말레이시아 일본 대사였다. 은퇴를 한두 해 앞둔 노련한 외교관이었는데 만찬을 주최하면서 참석자들에게 알아내고 싶은 것들을 적은 메모지를 손에 쥐고 탁자 밑에서 펼쳐보면서 돌아가면서 질문을 하곤 했다. 가까운 대사들과 말레이시아 친구들을 초대해 내 이임 송별 만찬을 열어주었는데 그 자리에서도 일본 대사는 역시 평소와 다름없이 '업무'에 열중했다. 내가 "대사님 오늘은 저의 송별 만찬인데 좀 쉬시고 재밌는 얘기 하면 어떨까요?"라고 놀렸다. 일본 대사는 멋쩍게 웃으며 "아 미안 미안해요. 오늘은 여기까지만 할게요"라고 해서 모두들 웃었다. 하지만 30여 분이 지나자 일본 대사는 또다시 슬그머니 메모지를 탁자 밑에서 펴보면서 질문을 시작하려다 나한테 들켰다.

순전히 정보수집을 위한 식사 약속들이 꽤 많다. 그 경우 식사를 하면서 끊임없이 질문을 하고 그것들을 기억하기 위해 노력한다. 우리 외교관이 같이 가능 경우는 둘 다 기억을 하기 때문에 끝나고 기억을 맞추어 내용을 정리할 수 있지만 예민한 자리는 혼자 가기 때문에 기억하지 못하면 중요한 이야기를 보고서에 담지 못하게 된다. 밥을 먹으면서도 방금 들은 이야기를 다시 한 번 복기해 뇌에 저장하면서 새로 하는 이야기는 또 암기하는 신공을 발휘한다. 물론 그 사이사이 식사도 계속 해야 한다. 누구는 휴대폰으로 몰래 녹음을 하라는 조언을 하기도 했지만 대체로 대사들은 그것은 해서는 안 되는 행동이라고 생각한다. 친한 사이라면 차라리 간단히 메모를 하겠다고 양해를 구하는 편이 낫다. 사무실에 돌아오거나 관저로 돌아오면 기억이 희미해지기 전에 오늘 들었던 주요한 내용들을 정리해 놓는다. 본부에 보낼 전문을 작성할 때 꼭 필요하기 때문이다. 자, 아직도 외교관들의 파티가 부러우신가? 그렇다면 그 파티 니가 가라.

◈ DIPLOMACY ◈

외교관 면책특권, 요술 지팡이가 아니다

2021년 4월 60대 여성이 이태원의 한 옷가게에 들러 옷을 구경하고 나오다 따라 나온 직원의 제지를 받는다. 문제는 그 손님이 입은 옷이 그 옷가게에서 파는 옷이고 직원은 그 손님이 값을 지불하지 않고 옷을 입고 나가는 것으로 생각하고 확인하기 위해 손님을 제지하고 옷을 확인했던 것이다. 그 옷은 그 손님이 이미 다른 지점에서 구입한 옷이었고 직원은 사과를 하고 돌아왔다. 잠시 후 그 손님은 가게로 다시 돌아와 거칠게 항의하면서 직원의 뒤통수를 때리며 책임자를 데려오라고 항의했고 말리는 직원의 뺨을 때렸다. 옷가게 직원은 경찰을 불렀고 경찰이 왔다. 문제는 여기서부터이다. 그 여자 손님은 현직 주한 벨기에 대사의 부인이었고 부인은 면책특권(Diplomatic Immunity)을 행사하고 조사를 거부하고 집으로 돌아갔다. 언론에서는 피해자는 있는데 가해자는 없는 사건이 되어버렸다고 보도했다. 이유는 대사 부인을 비롯한 외교관의 가족은 1961년 체결된 "외교에 관한 비엔나 협약"에 따라 면책특권이 있고 주재국의 사법절차에서 면제가 되기 때문이다. 따라서 벨기에 대사 부인은 사건 현장에서 연행할 수도 없고 조사를 거부해도 처벌할 방법이 없다. 결국 이 대사 부인은 사건 발생 한 달이 다 되어서야 용산경찰서에 출두해 조사를 받았다. 조사를 받았더라 하더라도 법적 절차에 응하지 않으면 처벌을 할 수 없다. 또 법에 의해 배상을 강제할 수도 없다. 벨기에 대사 부인이 직접 경찰서에 출두해 조사를 받은 것은 계속 면책특권을 고집하고 조사에 불응할 경우 한국 내에서 벨기에의 평판에 나쁜 영향을 줄 가능성이 크고 한-벨기에 수교 120주년을 맞아 여러 가지 행사가 준비 중인 상황에서 양국 관계에 악영향을 줄 가능성이 크기 때문이었던 것으로 보인다. 결국 벨기에 대사 부인은 조사에 응하기는 했지만 한국의 사법절차를 거부하는 면책특권을 행사했고 또 다른 폭행 사건으로 인해 벨기에 외교부에 의해 남편인 대사가 소환되어 같이 서울을 떠났다. 이 사건의 기사에 달린 댓글들을 보면 왜 외교관 가족에게 면책특권을 주어야 하느냐 이해하기 어렵다는 글이 많았다. 불공정과 특권에 대해 특히 부정적인 우리 국민들에게 면책특권 뒤에 숨는 외교관들은 종종 국민 밉상이 될뿐더러 그 나라까지 비호감의 대상이 되어버린다.

외교에 관한 비엔나 협약은 1961년에 체결된 외교관, 외교공관의 면책과 특권에 관한 협약이다. 면책은 의무를 면제해 주는 것을 말하며 특권은 외교관이나 공관에 대한 특권을 부여하는 것을 말한다. 대표적인 면책은 대사관과 대사관저 등은 치외법권 지역으로서 보호받고 외교관, 그리고 가족은 살인 등 중대한 범죄를 제외하고는 신체 불가침 및 체포와 구금, 형사 소추의 대상이 되지 않는 것이다. 외교관에 대한 면책특권은 현재와 같은 상주대사 시스템이 자리를 잡으면서 생겨난 국제적 약속이다. 상주대사 시스템이란 외교관계를 맺는 국가들이 상대국에 자국의 대표(대사)를 파견하고 대사는 상대국에 상주하면서 자국의 대표하는 역할을 하는 시스템이다. 이러한 상주대사 제도가 정착하면서 상주대사들이 상대국 정부의 탄압이나 위협에서 자유로운 상태에서 업무를 수행할 수 있도록 보장하는 장치가 필요하게 되었다. 물론 1961년 '외교에 관한 비엔나 협약'이 생기기 전에도 외교관들을 보호하는 관례들이 존재했지만 이것을 국제적인 약속으로 명문화한 것이 비엔나 협약이다.

면책특권이 일반인의 관점에서는 외교관에 대한 지나친 특권으로 보일 수 있지만 북한과 같이 법 집행이 자의적으로 행해질 가능성이 큰 나라나 법치가 확립되지 않은 나라에서는 외교관들을 보호하기 위한 매우 중요한 법적 장치이다. 악용하는 사람들이 있다고 해서 어떤 제도의 필요성이 분명한데 그 제도를 없앨 수는 없다. 그리고 면책특권은 타국에 나가서 일하는 한국 외교관들을 보호하는데도 반드시 필요한 국제적 약속이다. 벨기에 부인 사태에 관한 언론 보도 중에 "식민지도 아닌데… 한국 법 위에 선 주한 외교관들"이라는 기사 제목을 본 적이 있다. 글 쓴 사람의 분노는 이해할 수 있지만 국제법적 권리인 면책특권에 왜 식민지 애기가 나와야 하는지는 잘 모르겠다. 외교관(외국에서 일하는 한국 외교관을 포함해서)의 면책특권은 그저 세계 거의 모든 나라가 가입한 협약에 의한 것일 뿐이다. 또 주한 외교관들이 한국의 법 위에 서 있다는 제목도 지나친 과장이다.

일반인들이 외교관 면책특권에 대해 부정적인 인식을 갖고 있는 것은 그러한 특권들이 남용되는 경우 때문일 것이다. 그럴 때 사용하라고 만든 면책특권이 아닌데 업무와 무관한 개인적 범죄에까지 면책특권을 사용하는 것에 대해 비판이 있는 것은 너무나 당연하다. 2009년 10월 22일 연합뉴스 보도를 보면 국토해양위 국감에서 서울시가 이해봉 당시 한나라당 의원에게 제출한 '주한 외교관 차량의 주차위반 적발 및 과태료 체납 내역'에 따르면 2007년부터 2009년 9월까지 부과된 과태료 6092건 중 428건만 납부되어 체납률이 93%에 달한다고 한다. 외교를 다루는 이 책에서 과태료 납부 최하위 국가 이름을 공개하는 것은 비외교적이므로 공개하지는 않겠지만 서울에 있는 100여 개 외국 공관 중 50개 이상의 공관이 3년간 부과된 과태료를 단 한 건도 납부하지 않았다. 비엔나 협약에 따라 과태료를 납부하지 않더라도 외교 차량은 차량 압류 등 강제 조치를 할 수 없기 때문이다. 이런 '치사한' 수준의 면책특권 행사는 하지 말아야 한다는 것이 상식화되고 있고 실제로 선진국과 '점잖은' 나라들은 성실하게 과태료를 납부한다.

    최근의 추세는 면책특권을 매우 신중하게 보수적으로 행사하는 것이다. 면책특권이 있는 외교관이라 하더라도 강력범죄의 경우 면책특권을 행사하지 않아 기소되기도 하고 또 본국으로 송환되어 국내 법원에서 처벌을 받는 경우도 있다. 음주운전으로 인한 사망 사고 등 범죄의 질이 좋지 않은 경우 외교관계의 악영향을 피하기 위해 외교관의 파견국이 면책특권을 포기하는 경우도 있다. 2010년 미국 국토안보부 세관국경보호청 부산사무소 소속 미국인 행정기능 직원이 2억 2000만 원을 갈취한 혐의(사기)로 수사를 받았는데 이 직원은 외교관 여권 소지자였지만 한국 정부가 미 국무부에 이 미국인 대한 면책특권의 포기를 요청했고 미국 정부가 이 직원에 대한 면책특권을 포기한 바 있다. 2016년 칠레에서 한국 대사관 소속 참사관이 K-Pop을 좋아하는 현지 여학생을 강제로 끌어안는 등 추행한 사건에서 한국 법원이 그 참사관에게 징역 2년 6개월의 실형을 선고한 바 있다. 이 경우는 한국이 면책특권을 포기하지는 않았지만 한국으로 소환해 국내 법정에서 처벌하는 타협안을 택한 경우이다. 범죄를 저지른 외교관을 상대 나라의 교도소에서 복역하게 하는 일은 흔하지 않다. 심각한 범죄의 경우라도 면책특권을 포기하고 상대국 법정에서 재판을 받는 것을 받아들이는 대신 형이 확정된 이후에는 국내로 송환하여 자국에서 복역할 수 있게 하는 등의 협상이 이루어지는 경우가 많다.

　한 가지 정확히 알아야 할 점은 면책특권의 주체는 외교관 개인이 아니라 그 외교관을 파견한 국가이며 이를 행사하는 것도 포기하는 것도 해당 외교관이 아니라 파견국의 정부라는 점이다. 다시 말해 한국 외교관이 주재국(외국)에서 범법 행위를 저질렀을 경우 면책특권을 행사할 것인지 아닌지는 이 외교관이 결정하는 것이 아니라 한국 외교부가 행사 여부를 결정하는 것이다. 또 같은 외교관이라도 영사의 경우는 다른 국제법, 즉 1963년 '영사관계에 관한 비엔나 협약'의 적용을 받는다. 가장 큰 차이점은 외교관과 그 가족은 사적인 행위나 공적인 행위에 관계없이 면책특권이 적용되지만 영사와 그 가족은 공적 업무와 관련된 행위에 대해서만 면책특권이 적용된다는 것이다. 그래서 영사가 음주운전을 하다가 사고를 내면 이것은 공적 업무와 관계가 없기 때문에 면책특권을 행사할 수 없는 것이다. 실제로 2021년 6월 광주광역시에서 음주운전 단속에 걸린 광주 소재 중국 총영사관 소속 외교관(영사)은 '공무 중에 벌어진 일(주한 중국인들과의 만찬 행사)'이라며 면책특권을 주장했지만 한국 외교부는 공무 중에 벌어진 일로 볼 수 없다며 면책특권을 행사할 수 없다는 의견을 경찰에 주었고 경찰이 도로교통법 위반 혐의로 이 영사를 기소한 바 있다.

◊ DIPLOMACY ◊

영화 〈모가디슈〉 속의 외교관들, 외교관은 얼마나 위험한 직업인가?

2021년 7월 개봉한 영화 〈모가디슈〉는 1991년 소말리아에서 반군 세력이 수도 모가디슈로 진격해 들어올 때 소말리아를 탈출한 강신성 대사의 경험을 바탕으로 하고 있다. 폭도들과 무장 괴한들이 약탈과 방화를 하는 상황에서 대사관에서 탈출해 나온 북한 외교관 14명이 한국 대사관저로 피신했고 이들과 함께 이탈리아의 도움을 받아 이탈리아 수송기로 소말리아를 탈출했던 것이다. 한국 대사관에서 이탈리아 대사관으로 차량 4대에 나누어 타고 이동하던 중 세 번째 차량을 운전했던 북한 대사관의 박 서기관은 이들의 행렬을 반군으로 오인한 정부군의 총탄을 가슴에 맞고 숨졌다.

외교관이 위험한 직업이라는 점을 실감하는 일반인은 드물다. 보통 사람들의 머릿속에 외교관은 온갖 특권을 누리며 잘 차려입고 연회나 파티에 참석하는 팔자 좋은 사람들로 인식되기 때문이다. 그러나 외교관은 세계 어느 나라에서도 근무할 수 있기 때문에 안전에 대한 위협이 없을 수 없다. 중동 지역에서의 국익의 확보, 테러리즘에 대한 대응, 대량살상무기 확산의 저지

등을 위해 세계 곳곳의 분쟁에 깊숙이 개입하고 있는 미국의 외교관들은 극단적인 반미 감정이 가득한 환경에서 근무하는 경우가 많다. 서구 유럽이나 캐나다, 호주 등 우방국을 포함 세계 어디나 반미 감정은 있으며 어디서나 외교관을 포함해 미국인의 안전에 대한 위협은 존재한다.

2015년 3월 5일 마크 리퍼트 대사는 오전 7시 30분 민족화해협력범국민협의회(이하 민화협)가 주최하는 행사에 축사를 하기 위해 행사장인 세종문화회관 세종홀에 도착했다. 주최 측인 민화협 상임의장인 장윤석 의원이 리퍼트 대사를 영접하고 헤드 테이블로 안내했다. 조찬을 겸한 행사라 종업원들이 식사를 테이블로 나르기 시작했다. 제일 먼저 스프가 나오고 식사를 시작할 때쯤 주변 테이블에 있던 남자 1명이 빠른 속도로 다가와 리퍼트 대사를 넘어뜨리고 과도로 공격했다. 식탁보에는 피가 튀었고 범인과 리퍼트 대사 그리고 옆에 있던 장 의원은 바닥으로 굴렀다. 장 의원과 사복 경찰들이 범인을 제압했고 리퍼트는 경찰들과 함께 밖으로 나와 병원으로 향했다. 리퍼트 대사는 오른쪽 턱 위에 12cm의 자상을 입었고 팔꿈치에 관통상 그리고 새끼손가락 신경이 손상되는 상처를 입었다. 범인은 한미군사훈련에 대해 미국 대사에게 항의하기 위해 범행을 저질렀다고 진술했다.

주한 미국 대사 피습사건은 충격적인 일이었다. 한국은 치안이 좋기로 소문이 난 나라이고 당시에 사복 경찰들과 경호원들이 있었음에도 피습을 막지 못했다. 오른쪽 얼굴의 상처는 조금만 깊었으면 경동맥을 건드려 생명이 위태로울 수도 있는 상황이었다. 리퍼트 대사의 피습처럼 외교관에 대한 공격은 미국 외교관들에게는 낯선 일이 아니다. 2012년 9월 11일 리비아 동부 벵가지에서 무장 세력의 로켓 공격으로 미국 대사 크리스토퍼 스티븐스(Christopher Stevens)와 대사관 직원(경호 인력) 3명이 사망했다. 스티븐스 대사는 벵가지 영사관을 공격하는 무장 시위대를 피해 안전지대로 대피하다가 공격을 받았다. 영화 〈13시간(13 Hours)〉은 이 사건에 관한 영화이다. 리비아뿐만 아니라 이라크, 아프가니스탄, 예멘 등 극단주의 무슬림들이 세력을 키우는 곳은 어디든지 미국 외교관들에게는 위험한 지역이다. 이런 지역에서는 방탄 차량을 타고 경호 차량의 호위를 받으며 총을 든 경호원들과 늘 함께 움직여야 한다. 외국 대사관과 관저가 모여 있는 외교 단지 밖에서 식사를 하거나 장을 보는 일은 꿈도 꿀 수 없는 일이다. 2013년 4월에는 아프가니스탄 칼라트에서 칼라트시의 한 학교에 책을 기부하기 위해 이동하던 미국 외교관 앤 스메딩호프(Anne Smedinghoff)와 국무부 직원 1명, 미군 3명이 탈레반의 공격으로 사망했다.

2018년 쿠바에 근무하는 미국 외교관들과 캐나다 외교관들 그리고 가족들이 집단적으로 어지러움과 두통, 청력 손상 및 뇌 손상 등 뇌 활동의 이상 증세를 보여 귀국 조치되었다. 미국은 이것을 쿠바의 인위적인 음파 공격으로 보고 항의의 표시로 워싱턴 주재 쿠바 대사관 외교관 2명을 추방했으며 아바나 주재 미국 대사관의 규모를 축소하고 폐쇄도 검토하고 있다. 이 사건의 원인에 대해서는 미국과 쿠바 사이에 아직도 논쟁이 계속되고 있다. 2002년 5월 주파키스탄 미국 대사는 부임한 지 9개월 만에 국무장관에게 다른 나라로 보내줄 것을 요청했다. 위험한 파키스탄에 두 딸을 데려올 수 없어서 미국에 두고 왔는데 딸들이 파키스탄의 열악한 치안 환경에 있는 엄마를 걱정해 정상적으로 생활하지 못하고 있다는 이유에서였다. 결국 이 여성 외교관은 국무부를 떠났다. 자신의 안전을 너무 걱정해서 정신적 스트레스를 겪고 있는 자녀들을 그대로 둘 수 없어 외교관 직업을 포기한 것이다.

외교관들의 이러한 어려움은 꼭 미국만의 일은 아니다. 많은 한국의 외교관들이 어려운 환경에서 각종 위협에 노출된 채 일하고 있다. 2021년 현재 한국은 전 세계에 166개의 공관을 운영하고 있다. 이 중 3분의 1 이상(61개)

이 특수공관(험지 공관)이다. 험지 공관 분류 기준은 현지 치안, 기후, 국민소득, 의료 및 교육 수준 등이다. 이 기준에서 험지가 아니더라도 남북이 분단되어 있고 적대적으로 대치하고 있는 한국의 외교관들은 남북관계가 나빠지면 북한으로부터의 위협이라는 또 하나의 위험 요인에 노출되게 된다. 1996년 10월 1일 러시아 블라디보스토크 주재 한국 영사관에 근무하던 최덕근 영사는 일을 마치고 퇴근한 뒤 자신의 아파트 계단에서 숨진 채 발견되었다. 최 영사의 시신에서는 북한 공작원들이 독침에 사용하는 독극물 성분이 검출되었고 심한 두개골 손상 그리고 예리한 물체로 오른쪽 옆구리를 찔린 흔적이 발견되었다. 고(故) 최덕근 영사가 북한의 달러 위조와 마약 밀매에 관한 정보를 수집하고 있었기 때문에 북한의 소행이라는 의혹이 제기되었지만 러시아 당국의 수사는 아무것도 밝히지 못했다. 당시 북한은 블라디보스토크 주변 나홋카, 블라디보스토크 공사 현장 등 극동 지역에 50여 명이 넘는 외교관과 정부 인력을 주재시키고 있었다.

말레이시아에도 많은 북한인이 살고 있다. 해외에 나와 있는 북한인들 중 일반인들은 없다. 북한의 일반인들은 해외에 나와서 살 수 없다. 해외에 나와 있는 북한인들은 소수의 유학생들이 아니면 북한 정부 공무원이거나 보위부 소속의 공작원, 사업가로 위장한 외화벌이 일꾼들, 그 가족들뿐이다. 평소에도 식당 같은 곳에서 북한 외교관이나 북한인들을 마주칠 때가 있다. 평소에는 그저 소가 닭 보듯 지나치는 사이지만 남북 간에 예민한 문제가 생기거나 북한이 남한에 대한 위협을 할 때에는 우리 외교관들은 자신들의 안전에 신경을 써야만 한다. 나도 개인적으로 자동차를 운전해서 나가는 경우 매일 다니는 길로만 다니지 말고 여러 루트를 돌아가면서 사용하라는 것과 같은 안전 지침을 듣곤 했다.

내전이 벌어지고 있는 아프리카 국가들에서 근무하는 외교관들은 생명의 위협을 느끼는 상황에 늘 노출되어 있다. 2008년 수단 내전 기간에 정부군의 공습 지역에 갇힌 한국인 선교사를 구하기 위해 전쟁터 같은 지역에 들어갔던 박희채 전 캐나다 밴쿠버 영사는 '그 상황에서 그 선교사를 구해야 하는 사람은 외교관인 나이고 나는 그 일을 해야만 했다'고 회고했다. 2020년 8월까지 외교부 제1차관을 지냈던 조세영 전 차관의 저서 『외교 외전』(2018)을 보면 예멘 내전이 시작되면서 현지 교민들과 외교관 가족들을 피신시키기 위해 현지 프랑스 대사관의 도움을 받아 프랑스 군용기에 이들을 실어 보낸 이야기가 나온다. 남예멘의 전투기가 수도에 있는 사나의 공항을 공습하고 대공포가 빗발치는 상황에서 부임한 지 3주밖에 안 된 조세영 외교관은 가족들과 함께 침대 매트리스로 장벽을 쌓은 식탁 밑에서 총소리를 들으며 피신해 있어야 했다.

이러한 위험 외에도 일반인이라면 절대 피하려고 하는 극단적인 기후, 풍토병, 열악한 자연환경으로 인한 어려움을 외교관들은 감수해야만 한다. 남미 콜롬비아의 수도 보고타는 해발 2700미터에 위치한 도시이다. 여기에서 근무하는 한국 외교관들은 고산병의 위협에 시달린다. 남상욱 전 대사와 그 부인은 에콰도르에서 근무할 때 생긴 고산병 후유증으로 평생을 고생하고 있다. 에콰도르의 수도 키토 역시 해발 2800미터에 위치하고 있고 저지대에 살던 사람이 이곳에 와서 살게 되면 두통, 불면증 등으로 고통을 받게 된다. 지금은 이러한 지역에 근무하는 외교관들을 위해 매년 일정 기간은 이곳을 떠나 저지대에서 휴식을 취하도록 하는 제도가 운영되고 있다. 열대지방에서 흔한 뎅기열이나 말라리아 역시 외교관들에게 두려움의 대상이다. 말라리아나 뎅기열 후유증으로 고생하거나 장애를 갖게 된 외교관 가족, 목숨을 잃은 외교관 자녀들의 경우도 있다. 의료 수준이 떨어지는 나라에서 갑작스럽게 응급 상황이 올 경우 제때에 적절한 치료를 받지 못해 숨지는 외교관들도 있다. 코트디부아르 대사관에서 2등 서기관으로 일하던 권순대 전 인도 대사는 임지에서 아들을 잃었다. 현지 풍토병인 말라리아에 걸린 네 살짜리 아들이 치료를 제대로 받지 못해 숨지고 만 것이다.

외교관들이 격무에 시달리는 것을 아는 사람들은 드물다. 워라밸(일과 삶의 균형)과 주 52시간 근무의 시대인 지금도 외교부 본부에 근무하는 외교관들에게 야근은 사라지지 않고 있다. 요즘 같은 세상에도 밤샘 근무를 하기도 한다. 장관의 업무 스타일에 따라 간부들이 종종 밤 12시를 넘겨 퇴근하기도 한다. 특히 대통령의 해외 순방 같은 큰 행사가 있으면 담당국에서는 그 준비로 한 달 넘게 야근을 하며 준비한다. 2018년 문재인 대통령의 ASEAN 관련 정상회의 참석 업무를 총괄하고 싱가포르에 동행했던 김은영 남아시아태평양 국장은 뇌출혈로 방 안에서 쓰러진 채 발견되었다. 대통령이 참석하는 ASEAN 관련 회의 준비와 연이어 열리는 APEC 정상회의 준비 업무를 맡아 오랫동안 과로를 한 것으로 전해졌다. 김은영 국장은 아직도 병상에서 일어나지 못하고 있다. 문덕호 주핀란드 대사도 2019년 5월 임지인 헬싱키에서 급성 백혈병으로 쓰러져 숨졌다. 1972년 이후 공관 근무 중 순직한 외교관의 숫자는 40명을 넘어선다.

일반인들이 떠올리는 외교관들은 주로 미국이나 서유럽, UN 등에 근무하는 소위 '잘 나가는' 외교관들일 것이다. 이런 나라들과는 외교적 현안도 많기 때문에 일반인들의 관심을 많이 받게 된다. 그러나 우리가 이름도 잘 모르는 열악한 국가에서 근무하는 외교관들은 보통 사람들의 관심 밖에 있다. 열악한 환경 탓에 가족들을 동반하지 못하고 홀로 근무하면서 외로운 타국생활을 하기도 한다. 어려운 환경을 이겨내고 조국을 위해 묵묵히 일하고 있는 많은 우리 외교관들에게 따뜻한 마음의 응원을 부탁드리고 싶다.

◈ DIPLOMACY ◈

외교관이 누리는 10가지 혜택?

2021년 5월 해양수산부 장관 후보자인 박준영 해양수산부 차관의 청문회에서 박차관이 주영국 한국 대사관 공사참사관 근무를 마치고 귀국할 때 영국제 도자기 그릇 1300여 점을 이삿짐에 넣어 가지고 들어와서 부인이 개업한 카페에서 판매한 사실이 문제가 되었다. 결국 이 문제로 박 후보자는 자진 사퇴했다. 이 구설수는 처음에는 박준영 차관이 외교관(공사참사관)으로 근무하고 외교행낭을 통해 도자기를 면세로 반입했다는 식으로 보도되었다. 아마도 이 보도에 대해 여러 가지 궁금점을 가질 수 있을 것이다. 첫째, 일반인들은 '외교관으로 근무하던 사람이 어떻게 해양수산부 장관 후보자가 되었을까?' 궁금했을 수 있고 둘째, 외교관의 이삿짐을 외교행낭에 가지고 들어왔다는 것에 또 놀랐을 것이다. 외교행낭에 대해 잘 모르는 사람은 '대체 외교행낭이 얼마나 크기에 도자기 1300여 점과 샹들리에(chandelier)를 넣어 가지고 왔을까?' 놀랐을 것이다. 셋째는 외교관이란 신분으로 혜택을 받아 이삿짐을 면세로 가지고 들어왔다는 보도에 놀랐을 수 있다.

하나하나 짚고 넘어가보자. 우선 박준영 장관 후보자는 외교관이 아니라 주재관 선발 제도에 따라 재외공관에 근무했던 것이고 재외공관에서 근무하는 동안은 외교관 여권을 발급받고 외교관 신분을 갖게 된다. 박 차관은 해수부 공무원으로서 정책관을 지내고 재외공관 주재관으로 선발되어 주영국 한국 대사관에서 공사참사관으로 근무했었다. 주재관들은 외교관 여권을 소유하고 있고 영국 외교부에 한국 외교관으로 등록되어 있지만 엄격한 의미에서는 한국 정부의 타 부처에서 파견되어 재외공관에서 근무하는 해수부 공무원일 뿐이다. 주재관 근무가 끝나면 외교관 여권을 반납하고 다시 해수부 공무원 신분으로 돌아가게 된다. 두 번째 궁금중인 '외교행낭으로 이삿짐을 반입했다'는 것은 잘못된 기사이다. 박 후보자는 2015년 근무를 마치고 돌아올 때 일반인들처럼 해외 이삿짐 운송업체를 통해 이삿짐을 가지고 들어왔다. 외교행낭은 특별한 경우를 제외하고는 개인적 물품을 운송하는 데 사용할 수 없다. 참고로 외교행낭이라는 것은 외교 화물을 운반하는 운반체를 통칭하는 이름일 뿐 외교행낭은 봉투일수도, 대형 박스일수도 있다. 세 번째, 외교관 신분이라 면세로 이삿짐을 가지고 들어왔다는 것도 잘못된 보도이다. 일반인들도 관세법상 해외에서 3개월 이상 사용한 물품을 귀국할 때 반입할 경우 면세이다. 외교관이라 특별한 혜택을 받은 것이 전혀 아니다. 그리고 면세 범위를 넘어서는 물품에 대해서는 관세를 내야 한다.

박 후보자의 구설 내용은 사실 박 후보자가 외교관 여권을 가진 것과 아무런 관련이 없는 것이며 문제는 3개월 이상 사용한 물건이 아닌 것으로 판단되는(누가 도자기 그릇 1300점과 여러 개의 샹들리에를 사용하며 살았겠는가?) 지나치게 많은 물건을 관세를 내지 않고 반입했다는 점이다. 여기서 추측해 볼 수 있는 것은 박 후보자와 같은 외교관이나 공무원의 해외 근무 이삿짐은 비교적 통관심사가 덜 엄격하지 않았을까 하는 점이다. 그 문제는 관세청의 업무 처리 관행에 관한 문제일 뿐이다. 다시 한 번 정리하면 외교관이라 하더라도 이삿짐은 보통 사람들처럼 해외운송 회사를 통해 가지고 오며 관세 관련해서도 일반인에 비해 아무런 특혜가 없다는 것이다.

그럼에도 박 후보자의 도자기 반입 문제가 외교행낭, 외교관 특권 남용 등의 차원에서 이야기되었던 것은 우리 언론이나 국민들이 외교관의 특권 문제에 매우 민감하며 부정적 인식(때로는 잘못된 정보)을 가지고 있기 때문이라고 생각한다. 인터넷에서 외교관 특권이라는 키워드로 검색을 해보면 외교관이 누릴 수 있는 혜택 7가지 혹은 10가지라는 내용이 뜬다. 이 책에서 자세히 다루겠지만 대부분은 잘못되거나 과장된 정보이고 면책특권, 면세혜택이라든가 외교관의 품위를 지킬 수 있는 정도의 주택에 거주할 수 있는 주택 보조, 자녀 학비의 일부 지원(한도 있음) 등이 외교관이 받는 혜택이라고 볼 수 있다. 하지만 면책특권과 면세혜택(이것도 상한 액수가 있음)을 제외하고는 대기업 해외 지사 직원들도 모두 누리는 해외 근무자에 대한 복지일 뿐이다. 사실 외교관 그리고 주재관들에 대한 지원은 일반 사기업에 비해 낮은 수준이다. 10년 전의 수치이기는 하지만 러시아 주재 1등 서기관의 경우 임차료 지원금은 3900달러로 LG, 삼성 등 대기업 과장급의 임차료 지원금 7000달러에 비해 매우 적다. 미국 외교관은 7250달러, 일본 6000달러, 인도네시아는 4500달러를 지원하는 것을 보면 임차료 지원을 큰 특권이라 부르기 어렵다. 학비의 경우도 전액이 아니라 정액으로 지원하고 있어 자녀에게 좋은 교육을 받게 하기 위해 사립학교에 보내는 외교관들은 자녀 학비 때문에 빚을 지는 경우도 흔하다(조승호, "외교관 특권? 특권은 무슨 특권?", ≪내일신문≫, 2010년 6월 23일 자). 내 경험상 기업의 해외 주재원들과 달리 외교관들만이 누리는 유일한 특권은 면책특권과 일정 한도의 면세혜택과 해외 근무에서 사용할 자동차를 면세로 구입할 수 있는 것 정도이다.

'외교관이 누리는 혜택' 관련 포스팅들이 외교관이라는 직업에 대한 잘못된 인식을 만들어낸다고 생각된다. 그 내용을 보면 부정확한 것들이 너무 많아 여기에서 자세하게 짚고 넘어가고자 한다.

1. 외교관 여권의 특혜

- 외교관 여권은 공항에서 VIP 의전 혜택을 받을 수 있다.

  사실이 아니다. 외교관은 공항 귀빈실 사용자에 해당되지 않는다. 장관급과 국회의원 등이 공항 귀빈실을 이용할 수 있고 공항이나 항공사의 의전 담당자가 안내해 게이트 앞까지 배웅을 한다. 외교관은 입·출국 심사대에서 승무원 심사대처럼 외교관 심사대가 있는 경우 그곳을 이용할 수 있을 뿐이다.

- 소지품 검사도 받지 않는다.

  다른 승객과 마찬 가지로 휴대품, 부치는 짐 모두 검사를 받는다. 아마도 외교관 신분을 밝히고 짐 검사를 거부하겠다고 하면 절차를 거쳐 그렇게 할 수도 있겠지만 시간이 걸리는 절차를 밟아야 하고 특별한 이유 없이 짐 검사를 거부할 이유가 없기 때문에 실제로 우리 외교관들이 짐 검사를 거부했다는 경우를 보거나 들은 적이 없다. 개인 짐에 금괴 밀수를 하는 북한 외교관들이라면 이야기가 다를 수는 있다.

- 공항에 지인을 마중 나갈 때 요청만 하면 공식 배지를 달고 출구 게이트 앞까지 들어가 기다릴 수 있다

  사실이 아니다. 이 공식 배지는 외교관 여권과 관계가 없다. 이 공식 패스는 자국 주재 외교관들의 공항 관련 업무에 편의를 제공하기 위해 외국 공관에 발급 되는 패스이다. 공관별로 공관 규모에 따라 소수의 패스가 발급되고 있다. 재외공관 근무자들이 본국에서 오는 고위급 방문

객들을 영접하기 위해 게이트 앞까지 나가야 할 때 사용된다. 지인이나 친구를 마중할 때와 같이 개인적으로 사용할 수 없다. 만일 그런 외교관 친구가 있었다면 그것은 공항 통제가 허술한 국가에서 허세 부리기 좋아하는 외교관 친구가 규정을 어기며 한 일일 것이다.

- 외교관 여권을 소지하면 비자가 면제된다.

의미 없는 이야기다. 왜냐하면 한국의 일반 여권 소지자도 전 세계 199곳 중 190곳을 비자 없이 입국할 수 있기 때문이다[2021년 헨리여권지수(Henley Passport Index)]. 전 세계에서 오직 외교관 여권에만 비자를 면제해 주는 나라는 요르단, 우즈베키스탄, 투르크메니스탄 세 나라 뿐이다.

2. 비즈니스 클래스 항공권 지급

- 해외 파견 시 배우자와 함께 비즈니스 항공권이 제공된다.

모든 외교관에게 제공되는 것이 아니다. 공무 출장을 가는 국장급 이상의 고위급 외교관이나 임지에 부임하는 대사와 대사 부인에게는 비즈니스 항공권이 제공된다. 기업에서 임원급 출장에 비즈니스석 항공권을 지급하는 것과 같다.

3. 면세 혜택

- 모든 구입품의 영수증을 모았다가 신고하여 세금을 환급받는다.

사실이지만 모든 물품이 대상이 되는 것은 아니며 환급액도 상한액이 정해져 있어 모든 구입품에 대한 세금을 돌려받는 것은 아니다.

4. 주택 임차금, 이사 비용 지원

- 주택 임차금과 이사 비용을 지원받는다

업무상 발령으로 이동하는 비용은 외교관뿐만 아니라 모든 해외 발령자가 당연히 지원받는 것이며 외교관의 경우 두 가지 모두 한도액이 정해져 있어 초과하는 경우 본인이 부담해야 한다.

5. '웅장한' 주택 제공

- '웅장한' 주택을 제공받는다

관저를 제공받는 것은 대사, 총영사뿐이다. 나머지 외교관들은 직급에 따라 주택을 임대할 수 있는 주택보조금을 지원 받는다.

6. 외교관 번호판

- 외교관 번호판은 특혜이다

이것을 혜택으로 봐야 하는지 모르겠다. 교통 위반이나 과속 단속에 걸려도 과태료를 내지 않아도 된다고 하는 내용인데 이것은 면책특권과 관련된 내용이고 요즘 대부분 국가에서 이런 종류의 면책특권은 행사하지 않는 것이 추세이다.

7. 달러로 받는 연봉

- 연봉을 달러로 받는다

이것이 왜 혜택으로 여겨지는지는 알 수 없다. 포스팅 내용에는 "환전할 때 유리하기 때문에 엄청나게 유리하다"라고 되어 있는데 아마도 환차익을 말하는 게 아닌가 한다. 달러화 가치의 상승으로 인해 환차익이 생기면 매년 말 정산해서 국가에서 환차익을 환수해 간다. 개인적으로 환차익은 언제나 칼같이 환수해 갔지만 환차손은 한 번도 보전 받지 못했다.

8. 경비, 운전기사, 집사, 정원사 지원

- 경비, 운전기사, 집사, 정원사를 지원받는다

사실이 아니다. 대사관저에는 이런 사람들이 근무하고 있다. 외교관에게 주는 혜택이 아니라 대사관저 관리 인원들이다. 이런 지원을 받는 외교관은 없다. 어떤 포스팅에는 아프리카, 동남아시아 빈국에서 근무하는 4급 외교관들이 요리사, 비서, 유모 등을 얼마든지 고용하며 생활할 수 있다고 쓰여 있는데 아마도 인건비가 싸서 이런 사람들을 충분히 고용할 수 있다는 이야기라고 해석된다. 하지만 어떤 근무지라도 외교관에게 이런 인원을 지원하는 경우는 없다.

9. 자녀 학자금 지원

- 자녀 학자금을 지원 받는다

사실이다. 정부에서 학비의 70%까지 지원해 주고 있다. 전 세계의 70% 이상의 국가가 한국보다 교육 환경이 나쁜 나라이고 현지어가 공용어가 아니어서 현지 학교에 자녀를 보낼 수 없는 상황이라 국제학교에 보낼 수밖에 없는데 학비가 비싸 지원이 필요하다. 외교관만이 아니라 해외 지사가 있는 모든 기관과 기업에서 해외 근무자에게 제공하는 지원이다.

◈ DIPLOMACY ◈

직업으로서의 외교관
외교관은 좋은 직업인가?

대학에서 외교 관련 과목들을 가르치다 보니 외교관 직에 관심이 있는 학생들로부터 상담 요청을 받는 경우가 많다. 요즘 학생들은 UN과 같은 국제기구나 그린피스(Greenpeace) 등과 같은 국제 NGO에 대한 관심이 많고 직업으로서 외교관에 대한 관심도 높다. 학생들이 상담을 하러 와서 졸업 후 외교관이 되고 싶다거나 외교관 시험 준비를 하고 싶은데 어떻게 하면 좋겠냐는 이야기를 할 때 한 번도 흔쾌히 좋은 생각이라고 말해 본 적이 없다. 보통은 왜 외교관이 되고 싶은지를 물어보고 외국어 능력에 대해서도 물어보면서 과연 외교관이라는 직업이 학생의 적성에 잘 맞는지를 생각해 보라고 한다. 나의 이런 뜨뜻미지근한 반응에 대부분의 학생들은 어릴 때부터 외교관이 되고 싶었다거나 영어를 썩 잘하지는 못하지만 앞으로 열심히 할 생각이라는 답을 하며 물러서지 않는다. 그럴 때 꺼내는 카드는 2013년까지 외무고시로 불리던 외교관 후보자 선발시험이 선발 인원이 너무 적어서 굳이 5급 외무공무원 시험을 보기보다는 행정고시를 보는 것이 훨씬 더 합격의 가능성이 높다고 말하는 것이다. 예전에 사법고시가 존재했을 때는 한때 한 해에 1000명씩 뽑았기 때문에 외무고시보다는 합격률이 높은 사시를 권하기도 했다. 그때도 그렇고 외교관 후보자 선발시험이 된 지금도 5급 외무공무원 선발 인원은 40명대이다. 2021년 5급 공채 행정직 선발 인원이 228명, 기술직 인원이 80명 정도인 것과 비교하면 좁은 문인 것은 사실이다(다만 외교관 후보자 선발시험은 응시 인원도 적어서 경쟁률로 보면 5급 공채 행정직이 더 높다). 또 외교관 후보자 시험은 제2외국어가 있어 외국어 능력이 떨어지는 경우 상당히 준비하기 어렵다는 점도 있다.

하지만 외교관이라는 직업을 택하는 데 신중해야 하는 이유가 선발시험이 준비하기 어렵거나 너무 소수의 인원을 선발해서만은 아니다. 외교관이 되고 싶어 하는 학생들과의 대화에서 늘 느끼는 점은 이들이 외교관이라는 직업에 대한 정보가 많지 않고 외교관에 대한 환상을 가지고 있다는 것이다. 학생들이 생각하는 외교관의 매력은 외국 생활을 할 수 있다는 점, TV에서 보는 것처럼 국익을 위해 외국의 외교관들과 협상과 교섭을 하는 다이내믹한 직업이라는 점, 외교관이 많은 특혜를 받는다는 점 등이다. 상담을 한 학생들 중에는 "외교관이 되면 전 세계를 여행할 수 있잖아요!"라고 말한 학생도 있었다. 외교관이 선망의 대상이었던 때가 있었다. 보통 사람들의 해외여행이 꿈같은 일이었던 때(참고로 한국의 해외여행 자유화 조치는 1989년 1월 1일 단행되었다) 외국을 자유롭게 다니면서 늘 깔끔한 정장 차림으로 연회에 참석하고 좋은 호텔에서 숙박하며 업무를 수행하는 외교관이라는 직업은 정말 환상적인 직업으로 여겨졌다. 외국에서 다른 나라 외교관들과 상대하다 보니 옷차림이나 매너도 업그레이드가 되어 신사의 풍모를 지니게 되고 외국어도 보통 사람들보다는 훨씬 더 뛰어나게 구사하기 때문에 외교관들은 "국제 신사"라는 지금은 촌스럽기만 한 별명을 지니기도 했다.

그러나 세상은 변하고 이제 해외여행이 국내 여행만큼 쉬운 세상이 되었다. 이제는 외교관이 아니라도 전 세계를 여행하는 일이 별로 어려운 일이 아니다. 특히 한국인들은 진취적이고 호기심이 많아 외국 여행을 두려워하지 않는다. 세계 어느 곳에 가도 반드시 한국인 여행객들을 만날 수 있다. 또 지금은 한국의 대기업들이 세계 주요 도시에 지·상사를 가지고 있어 일반 기업에 취직해도 지·상사 주재원으로 외국에서 살 수 있는 기회가 많아졌다. 그리고 이들에 대한 처우는 비슷한 연배의 외교관들보다 훨씬 좋다. 더 중요한 것은 이제 한국이 세계 10위권의 경제 대국이고 소비수준이나 문화적 수준 역시 세계적 수준에 올라 외국에 나가도 한국보다 생활환경이 더 좋은 나라를 찾기가 쉽지 않다. 한국이 얼마나 생활하기에 편리하고 안전하며 24시간 깨어 있는 다이내믹한 나라인가? 한국 사람들은 어느 나라를 가도 불편하고, 느리고, 치안이 나쁘다고 느끼게 된다. 일주일 남짓 여행하는 것은 큰 문제가 아닐 수 있어도 그런 곳에서 3년여를 살아야 한다는 것은 쉬운 일이 아닐 수 있다. 게다가 외교관은 근무지를 자신이 선택할 수 없고 좋은 임지와 험한 임지를 교대로 근무해야 하기 때문에 평균적으로 10년 정도를 한국보다 훨씬 열악한 곳에서 근무하게 된다(보통 30년 정도 외교관 생활을 한다고 하면 이 중 20년 정도를 해외에서 근무하게 되는데 좋은 임지와 험한 임지를 교대로 근무하는 순환근무 제도로 인해 절반 정도, 즉 10년 정도는 험지에서 근무해야 한다). 이런 이유로 외교관이 되려는 동기가 예전보다 약해질 수밖에 없다.

예전에는 외국 생활이 주는 혜택 때문에 20년 이상을 이 나라 저 나라를 돌아다니는 불안정한 삶을 견딜 수 있었다. 그러나 지금은 그러한 방랑자 생활의 단점들을 견디게 해줄 유인 요인이 크게 없다. 방랑자의 삶은 외롭다. 외교관들은 친구가 별로 없다. 내 개인적 관찰에 의하면 학연으로 맺어진 선후배가 아니면 주로 같은 공관에서 근무했던 동료 외교관들이 가장 가까운 친구들이다. 주로 해외에서 근무하기 때문에 한국의 친구들과 깊은 교류를 하기 어렵다. 한 번 나가면 짧게는 2~3년 길게는 6년씩 근무하고 귀국하는 경우도 많기 때문에 예전에 친했던 사람들도 서먹해지고 가깝게 지내기가 어렵다. 귀국해서 다시 관계를 회복할 만하면 다시 공관 근무를 나가야 하니 깊은 우정을 쌓기 어렵다. 부모나 형제들과도 자주 보지 못하니 그냥 내놓은 자식이 된다. 자신의 새 임지로 부모 형제들을 초대해 며칠 동안 같이 보내는 것이 외교관들의 효도이고 형제자매를 챙기는 유일한 방법이다. 외교관의 외국 생활은 외롭다. 나라를 대표하는 사람들로서 높은 도덕성이 기대되고 남들에게 노출이 쉽게 되는 직업이기 때문에 되도록 인간관계를 단순화시킨다. 교민들과 편하게 어울리기 어렵기 때문에 역시나 같이 근무하는 외교관들, 대기업 주재원들처럼 처지가 비슷한 사람들과 어울려 지낸다. 대사 정도 되면 대사관 직원들이 불편해할까 봐 같이 밥 먹자고 하는 것도 눈치가 보인다. 현지인 친구들과 친하게 지낼 수 있는 사교성이 없다면 일정이 없는 날은 대개 대사 부부 둘이서 시간을 보내게 된다.

내 경험으로 볼 때 외교관은 정신적인 노동 강도가 심한 직업이다. 직업 특성상 사람들과의 만남과 교류가 많을 수밖에 없는 직업이다. 그것도 대부분 처음 만나는 사람들이고 그 사람들과 외국어로 소통을 해야 하는 것이다. 그렇기 때문에 성격상 처음 만난 사람들과 대화하고 교류하는 것을 어려워하는 조용하고 소극적인 성격의 사람들은 매우 큰 스트레스를 받을 수 있다. 처음 본 사람들과 친밀하고 기분 좋은 대화를 해야 하기 때문에 다양한 대홧거리가 준비되어 있어야 하고 유머와 위트 그리고 상식과 교양이 갖추어지면 큰 도움이 된다. 너무 수줍음이 많다거나 과묵하거나 처음 만난 사람과 서서 대화를 나누는 것을 생각만 해도 스트레스가 된다면 외교관 직업을 택하지 않는 것이 좋다.

외교관들이 가장 힘들어하는 것은 자식들의 교육 문제이다. 해외 근무를 자주 해야 하기 때문에 자녀를 동반해서 가야 하는데 어느 나라에 근무하든 영어를 사용하는 국제학교에 보낼 수밖에 없다. 국제학교가 없는 나라라면 자녀를 동반하지 않는 경우도 많다. 국제학교가 있다면 나라에서 부분 지원을 받아 좋은 교육을 받을 수 있지만 문제는 3년이 지나면 부모의 새 임지인 다른 나라로 가야 하거나 한국에 돌아가야 한다. 새 임지가 열악한 나라라면 교육을 위해 자식들을 현 임지에 남겨두고 오기도 한다. 아니면 부부가 떨어져 한쪽은 자식과 함께 살아야 한다. 이런 어수선한 환경 때문에 학교생활에 적응하지 못하는 외교관 자녀들이 많다. 외교관 자녀들은 다 세계적인 명문대학을 졸업하고 세계적인 기업에서 일하는 것 같지만 사실은 그렇지 않다. 외교관들 사이에 불문율이 있다. 상대가 말을 꺼내기 전에는 상대 외교관 자녀의 진학 문제나 직업에 대해 묻지 않는 것이다. 그만큼 많은 외교관 자녀들이 힘든 환경을 이겨내지 못하고 좌절하여 힘든 시간을 보내고 있는 것이다〔외교관의 삶에 대한 이해를 높일 수 있는 기사로서 ≪신동아≫ 673호(2015년 9월) 박은경 객원기자의 "테러, 풍토병은 일상 자식문제는 '금기어': 턱시도 입은 슈퍼맨? 외교관 세계의 거친 민낯"을 추천한다〕.

최근에 들어와서는 새로운 문제가 생겨났다. 여성 외교관의 수가 급격히 늘어나면서 여러 가지 문제가 생기기 시작한 것이다. 요즘 외교관 후보자 시험 합격자들의 성비 비율은 7 대 3쯤 된다. 물론 여자가 7이다. 2016년에는 여성 합격자가 78%여서 여성이 지나치게 많기 때문에 양성평등채용목표제에 의해 남성 3명을 추가 합격시켰다. 2020년 시험에서는 여성 합격자 비율이 52.9%를 기록했다. 예전에 여성 외교관의 수가 적을 때에는 여성 외교관은 아프리카와 같은 험지 공관에 배치하지 않았다. 그런데 여성 외교관의 수가 너무 많아지면서 이러한 특혜를 줄 수 없게 되었다. 이제는 아주 심한 험지는 피하지만 험지 공관에도 여성 외교관이 배치되고 있다. 2015년에는 가장 위험한 근무지인 아프가니스탄에 여성 외교관이 배치되었다. 이제 아프리카에 있는 많은 공관에 여성 외교관들이 근무하고 있다. 여성 외교관이 근무하기 어려운 환경이지만 다른 방법이 없다.

여성 외교관이 겪는 또 하나의 어려움은 이들이 결혼하기가 어렵다는 것이다. 보통 결혼 적령기에 시험에 합격하여 외교관이 되는데 그때부터 해외 연수, 공관 근무를 하게 되면 입부 후 10년 동안 본부 근무 2년 정도를 제외하고는 해외 근무를 하기 때문에 결혼하기가 상당히 어려운 상황에 놓이게 된다. 외교부 입부 전에 만나던 사람이 있는 경우에도 오랜 해외 근무로 인연이 끊어지는 경우가 많고 남편 될 사람이 아내의 임지를 따라다니지 못하는 경우(자기 직업을 버릴 수 없어서) 부부가 떨어져 살고 3년이나 6년마다 잠깐 만나서 같이 2년 정도 살고 다시 헤어지는 힘든 결혼 생활을 해야 하는 것이다. 그래서 한동안은 외교관 부부가 많이 탄생했다. 외교관 부부가 많지 않았을 때에는 같은 공관에 근무하도록 발령을 내주는 혜택을 주기도 했지만 이러한 배치는 바람직하지도 않고 또 부부 외교관들이 늘어나면서 그러한 혜택을 주는 것도 현실적으로 어려워졌다. 해줄 수 있는 배려는 멀지 않은 같은 지역에 있는 공관(예를 들어 동남아시아 내에 있는 나라로 부부를 배치)에 배치해 주는 정도이다. 최근에는 여성 외교관이 겪는 어려움에 대한 인식이 외교부 내에도 확산되어 부부를 같은 공관에 배치하는 것을 확대하기로 했다는 보도를 본 적이 있다. 실제로 최근에는 부부가 같은 공관에 근무하는 경우가 늘고 있다고 한다.

자녀의 양육 문제로 본부 근무를 자원하는 여성 외교관들도 많다. 해외 근무를 하며 어린 자녀를 혼자 키우기 어렵기 때문이다. 그러나 한국에서 입시지옥에 허덕이는 중고생을 키우며 본부에서 외교관 생활을 하는 것은 더욱더 어려운 일이다. 본부의 업무 부담은 상상을 초월하며 야근이 일상화된 본부 근무에서 승진에 밀리지 않기 위해 최선을 다하면서 입시생 자녀를 뒷바라지하는 것은 여성 외교관들에게는 너무나 가혹한 삶이다. 2018년 대통령 동남아시아 순방에 동행했다가 싱가포르의 호텔 방에서 쓰러져서 발견된 김은영 남아태평양국 국장(당시 48세)은 외교관 남편과 맞벌이를 하며 초등학생 아들을 키우면서 힘들어했다고 한다. 이러한 어려움들을 견디지 못하고 외교관 직을 포기하는 여성 외교관들도 있다. 이미 몇 년 전부터 젊은 외교관들 특히 여성 외교관들이 공관 근무를 기피하는 경향이 생겨났다. 미혼이건 기혼이건 간에 공관 근무 대신 본부 근무를 자원하는 외교관들이 늘어나고 있다는 것이다. 외교관이라는 직업의 가장 어려운 점이 무엇이냐는 질문에 여성 외교관들이 "해외 근무를 해야 한다는 부담"이라고 답한다는 글을 본 적이 있다. 교수들에게 교수 직업 중 가장 힘든 것이 뭐냐고 물으면 '강의하는 일'이라고 하는 것과 다름없다. 해외에서 대한민국의 국익을 위해 일해야 하는 외교관들이 해외 근무를 피한다는 현실이 안타깝기만 하다.

이런 현상은 단지 여성 외교관에 한정된 일이 아니다. 최근 외교부의 최고 엘리트들이 외교부를 떠나 다른 직장으로 옮기는 일이 늘어나고 있다. 《조선일보》 노석조 기자가 쓴 "외교관보다 구글? 외교부 떠나는 외시 수석 합격자들"이라는 기사를 보면 이런 케이스들을 소개하고 있다. 서울대학교 재학 중 외교관 후보자 시험에 합격해 국립외교원에서 최우수 성적을 받고 주일본 도쿄대사관에서 서기관으로 근무하던 외교관이 2019년 외교부를 떠났다. 이 외교관은 변호사가 되기 위해 외교부를 그만둔 것이다. 서울대학교 재학 중 외무고시에 수석 합격해 외교부에 근무하던 30대 외교관도 사표를 내고 구글(Google)로 자리를 옮겼다. 2020년에는 파리에 있는 주OECD 한국 대표부 참사관으로 일하던 중견 외교관이 외교부를 떠나 삼성전자 상무로 자리를 옮겼다. 10년 정도만 더 근무하면 대사로 나갈 수 있었을 텐데 무엇 때문에 이런 결정을 했는지 궁금하기까지 하다. 2019년 가장 화제가 된 외교부 이직 케이스는 배우 박선영 씨의 남편인 김일범 북미2과장이 대기업 임원으로 이직한 것이다. 김 과장은 김대중, 노무현, 이명박 정부에서 대통령 통역을 맡았고 핵심 요직이라 불리는 북미과에서 과장으로 일하고 있었다. 말 그대로 외교부의 핵심 엘리트인 것이다. 이런 김 과장이 외교부를 떠나자 외교부의 고위 간부들은 충격을 받았다고 한다. 무엇이 이들에게 이런 어려운 결정을 하게 했을까? 앞에서 언급했던 대로 외교관이 매력 있는 직업이었던 이유가 사라진 것도 이유 중 하나이다. 또 같은 능력을 가지고 훨씬 더 좋은 처우가 보장되는 대기업으로 가는 것도 이해가 가지 않는 것은 아니다.

　이것은 외국의 외교관들도 예외는 아니다. 이미 2000년 9월 5일 자 ≪뉴욕타임스≫는 특집 기사로 미국 국무부의 젊은 외교관들이 새로운 직장을 찾아 국무부를 떠나고 있다는 것을 다루고 있다. 장래성과 대우가 더 나은 직장을 위해 외교부를 떠나는 경우가 많지만 단지 대우 문제가 전부는 아니다. 박근혜 정부에서 국립외교원장을 지낸 윤덕민 교수는 칼럼에서 한두 가지 요인을 더 제시한다. 윤 교수는 "이제 나이가 차면 당연히 대사로 나가던 시절은 지났고 각종 평가 제도가 마련되어 그것을 충족하지 못하면 대사로 나갈 수 없게 되었다. 공관장 후보가 되기 위해서는 5년마다 어학 검증에 통과해야 하고 역량 평가도 2회 받아야 한다"고 말했다. 직업 외교관들을 더 좌절하게 만든 것은 최근 비(非)외교관, 외부 인사를 대사에 임명하는 특임공관장 제도가 확대되고 있는 점이다. 문재인 정부는 외교부의 순혈주의를 깨고 외교 역량을 높이기 위해 특임공관장 비율을 30%까지 확대하겠다고 발표했다. 이전까지는 보통 10~15% 정도의 비율이었다. 그렇지 않아도 대사 직에 대한 경쟁이 심해졌는데 외교부 밖에서 대사를 선발하는 비율을 늘리는 것은 직업 외교관들에게는 좌절할 만한 일일 수밖에 없다. 이런 현실과 함께 업무상 수행했던 일로 인해 좌천당하거나 인사상의 불이익을 당하는 외교관들이 늘어나면서 외교관이라는 직업에 대한 환멸을 느끼는 경우도 늘어나고 있다.

외교관은 외교의 최전선에서 국가이익을 지키는 중요한 임무를 가지고 있다. 사명감과 능력을 가진 외교관이 많아져야 하는데 외교관 생활의 현실적 어려움이 이들을 외교부에서 떠나게 만들고 있는 듯하다. 외교관이 특권과 혜택이 많아 좋은 직업이라는 생각을 가지고 있다면 그리고 외교관의 삶에 대해 환상만을 가지고 있다면 외교관이 되겠다는 생각을 다시 해보기를 권한다.

𝔇 DIPLOMACY ⋈

그냥 공무원이 되어가는 외교관들

외교관의 관료화

얼마 전 가깝게 지내는 신범철 박사가 진행하는 '외교안보클리닉'이라는 유튜브 콘텐츠를 볼 기회가 있었다. 윤영관 전 외교부 장관께서 나오셔서 한국 외교부에 대해 아쉬웠던 점을 이야기하시는 걸 보았다. 여러 가지 이야기를 하셨지만 그중 하나는 한국 외교관들이 상사에게 보고하는 서류를 만드는 데 너무 많은 시간을 쓴다는 말씀이셨다. 이러한 업무 방식으로 인해 외교관들이 외교전략을 만들고 선제적으로 외교 문제를 해결하는 데 능력과 시간을 쓰는 것이 아니라 일이 터진 다음 뒤치다꺼리를 하게 된다며 안타까워하셨다. 외교부의 문서 작업 부담은 어제 오늘의 일이 아니다. 과장이나 국장이 출장을 가면 그에 필요한 자료와 보고 문서가 한두 개가 아니다. 그 위에 차관보, 차관, 장관에게 올릴 업무와 관련한 보고서도 늘 지시가 내려오니 매일 야근을 해도 보고서 제출을 제때에 하기도 벅차다. 이러다 보면 자기 분야의 외교전략이나 외교 현안의 선제적 해결을 고민할 시간이 없을 수밖에 없다. 본부의 외교관 생활은 외교관 생활이라기보다는 문서를 만들기 위해 하루 종일 책상에 앉아 있는 사무직 공무원의 생활일 뿐이다.

본부 외교관의 관료화는 그래도 이해가 가지만 외교 현장인 재외공관에서의 관료화 문제는 심각한 문제이다. 재외공관의 외교관은 전투 현장에 나와 있는 보병이다. 끊임없이 현지 인사들을 만나고 주재국 외교관들을 만나서 정보를 모으고 필요할 경우 우리의 입장을 현지 여론 주도층이나 주재국 외교부 담당자들에게 전해야 한다. 이런 활동을 지원하기 위해 외교 활동 예산이 편성되어 있다. 현지 인사들을 만날 때 밥값이나 커피 값을 충당하기 위한 예산이다. 물론 예산을 쓰기 위해서는 활동보고서를 써야 한다. 그래서인지 외교활동비가 남는다는 이야기들을 들은 적이 있다. 예전에는 외교활동비가 워낙 부족하다 보니 대사가 사용하기도 모자라서 다른 외교관들의 불만이 많았던 적이 있다. 지금은 예산이 합리적으로 책정되어서 대사를 비롯한 다른 직원들이 사용하기에도 크게 부족하지 않는 상황이 되었다. 그런데 외교활동비가 남는다는 것은 공관의 외교관들이 주재국 인사들을 만나기보다 책상에 너무 오래 앉아 있다는 것을 말한다. 왜 공관의 외교관들은 주재국 곳곳을 누비는 대신 책상 앞에 앉아 있는가?

이 책의 다른 부분에서도 언급했지만 공관에 근무하는 외교관의 주된 업무는 전문을 읽는 것과 전문을 쓰는 일이다. 본부에서 오는 전문은 세계 곳곳에서 수집된 정보들로 다른 공관들도 알아야 하는 정보들이고 또 본부에서 오는 지시 전문들이다. 예를 들어 김정남 암살 사건이 벌어진 이후에는 이 사건에 대해 동남아시아 각국 주재 공관들이 주재국이 어떠한 반응을 보이고 있는지 정보를 수집해 본부에 보고하면 본부는 그중 다른 재외공관에게 알려야 할 내용들을 전문으로 내려 보내 공유한다. 또 이러한 김정남 암살이 말레이시아 주권에 대한 침해이고 대중이 밀집한 공항에서 생화학 물질을 사용해 테러를 벌인 것은 국제 규범상 용납될 수 없는 행동이라는 것을 각 주재국 정부에 전달하고 반응을 보고하라는 지시 전문 역시 오게 된다. 이러한 지시 전문이 없더라도 재외공관 외교관들은 알아서 주요 정보를 파악해 수시로 본부에 보고해야 하는 임무가 있다. 공관의 외교관들이 전문에 매달리는 이유는 인사고과를 평가하는 데 전문의 건 수가 큰 비중을 차지하기 때문이다. 전문을 많이 보내는 외교관이 일을 많이 하는 외교관이라는 것은 부인하기 어렵다. 전문이 정보수집 활동의 결과이기 때문이다. 문제는 공공외교 담당자처럼 행사 위주의 업무를 하는 경우를 제외하고는 외교관의 현장 중심의 외교 활동에 대한 점수가 크지 않아서 배점이 큰 전문 쓰기에 집중할 수밖에 없다는 것이다.

공공외교에 대해 한 가지 덧붙이자면 사실은 재외공관의 핵심 활동이 공공외교 쪽으로 초점이 맞추어지는 것이 바람직한 방향이다. 공공외교 업무 담당 외교관 말고도 정무·경제 분야 담당자들도 공공외교를 자신들의 업무에 녹여서 기획·실행해야 하는 시대가 왔기 때문이다. 주재국 대중을 상대로 하는 공공외교 활동은 일을 찾아서 또는 새로 개발해서 해야 하는 것들이 많고 시간과 품은 많이 드는 데 반해 그 성과를 입증하기는 어려운 성격이 있다. 한국에 대한 홍보 및 행사 건수 이외에 실제로 그런 외교 활동이 얼마나 한국에 대한 현지인들의 인식을 바꾸었는지는 객관화해서 보고하기 어렵다. 따라서 이 부분에서 점수를 따기보다는 책상에 앉아 현지 신문, 잡지 등을 읽고 분석해 전문을 하나 더 쓰는 것이 더 영양가가 있는 것으로 인식되는 것이 현실이다.

외교의 분야는 크게 정무, 경제, 공공외교로 나눈다. 정무(political affair)는 국가 간 정치, 외교안보 등을 다루는 분야이고 전통적으로 외교의 가장 중요한 영역이다. 경제(economic affair)는 국가 간 무역, 투자 등 경제적 관계를 다루는 영역으로 그 중요성이 점점 더 커지고 있다. 한국 외교의 3대 축인 공공외교는 상대국 국가의 대중을 상대로 하는 외교로서 문화, 교육, 지식 자산 등을 활용하여 자국의 매력을 소개하고 상대국 대중들의 호감을 얻는 외교 영역이다. 외교에서 정무 분야가 국가의 생존과 안위와 직결되기 때문에 가장 중요하다고 여겨지고 한국 외교부에서도 정무 분야, 특히 주변 4강 국가들과의 정무 외교가 외교의 핵심으로 인식되고 있다. 정무 분야는 특히 양자외교에서 핵심적 분야이기 때문에 외교부에 좋은 성적으로 입부한 외교관들은 미국, 일본, 중국, 러시아 등과의 정무외교 전문가가 되는 것을 희망해왔다. 반면에 다른 외교 영역들은 부차적인 것으로 여겨왔던 것이 사실이다. 그러나 사실 정무외교는 모든 나라와의 관계에서 가장 중요한 외교 영역은 아니다. 한국의 외교 상대 191개국(한국과 수교한 나라의 숫자이다) 중 정무관계에 속하는 중요한 현안이 있는 나라가 몇 나라나 될까? 동북아시아 국가들이나 동남아시아 국가들 그리고 세계의 주요 강대국들 말고는 한국과 정무적 차원에서 중요한 현안이 있는 나라들은 별로 없다. 굳이 있다고 하면 북한에 대한 제재 이행, 핵 개발에 대한 반대 입장 이끌어내기 등 북한과 관계된 일 정도가 전부일 것이다. 대부분의 작은 나라들은 한국 국민들이 이름도 처음 들어본 나라들일 것이고 이들 나라와의 관계에서 중요한 것은 정무나 경제보다는 공공외교일 가능성이 크다.

얼마 전 외교부 산하기관인 한국국제교류재단(KF: Korea Foundation)이 주관하는 공공외교 주간 행사의 일환으로 해외 공관에서 이루어지는 공공외교 활동에 관한 영상을 본 적이 있다. 주마다가스카르 대사관의 임상우 대사께서 활동하시는 모습들이 담겨 있는데 한국어 교육, K-Pop 등 한류 관련, 그리고 태권도 전파 등 대부분의 활동이 비정무 분야의 활동이었다. 임상우 대사는 개인 유튜브를 개설하여 마다가스카르 국민들과 활발한 소통을 하고 있었다. 그는 또한 스스로 토착 언어인 말라가시어를 배워서 기회가 있을 때마다 말라가시어로 연설이나 인사말을 하면서 주재국 국민에게 다가가려고 애쓰고 있었다. 2018년에 한국이 첫 대사를 파견했고 대사 외에 단 1명의 외교관이 근무하는 아프리카의 이 섬나라와 한국 사이에는 어떤 정무관계 현안이 있을까? 이러한 국가에서는 임 대사의 공공외교 중심의 외교가 정말로 필요한 활동이고 또 가장 중요한 활동이다. 마다가스카르가 극단적인 예라고 생각하면 안 된다. 166개 재외공관 중 책상에 앉아서 또는 주재국 외교부와 긴밀하게 접촉하면서 해야 하는 일이 대부분을 차지하는 재외공관은 절반도 되지 않는다고 생각한다. 정무외교가 중요하지 않다는 이야기가 아니고 또 주재국 외교부와 하는 일이 중요하지 않다는 이야기도 아니다. 단지 많은 나라가 한국과 특별한 정무적 현안이 없다는 현실을 이야기하는 것이다. 이런 공관에서 사무실에 앉아 전문을 쓰는 데 몰두하는 외교관은 사실 필요가 없다. 임상우 대사가 마다가스카르의 코로나 진단을 위해 외교부 예산을 급히 마련해 2만회 분의 진단키트를 도입하고 국립감염병연구소 개원에 장비를 지원하여 의료 위기를 맞고 있던 마다가스카르를 도왔던 활동 그리고 말라가시어를 열심히 공부해 마다가스카르의 인기 노래를 부를 정도로 마다가스카르에 관심이 많다는 것을 보여주는 대사의 활동이 어떠한 정무외교보다도 값지고 임팩트가 큰 외교인 것이다.

재외공관의 외교관이 현장에서 주재국 대중들과 친밀한 관계를 맺고 그들이 필요한 것들을 찾아내고 해결해 주는 발로 뛰는 외교가 중요하다. 주재국의 정부·외교부와 소통하고 협의하는 것은 외교관의 기본 임무이지, 그것이 전부여서는 안 된다. 현지 언어와 관습을 배우고 현지 전문가로서 성장하려는 외교관들이 많아지는 그런 문화가 자리 잡아야 한다. 관료화된 외교관은 사라져야 할 구시대의 유물일 뿐이다.

Understanding Diplomacy and
Contemplating Korea's Diplomacy

제2장

외교의 야전 지휘부, 대사관 그리고 대사

해외 각국에 있는 한국의 대사관, 총영사관을 전문용어로 재외 외교공관(줄여서 재외공관)이라고 부른다. 본부의 지시를 수행하고 주재국의 정보를 수집해 보고하는 외교 현장의 작은 지휘소이다. 그리고 그 지휘소를 이끄는 사람이 대사이다. 대사는 주재국에서 대한민국을 대표하기 때문에 특별한 위상을 지니고 있다. 대부분의 국민은 해외에 있는 한국 대사관이나 대사관저 그리고 대사를 볼 기회가 별로 없기 때문에 이들에 대해 제대로 알기는 어렵다. 가끔 언론에 나오는 대사관이나 대사의 소식은 좋은 것보다는 좋지 않은 것이 많기 때문에 객관적인 이해에는 도움이 되지 않는다. 이들에 대한 이야기를 한 번 들어보는 것도 대사 그리고 재외공관을 편견 없이 이해하는 데 큰 도움이 될 것이다.

◎ DIPLOMACY ◎

재외공관은 어떻게 활동하는가?

대사 임무를 마치고 다시 학교로 돌아와 외교 관련 과목을 가르치면서 학생들이 실제 외교에 대해 내가 생각하는 것보다 훨씬 더 모르고 있다는 것을 알게 되었다. 특히 해외에 나가 있는 우리의 외교공관들의 하는 일에 대해서는 턱없이 정보가 부족하다. 재외공관의 종류들, 또 각각의 다른 기능들 등 기초적인 정보들도 모르는 학생들이 많았다. 만일 일반인들이 해외의 한국 대사관이 어떻게 구성되어 있고 무슨 임무를 수행하고 어떠한 방식으로 작동하는지를 알면 우리 외교 공관이나 외교관들에 대해 가지고 있는 막연한 거리감이나 오해 등을 줄일 수 있다고 믿는다.

재외공관이라는 말은 해외에 나가 있는 한국의 외교공관들, 즉 대사관, 총영사관 대표부 등을 통칭하는 말이다. 우선 2022년 현재 전 세계에 있는 대한민국의 재외공관은 166개이다. 여기에는 대사관, 총영사관, 대표부 등이 포함되고 이 166개 이외에도 분관, 출장소 등 한국 관광객이 많은 곳에 설치한 1인 사무소들이 더 있다. 예를 들어 캄보디아의 시엠 립에는 앙코르

와트를 방문하는 관광객이 40만 명을 넘어서면서 이들에 대한 영사업무를 위해 주캄보디아 한국 대사관 분관을 설치했다. 분관과 출장소를 제외하면 재외공관은 대사관, 총영사관, 대표부 등 세 가지 형태가 있다. 대사관은 국교관계를 맺은 나라의 수도에 설치하는 외교공관이고 주재국 정부와의 외교 업무를 담당한다. 대한민국의 166개 해외 공관 중에서 대사관은 116개가 있으므로 한국이 국교를 맺은 나라는 116개라고 생각할 수 있지만 그것은 아니다. 한국이 외교관계를 수립한 나라는 191개국이다. 그렇다면 이 차이는 무엇을 말하는가? 191-116=75, 즉 한국과 수교한 75개국에는 대사관이 설치되어 있지 않다는 이야기이다. 예를 들어 한국은 아일랜드와 수교했지만 아일랜드의 수도 더블린에는 한국 대사관이 없다. 또 2021년 7월 대통령이 괴한들의 총격으로 사망한 아이티에는 한국 대사관이 없다. 그렇다면 아일랜드가 한국과의 외교적 협의가 필요하다면 그리고 아이티의 정치적 혼란 와중에 교민 보호 조치가 필요하다면 어떻게 해야 할까? 답은 아일랜드의 경우 주영국 한국 대사관이 주아일랜드 대사관을 겸하고 있으며 아이티의 경우는 주도미니카 한국 대사관이 주아이티 한국 대사관을 겸하고 있다. 대사 역시 겸직을 하게 되므로 주영국 한국 대사는 주아일랜드 한국 대사를 겸하고 있다. 이렇게 수교한 모든 나라에 대사관을 두지 않는 이유는 대사관을 설치하고 유지하는 데 많은 예산이 들기 때문이다. 양국 간에 인적 교류가 많지 않고 외교 현안이 많지 않은 경우에는 대사관을 설치하지 않고 인접국 한국 대사관에서 업무를 겸하거나 분관을 설치해 운영하는 것이다.

한국은 남북한 대치가 첨예하던 1970년대 북한과 수교 경쟁을 벌였다. 외교관계를 맺는 수교는 상대 국가를 주권국가로 인정한다는 의미이기 때문에 한반도에서 정통성을 갖는 정부로 인정받는다는 것을 의미하기도 한다. 북한보다 더 많은 국가와 수교를 함으로써 한반도에서 유일한 합법 정부라는 정통성을 대내외에 명확히 하기 위해 가능한 한 더 많은 국가와 수교를 맺는 데 전력을 다했던 것이다. 그 결과 특별한 현안이 없는 아프리카 국가들과도 수교를 맺었고 한두 명의 외교관을 파견하는 초미니 공관들이 많이 생겨났다. 그러나 1980년대 후반 냉전이 끝나가면서 이런 수교 경쟁은 끝나게 되었다. 남북 간의 격차가 너무 벌어져 굳이 북한과 수교 경쟁을 할 필요가 없어진 것이다. 그 이후 한국은 아프리카의 여러 초미니 공관들을 폐쇄했다. 공관이 폐쇄된 국가와의 외교업무는 인접국가의 한국 대사관에서 겸임을 하게 되었다.

2022년 현재 세계에서 가장 많은 해외 공관을 가진 나라는 중국이다. 2019년 전까지는 미국이 가장 많은 해외 공관을 가지고 있었다. 호주의 싱크탱크 로위연구소(Lowy Institute)가 2019년 11월 공개한 '글로벌 외교 인덱스 2019'에 따르면 중국은 대사관, 총영사관, 대표부 등을 포함해 276개의 공관을 운영하고 있다. 2위는 중국에 3개 차이로 뒤진 미국이며 총 273개의 해외 공관을 가지고 있다. 3위는 267개의 프랑스, 4위는 247개의 일본, 5위는 242개의 러시아 순이다. 이 조사에서 우리는 183개로 13위를 차지했다. 2022년 1월 현재 이 숫자는 191개로 늘어났다. 이 통계를 보면 강대국은 외교에 많은 자원을 투입하는 것을 알 수 있다. 전 세계 거의 모든 나라에 대사관을 두고 또 주요 도시에 총영사관을 두는 방식으로 자국의 이익 확보를 추구하는 것이다.

2022년 1월 현재 한국과 수교한 나라는 191개국, 북한과 수교한 나라는 160개국이다. 이 중 157개국은 남한과 북한과 동시 수교국이다. 2021년 북한이 말레이시아와 단교함으로써 2020년에 비해 북한 수교국이 1개, 동시 수교국이 1개 줄어든 결과이다. 대부분의 국가가 한국과 북한 모두와 수교하고 있는 것이다. 북한과 수교한 나라 중 3개국, 쿠바, 시리아, 팔레스타인은 북한하고만 수교를 하고 있다. 일반인들의 생각과는 달리 우리가 알 만한 웬만한 나라들은 대부분 동시 수교국이다. 예를 들어 동남아시아의 아세안(ASEAN) 10개국은 모두 동시 수교국(2021년 북한과 말레이시아의 단교 이전까지)이다. 유럽에서 남한하고만 수교한 나라는 5개국뿐이지만 이 중 일반인들이 알 만한 나라는 프랑스가 유일하다. 나머지는 교황청, 에스토니아, 모나코, 안도라 등 소국이다. 예전에 남북한 간의 대결이 첨예했을 때에 한국이 고수했던 원칙이 '할슈타인 원칙(Hallstein Doctrine)'이다. 이 원칙은 동·서독 분단 시기에 나왔던 서독의 외교 원칙으로 동독과 외교관계를 맺은 나라와는 외교관계를 맺지 않는다는 서독의 외교차관 발터 할슈타인의 이름을 딴 외교 원칙이다. 한국 역시 이 할슈타인 원칙을 외교관계의 원칙으로 삼고 북한과 수교하는 나라와는 수교하지 않았다. 그러나 1973년 6·23 선언으로 할슈타인 원칙을 포기하면서 한국은 북한과 수교하고 있던 나라와도 외교관계를 맺기 시작했다.

대사관보다 낮은 단계의 공관은 공사관인데 2022년 1월 현재 한국이 공사급 외교관계를 맺은 나라는 없기 때문에 사실상 총영사관(Consul-General)이 대사관 아래 단계의 재외공관이다. 전 세계에 46개의 한국 총영사관이 있다. 총영사관은 해외 체류 한국인들을 위한 영사업무 및 재외국민 보호가 주 업무이고 주재국 지방정부나 민간 차원의 교류와 경제통상 등의 업무도 수행한다. 그러나 대한민국을 대표하거나 상대국 정부와의 교섭업무를 수

▶ **교황청의 외교** 영어로 Vatican, 바티칸 시국(市國)은 도시국가로서 한국에서의 공식 국가 명칭은 교황청이다. 이탈리아 로마 안에 있지만 이탈리아와는 아무 관계가 없는 독립국가이다. 바티칸 시국은 교황청을 유지하기 위해 인정된 국가로서 교황이 국가원수이다. 한국은 교황청에 대사를 파견하고 있고 주교황청 대한민국 대사라고 부른다. 교황청이 한국에 파견한 대사는 주대한민국 교황 대사이다. 교황 대사는 영어로 ambassador라는 용어 대신 nuncio(소식의 전달자 혹은 전령의 의미)라는 용어를 사용한다.

행하지 않기 때문에 총영사의 경우는 아그레망이나 신임장 제정식 등의 절차가 없다. 총영사관은 국토의 크기가 커서 수도에 있는 대사관이 영사업무를 모두 담당할 수 없는 국가에 주로 설치된다. 예를 들어 미국에는 9개의 한국 총영사관이 있는데 이를 열거해 보면 뉴욕, 보스턴, 애틀랜타, 휴스턴, 로스앤젤레스, 샌프란시스코, 시애틀, 시카고, 그리고 하와이의 호놀룰루에 총영사관이 설치되어 있다. 영토가 큰 캐나다의 경우도 몬트리올, 밴쿠버, 토론토에 총영사관이 설치되어 있다. 주캐나다 한국 대사관은 오타와에 있다. 중국에는 상하이, 선양, 시안, 광저우, 우한, 청두, 칭다오, 홍콩에 총영사관이 설치되어 있다. 국토가 크지 않은 경우 수도에 설치된 대사관이 총영사관 업무도 겸하고 있으며 이때는 대사관의 차석인 공사가 총영사직을 겸직한다.

총영사관이 설치된 도시들을 보면 대부분은 상업의 중심지인 경우가 많다. 외교의 역사에서 볼 때 영사관의 기원은 상대국 무역중심지(주로 항구)에서 무역을 하던 자국 상인들의 재산과 안전을 보호하기 위한 것이었다. 그러한 이유로 현대에 이르러서도 주요 무역항이나 경제수도, 상업중심지 등에 총영사관이 설치되어 있다. 반면에 대사관은 수도에 설치하게 되는데 꽤 많은 나라가 행정수도를 두고 있기 때문에 대사관이 행정수도에 설치되어 있는 경우가 많다. 요즘 예능프로에서 가끔 나오는 각국의 수도 이름 맞추기 퀴즈에 어려운 문제로 자주 등장하는 나라들은 모두 행정수도를 가지고 있어서 일반인들이 행정수도가 아닌 상업의 중심지인 가장 큰 도시를 수도로 착각하는 나라들이다. 예를 들어 터키의 수도는 우리가 가장 잘 알고 있는 이스탄불이 아니라 행정수도인 앙카라이고 캐나다의 수도는 캐나다 제1의 도시 토론토가 아니라 행정수도인 오타와이다. 호주의 수도는 제1의 도시 시드니가 아니라 역시 행정수도인 캔버라이다. 그래서 한국 대사관은 캔버라에 있고 시드니에는 총영사관이 있다. 총영사관의 수장인 총영사는 보통 대사보다 낮은 급이지만 한인 사회의 규모가 크고 상업의 중심지에 있는 총영사관은 규모도 매우 크고 대사를 지낸 고참 외교관들이 부임하기도 한다. 예를 들어 뉴욕 총영사관의 규모는 대부분의 한국 대사관들보다 훨씬 크다. 뉴욕, 로스앤젤레스, 상하이, 오사카 같은 큰 규모의 총영사관의 총영사직은 중요한 공관장 보직으로 인식되고 있고 실제로 대사로 임명될 수 있는 고참 외교관들이 부임하는 자리들이다. 예를 들어 외교부 장관을 지낸 공로명 장관은 브라질 대사를 마치고 뉴욕 총영사로 근무했고 네덜란드 대사를 지냈던 이기철 대사는 본부에 돌아와 본부 근무를 마치고 LA 총영사로 임명되어 근무한 바 있다.

마지막으로 대표부가 있다. 영어로는 대표부는 Mission이라고 칭한다. 주로 국제기구에 설치하는데 총 5개의 대표부가 있다. 대표부는 주권국가가 아니지만 우리의 이익을 대변하기 위해 외교관들을 파견하고 외교업무를 담당하도록 국제기구에 설치된 외교공관이다. 다섯 개의 대표부를 살펴보면 제네바 대표부, UN 대표부, OECD 대표부, UNESCO 대표부, ASEAN 대표부 등이다. 이 중에서 제네바 대표부는 스위스 제네바에 국제기구들이 밀집해 있기 때문에 이들 국제기구와의 다자외교 업무를 담당하기 위해 설치한 대표부이다. 나머지 대표부들은 각각, UN(국제연합), OECD(경제협력개발기구), UNESCO(국제연합 교육과학문화기구), ASEAN(동남아국가연합)이라는 국제기구나 지역기구와의 외교를 담당하기 위해 설치된 것이다. 한국 주UN 대표부는 뉴욕 UN 본부 부근에 위치하고 있고 OECD와 UNESCO는 프랑스 파리에, ASEAN은 ASEAN 사무국이 있는 인도네시아 자카르타에 있다. 이 대표부의 수장들은 영어로 Chief of Mission(공관장)이라고 부르지만 대외직명으로 대사(Ambassador)로 부르고 있다. 특이하게도 한국 UN 대표부와 제네바 대표부는 각각 2명의 대사를 두고 있다. 그중 선임대사를 수석대사 그리고 그 아래 대사를 차석대사로 부른다. 이들 5개 대표부 외에 대만에는 한국 무역대표부가 설치되어 있는데 이름은 대표부이지만 나머지 5개 대표부와는 달리 외교공관은 아니다. 중국공산당 정부가 중국을 대표하고 한국은 중화인민공화국과 수교했기 때문에 대만과 외교관계가 없다. 하지만 두 나라는 경제관계를 비롯해서 많은 현안이 있기 때문에 양국에 서로 무역대표부를 두고 대사관을 대신하고 있다.

대사관의 수장은 대사이다. 외교공관의 장이라는 의미로 부를 때는 공관장(Chief of Mission)이라고 부른다. 공관의 급에 따라 공관장은 대사가 될 수도 공사가 될 수도 총영사가 될 수도 있다. 총영사관의 경우 공관장은 대사가 아닌 총영사(Consul-General)이다. 그러나 대사가 수장인 대사관에 근무하는 공사나 총영사(공사가 겸임)는 공관장은 아니다. 대사관에서 공사는 2인자로 부대사(Deputy Chief of Mission)라고 부른다. 'Deputy Ambassador'로 부르지는 않는다. 대사관의 수장인 대사(ambassador) 밑으로는 공사(minister), 공사참사관(minister-counsellor), 참사관(counsellor), 1등 서기관(first secretary), 2등 서기관(second secretary), 3등 서기관(third secretary) 등의 대외직명을 가진 외교관들이 근무하고 있다. 공사가 없는 경우 공사참사관이 공사업무를 수행한다. 외교부에 입부해 처음 공관 근무를 하게 되면 3등(혹은 2등) 서기관의 대외직명을 부여받는다.

이 같은 외교부 직원 이외에도 대사관에는 정부 부처에서 파견된 21개 분야의 주재관(attache)들이 근무하고 있다. 그 이유는 대사관은 상대 국가에서 활동하는 한국을 대표하는 조직이고 그를 위해 미니 정부의 기능을 해야 하기 때문이다. 모든 부처에서 보낸 주재관이 모든 대사관에 근무하는 게 아니고 상대국의 특성에 따라 필요한 부처에서 주재관을 파견한다. 보통 산업부에서 보내는 상무관은 거의 모든 대사관에 주재하고 있으며 국방부에서 파견하는 (국방) 무관, 경찰 또는 해경에서 파견하는 경찰영사, 기획재정부에서 파견하는 재무관, 교육부에서 파견하는 교육관, 법무부에서 파견하는 법무관, 국토부에서 파견하는 국토관, 국회에서 파견하는 입법관 등등 다양한 주재관들이 대사관의 업무에 따라 파견되어서 일하고 있다. 이들은 외교관 여권을 부여받고 외교부 출신 외교관들과 같이 직급에 맞는 외교관 대외직명(서기관, 참사관 등)을 부여받는다. 보통 3년의 임기로 주재관 임무를 하게 되고 임기가 끝나면 원 소속 부처로 복귀하게 된다. 여기에 국정원에서 파견하는 정보관들도 대사관에서 같이 일하고 있다. 이들은 외교관 신분으로서 일하고 있으며 주재국 정부도 이들의 존재, 인원수 등을 모두 잘 알고 있으며 주재국 정부에서 관리하는 외교관 명부에 올려놓고 다른 외교관들과 마찬가지로 관리한다. 또 하나 공관에서 매우 중요한 역할을 하고 있는 통신관이 있다. 7급 외무정보직으로 충원된 통신관은 본부와 공관 사이의 통신 업무를 담당하는 외교관이며 비밀전문 업무도 담당하고 있다. 이 외에도 현지에서 혹은 국내에서 채용하는 행정원, 현지 혹은 국내에서 모집하는 연구원, 전문연구원 등이 행정업무, 조사업무를 지원하고 있다. 그리고 대사관 소속은 아니지만 타 정부 부처에서 파견된 문화원장이나 관광공사 지사장, 대한무역투자진흥공사(KOTRA) 지사장, 한국국제교류재단(KF) 사무소장, 한국국제협력단(KOICA) 사무소장 들도 대사에게 보고를 할 의무가 있는데 이것은 대사가 주재국에서 한국 정부를 대표하는 권한을 부여받았기 때문이다. 이들은 보통 대사관 주례회의나 월례회의에 참석해서 자기 기관의 업무 현황을 보고하게 된다. 하지만 대사는 이들에 대한 인사권이나 감독 권한은 없다.

대사관의 업무는 크게 정무, 경제(통상, 산업) 공공외교, 교육·문화, 영사,

국방(방산), 그리고 각 공관의 특성에 따른 업무들로 구성되어 있다. 예를 들어 내가 근무했던 주말레이시아 대사관은 기본 업무 이외에 고속철 수주를 위해 교통 관련 업무(국토관 담당), 그리고 한국의 의료 관광이나 K-의료 해외 진출 등 보건업무(재무관 담당), 그리고 이슬람 금융 관련 업무(재무관 담당) 등이 세부 업무로 존재하고 있었다. 한국은행에서 파견된 재무관이 보건업무를 담당한 것은 순전히 대사관 인력이 부족하기 때문이었다. 이슬람 금융 관련 업무가 큰 진전을 보지 못하고 있었기 때문에 보건 관련 업무를 재무관에게 담당하도록 했다. 다행히 재무관이 열의를 가지고 일해서 보건협력 분야에서 크고 작은 성과들을 이룰 수 있었다.

말레이시아 대사관은 재외공관 중 중간 규모 이상의 공관이었다. 2013년의 통계를 보면 5인 이하의 공관은 전체의 61% 정도이고 4인 이하의 미니 공관도 전체의 35%가량 된다. 3인 이하 공관도 전체 공관의 11%(18개)나 된다. 가장 큰 공관인 주미 한국 대사관은 100여 명이 넘는 외교관들이 근무하고 있다. 그러나 이 중에 외교부 출신의 외무공무원은 30명 남짓이다. 나머지는 모두 타 부처에서 파견된 주재관들이다. 한 대사관에 100명의 정부공무원이 일하는 것이 많아 보일 수 있지만 강대국 대사관들에 비하면 매우 적은 숫자다.

재외공관의 크기에서도 미국과 같은 강대국은 다른 나라들을 압도한다. 외교공관의 인원은 정확히 공개되고 있지는 않지만 몇 가지 방법으로 외교관 숫자를 추론해 볼 수 있다. 2017년 미국이 러시아에 대한 추가 경제제재를 하면서 미국과 러시아의 외교 갈등이 악화되었을 때 러시아는 자국에 주재 중인 미국 외교관 755명을 추방했다. 이 숫자는 미국에 주재 중인 러시아 외교관이 455명이며 미국도 상호주의에 따라 455명만 러시아에 주재시킬 수 있다는 계산으로 455명을 넘어서는 755명을 추방한 것이다. 이것을 역산해 보면 외교관 추방 전 러시아에 주재 중이었던 미국 외교관이 1210명 (455+755)이라는 것이다. 이렇게 많은 숫자의 외교관은 그만큼 러시아가 미국에게 외교적으로 중요하다는 것을 보여준다. 물론 이들이 모두 국무성 출신의 외교관은 아니다. 상당수의 정보 요원이 외교관 신분으로 근무하고 있었을 것으로 추측할 수 있다. 외교관은 정보수집 기능과 교섭, 현지 인사들과의 연계 구축 등의 임무를 한다는 측면에서 볼 때 많은 인원의 외교관을 보유하고 있다는 것은 자국 이익을 지키고 확대하는 데 유리하다는 것을 의미한다.

◊ DIPLOMACY ◊

대사관은 치외법권 지역
위키리크스 설립자 줄리안 어산지의 사례

2021년 2월 들어선 미국 바이든 정부는 영국에 수감 중인 줄리안 어산지(Julian Assange)에 대한 범죄인 송환 요청을 영국 법원에 계속할 것이라고 밝혔다. 미국의 송환 요청에도 영국 법원은 어산지를 미국에 송환할 경우 자살 위험이 있다는 이유로 송환을 거부하고 있었다. 어산지는 미군 일병 브래들리 매닝(Bradley Manning)이 2010년 빼낸 70만 건의 이라크와 아프가니스탄 전쟁 관련 보고서와 국무부 외교 기밀문서를 건네받아 위키리크스 사이트를 통해 폭로했다. 미국 정부는 어산지를 '방첩법(Espionage Act)' 위반 혐의 등 18개의 혐의로 기소하고 영국 측에 어산지의 송환을 요청했다. 영국 정부는 이러한 요청을 받아들였으나 영국 법원이 이것을 불허했다.

여기서 어산지 이야기를 하는 이유는 어산지가 대사관의 치외법권을 이용해 영국에 주재한 에콰도르 대사관에 9년 동안 피신해 있었기 때문이다. 2010년 미국 검찰이 1급 수배령을 내렸고 엎친 데 덮친 격으로 어산지는 스웨덴에서 성폭행 혐의로 기소되어 영국에서 체포되었다. 어산지는 보석으로 풀려난 뒤 스웨덴으로의 송환을 피하려고 런던 주재 에콰도르 대사관으로 피신한 것이다. 영국 정부가 어산지를 체포하려 했지만 치외법권 지역인 에콰도르 대사관에 피신해 있는 어산지를 잡을 수 있는 방법은 에콰도르 대사관이 경찰의 진입을 허용하는 것뿐이었다. 하지만 어산지의 반미적 성향을 높이 산 에콰도르의 좌파 정부는 9년 동안이나 어산지를 보호했다.

외교에 관한 비엔나협정을 보면 제22조 제1항에 "공관 지역은 불가침이며 접수국의 관헌은 공관장의 동의 없이는 공관 지역에 들어가지 못한다"라고 명시되어 있다. 또 제1조에 보면 '공관 지역'은 공관장의 주거를 포함하여 공관의 목적으로 사용되는 건물과 건물의 부분 및 부속 토지를 말한다"고 되어 있다. 다시 말해 대사관이나 대사관저, 대사관 부속 건물에는 대사의 동의 없이는 접수국의 경찰이나 관리들이 이유 여하를 막론하고 들어갈 수 없다는 것이다. 어산지는 영국 경찰에 체포되어 스웨덴으로 송환되는 것을 피하기 위해 영국의 경찰권 및 주권이 미치지 못하는 에콰도르 대사관으로 들어간 것이다. 공관 사정이 열악한 에콰도르 대사관에서 9년 동안이나 방 하나를 차지하고 있었으니 에콰도르 대사관으로서도 매우 곤혹스러웠을 것이다. 그래서 어산지를 에콰도르로 보낼 방법을 고심했지만 사실 방법은 없었다. 어산지는 치외법권이 있는 대사관 지역에 있는 것뿐이지 본인이 면책특권을 가진 외교관은 아니기 때문에 에콰도르 대사관 문을 나서는 순간 체포될 수밖에 없다. 2018년 에콰도르 시민권을 취득했지만 일반 시민은 면책특권이 없기 때문에 별 도움은 되지 못했다. 영국 경찰도 어산지를 체포할 수 있는 유일한 방법은 주영국 에콰도르 대사가 경찰의 대사관 안으로의 진입을 동의해 주는 것뿐이었기 때문에 에콰도르 정부에 어산지가 성폭행 혐의를 받고 있는 것을 강조하며 설득했지만 실패했다. 결국 영국 정부의 고민을 해결해 준 것은 어산지 자신이었다. 어산지는 자신을 보호해 준 에콰도르의 모레노(Moreno) 대통령에 대한 비밀을 유출하는 등 에콰도르와 불편한 관계가 되었고 결국 2019년 에콰도르 정부가 어산지에 대한 망명 허가를 취소하고 영국 경찰이 대사관 내에 들어오는 것에 동의함으로써 대사관 내에 진입한 영국 경찰에 의해 체포되었다.

TV에서 탈북자들이 베이징에 소재한 외국 대사관 벽을 넘어 들어가려다 중국 공안들과 몸싸움을 벌이는 장면을 본 적이 있을 것이다. 탈북자들이 외국 대사관으로 들어가려는 이유는 일단 대사관 안에 들어가면 치외법권 지역이기 때문에 공안들이 잡으러 들어올 수 없기 때문이다. 그러나 아무 대사관이나 들어가는 것은 위험한 일이다. 대사관 측이 중국과의 외교관계나 북한과의 관계를 고려해 나가줄 것을 요청하거나 공안의 진입에 동의해 줄 위험이 있기 때문이다. 따라서 탈북자들이 인권이나 난민 등에 대해 많은 관심을 가지고 있는 유럽 국가들의 대사관으로 들어가는 경우가 많다. 2004년 6월 1일 중국 베이징 외교가 산리툰에서 멀지 않은 독일국제학교에 탈북자 6명이 담을 넘어 진입했다. 여기서 의문은 독일국제학교는 외교 시설이 아닌데 왜 탈북자들은 치외법권을 인정받지 못하는 국제학교를 선택했는가이다. 그런데 이 국제학교 안에는 독일 대사관 직원 숙소가 있었다. 이것은 비엔나 협약이 규정한 공관 지역에 속한다. 그래서 독일 대사관은 국제학교에 들어온 탈북자들을 이 공관직원 숙소 건물 꼭대기 층에 머물게 함으로써 중국 공안으로부터 보호했다.

대사관뿐만 아니라 UN(국제연합)의 시설도 대사관과 같은 치외법권 지역이다. 이것은 UN 기관들이 특정 국가에 설립될 때 그 국가와 특별협정을 맺어 특권과 면제를 확보하기 때문이다. 미국의 뉴욕에 있는 UN 본부는 미국과의 본부협정을 통해 UN 본부의 시설과 문서들에 대한 불가침권을 보장받았다. 2001년 6월 탈북자 장길수 씨 일가족이 베이징에 있는 UN난민고등판

무관실(UNHCR) 사무소에 들어가 난민 지위를 신청한 적이 있다. 이 신청은 받아들여지지 않았지만 이들은 체포되어 북한으로 송환되지 않고 제3국으로 추방되었고 필리핀을 경유해 한국으로 들어왔다. 이들이 체포되지 않은 이유도 베이징에 있는 UNHCR 사무소가 치외법권을 인정받았기 때문이다.

❦ DIPLOMACY ❧

대사관과 대사관저는 안전한가?
대사관 보안에 관한 이야기들

성북동 고급 주택가를 차를 타고 지나가다 보면 곳곳에 경비 초소들이 보인다. 경찰 한두 명이 근무를 하고 있는데 이들은 모두 부근에 위치한 대사관이나 대사관저들을 경비하고 있는 경찰병력이다. 외교에 관한 비엔나 협약 제22조에는 "접수국은 어떠한 침입이나 손해에 대해서도 공관 지역을 보호하며 공관의 안녕을 교란시키거나 품위의 손상을 방지하기 위하여 모든 적절한 조치를 취할 특별한 의무를 가진다"라고 규정하고 있다. 이러한 협약에 따라 한국 정부는 서울에 있는 모든 대사관, 대사관저, 부속 시설 등을 혹시 있을 위협으로부터 보호해야 할 "특별한 의무"를 가진다. 이런 의무를 다하지 못한 경우 심하면 외교관계가 위태로워지는 사태까지 발생할 수 있다. 한국과 수교한 191개 국가 대부분은 한국과 별다른 원한관계나 적대관계 없이 평화로운 관계를 유지하고 있지만 적대적인 국가에 자국의 외교공관을 설치해야 하는 나라들도 흔히 있다. 인도와 파키스탄처럼 역사적으로 풀기 어려운 갈등관계에 있는 나라들은 적대적인 상대방의 나라에 위치한 자국의 외교공관의 안전을 우려할 수밖에 없다. 미국의 외교공관들도 물리적 폭력의 위험에 늘 노출되어 있다. 특히 미국과 사이가 좋지 않은 이슬람 국가에 소재하는 미국 대사관이나 총영사관, 영사관은 경비에 만전을 기할 수밖에 없다.

1983년 4월 18일 오후 1시에 베이루트의 미국 대사관에서 강력한 폭발이 일어났다. 10개월 전에 대사관에서 도난당한 밴(van) 차량에 설치되어 있던 폭탄이 터진 것이다. 이 공격으로 미국인 17명을 포함한 대사관 직원 63명이 사망했다. 이 사건은 미국 대사관이 테러리스트의 공격 대상이 된 최초의 사건이었으며 이후 국무성에 외교보안국(Bureau of Diplomatic Security)이 신설되었다. 보통 외국 대사관들은 접수국의 경찰 병력이 경비를 담당하지만 자국 병력이 경비를 담당하는 경우도 있다. 미국 해병대가 직접 경비를 담당하는 미국 외교공관이 125개 정도 된다. 이들은 주로 현관이나 건물 내부에서 경내 경비를 담당한다. 전체 해병 경비대의 규모나 국가별 병력 수는 공개되지 않고 있다. 이들 해병대 병력은 국무성 외교보안국 산하의 외교보안수사대(DSS: Diplomatic Security Service) 요원들이 지휘·감독하게 된다. DSS 요원들은 또 대사를 비롯한 고위 외교관의 경호 등도 담당한다. 내전 중이거나 테러리스트의 세력이 큰 나라에서는 DSS 요원, 미 해병대, 미국 민간보안회사, 접수국의 군과 경찰 등의 인원이 대사관 내·외부를 합동으로 경비하고 있다. 한국에 있는 미국 대사관의 대사를 경호하는 미국인들도 이들 DSS 요원들이다.

2019년 10월 18일 한국대학생진보연합 소속 회원 19명이 덕수궁 뒤편에 위치한 미국 대사관저에 기습 난입한 사건이 일어났다. 대사관저 담장에 사다리를 놓고 담을 넘어 들어갔는데 경비를 서던 경찰은 제지하지 않았다. 나중에 경찰 측은 사다리를 치우다 사고가 날 것을 염려해 적극 저지하지 못했다고 설명했다. 학생들은 담을 넘어 들어가 대사관저 앞에서 "해리스는 이 땅을 떠나라"며 주한미군 방위비 분담금 인상을 규탄하는 시위를 벌였고 진입한 경찰에 의해 연행되었다. 미 국무부는 "한국이 모든 주한 외교 공관을 보호하기 위한 노력을 강화할 것을 촉구한다"는 성명을 냈다. 다행히 대사나 대사 가족들에게 위해를 가하려는 의도를 가진 것이 아니었지만 이렇게 외교 공관에 대한 경비를 허술하게 하면 국제적으로 나쁜 평판을 얻게 될 수밖에 없다. 미국은 자국 외교공관이나 외교관들의 안전에 매우 민감하다. 그만큼 반미 시위나 테러의 표적이 된 경우가 많았기 때문이다. 이 사건 직후 국무부의 해외건축운영국장이 급히 방한해 관저 시설을 둘러보고 보완점을 확인하고 돌아갔다.

내가 근무했던 말레이시아의 경우 특별히 적대적인 관계를 가진 나라는 없기 때문에 경비가 삼엄한 외국 대사관이 많지는 않다. 그럼에도 불구하고 대사관의 보안 문제는 언제나 매우 중요하고 신경이 쓰이는 부분이다. 말레이시아에 부임하기 위해 현지에 도착해 공항에서 관저로 가는 도중 대사관 직원에게 들은 얘기 중의 하나가 주말레이시아 미국 대사관의 보안 문제에 관한 것이었다. 미국 대사관은 대사관들이 많이 있는 큰 도로인 잘란 툰 라작(Jalan Tun Razak)에 위치하고 있다. 길 건너편에는 싱가포르 대사관(말레이시아와 같은 영연방 국가이기 때문에 Embassy가 아닌 High Commission이라고 부른다), 일본 대사관이 있고 한국 대사관도 그리 멀지 않은 곳에 위치하고 있다. 미국 대사관은 2~3층 정도의 낮은 건물들이 여러 채로 구성되어 있는데 도로에서 바로 보일 만큼 크게 높지 않은 담장으로 둘러싸여 있다. 문제는 대사관 바로 옆에 20층 정도의 고층 건물이 있는데 한 면이 대사관 방향을 향하고 있어 대사관 내부가 훤히 들여다보이고 미국 대사관 내부 사람들의 이동도 그대로 노출되는 등 대사관 보안에 문제가 될 수 있어 보였다. 직원의 이야기로는 바로 옆에 고층 건물이 들어선다는 소식을 미리 알게 된 미국 대사관에서 해당 부지를 구입하려고 했으나 실패했고 말레이시아 정부에 보안상 이유로 고층 건물 허가를 내주지 말 것을 요청했지만 거절당했다는 것이다. 이후 미국 측에서 취한 조치는 새로 들어선 건물의 미국 대사관 쪽을 향한 사무실들을 모두 임대해 버렸다는 것이다. 다른 입주자가 들어오지 못하게 해서 대사관 보안을 확보하는 고육지책이라고 할 수 있다. 쿠알라룸푸르에서는 꽤 알려진 이야기이지만 사실인지 확인하지는 못했다.

말레이시아에서 내가 방문한 대사관 중 가장 보안이 철통같은 대사관은 싱가포르 대사관(High Commission)이었다. 지은 지 얼마 되지 않아 매우 세련되고 예술적으로 디자인된 멋진 대사관이고 내부 시설도 세계 최고 수준이라고 생각한다. 차를 타고 대사관으로 들어가기 위해서는 엄청 큰 철문 앞에서 대기하고 있다가 방문이 미리 약속된 사람인지 경비원들의 신원 확인이 끝나면 철문이 열리고 차가 진입하게 된다. 문 안으로 들어가면 바로 앞에 또 다른 철문 벽을 마주하게 된다. 차가 문 안에 들어가고 나면 뒤에 있는 제1철문 벽은 닫히고 차는 제1철문과 제2철문 사이에 갇힌다. 여기에서 차에 대한 정밀 검사가 시작된다. 차 밑을 반사경으로 확인하고 차 뒤 트렁크를 열어 확인한다. 내가 탄 자동차가 외교 번호판이 달린 대사 차량인데도 말이다. 검색이 끝나면 앞의 철문 벽이 열리고 비로소 대사관 마당으로 들어갈 수 있다. 처음 싱가포르 대사관에 방문하고 나서 왜 이렇게 철통같은 보안을 하고 있을까 의문을 가졌었다.

1965년 싱가포르가 말레이시아로부터 쫓겨나듯이 독립하기 전까지 싱가포르는 원래 말레이시아 연방에 소속된 하나의 주였다. 중국계 인민행동당(People's Action Party)이 압도적 지위를 누리고 있던 싱가포르는 말레이계가 장악한 연방정부와 사사건건 충돌했었다. 중국계의 영향력, 인민행동당의 영향력을 두려워하던 말레이시아 연방정부는 싱가포르를 연방에서 축출한다. 이로 인해 예전에 한 나라였던 말레이시아와 싱가포르는 매우 미묘한 관계이다. 가난한 항구에 불과했던 싱가포르는 이제 1인당 GDP 6만 5000달러를 자랑하는 부자 나라가 되었다. 말레이시아 사람들의 싱가포르에 대한 감정은 복잡 미묘하다. 특히 말레이시아 내의 말레이계가 가진 싱가포르에 대한 생각은 작은 도시국가 싱가포르보다 우월하다는 자부심 그리고 잘살고 좀 더 선진화된 싱가포르에 대한 부러움과 질투 그 중간쯤 어딘가라고 생각된다. 독립 당시 말레이계의 눈의 가시였던 인민행동당은 아직도 싱가포르의 집권 정당이고 싱가포르 독립 후 말레이시아에 남아 있던 인민행동당 세력은 현재 말레이시아의 주요 야당 DAP(민주행동당)의 뿌리가 되었다. 현재 말레이시아와 싱가포르는 협력적 관계를 유지하고 있지만 두 나라로 나뉘게 만든 인종적 갈등(중국계와 말레이계의 갈등)은 말레이시아 내부에 또 싱가포르와 말레이시아 사이에 꺼지지 않은 불씨로 남아 있는 것으로 보인다. 혹시 그런 양국의 관계가 쿠알라룸푸르에 있는 싱가포르 대사관의 철통같은 보안의 이유가 아닐까 혼자 생각해 본 적이 있다.

주말레이시아 한국 대사관과 대사관저는 꽤 넓은 대지 위에 나란히 위치해 있다. 한국 정부가 부지를 사서 대우건설이 건축한 대한민국 소유의 건물이다(전문용어로 국유화 대사관이라고 부른다). 말레이시아는 한국과 좋은 관계를 유지하고 있고 또 한국에 대한 인식이 매우 좋기 때문에 대사관이나 대사관저에 대한 큰 위협은 없다고 생각하고 생활했다. 그럼에도 불구하고 말레이시아에서도 테러 조직 IS의 조직원들이 활동하고 있기 때문에 대사관 보안 문제는 언제나 마음을 놓을 수 없는 부분이다. 한국 대사관의 경비는 현지 경비회사를 고용해 오고 있었는데 경비원들은 주로 네팔인이었다. 말레이시아 경비 인력의 다수가 네팔인들이라는 이야기를 들었다. 한국 대사관도 미국 대사관과 비슷한 문제를 겪었는데 한국 대사관 담장에서 50~60미터 떨어진 곳에 고층 콘도미니엄 공사가 시작된 것이다. 관저 마당에서 보면 자고 나면 쑥쑥 올라가는 콘도미니엄이 정면으로 보이고 공사하는 기계 소리가 가깝게 들린다. 내가 근무할 때까지는 공사가 끝나지 않은 상황이어서 큰 문제는 없었지만 공사가 완성될 즈음에 후임 대사께서 대사관 담을 높여 대사관이 완전히 노출되는 것을 최대한 막아보려고 노력하셨다는데 담장 높이에 대한 현지의 규제 때문에 결국 실행되지는 못했다고 한다.

대사관의 보안 문제 중 도청 문제는 예민한 문제이다. 2013년 스노든(Snowden) 일병에게 입수한 자료를 근거로 영국 ≪가디언(The Guardian)≫지는 미국 국가안보국이 미국에 주재하는 38개의 대사관을 도청했다고 폭로했는데 여기에는 우방국인 독일, 프랑스, 일본, 한국 등이 포함되어 있었다. 이 사건 이후 대사관의 정보 보안 문제가 더욱 심각하게 다루어지게 되었다. 요즘에는 한국의 재외공관에도 도청방지 장비들이 지급되어 있다.

ഈ DIPLOMACY ☞

대사관은 21세기에도 살아남을 것인가?
살아남기 위한 대사관의 변신

1535년 프랑스의 프랑수아(François) 1세가 콘스탄티노플(지금의 이스탄불)에 프랑스 상주대사관을 열면서 상주대사관의 시대가 열렸다. 그 후 500년 가까이 대사관은 외교의 최전선에서 상대국 정부 그리고 대중을 상대하면서 외교의 핵심 기지 역할을 해왔다. 외교부 본부가 사령탑이라면 해외에 나가 있는 외교공관들, 특히 대사관들은 전투가 벌어지는 전선에 있는 야전지휘소이다. 이러한 현대 외교의 주인공 대사관이 위기를 맞고 있다. 세상은 변하고 외교 환경도 변한다. 새로운 외교 환경 속에서 상주대사관의 적절성, 효율성과 효과성에 대한 의문이 생겨나고 있다. 과연 새로운 외교 환경에서 대사관은 살아남을 수 있을까? 살아남기 위해 대사관들은 어떠한 변신을 준비 중인가? 외교공관의 운명에 대해 생각해 보자.

상주공관이 없던 시기에는 왕이나 국가 정상의 권한을 위임받은 사신들이 필요할 때마다 상대국을 방문하여 메시지를 전하거나 협상을 하는 방식으로 외교가 이루어졌다. 국가 간 접촉이 증가하면서 외교 역시 양적으로 늘어났고 필요할 때마다 왕의 사신이나 특사를 보내는 것보다 대사를 임명하고 상대국에 거주하게 하면서 자국을 대표하게 하는 것이 좀 더 효율적이라는 인식이 생기게 되었다. 필요할 때마다 외교사절을 파견하는 비용이나 여행 중의 외교사절의 안전 문제도 상주대사 그리고 상주공관을 통해 해결할 수 있었다. 무엇보다도 현지에 거주하면서 현지 사정에 더 정통하게 되고 보다 질 높은 정보를 수집할 수 있다는 것이 상주공관의 큰 매력이었다. 프랑스가 상주공관을 두게 된 이후 이러한 방식은 다른 나라들로 퍼져나갔다. 물론 모든 나라가 상주공관 제도를 환영한 것은 아니었다. 오토만 제국 같은 강대국은 다른 나라에 자신들의 상주공관을 세우는 것에 거부감을 가지고 있었다. 자신들은 강대국이기 때문에 자기들의 대표를 남의 나라에 파견해서 상주하게 하는 것 자체가 받아들이기 어려운 외교 방식이었다. 청나라 역시 동등한 지위를 전제로 하는 상주 외교관의 상호 파견을 인정하기 어려웠다. 중국은 제국이고 세상의 중심이며 중국 이외의 나라는 조공국이거나 오랑캐이기 때문에 이들과 동등한 관계 속에서 외교관계를 맺는 것을 받아들이지 못했다. 중국은 프랑스가 처음 상주대사를 파견한 지 300여 년이 지난 후에야 상주대사를 받아들였다.

상주대사(관)가 제도화되면서 외교에도 많은 변화가 생겼다. 이제 외교는 갈등이 생기거나 협상이 필요할 때만 하는 것이 아니라 상시적으로 이루어지는 것이 되었다. 상주공관들이 자국을 대표하여 주재국에서 상시적인 외교 활동을 할 수 있게 되었기 때문이다. 이러한 외교의 상시화 그리고 상주대사관의 등장은 외교관이라는 훈련받은 전문가들을 필요로 하게 되었고 직업 외교관의 등장을 가져왔다. 외교가 귀족이나 왕의 측근들의 전유물이 아닌 충원 제도에 의해 선발되고 적절한 훈련을 거쳐 규정에 따라 행동하는 전문가들인 직업 외교관에 의해서 행해지는 일이라는 인식이 자리 잡게 된 것이다.

　지금은 일반화된 상주공관(대사관)은 어떤 기능을 하는 걸까? 첫 번째, 자국을 대표하는 기능이다. 대사는 자국의 이해가 걸린 문제에 대해 의견을 제시하거나 항의하는 방식으로 자국의 이익을 대표한다. 만일 상주하지 않았다면 문서를 통해 또는 사신을 통해 이러한 일들을 해야 했을 것이고 그 효과나 적시성 면에서 훨씬 떨어질 수밖에 없었을 것이다. 어떤 나라의 대사가 상주하고 있다는 것은 그 자체로 그 나라의 존재감이나 중요성을 돋보이게 하는 효과가 있다. 주재국의 여러 행사에 참여하면서 자국의 존재감을 확실히 하고 주재국 국민에게도 그 나라의 중요성을 일깨워주게 된다. 대사가 상주하지 않는 나라의 경우를 생각해 보라. 그 나라에 대해 생각할 기회는 거의 없어지고 관심 또한 떨어지게 되는 것이 현실이다. 두 번째로 상주대사관은 주재국과의 협상에도 중요한 역할을 한다. 본격적인 협상은 본국에서 파견된 협상단이 수행하겠지만 협상 전에 이루어지는 사전 협상, 즉 협상의 기초 작업은 현지 상주대사관이 주재국 정부와의 협의를 통해 하게 된다. 사실 협상 전략을 짜는데도 상주대사관이 보내는 정보가 중요한 자료가 된다. 협상의 후속 조치에도 상주대사관의 역할이 있다. 협상이 타결된 대로 이행이 되고 있는지, 타결된 협상 내용이 현실에서는 문제가 없는지 등을 관찰해 본국에 보고하고 추가 협상의 필요성을 검토하는 데 활용된다. 세 번째, 무엇보다 주재국에 대한 정보 보고는 상주대사관의 가장 중요한 역할이다. 상주대사는 주재국에 거주하면서 다양한 인적 네트워크를 만들고 이를 활용하여 주재국의 다양한 정보를 수집한다. 이러한 상주대사의 정보수집 능력은 사신이나 특사는 절대 가질 수 없는 독보적인 능력이 된다. 또 대사는 그 위상으로 인해 상대국의 고위층(예를 들어 장관, 때로는 국가 정상)을 만날 수 있고 개인적인 유대관계도 쌓을 수 있기 때문에 고급 정보에 접할 수 있는 기회가 생기게 된다.

이렇게 중요한 기능을 해왔던 상주공관들이 위기를 맡게 된 것은 세상의 변화와 무관하지 않다. 세상은 이제 다양한 국제미디어, 인터넷, 소셜미디어가 넘쳐나는 세상이 되었다. 정보 보고와 관련해서 보면 이제 본부에 있는 간부들은 어떤 나라에서 발생한 상황에 대해 재외공관의 보고 이전에 국제방송이나 소셜미디어를 통해 현장에서 촬영된 영상을 받아볼 수 있게 되었다. CNN이나 알 자지라(Aljazeera)와 같은 국제 뉴스 미디어들의 분석 뉴스를 듣고 나면 아마도 그때쯤 현지 대사관으로부터 보고 전문이 책상에 올라와 있을 수도 있다. 캐나다의 피에르 트뤼도(Pierre Trudeau) 수상(2022년 현재 캐나다 수상인 쥐스탱 트뤼도의 아버지이다)은 "내가 오늘 아침 신문에서 이미 읽은 뉴스를 보고하는 외교관들을 외국에 주재시키기 위해 이렇게 많은 돈을 써야만 하는 건가?"라고 말하곤 했다고 한다.

의사소통의 통로로서의 상주대사관의 기능 역시 다른 대체 수단들의 등장으로 의문시되고 있다. 상주대사관에 있는 대사들을 건너뛰고 국가 정상들이 직접 전화 통화를 하며 중요한 문제를 논의하는 일이 매우 잦아졌다. 이들 정상은 이미 비약적으로 늘어난 국가 정상이 참여해야 하는 국제회의 등을 통해 업무적·개인적 유대관계를 맺을 기회를 가지게 되었고 이런 유대를 바탕으로 중간에 대사들을 거치지 않고 직접적인 접촉을 하는 것에 아무런 불편함을 느끼지 않게 되었다. 또 외교부의 고위관리들도 중요한 외교 사안에 대해서는 상대 국가를 직접 방문하여 직접 소통하는 일들이 많아졌다. 요즈음 뉴스를 보면 북한 핵 관련 협의를 위해 미국으로 떠나는 외교부 고위직(가장 많이 나오는 사람은 한반도평화교섭본부장이다)의 모습을 쉽게 볼 수 있고 비슷한 협의를 위해 한국을 방문하는 미국의 고위급 외교관(한반도평화교섭본부장의 상대역은 국무부 대북특별대표이다)의 모습도 볼 수 있다. 사실 북핵 문제와 같은 중요한 사안에서 워싱턴과 서울에 주재하는 한국 대사와 미국 대사의 역할은 매우 제한적이다. 앞에서 이야기한 바와 같이 국가 정상이나 외교 부서의 고위급 간부들이 직접 상호 방문하면서 이러한 문제를 다루기 때문에 대사들이 역할을 할 수 있는 기회가 줄어든 것이다. 이러한 현상은 물론 비행기 여행이 더욱 쉬워지고 빠르고 편안해졌기 때문에 가능한 것이기는 하지만 중요한 외교 사안은 굳이 중간에 소통 채널(상주대사)을 통하기보다 직접 대화를 통해 다루는 것이 더 바람직하다고 인식하기 때문에 생긴 변화이다.

외교의 분산화, 쉽게 말해 외교부가 외교를 독점하는 것이 아니라 정부의 각 부처가 자기 영역에서 그동안 외교부가 수행하던 일을 하게 되는 현상으로 인해 상주공관의 역할은 더욱더 축소되었다. 정부 각 부처들은 외국과의 협력 사업이나 사업 수주 등을 위해 각 부처 내에 있는 국제협력 담당 부처들을 중심으로 외국의 상대 기관이나 외국 정부에 직접 접촉한다. 나도 경험한 일이지만 요즘에는 현지 대사관이 전혀 모르는 상태에서 다른 정부 부처 출장단이 출장을 와서 주재국 정부 기관과 접촉을 한 뒤 돌아가는 일도 종종 벌어진다. 대사관으로서는 현지에서 한국과 주재국 사이에 벌어지는 일들을 다 파악하고 있어야 하는데 이런 일이 생길 때는 황당하기도 하고 또 무력감을 느끼기도 한다. 보통 현지에 주재하는 한국 대사관에서는 고위급 면담 주선, 정보수집 등의 역할을 수행하지만 결국 협력 사업이나 사업 수주를 위한 협상은 각 국가의 해당 부처 사이에서 이루어지는 것이 사실이다. 한국 기업들도 해외에 나와 있는 지·상사, 지역 본부 등을 통해 외국의 정부들과 직접 교섭하는 일이 흔해졌다.

이러한 해외 공관의 역할이 줄어들고 있지만 대사관의 숫자는 줄어들지 않고 있다. 오히려 세계 각국이 보유한 대사관의 수는 늘어나고 있는 실정이다. 호주의 로위연구소(Lowy Institute)가 발표한 '글로벌 외교 지수(Global Diplomacy Index)'에 따르면 전 세계 대사관의 수는 2016년 3944개에서 2017년 4763개로 늘어났고 2019년에는 4849개로 소폭 늘어났다. 추세를 보면 증가세는 주춤하고 있지만 이것은 전 세계 국가 수가 고정되어 있고 이미 대사관의 수가 포화 상태에 왔다는 것을 고려하면 큰 의미가 없고 오히려 이러한 상황 속에서도 계속 증가하고 있다는 것이 중요한 의미를 갖는다. 다시 말해 상주공관, 특히 대사관의 역할에 대한 비판적 시각이 강해지고 있음에도 대사관에 대한 수요는 늘어나고 있다는 것이다. 이러한 현상은 어떻게 설명할 수 있을까? 처음 머릿속에 든 생각은 재외국민의 안전에 대한 관심이 커지면서 대사관의 수가 늘어난 것이 아닐까라는 것이었다. 그러나 일차적으로 그러한 임무를 맡고 있는 총영사관(영사관)의 수는 대부분의 나라에서 소폭 줄어들었다. 사실 대사관들도 재외국민 보호 기능을 수행하기 때문에 대사관의 증가가 기존에 대사관이 없던 국가에 총영사관을 승격해 대사관을 세우면서 생긴 결과일수도 있다. 또 하나의 원인은 몇몇 나라가 대사관 수를 늘린 것으로 보인다. 한국은 2016부터 2019년까지 대사관 2곳이 문을 닫았지만 2019년에서 2021년까지 8개의 공관이 더 생겼다. 중국의 경우는 6개, 미국은 2개가 늘었다. 영국도 3개의 대사관이 더 생겼고 일본은 144개에서 151개로 7개가 늘었다. 적극적으로 강대국 외교를 펼치는 중국 그리고 다른 외교 강대국들은 계속적으로 대사관의 중요성을 인식하고 대사관을 줄이기보다는 유지 또는 늘리고 있는 것으로 보인다. 1980년대에 대사관 무용론이 유행했지만 대사관들의 새로운 기능과 역할이 계속 생겨나면서 대사관을 없애는 것보다 효율적으로 운영하는 방식들에 대한 고민을 하고 있다고 보는 것이 정확할 것이다.

많은 나라가 재정적 압박에 시달리면서 비용이 많이 드는 대사관을 좀 더 합리적으로 운영하려는 움직임도 있다. 2018년 5월 아프리카에 있는 수단의 바시르(Bashir) 대통령은 수단의 대사관과 영사관의 구조 조정에 관한 대통령 행정명령(executive order)을 선포했는데 주 내용은 해외에 있는 대사관 13개와 영사관 4개를 폐쇄하는 것이었다. 바시르 대통령은 수단이 겪고 있는 경제적 어려움 때문에 예산 절감을 위해 이러한 명령을 낼 수밖에 없다고 설명했다. 2010년 핀란드도 외교공관 개혁을 단행했다. 핀란드는 주베네수엘라, 주필리핀 대사관을 폐쇄했고 스웨덴 쾨퇸베르그에 있던 영사관을 폐쇄하고 명예영사가 업무를 인수하도록 했다(명예영사는 보통 접수국 스웨덴 국민 중 핀란드와 관련된 업무에 종사하는 사람들을 임명하며 무보수 명예직이다). 또한 서발칸 지역을 담당하던 외교부 본부의 순회대사 직(한 나라에 상주하지 않고 본부에 근무하면서 여러 나라를 돌면서 임무를 수행하는 대사)을 없애고 순회대사가 담당하던 국가들은 그 지역의 다른 대사관들이 나누어서 맡도록 했다. 핀란드는 이러한 개혁을 통해 130만 유로의 비용 절감과 효율성 향상을 거두었다고 발표했다. 북유럽 몇몇 국가들은 대사관 건물이나 부지를 공유하는 실험을 시작했다. 몇 나라가 공동으로 건물을 임대하거나 부지를 공동 구매하고 그 안에 대사관들을 두어 운영하는 방식이다. 또 대사관의 수를 줄이고 본부에 근무하는 대사(ambassador at large)가 몇몇 나라를 담당하고 필요할 때마다 순회대사를 활용하는 것 역시 외교 관련 예산이 줄어드는 나라들에서 논의되고 있는 방안이다.

최근 상주대사관의 운영에 획기적 변화를 주려는 시도들을 하는 나라들이 있다. 덴마크는 2017년 당시 주인도네시아 대사를 맡고 있던 캐스퍼 클린지(Casper Klynge)를 기술대사(Ambassador for technology and digitization) 대사로 임명했다. 당시 덴마크 외교부 장관 앤더 사무엘슨(Ander Samuelsen)은 덴마크는 빠르게 발전하는 정보화 기술 변화가 덴마크에 중대한 영향을 미친다는 것을 인식하고 여기에 잘 대응해야 하며 그를 위해 '기술대사'를 임명하게 되었다고 말했다. 그는 또한 캐스퍼 클린지 대사가 미국 캘리포니아 실리콘밸리에 상주할 것이지만 임무의 범위는 글로벌한 차원에서 기술 관련 이슈들을 다루게 되기 때문에 전 세계의 주요 기술 허브들을 자주 방문할 것이고 덴마크의 기업, 연구소, 기관, 도시와 밀접한 연계를 갖고 활동할 것이라고 밝혔다. 전통적인 외교에 익숙한 사람들은 대사라는 것이 다른 나라와의 외교를 담당하는 역할이다 보니 기술대사는 생소할 수밖에 없다. 그러나 기본적으로 대사의 기능이 자국의 이익을 확보하기 위해 외교 상대국에서 활동하는 것이라면 지금과 같이 빠르게 진행되고 있는 기술의 진보 속에서 그러한 변화의 핵심을 빨리 파악하고 기술 영역에서 중요 행위자들과의 관계를 구축하고 자국의 기업이나 연구기관들이 이러한 기술 혁신에 참여할 수 있도록 하는 것은 매우 중요한 국익추구 활동이다. 덴마크의 기술외교 구상은 덴마크 번영의 중요한 행위자가 다른 국가들만이 아니라 전 세계 기술 혁신을 이끄는 기술 기업들이기도 하다는 인식의 전환을 바탕으로 하고 있다. 따라서 세계의 신기술이나 혁신의 수도 중 하나인 실리콘밸리에 상주하면서 어떠한 기술들이 새로 등장하고 누가 그러한 기술적 혁신의 주인공인지 또 어떻게 하면 자국의 기업이나 연구소, 학교, 기관들이 이런 기술적 혁신들에 대한 정보를 확보하고 또 파트너의 위치에서 협력관계를 만들어 갈 수 있는지를 모색하는 역할을 할 책임자가 바로 '기술대사'인 것이다. 2021년 실리콘밸리 대사 사무실에는 16명의 직원들이 일하고 있으며 아프리카와 아시아에도 지역 오피스를 설치할 계획을 가지고 있다고 한다. 앞으로 또 어떤 나라에서 어떤 혁신적인 대사관의 변화가 생길 것인지 기대가 된다.

◇○ DIPLOMACY ○◇

대사 차량에 태극기를 달기까지
대사가 되는 복잡한 과정

흔히 대사는 외교관의 꽃이라고들 한다. 외무고시(지금은 5급 외교관 후보자 선발시험)에 합격해 외교부에 들어오는 사람들의 궁극적인 꿈은 한국을 대표하는 대사로서 근무하는 것이 아닐까? 대사관의 수장인 대사로 나가거나 총영사관의 수장인 총영사로 나가는 것은 승진의 속도에 따라 다르지만 외교부에 들어와서 22~25년 정도가 된 후의 일이다. 본부의 과장, 심의관을 거쳐 국장이 되면 대사로 나가기 시작한다. 규모가 아주 작은 공관은 과장이나 심의관을 마치고 대사로 나가는 경우도 있다. 빨리 나가는 사람은 50세 무렵에 대사나 총영사로 나가지만 대부분은 52~53세 정도에 첫 대사직 임명을 받는다. 대사 임기를 보통 3년으로 보면 만 60세 정년까지 두 번 정도 공관장으로 나갈 수 있는 기회가 생긴다. 물론 이것은 대사가 될 수 있는 자격을 갖춘 사람에 한한 이야기이다.

일반인들이 하는 큰 오해 중의 하나가 외교관은 나이가 되면 다 공관장(대사나 총영사)이 된다고 생각하는 것이다. 오래전에는 보통 세 번씩의 공관장 임명을 받았고(대사로 다섯 번 근무한 분도 계시다!) 또 대부분의 외교관이 대사로 근무하고 외교부를 퇴직했다. 그러나 외교부 인원이 늘어나면서 공관장 자리 경쟁은 심해지고 지금은 두 번 공관장 임명을 받으면 성공한 케이스고 한 번 혹은 한 번도 공관장 근무를 하지 못하고 은퇴하는 외교관들도 심심치 않게 있다. 또 꼭 능력이 모자라서가 아니라 속된 말로 너무 잘나가서 본부에서 주요 보직을 맡고 청와대 근무를 하다 보면 대사로 나갈 기회를 놓치는 경우도 흔히 있다.

대사가 되는 과정을 간략히 알아보자. 우선 대사는 대통령이 임명하는 자리이다. 그 대상자는 고위외교관 그리고 전문성을 가지고 있는 민간인(전·현직 관료, 학자, 언론인, 군인, 정보 전문가 등등)이다. 외교부는 대사 후보자를 청와대 인사 담당 부서에 보내고 대통령은 인사 담당자의 평가와 검증 결과를 바탕으로 내정자를 선정하여 외교부에 통보한다. 대사의 인사권자는 대통령이기 때문에 외교부의 후보자 리스트에 있는 후보자 중에서 청와대가 인사 검증이나 평판 등을 바탕으로 특정 후보자를 거부하기도 한다. 일단 청와대에서 내정자 명단이 오면 외교부는 이것을 엠바고를 조건으로 언론에 공개하게 된다. 엠바고(embargo)는 특정 시점까지 보도를 하지 않는 것을 말한다. 언론에 엠바고를 요청하는 이유는 대사 내정자가 곧 대사가 된다는 것을 의미하는 것이 아니기 때문이다. 대사가 되려면 대사를 접수하는 나라에서 동의(아그레망)를 해주어야 한다. 따라서 상대방 국가의 동의 이전에 대사 내정자로 언론에 공개하는 것은 국제적 관례상 무례한 행위이다. 접수국은 특정 내정자를 거부할 수 있지만 그러한 행위를 하는 것은 두 국가 간에 불편한 관계를 만들 수 있기 때문에 그것이 공개되는 것을 원치 않는다. 만일 내정자가 언론에 공개되어 버리면 접수국 입장에서 내정자가 마음에 들지 않아 내정자에 대한 아그레망을 보내지 않을 경우 난처한 입장에 빠지게 된다.

따라서 대사 파견국은 접수국의 동의가 오기 전까지는 내정자 명단을 공개하지 않는 것이다. 2021년 일본에 부임해 신임장을 수여받은 강창일 주일대사는 내정 사실이 일본의 아그레망이 오기 전에 언론에 알려졌다. 엠바고가 지켜지지 않은 것인데 이것이 언론사들의 책임인지 아니면 정부에서 내정 사실을 흘린 것인지는 알 수 없다. 하지만 어떤 경우이건 이것은 외교 관례에 어긋나며 실제로 일본 측에서 불쾌하다는 반응을 보였다고 한다.

내정자가 정해지면 외교부는 바로 그 내정자를 파견하려는 나라에 내정 사실을 통보한다. 접수국은 파견국에 주재하는 자국의 외교공관을 통해 내정자에 대한 정보를 수집해 내정자가 자국의 국익에 해가 될 인물이 아닌지를 평가하고 문제가 없을 경우 해당 대사 내정자를 파견국을 대표하는 대사로 받아들이겠다는 아그레망 서신을 파견국 외교부에 보내게 된다. 대사 내정자를 파견국을 대표하는 대사로 보내도 된다는 공식적 답을 보내는 것이다. 보통 내정자 통보부터 아그레망이 나오기까지 한 달에서 두 달 정도가 걸린다. 물론 경우에 따라 더 짧게 걸리는 경우고 있고 접수국의 사정이나 외교관계가 껄끄러운 경우 3개월 이상이 걸리는 경우도 있다. 일부러 아그레망을 미루면서 자국의 불편한 심정을 표출하기도 한다.

파견국이 아그레망을 접수하게 되면 이제 공식적으로 대사를 임명하는 절차가 남아 있다. 청와대에서 대사 신임장 수여식을 갖게 된다. 좀 더 정확히는 대통령이 대사 내정자를 특명전권대사로 임명하고 청와대에서 그 대사에게 신임장을 수여하는 의식을 치르게 된다. 신임장은 이 사람을 한국을 대표하는 대사로서 임명했다는 내용과 해당 외교관을 한국의 대표로서 인정하고 도와주기 바란다는 내용이다. 내 기억에 청와대 신임장 수여식에서 실제로 받은 것은 대통령의 임명장이었고 신임장은 원본과 복사본을 외교부로부터 따로 전달받았다. 신임장을 받은 대사 내정자는 대사 예정자가 되어 자신이 근무할 공관으로 부임하게 된다. 임명장과 신임장을 받은 대사 예정자는 지체 없이 출국해서 부임지로 가야 한다.

여기서 내가 대사가 아닌 대사 예정자로 굳이 부르는 이유가 있다. 대사 임명장을 받고 부임지에 도착했다고 해서 접수국에서 한국을 대표하는 대사가 된 것이 아직 아니기 때문이다. 아직도 몇 가지 매우 중요한 절차가 남아 있다. 우선 새로 부임한 대사 예정자는 도착하자마자 신임장 사본을 주재국 외교부의 의전장(의전업무를 담당하는 최고 책임자)에게 직접 전달해야 하는데 이 절차 역시 매우 중요하다. 신임장 사본을 주재국 외교부에 전달하는 것은 자신의 도착을 공식적으로 알리는 것이고 또 정식으로 국가원수에게 신임장을 전달하기 전까지 한국 대사로서의 업무를 수행하는 것을 허락받기 위해서이다. 또 신임장 사본 제출 날짜가 그 대사의 접수국 내에서의 외교사절의 서열을 결정하게 된다. 대사의 서열은 접수국에서 오래 근무한 순서인데 부임 날짜를 신임장 사본 제출일로 한다. 신임장 사본을 제출한 대사 예정자는 일상적인 대사의 업무를 수행할 수 있지만 장관과 같은 고위층은 만날 수 없다(이러한 관례는 나라마다 좀 차이가 있다). 또 하나 중요한 점은 대사 예정자는 대사의 공식 차량에 부착하는 자국 국기를 부착할 수 없다. 국기를 달수 있는 시기는 신임장을 접수국의 국가원수에게 공식적으로 전달하는 신임장 제정식을 마치고 나서부터이다. 신임장 제정식을 마치고 나오면 기사가 대사 차량에 태극기를 달고 대기하고 있다. 그 시점부터 공식적으로 대한민국을 대표하는 한국 대사로서 일하게 되는 것이다.

신임장 원본은 접수국 국가원수에게 직접 전달해야 하는데 이러한 절차를 신임장 제정식(Presentation of Credentials)이라고 한다. 대사 예정자는 신임장 제정식 이후에야 공식적인 대사로서의 외교 활동이 시작된다. 이것은 외교에 관한 비엔나 협약 제13조에 명시되어 있다. 신임장 제정식은 여러 나라의 대사들이 도착할 때마다 제정식을 할 수는 없음으로 적당한 인원이 될 때까지 기다렸다가 한꺼번에 치른다. 그래서 마지막 신임장 제정식이 막 열리고 난 후 도착한 대사는 다음 제정식이 열릴 때까지 대사 예정자의 신분으로 꽤 오랫동안 활동해야 한다. 운이 좋으면 도착한 지 며칠 만에 제정식을 하기도 하는데 마지막 제정식 이후 오랜 기간이 지나 도착한 대사 예정자의 경우가 그렇다. 내 경우는 5월 23일 말레이시아에 도착해 7월 18일 왕궁에서 신임장 제정식을 했으니까 두 달에서 5일 정도 모자란 기간 동안 대사 예정자 신분으로 활동했었다. 대사 예정자 신분이 일상적인 업무를 수행하는 데는 지장이 없다고 하지만 꽤 엄격한 제한이 있는 것이 사실이다. 앞에서 언급한 대로 장관들과 같은 최고위급은 만날 수가 없는 것 이외에 한국의 대표로서 공식 연설을 한다든지 하는 것은 못 하게 되어 있다. 내가 대사 예정자 신분일 때 아르헨티나 국경일 행사에 참석한 적이 있었다. 당시 아르헨티나 대사도 나보다 좀 더 늦게 도착하여 나와 마찬가지로 신임장 제정식을 기다리고 있었던 상황이었다. 국경일 행사는 대사관의 가장 큰 행사이며 대사는 여기서 주재국을 대표하는 주빈(Guest of Honor)과 함께 간단한 예식을 치르게 되는데 말레이시아 국왕과 말레이시아의 번영과 안녕을 기원하는 건배를 제의하고 국가가 연주된 뒤 연설을 하게 된다. 그런데 입구에서 손님을 맞고 식순이 시작되기 전에 단상에 올라 손님들에게 환영한다는 인사를 했던 대사 예정자는 막상 예식이 시작되자 없어졌고 공사가 등장하여 이 예식을 치르는 것이었다. 그 이유는 대사 예정자가 신임장을 제정하기 전이라 아르헨티나를 대표하는 대사 자격을 갖지 못했기 때문이다. 그래서 대사가 부임하기까지 대사를 대리하고 있던 대사대리인 공사가 그 예식을 치렀던 것이다.

신임장 제정과 관련해서는 많은 일화가 있다. 중동의 어떤 왕국에 부임한 한국 대사 예정자는 접수국 국왕이 중병을 앓고 있었기 때문에 신임장 제정식을 갖지 못하고 근무하다가 결국 임기를 마칠 때까지 신임장 제정을 하지 못했다고 한다. 물론 접수국에서 이러한 상황을 고려해 대사 예정자들에게 실질적으로 대사로서의 활동을 하는데 문제가 없도록 조치를 해주었다. 나의 경우도 말레이시아 국왕의 건강이 좋지 못해 국왕이 신임장 제정식을 주재할 수 있을 만큼 건강이 회복될 때까지 기다리느라 두 달이 다 되어서야 신임장을 제정할 수 있었다. 2021년 스페인 대사로 부임한 박상훈 대사는 신임장 제정식만 세 번을 해야 했다. 주재국인 스페인 국왕에게 한 번, 겸임국인 안도라(Andora)에서 또 한 번 신임장 제정식을 했던 것이다. 그런데 안도라는 프랑스 대통령과 스페인 대주교가 공동으로 국가원수를 맡고 있는 **공국**(principality)이다. 이 때문에 박상훈 대사는 프랑스 파리 엘리제궁에서 마크롱(Macron) 프랑스 대통령에게 신임장을 제정하고 또 스페인 대주교 관저에서 호안 비베스(Joan Vives) 스페인 대주교에게 신임장을 제정해 총 세 번의 신임장 제정식을 치러야 했던 것이다. 겸임국 수가 많은 대사는 겸임국 수만큼 신임장 제정식을 치러야 한다.

한국은 대사관 수가 116개인데 전체 수교국은 191개국이다. 대사관이 없는 수교국이 꽤 있다는 것이다. 대사관이 없는 나라에서는 큰 나라의 대사관(보통 거점 공관이라고 부르기도 한다)의 대사가 겸임대사로서 그 나라의 외교 업무를 수행한다. 주로 아프리카나 남미에 있는 주요국 대사관들은 겸임국

▶ **공국**　공국은 왕이 아닌 제후(공작, 후작 등의 귀족)가 다스리는 나라를 말한다. 유럽이 봉건 제후의 영지들로 구성되었던 시대의 유물이며 통치자는 세습에 의해 계승된다. 보통 강대국들의 경제적·전략적 고려에 의해 공국으로 유지되어 왔다. 리히텐슈타인공국과 모나코공국 등이 있다. 룩셈부르크도 공식 명칭이 룩셈부르크 대공국으로 공작보다 높고 왕보다 낮은 제후인 대공(대공)이 다스리는 나라이다.

들을 가지고 있는 경우가 많다. 예를 들어 주케냐 한국 대사관 대사는 한때 우간다, 세이셸, 모리셔스 등을 겸임국으로 두고 겸직을 했었다. 북한과 수교한 나라들 중에는 주한대사와 주북한대사를 겸직하는 경우가 많다. 예를 들어 주한 캐나다 대사도 그러한데 주한 캐나다 대사는 주북한 캐나다 대사도 겸하고 있으며 보통 상반기와 하반기에 각각 한 번씩 북한을 방문하여 캐나다를 대표해 북한과의 외교업무를 수행한다. 겸임대사라 하더라도 신임장 제정은 반드시 해야 하는 외교 절차이다. 내가 근무했던 말레이시아에 주재하는 대사들의 대부분은 겸임국을 가지고 있었다. 겸임국이 없이 말레이시아만을 담당하는 대사는 한국 대사, 터키 대사를 포함해 몇 나라가 되지 않았다. 겸임국이 있는 대사들은 말레이시아가 주 근무지이지만 때때로 겸임국도 방문해 그 나라와 관련한 외교업무를 수행해야 한다. 말레이시아에 있는 많은 수의 대사관들이 브루나이 대사(관)를 겸하고 있었다. 브루나이가 말레이시아의 영토인 사라왁주 안에 자리 잡고 있기 때문이다. 그런 나라의 대사들은 브루나이로 자주 출장을 가곤했지만 나는 브루나이에 한 번도 업무상 출장을 가보지 못했다. 왜냐 하면 브루나이에는 주브루나이 한국 대사관이 있기 때문이다. 겸임공관을 서너 개씩 가지고 있는 대사들도 있었는데 이들 대사들은 여러 나라를 관할하느라 매우 힘들어했던 것이 기억난다.

∽ DIPLOMACY ∾

대사라고 다 같은 대사는 아니다

대사의 종류

특정 국가에 주재하는 대사(ambassador)의 공식 명칭은 특명전권대사(Ambassador of Extraordinary and Plenipotentiary)이다. 국가원수의 특명에 의해 주재국에서 국가를 대표하는 전권을 갖는다는 의미이다. 재외공관에 파견되는 대사들은 모두 특명전권대사이다. 그러나 실제 재외공관의 수장으로서 한국을 대표해 근무하지는 않지만 대외적으로 대사라는 직명을 사용하는 외교관도 있다. 특정한 의제에 대한 임무를 담당하는 기후변화대사, 국제안보대사, 공공외교대사 등은 외교부 직제에 있는 차관보급 직책으로서 대사라는 대외직명을 사용하지만 특명전권대사는 아니다. 이와는 별도로 한국에는 '대외직명대사' 제도에 의해 임명된 대사들도 있다. 전문성과 인지도가 있는 민간인에게 대사 직명을 부여하여 정부 외교 활동에 활용하는 것으로 대사 직명만을 부여하는 무보수 명예직이다. 외교부의 제청으로 국무회의 심의를 거쳐 대통령이 임명한다. 임기는 1년이고 1년 연장할 수 있다. 외교관 여권이 발급되고 공무 출장인 경우 항공료와 체류 비용 등 경비 그리고 현지 한국 공관의 지원을 받는다. 문재인 정부에서 외교안보특보를 역임했던 문정인 교수도 연세대학교 교수 시절 국제안보대사로 활동했었고 강금실 전 법무부 장관은 여성인권대사로 활동했었다. 연세대학교 국제학대학원 이정훈 교수는 북한인권국제협력대사로 활동했다. 대사급 외교관이 대사 근무를 마치고 다음 부임 때까지 본부 근무를 할 때 대외직명으로 본부대사(ambassador at large)라는 직책을 갖게 된다. 본부대사는 특별한 업무가 정해져 있지 않고 필요에 따라 대사급 업무를 부여받는다. 지금은 ASEAN 대표부에 대사직이 만들어져 차관급 대사가 임명되고 있지만 예전에는 아세안 대표부에 따로 대사를 파견하지 않고 본부대사를 주ASEAN 대표부 대사로 임명하여 서울에 주재하면서 필요할 경우 임무를 수행하도록 했다. 문제는 본부대사는 대략 2년 안에 다른 임지로 나가게 되는데 그때마다 ASEAN 대표부 대사직을 다른 본부대사에게 물려줘야 하기 때문에 외교부는 ASEAN 측에 1년 남짓마다 한국의 ASEAN 담당 대사가 교체되었다는 통보를 해야 하는 곤혹스러운 상황이 있었다.

    대사는 직책명이기 때문에 대사의 직급은 다양할 수 있다. 요즈음은 보통 국장을 마치고 첫 대사 임명을 받는데 이런 대사들은 국장급 대사들이고 아주 작은 공관들은 과장을 마치고 대사로 가기도 한다. 외교관들이 두 번째로 대사 임명을 받을 때는 규모나 중요성이 큰 대사관으로 가는 경우가 많은데 이런 대사관의 대사는 차관보급 이상의 대사인 경우가 많다. 물론 UN 대표부나 미국 등 핵심 재외공관의 대사는 차관급, 장관급 대사로 볼 수 있다. 외교부 장관을 마치고 대사로 가는 경우도 있는데 한승주 외교부 장관은 1994년 장관을 끝내고 10년 뒤인 2003년 4월에 주미대사로 임명되었고 그 훨씬 전에 홍순영 장관은 외교통상부 장관(1998~2000)을 마치고 2000년 7월 주중국 대사에 임명된 바 있다.

대사의 직급에 관련한 논란 중 2017년 이탈리아를 탈출해 한국에 망명한 것으로 알려진 조성길 주이탈리아 북한 대사관 대사대리에 관한 것을 이야기해 보고자 한다. 조성길 대사대리가 이탈리아에서 사라진 뒤 2019년 한국에 망명했다는 보도들이 나오면서 한국 언론매체들은 '김정은 집권 이후 최초의 대사급 외교관 망명 사례'로 대서특필했다. 모 신문에서는 "조성길은 고 황장엽 전 노동당 국제비서 이후 한국행을 택한 최고위급 인사"라고 보도하기도 했다. 이러한 보도를 본 외교관들은 아마 모두 실소를 금치 못했을 것이다. 대사대리는 하나의 직책이지 직급이 아니다. 대사대리는 대사가 공석일 때 그 임무를 대신 수행하는 직책으로 특정 직급(예를 들어 대사급)을 말하는 것이 아니다. 조성길 대사대리의 직급은 외교관 대외직명 중 낮은 직급인 1등 서기관이었다. 대사급 외교관이라고 하는 것도 잘못된 것이다. 대사급 외교관이란 대사로 임명될 수 있는, 보통 국장 이상 직급의 외교관을 지칭할 때 쓸 수 있는 말이다. 만일 대사는 아니지만 북한 외무성의 국장급 이상의 인사가 한국에 망명을 했다면 대사급 외교관이라는 표현을 쓸 수 있는 것이다(굳이 그렇게 쓸 필요는 없지만). 조성길 대사대리의 직급은 1등 서기관이었다. 대사대리는 말 그대로 대사가 공석일 때 대사 역할을 대리하는 사람을 말한다. 공석이 생기는 경우는 대사가 추방된다든지 파견국 내부 사정으로 신임 대사를 오랫동안 파견하지 못하는 경우 등 다양하다. 주이탈리아 북한 대사관의 경우는 전임 문정남 대사가 UN 제재를 위반한 사유로 인해 기피 인물로 지정되어 추방된 이후 공석인 상황에서 공관의 차석(대사 다음 높은 직급)이었던 조성길이 대사대리 역할을 맡게 된 것이다. 큰 공관은 대사, 공사, 공사참사관, 참사관, 1등 서기관, 2등 서기관, 3등 서기관이 다 채워져 있지만 작은 공관들은 대사와 참사관, 서기관 등만 있는 경우도 있다. 이 경우 공관 차석은(Deputy Chief of Mission)은 참사관이 된다. 그리고 만일 대사가 공석이 되면 이 참사관이 대사대리(Charge d'affair ad interim) 역할을 맡게 되는 것이다. 조성길의 직급은 1등 서기관이다. 사실은 3등 서기관이었다는 데 문정남 대사 추방 이후 공관 차석인 조성길 3등 서기관을 1등 서기관으로 승진시켜 대사대리 직책을 맡겼다는 보도가 있었다. 3등 서기관은 대사관의 최하급 외교관이고 한국의 경우 첫 공관 근무를 하는 외교관에게 2등 서기관(외무행정직의 경우 3등 서기관)의 대외직명을 부여한다. 3등 서기관에게 대사대리를 맡기는 것은 무리가 있기 때문에 필요에 의해 1등 서기관으로 승진 시키고 대사대리 직책을 맡긴 것으로 보인다. 그 이전 한국으로 망명한 태영호 공사와 비교하면 조성길 대사대리의 위상을 쉽게 알 수 있는데 원래 직급 1등 서기관은 태 공사의 3등급 아래(공사-공사참사관-참사관-1등 서기관)이다. 하지만 의전 서열에서는 대사대리가 공사 바로 아랫급으로 대우 받는다. 대사를 대리하는 직책이기 때문에 의전상의 예우를 해주는 것이다.

외교관 서열에 대해 이렇게 복잡하게 이야기하는 이유는 외교에서는 서열이 매우 중요하기 때문이다. 왜냐하면 외교에서는 의전이 매우 중요시되며 의전의 핵심 중 하나가 누가 더 높은 직급이냐의 문제이기 때문이다. 행사에서의 자리 배치, 입장 순서, 상대할 사람의 직급 같은 것을 결정할 때 반드시 서열을 참고해서 결정해야 한다. 그렇다면 외교관의 서열은 어떻게 되는가? 특히 같은 직책인 대사들의 서열은 어떻게 결정되는가? 예를 들어 말레이시아에 주재해 있는 외국 대사들의 서열 순위는 어떻게 결정될까? 나라에 관계없이 장관급 대사가 가장 높고 그다음 차관급 대사 순인가? 아니면 강대국 대사가 서열이 높은가? 모두 아니다. 대사의 서열은 주재국에 가장 먼저 도착한 순서로 한다. 좀 더 정확히는 도착한 날이라기보다 도착해서 신임장 사본을 주재국 외교부에 전달한 날짜 순서이다. 쉽게 말해 오래 근무한 대사가 제일 서열이 높은 것이다. 따라서 대사들만의 만찬에서 자리 배치를 할 경우 말레이시아에 온 지 제일 오래된 순서로 상석 자리를 배치하면 된다. 말레이시아 명절 행사에 초대 받아 간 적이 있는데 미국 대사가 맨 구석 테이블에 앉아 있었다. 신임장 제정식을 막 마친 '병아리' 대사라 최강대국 미국 대사라도 대사 서열에 따라 최말석에 자리가 배치되었던 것이다.

그러나 직급이 다른 여러 나라 외교관들이 같이 만찬을 할 경우 이 서열은 매우 복잡해진다. 자리 배치를 할 때 누구를 가장 상석에 배치할 것인가는 절대 틀려서는 안 되는 문제이다. 예를 들어 A국가의 대사대리, B국가의 공사, C국가의 참사관, D국가의 무관, D국가의 상무관 등이 만찬에 초대되었을 때 자리 배치를 위한 서열을 확인해야 하는데 다섯 사람을 서열대로 배치하면 어떤 순서일까? 정해진 의전 서열대로 하면 되는데 이 문제가 까다로운 경우는 대사대리가 있고 타 부처에서 파견 나온 주재관들이 있기 때문이다. 가장 서열이 높은 사람은 B국가의 공사이다. 그다음이 A국가의 대사대리이다. 대사대리는 공사 바로 아래 서열로 보기 때문이다. 그다음에는 참사관, 서기관 순서로 내려가기 때문에 C국가의 참사관이다. 무관이나 상무관 등 주재관들은 서열상 참사관 아래에 있고 같은 주재관들 중에는 무관이 가장 높은 서열이다. 그래서 그다음은 D국가의 무관, 그다음이 D 국가의 상무관이다.

♾ DIPLOMACY ☙

아니 그 사람이 왜 거기서 나와?
말도 많고 탈도 많은 특임대사

대사는 고위급 외교관들 중에서 임명되지만 비외교관 중에서 대사를 임명하기도 한다. 이런 대사들을 특임대사라고 부른다. 나도 국제정치, 외교정책 등을 가르치는 대학교수로서 특임대사로 임명되어 대사로 근무했다. 일반 외교관과 달리 대사는 특별한 성격을 가지고 있다. 대사는 외교업무를 담당하는 관료의 성격이라기보다는 파견국을 대표하는 상징적 위상을 갖고 있기 때문이다. 외교의 역사를 보면 직업 외교관 제도가 정착하기 전까지는 왕족이나 귀족, 왕의 친구가 대사의 주를 이루었다. 자신이 신뢰할 수 있는 사람을 보내는 것이 중요했기 때문이다. 이런 전통 때문에 어떤 나라에서는 직업 외교관 출신의 대사보다 국가 정상과 가까운 지인이나 정치인 출신의 특임대사를 더 높은 위상을 가진 대사로 인식하기도 한다. 외교관 출신 대사는 그저 외교부에서 오래 근무한 공무원일 뿐이지만 국가 정상의 최측근이라면 중요한 문제를 국가 정상과 바로 논의할 수 있고 어려운 외교 현안도 정치적 해결을 통해 풀어나갈 수 있는 위치에 있다고 생각하기 때문일 것이다.

한국의 경우 일반인들이 잘 아는 특임대사들은 주로 실세 정치인들이다. 문재인 정부의 첫 주미대사, 주일대사, 주중대사, 주러시아대사 등 4강 대사들 중 직업 외교관은 한 명도 없었다. 네 대사들 모두 특임대사들이었다. 조윤제 주미대사, 이수훈 주일대사는 대학교수로서 문재인 후보의 정책자문단 출신이고 노영민 주중대사, 우윤근 주러시아 대사는 여당 정치인이었다. 이 네 사람을 임명하면서 문재인 대통령은 "4강 대사를 모두 특임대사로 한 것은 제 기억에 처음인 것 같다"라고 언급하고 "4개국이 외교에 차지하는 비중 등을 고려해 4강 대사는 우리 정부의 국정철학을 대변하고 정치적 기준도 갖춘 분들이 맡는 게 필요하다고 생각했다"고 언급한 바 있다. 4강 외교가 중요한 만큼 외교관 출신들보다는 새 정부와 가까운 사람들이 대사직을 맡는 게 더 좋겠다는 생각을 표현한 것이다. 외교부에서 오랫동안 전문성을 키워온 외교관들에게는 좌절감을 느끼는 일이었을 것이다. 박근혜 정부 첫 4강 대사 인사에서는 4명 중 2명의 특임대사가 임명되었다. 미국은 외교부 출신 안호영 대사, 러시아는 외교부 출신 위성락 대사가 유임되었고 주일본 대사는 당시 한나라당 여의도연구소 고문인 이병기 씨를 특임대사로 임명했고 주중국 대사로는 권영세 전 한나라당 의원을 특임대사로 임명했다.

국가 정상과 가까운 사람을 대사로 임명하는 것은 역사적 기원이 있는 관례이다. 15세기 말쯤 유럽에서 상주공관이 생기고 근대적 외교가 자리 잡기 전부터 사신으로 가거나 국가의 대표로 파견되는 사람들은 왕의 친척인 귀족들이거나 상류계층의 사람들이었다. 이들은 같은 귀족이라는 동질감을 바탕으로 상대 국가의 지도층과 쉽게 어울리고 정보를 수집하며 국가 간의 갈등을 풀어나가는 역할을 수행했다. 또 대사들이 상대국에 매수당하거나 잘못된 정보를 보고하는 위험성을 피하기 위해 가족이나 측근 귀족들 중에서 대사를 선택하기도 했다. 내가 재밌게 보았던 넷플릭스 드라마 더 크라운(The Crown)에서는 이러한 전통이 아직도 남아 있음을 보여주는 에피소드가 있다. 시즌 2의 여섯 번째 에피소드 '왕실의 비밀' 편에 사랑하는 여인 심프슨 부인과 결혼하기 위해 왕위에서 물러난 영국 국왕 에드워드(Edward) 8세(윈저 공)의 이야기가 나온다. 이 사람은 평민(나중에 공작 작위를 받기는 했음)으로 돌아가 프랑스에 살게 되는데 단조로운 생활에 염증을 느낀 윈저 공은 뭔가 나라를 위한 일을 하고 싶다면서 일할 자리를 알아보게 된다. 영향력 있는 지인들의 도움으로 영국 외무성에 그런 의사를 전하자 외무장관은 세 가지 선택지를 제안하는데 그중 두 가지가 대사직이었다. 하나는 주프랑스 대사로 임명하는 것 또 하나는 영연방 국가들과의 관계를 담당하는 영연방부(Commonwealth Relations Office) 소속의 영연방 담당 대사(High Commissioner for Commonwealth Relations, 영국에서는 영연방 국가에 파견되는 대사직을 ambassador가 아닌 high commissioner로 부른다) 자리였다. 전 국왕이었고 여왕의 큰 아버지인 윈저 공을 대사로 임명하는 것이 그리 어렵지 않은 일이었을 것이다. 윈저 공은 왕실의 허락을 받고자 엘리자베스 여왕을 만나 상의하는데 여왕은 긍정적이었지만 윈저 공이 제2차 세계대전 전, 그리고 전쟁 중에 히틀러(Hitler)의 나치 정권과 내통했다는 문서가 발견되면서 뜻을 이루지 못하게 된다.

17세기에 프랑스를 시작으로 외교전담 부서가 생기면서 본국에서 외교 관련 행정을 다루는 사람들과 해외의 상주공관에서 일하는 사람들 간의 구분이 나타나기 시작했다. 해외 주재 외교관은 다른 방식으로 충원(주로 귀족층)되었고 국내 근무 외교관들과의 순환보직도 이루어지지 않았다. 이들은 국내 외교관들과 다른 계층, 다른 업무에 종사하는 사람들로 인식되었고 승진도 별개로 이루어졌다. 이러한 전통으로 인해 영국에서는 외교 조직의 국내 부문과 해외 부문 두 부문이 별개의 조직으로 구분되었다. 외교부(Foreign Office)와 해외 공관(Diplomatic Service), 이 둘은 제1차 세계대전 직후 통합되었지만 1943년까지 각자의 정체성을 유지했다. 미국의 경우에도 1954년 이후 미국 외교부(US Foreign Service, 해외 공관 업무 중심)가 미국 국무부(Department of State, 외교 담당 관료 조직)로 흡수되었다. 이렇게 주재국에 상주하면서 국가를 대표하는 업무를 하는 사람들은 국내에서 일하는 외교 관료들과는 다른 임무를 가진 사람들로 인식되어 있었고 이러한 전통이 서구 국가들에서 비외교관 대사들을 임명하는 관례를 만들어낸 것으로 볼 수 있다.

물론 문재인 정부에서 특임공관장의 비율을 30%까지 늘리겠다고 한 것은 전혀 다른 이유에서이다. 문재인 정부는 외교부의 순혈주의, 즉 외교부의 대부분 인원이 외무고시를 통해 충원되고 훈련을 받기 때문에 생기는 집단의식, 폐쇄주의 등의 부작용을 깨기 위해 외부에서 전문성을 가진 사람들을 대사로 임명한다는 처방을 내놓은 것이다. 이러한 의도를 백분 이해한다 하더라도 외교가 전문성이 필요한 영역이라는 것 특히, 대사의 업무는 자질과 경험이 매우 중요하다는 것을 생각해 보면 무조건 몇 %까지 특임공관장을 늘리겠다는 방식이 바람직한 것인지는 의문이다.

한국의 경우 2020년 기준 166명의 공관장 중 33개 공관에(20%) 특임공관장(대사와 총영사)이 임명되었다. 주로 정부나 집권당에 가까운 인사들이 임명되기 때문에 종종 낙하산 인사라는 비판을 받는다. 그보다 더 문제는 특임대사들 중 일부는 전혀 공관장으로 일할 수 있는 능력이 되지 않는 사람들이라는 점이다. 외교라는 영역은 전문적인 영역이고 외국어 능력과 교섭 능력 등이 중요한데 일부 특임공관장은 전혀 그러한 준비가 되어 있지 않은 경우가 있다. 2021년 국민의당 이태규 의원실이 39개의 주요 공관을 선정해 대사들의 외교 네트워크 구축비 집행 현황을 분석한 결과 8개 공관이 이 예산

집행 실적이 저조한 것으로 나타났는데 이 중 5개 공관의 대사가 현 정부와 가까운 배경을 가진 특임공관장이었다. 외교 네트워크 구축비는 주재국 주요 인사와의 비공개 외교 활동에 소요되는 비용을 지원하는 예산으로 외교부는 외교네트워크 구축비 집행 실적을 대사의 업무평가 지표로 삼고 있다. 이 예산의 집행 실적이 저조하다는 것은 대사들이 주재국 주요 인사와의 접촉을 소홀히 했다는 것을 의미한다. 2020년 국민의 힘 정진석 의원은 특임공관장에 대한 자격심사를 강화하는 내용을 핵심으로 하는 외무공무원법 개정안을 대표 발의하기도 했다.

특임공관장 제도는 한국만의 특별한 제도는 아니다. 미국은 전체 공관장의 30% 이상을 특임공관장으로 임명하고 있다. 특히 미국은 대통령 선거 때 정치헌금을 많이 한 사람들을 특임공관장에 임명하는 경우가 많아 논란이 되고 있다. 물론 선거 때 헌금을 많이 하는 사람들은 대통령 후보와 친밀한 사람들인 경우가 많고 사회지도층인 경우가 많기 때문에 단순히 대사 자리를 돈 주고 산다고 하기는 어렵다. 하지만 미국에서는 공공연히 "어느 정도 헌금을 하면 어느 나라 대사에 갈 수 있다"라는 말이 돌고 있으니 바람직한 일은 아닌 게 분명하다. 2004년 조지 W. 부시(George W. Bush) 대통령 당선 이후 캘리포니아 출신 벤처 투자은행가 로널드 스포글리(Ronald P. Spogli)는 이탈리아 대사에, 부시 대통령의 조카사위 크레이그 스테이플턴(Craig R. Stapleton)은 프랑스 대사에 영국 대사에는 캘리포니아주 자동차 딜러 출신의 로버트 터틀(Robert Turtle)이 지명되었다. 부시 대통령 선거 캠프는 선거자금 기부자나 모금자를 액수별로 나누어 10만 달러 이상은 파이오니아(Pioneer), 20만 달러 이상은 레인저(Ranger), 30만 달러 이상은 슈퍼레인저(Super ranger)로 분류하고 이들 중에서 일부를 고위직이나 대사로 임명했다. 미국의 정치 잡지 ≪내셔널 저널(National Journal)≫은 부시 정부 1기 때 정치적으로 임명된 대사 35명이 1999~2000년 선거운동 당시 기부·모금한 평균 액수는 14만 1110달러(약 1억 5000만 원)라고 보도한 바 있다. 이런 현상은 꽤 오래된 일이며 미국의 어느 정부에서나 일상적으로 일어나는 일이다. 1969년부터 1974년까지 재임한 리처드 닉슨(Richard Nixon) 대통령은 '대사를 원하면 적어도 25만 달러를 내라고 하라'고 비서실장에게 지시했다는 이야기가 정설로 전해지고 있다(류재훈, "미국 대사의 '자릿값'은 14만 달러?", ≪한겨레≫, 2005.6.30). 오바마(Obama) 대통령 역시 측근들이나 선거자금 모금 기여자들을 대사로 임명했다. 오바마 대통령은 자신의 재선 캠프에서 재무 담당 국장을 지낸 동성애 권리 운동가인 루퍼스 기퍼드(Rufus Gifford)를 덴마크 대사에 지명했고 캘리포니아 지역 선거자금 모금 총책인 존 에머슨(John Emerson)을 독일 대사에 지명했다. 미국의 특임 대사들은 서유럽이나 카리브해 국가들을 선호하는 것으로 알려져 있다. 주한국 대사로 일했던 마크 리퍼트 대사도 비외교관 출신의 특임대사이다.

한국의 경우는 비외교관 출신의 특임공관장이라 할지라도 최대한 연관성을 고려해서 임명하려는 노력을 하는 편이다. 예를 들어 문재인 정부 초대 주독일 대사인 정범구 전 국회의원은 독일 마르부르크 필립대학교에서 정치학 박사학위를, 주캐나다 대사로 임명된 장경룡 전 광주여대 교수는 캐나다 맥길대학교에서 정치학 박사학위를 받았다. 또 정보 분야 업무가 많은 파키스탄, 이스라엘 등은 국정원 출신 인사들을 임명하고 레바논, 요르단 등 한국군이 파병을 하거나 군사협력이 활발한 국가에는 군 출신 인사들을 임명하는 경우가 많다. 그러나 미국의 사례를 보면 미국의 특임공관장 임명에 주재 국가와의 연관성이나 전문성 등은 그다지 고려하지 않는 것으로 보인다.

미국에서 정치적으로 임명된 대사들의 사례를 보면 보통 사람들은 분명히 의문이 생길 것이다. 과연 대사는 무슨 일을 하는 직책이기에 아무런 전문성이나 경험이 없는 사람들을 보내도 되는 걸까? 이런 질문은 사실 대사의 직무가 어떤 것인지, 어떤 대사가 좋은 대사인지 그리고 시대가 변함에 따라 대사의 역할은 어떻게 변화하고 있는지 등의 중요한 질문과 연결되어 있다.

☙ DIPLOMACY ❧

좋은 대사의 자질

로마시대에도 외교관들이 있었는데 보통 원로원(지금의 의회와 비슷)에서 충원되었다. 충원 시에 가장 크게 고려한 자질은 연설 능력이나 논쟁을 통해 상대방을 설득할 수 있는 능력이었다고 한다. 2000여 년 전에도 외교관은 논리적 언술로서 상대방을 설득하는 것이 가장 큰 임무였던 것 같다. 그 후에도 외교관은 왕족이나 귀족계급에서 충원되었는데 국가를 초월해 이들 귀족계급들 사이에 존재하는 유대감이나 동료의식 등이 외교를 수행하는 데 도움이 되었기 때문이다. 근대국가가 등장하고 근대적인 외교 시스템이 정착하면서 갈수록 외교관의 능력이 중요하게 여겨지게 되었다. 외교관의 관찰과 판단 능력에 따라 파견국의 국가 이익에 중대한 변화가 올 수 있다는 인식이 자리 잡았기 때문이다. 또 외교관이 주재국에서 신뢰와 존경을 받아야만 성공적인 외교를 할 수 있다는 것도 알게 되었다. 이러한 변화는 성공적인 대사가 되기 위해 어떤 자질을 갖추어야 하는가에 대한 관심을 불러일으켰다.

스웨덴의 정치인이자 대사, UN 사무총장 특사 등을 역임한 피에르 쇼리(Pierre Schori)는 2011년 성공적인 대사가 되기 위해서는 외교적·정치적·사회적 그리고 언론을 다루는 스킬 등이 골고루 갖춰진 능력이 필요하다고 말했다. 쉽게 말해 좋은 대사란 다차원적인 능력을 보유해야만 한다는 것이다. 내가 대사로 부임하기 전에 읽은 책들 중에서 1954년에 해럴드 니컬슨(Harold Nicolson)이 쓴 『외교 방식의 진화(The Evolution of Diplomatic Method, Cassell History)』에는 훌륭한 대사의 요소들이 제시되어 있다.

대사는 언어적 자질을 갖추어야 하고, 자신의 날카로운 감각과 영민함을 숨기고 유쾌하고 즐거운 사람이라는 인상을 주어야 하고, 손님을 잘 대접할 줄 알아야 하고 그러기 위해서 훌륭한 요리사를 데리고 있어야 하며, 고상한 취향과 해박한 지식을 가짐으로써 작가나 예술가, 과학자들과 좋은 관계를 유지해야 하며, 인내심이 많아야 하며 협상을 지연시키거나 결정을 미루는 협상의 기술을 구사할 줄 알아야 한다. 언제나 침착해야 하며 나쁜 소식에도 불쾌한 티를 내지 않아야 하며 자신에 대한 모략이나 자신의 말이 잘못 전해지는 경우에도 분노하지 않아야 하며, 사생활은 금욕적이어서 적대적인 사람들이 스캔들을 퍼뜨리지 못하도록 해야 한다. 본국 정부의 무지를 참을 줄 알아야 하고 무리한 지시를 재고시킬 수 있는 방법을 알아야 하며, 지나친 외교적 승리는 상대에게 모욕감을 주고 복수를 벼르게 한다는 점을 알아야 하며 훌륭한 협상가는 결코 위협을 하거나 힘을 과시하거나 상대를 가르치려 해서는 안 된다는 것을 알아야 한다(25쪽).

니컬슨이 생각했던 좋은 대사는 언어 능력과 성숙한 인성과 협상 능력 그리고 외교가 무엇인지에 대해 깊은 이해를 가지고 있는 사람인 것 같다. 대사가 수행하는 외교는 결국 주재국의 사람들과 어떻게 지내느냐가 제일 중요하며 그것을 위해 주재국의 주요 인사들과 가깝게 지내고 좋은 평판을 받도록 노력하며 흠이 잡히지 않도록 노력해야 한다는 것을 강조하고 있다. 또 협상이나 외교적 담판에서 자국의 힘이 강하다 해서 그것을 과시하거나 완전한 승리를 추구하는 것이 결코 좋은 것이 아니라는 것도 강조한다. 본국의 외교부 본부와도 좋은 관계를 유지하고 본부를 다룰 줄 알아야 한다는 것도 흥미로운 부분이다. 아마 대사를 포함해 외교관으로 재외공관 근무를 해본 사람들은 이 이야기가 무슨 말인지 잘 알 것이다.

먼저 대사의 언어 능력에 대해 알아보자. 우선 외교는 두 나라 혹은 여러 나라(다자외교) 사이에 벌어지기 때문에 언어 소통의 문제가 중요하다. 15세기 이전에는 외교의 공식 언어는 라틴어였다. 공식 언어라는 표현은 오해의 소지가 있고 서로 다른 언어를 사용하는 유럽 국가들 사이에 그 당시 지식인들이 공통으로 배웠던 라틴어가 외교에서의 소통을 위해서 사용된 것이다. 18세기가 되면 프랑스어가 외교 영역에서의 공용어로 사용되었다. 프랑스는 근대적 외교가 제일 먼저 자리 잡은 나라였는데 1589년에 앙리(Henri) 3세가 르볼(Louis de Revol)을 외교대신으로 임명했는데 이것이 첫 외교장관의 등장이다. 1626년 최초의 외교전담 부서(지금의 외교부)가 생긴 것도 프랑스이다. 프랑스의 국력과 외교에서의 선구자적 위치가 프랑스어를 외교의 공용어로 만들었을 것이다. 1789년 프랑스 혁명 전의 절대군주체제인 앙시앵 레짐(Ancien Régime) 시기에는 영국 국왕, 러시아의 차르, 에스파냐의 국왕, 독일의 군주들이 프랑스어를 사용했다. 영어가 외교의 공식 언어로 사용된 것은 제1차 세계대전이 끝나면서부터이다.

지금은 영어가 대부분의 나라에서 외교의 언어로 사용되기 때문에 외교관들이 주재국의 언어를 익힐 필요는 적어졌다. 그러나 남미 대부분의 국가와 유럽의 여러 국가들이 스페인어를 사용하기 때문에 스페인어의 구사는 외교관에게 큰 힘이 된다. 또 중동 지역에 전문성이 있는 외교관은 반드시 아랍어를 해야 할 필요가 있다. 이슬람과 아랍에 대한 정체성이 강한 이 지역에서는 영어가 힘을 쓰지 못하는 경우가 있고 아랍어를 구사하는 것이 이들과의 유대를 강화하는 데 매우 중요하다. 프랑스어를 공용어로 쓰는 나라도 29개국이나 되고 아프리카의 많은 나라가 프랑스어를 사용하기 때문에 프랑스어 역시 외교관에게 유용한 언어이다. 한국의 외교관들은 외교관 후보자 시험에서 제2외국어를 선택해야 하고 외교부에 입부하면 첫 번째 해외연수에서 자신의 관심 지역에 필요한 언어 능력을 키우는 기회를 갖게 된다. 그래서 대부분의 외교관들이 영어와 다른 외국어 하나 정도는 잘 구사한다. 물론 1970~1980년대의 외교관들이 발음이나 영어 구사력에서 지금의 외교관들에 비해 상대적으로 떨어지는 것은 사실이다. 하지만 외교관을 영어 잘하는 순으로 뽑을 수는 없는 것이니 외교부도 외교관들의 영어 실력, 제2외국어 실력을 향상시키기 위해 많은 애를 써왔던 것이 사실이다. 예전에도 그랬고 지금도 대사가 되려면 영어 시험을 치러서 반드시 통과해야 한다. 통과가 안 되면 통과가 될 때까지 준비해서 시험을 치러야 한다.

국제적 공용어가 아닌 희소 언어를 사용하는 나라에 부임한 외교관에게는 오히려 언어 문제가 적다. 왜냐하면 그런 언어를 능숙하게 구사하는 외교관들이 어떤 나라에도 별로 없기 때문에 영어를 외교의 공식 언어로 사용하기 때문이다. 동남아시아 국가에 부임하는 대사들은 타이어나 말레이어, 인도네시아어를 잘할 필요는 없다. 이들 나라에서는 영어로 주재국 정부의 외교관들과 업무를 진행할 수 있기 때문이다. 물론 정부 관리 중에는 영어가 서툰 사람들도 많기 때문에 이런 경우에는 통역을 쓸 수밖에 없다. 이런 나라에서 일하는 한국 외교관들은 대사관에서 현지어 교육을 지원해 주기 때문에 대부분 현지어를 배우게 된다. 그래서 간단한 회화나 생활 현지어를 구사할 수 있게 된다. 이것은 현지 인사들과의 유대관계를 형성하는 데 큰 도움이 된다. 하지만 교섭이나 설득, 협상과 같은 업무에서 현지어를 사용할 만큼의 수준에 도달하기는 어렵기 때문에 업무에서는 영어를 사용하거나 통역을 사용한다.

대사의 인성(아니 직업적 인성이라고 하는 것이 더 정확할 것이다)에 대해 이야기해 보자. 대사는 사교적이고 친절하며 접근하기 쉬운 편안한 성격이어야 한다. 그러나 니컬슨의 좋은 대사의 조건에서 유추할 수 있지만 사람이 좋은 것이 좋은 대사의 조건은 아니다. 대사는 매우 영민해야 하고 눈치가 빠르며 상대방을 꿰뚫어보는 날카로움을 가져야 한다. 정확한 판단력도 필수적이다. 하지만 겉으로는 천하에 사람 좋고 부드러운 사람으로 인식되어야 하는 것이 좋다. 나는 말레이시아에서의 근무 이전에도 많은 외국 대사들을 만난 경험이 있다. 그들 중 위에서 말한 묘사에 걸맞은 대사들이 매우 많았다. 다들 대사 직책에 걸맞은 능력을 갖추고 있었던 훌륭한 대사들이었다. 몇 사람을 소개하고 싶다. 한 사람은 비쉬누 프라카쉬(Vishnu Prakash) 전 주한 인도 대사이다. 프라카쉬 대사는 인도 외교부 대변인, 주상하이 총영사, 주한국 대사를 지내고 주캐나다 대사를 마지막으로 2016년 말 은퇴한 인도 외교관이다. 나는 프라카쉬 대사가 한국에 주재할 때 교류할 기회가 있었다. 많은 인도의 지식인들이 그러하듯이 프라카쉬 대사 역시 역사, 인문, 철학 등 다방면에서 엄청난 독서량과 해박한 지식을 가지고 있었다. 국제적 현안에서도 항상 업데이트가 되어 있었으며 매우 날카로운 관찰과 처방을 내놓아 국제정치를 전공하고 가르치는 나를 놀라게 했다. 그러나 진정으로 프라카쉬 대사로부터 감탄하고 배운 것은 그의 사교적이고 매력적인 매너와 태도였다. 그의 유머 감각과 상냥함 그리고 자상함은 그의 지적이고 냉철한 외교관의 날카로움을 숨겨주었고 그래서 많은 사람이 그와 인간적 관계를 갖기를 원하고 또 친구가 되었다. 프라카쉬 대사가 한국과 인도 간의 관계 그리고 인도에 대한 한국인들의 인식 개선에 큰 기여를 했다고 생각한다.

또 한 명을 이야기하자면 말레이시아 대사로 재직할 때 주말레이시아 싱가포르 대사로 근무했던 바누 메논(Vanu Menon)대사이다. 나는 부임하자마자 주요 국가의 대사들을 방문했다. 도착했음을 알리고 말레이시아에서 대사 생활을 하는 데 필요한 정보들을 얻기 위한 방문이었다. 지금도 메논 대사를 처음 만난 순간이 생생하게 기억난다. 싱가포르 대사관은 신축 건물로서 내가 가본 전 세계의 대사관 중에 가장 멋진 디자인을 자랑하는 예술적인 건물이었다. 접견실로 안내되어 메논 대사를 기다리고 있었다. 아주 높은 천장과 예술 작품으로 둘러싸인 접견실의 분위기에 압도되어 있었을 때 메논 대사가 들어왔다. 메논 대사는 인도계 싱가포르인으로서 주말레이시아 대사(High Commissioner)로 부임하기 전, 주UN 대표부 대사, 주터키 대사 등을 역임한 고참 외교관이었다. 나는 알고 지내던 싱가포르 외교관들과의 인연 등 가벼운 이야기를 하면서 대화를 풀어나갔고 메논 대사는 국제정치학 박사, 교수라는 나의 배경에 대해 관심을 가지고 얘기를 이어갔다. 메논 대사가 런던정경대학교(London School of Economics)에서 국제정치로 석사학위를 받았다는 사실을 이미 알고 있었기 때문에 몇 가지 이야깃거리를 가지고 갔었다. 메논 대사는 정말로 말을 빨리 하는 사람이었고 다변가였다. 한반도 정세와 국제정세, 내가 물어본 말레이시아의 국내정세 등에 대해 10분 넘게 한 번도 쉬지 않고 말을 이어갔다. 엄청나게 똑똑한 사람이었고 고급 영어를 구사하는 사람이었다. 예방을 마치고 나오면서 스스로 너무 초라해지는 느낌을 어쩔 수 없었다. 절대 메논 대사같이 능력 있는 대사는 못 될 것 같은 좌절감을 마음속으로 느꼈었다. 하지만 프라카쉬 대사와 마찬가지로 바누는 엄청나게 자상하고 또 따듯한 사람이었고 나의 가장 가까운 동료 중의 하나가 되었다. 메논 대사의 부인 자얀티(Jayanthi) 역시 유쾌하고 솔직한 사람이었고 우리 부부와 가장 가깝게 지냈다. 김정남 암살 사건 때 말레이시아에 대한 많은 정보 소스를 가지고 있는 싱가포르의 도움이 필요했고 메논 대사에게 많은 도움을 받았다. 일에 있어서는 매우 정확하고 냉철한 메논 대사를 보면서 좋은 대사란 어떤 것인가를 느끼게 되었다.

이렇게 이야기를 하면 모든 대사가 다 냉철함, 영민함과 사교적이고 부드러움을 동시에 가지고 있는 사람들 같지만 그렇지 않은 대사들도 많다. 어떤 대사들은 자국 지도자들과의 친분으로 10년 이상을 한곳에 머물면서 대사로 일하면서도 주재국 행사에 얼굴도 비치지 않는 경우도 있었다. 나는 외교적인 사람이므로 어떤 나라의 누구라는 것을 여기에 적을 수는 없지만 한 가지 일화는 남기고 싶다. 내가 한국국제교류재단(KF) 이사장으로 일할 때 외국 대사들이 새로 부임하면 예방(부임 인사를 위한 방문)을 왔다. 한국국제교류재단이 서울에 있는 외국 대사관들을 지원하는 여러 프로그램을 운영하고 있기 때문에 대사 업무상 가깝게 지내야 하는 기관이었기 때문이다. 어느 날 어떤 나라의 대사가 부임 인사차 내 사무실을 방문했다. 몇 마디의 의례적인 인사가 끝나고 이 대사는 한국의 대북정책에 대해 매우 강한 톤으로 비판하기 시작했다. 처음에는 가만히 듣고 있었는데 그 설교가 10분을 넘어서고 20분이 되어가자 인내심도 한계에 다다랐다. 정중하게 "대사님, 저는 대사님이 오늘 예방(courtesy call) 목적으로 오신 줄 알았는데 저한테 강의를 하러 오신 거였나 봅니다. 제가 오늘은 시간이 많지 않아 여기까지만 듣겠습니다"라고 웃으며 이야기했다. 그 대사는 자기가 좀 심했다 생각했는지 내가 국제정치를 가르치는 교수였었다는 얘기를 듣고 한반도 현안에 대해 좀 얘기하고 싶었다고 변명조로 이야기했다. 그 후 얼마 있다 통일부 장관을 만날 기회가 있었는데 그 대사는 통일부 장관을 예방해서도 똑같은 행동을 해서 장관이 매우 불쾌했었다는 말을 들었다. 그 후에도 그 대사의 좌충우돌 에피소드를 여기저기서 듣게 되었다. 자신의 전문성을 과시하려고 했던 것인지 아님 자기 나라의 위상에 대한 자리매김을 하고 싶었던 것인지 모르겠지만 그 대사의 행동은 그 나라의 인상에 결코 도움이 되지 않았던 것은 확실하다.

대사와 본부와의 관계에 대해 이야기해 보자. 유능한 대사는 본부와의 관계를 잘 관리할 줄 알아야 한다. 보통 사람들이 본부와 공관과의 관계를 이해하기 위해서는 약간의 사전 지식이 필요하다. 외교관이 된 사람들은 본부에서 근무하거나 재외공관 근무를 하게 된다. 보통 30년 이상을 외교관으로 근무하는데 20년 정도는 해외에서 근무하며 10년 정도는 본부의 다양한 부서에서 일한다. 정보화를 담당하는 부서나 기획재정 부서와 같은 지원 부서에서 일할 때도 있고 양자외교를 담당하는 지역국에서 일하기도 한다. 지원 부서 중에는 해외에 나가 있는 공관들에 대한 지원을 담당하는 부서도 있는데 이 부서는 대사들이 잘 관리해야 하는 부서이다. 대사관도 수리, 보수가 필요하고 기자재가 필요한데 지원 부서에서 지원해 주지 않으면 아무것도 할 수 없기 때문이다. 하지만 대사가 매일매일 상대해야 하는 가장 중요한 본부 부서는 역시 자기 공관을 담당하는 지역국이다. 한국의 예를 들어 보면 외교부의 북미국은 미국과 캐나다 두 나라를 담당하고 있고 내가 일했던 말레이시아는 새로 만들어진 아세안국의 동남아 1과에서 관리하고 있다. 동남아 1과는 말레이시아를 비롯해 인도네시아, 싱가포르, 필리핀, 동티모르, 브루나이 등을 담당하고 나머지 아세안 국가들은 동남아 2과에서 담당한다. 동남아 1과의 말레이시아 담당자들은 외교부 각 부서에서 요청한 말레이시아와 관련된 필요한 사항들을 주말레이시아 한국 대사관에 전문으로 요청하게 된다. 이러한 요청들은 북한 핵실험을 비난하는 성명을 발표해 줄 것을 말레이시아 정부에 요청하는 것부터 국제기구 사무총장 선거에 출마한 한국 후보를 지지해 줄 것을 부탁하는 것, 서울에서 열리는 국제회의에 말레이시아 대표단을 파견할 것을 요청하는 것 등 매우 다양하다. 반대로 대사관은 말레이시아와 관련된 정치, 경제, 사회를 망라한 다양한 정보를 수집하여 본부 아세안국에 보고하게 된다. 곧 치러지게 될 선거의 전망이든지 부패 스캔들이든지, 말레이시아-싱가포르 고속철 사업의 진전 상황, 말레이시아에서의 한류 붐 현황 등 본부에서 관심을 가질 만한 사항들을 수집해서 보고한다. 본부의 담당국은 또 담당 공관 외교관들의 인사관리도 맡고 있다. 대사가 주재국을 벗어나 여행이나 출장을 가려면 담당국의 국장에게 보고해야 하며 서울에 가족의 결혼이나 장례식에 참석하기 위해 한국에 잠시 나가려면 국장의 승인을 받아야 한다. 업무 관련 실수나 문제를 일으키는 경우 경고 서한도 담당 국장이 보낸다. 대사관 직원에 대한 인사고과(등급 산정)도 담당국에서 하기 때문에 담당국과의 좋은 관계가 중요하며 담당국의 지시를 최대한 잘 이행해야 한다.

문제는 때로는 담당국이 현지 사정을 전혀 이해하지 못하는 데서 나오는 지시들을 내린다는 것이다. 이것은 꼭 담당국의 문제는 아니며 정부 차원에서 내린 결정을 외교부가 실행하면서 재외공관에 지시를 내리는 과정에서 발생하는 것이다. 장관이나 차관의 지시가 각국에 전달되면 지역국은 자기가 담당하는 재외공관에 전문을 보내 외교부 차원에서 결정된 정책을 시행하기 위한 활동을 지시하게 되는데 이러한 지시가 현지에서는 이행하기 어렵거나 역효과를 낼 수 있는 것이다. 사실 단순하게 생각하면 대사는 담당국의 지시를 그대로 이행하기만 하면 된다. 주재국 외교부도 대사가 가져온 요청이 대사 스스로 만든 요청이 아니라 본국으로부터 내려온 지시를 이행할 뿐이라는 것을 알기에 대사에게 불쾌감을 표하지는 않는다. 그러나 주재국의 정책이나 이익에 역행하는 요청을 그대로 전달하면 심할 경우 주재국 외교부가 항의 서한을 보내거나 대사를 불러 그러한 요청이 주재국의 주권을 침해하는 것이라며 이에 대해 엄중히 경고하는 조치를 취할 수도 있다. 동남아시아 국가에 주재하는 대사들은 가끔씩 이러한 곤란한 상황을 겪게 되는데 그 이유는 동남아시아 국가들 중 몇몇 나라는 북한과 매우 친밀한 관계를 유지하고 있기 때문이다. 남북관계가 좋지 않을 경우 한국은 북한의 핵 개발을 저지하고 비핵화를 이루기 위해 UN 회원국들이 UN 제재를 철저하게 이행해 줄 것을 원하고 제재에 미온적인 나라들에 대해서는 현지 대사관을 통해 해당국 외교부에 제재를 이행해 줄 것을 요청하는 활동을 하게 된다. 때로는 매우 구체적인 제재 이행을 요청하기도 하는데 주재국 내에서 불법적 외화벌이 활동을 하는 북한 기업들에 대한 조사나 추방, 북한 노동자들에 대한 추방 등이 그러한 것들이다. 동남아시아 국가들은 모두 UN 회원국이기 때문에 UN 제재를 이행해야 할 의무가 있다. 그래서 그들 나름대로 제재를 이행하려는 노력을 하지만 북한과의 외교적 관계로 인해 철저하게 이행하지 않거나 빠져나갈 구멍을 그냥 못 본 체하는 경우도 생긴다. 이러한 소위 '구멍'을 막기 위해 서울 외교부 본부에서는 계속적으로 주재국 외교부에 들어가 제재 이행을 거듭 요청하고 한국 정부의 유감을 전하라는 지시를 내리기도 한다. 그런데 같은 요청을 한두 번도 아니고 계속적으로 하게 되면 주재국 외교부는 나중에는 핑계를 대고 면담 자체를 거부하거나 감정적으로 대응하기도 한다. "우리도 노력중이다. 말레이시아 기업들이 피해를 보고 항의하기 때문에 제재 이행에 시간이 걸린다. 한국의 입장을 아니 이제 그만 찾아오고 기다려라." 이런 답을 듣게 된다. 주재국 외교부로부터 이런 소리를 들었는데 또 데마셰(démarche, 항의나 요구를 의미하는 외교 용어)를 하라는 지시가 본부에서 오면 대사와 실무자들은 정말 곤혹스럽다. 그러나 지시는 지시고 지시를 받으면 이행하고 보고를 해야 하는 것이 외교관의 임무이기 때문에 어두운 마음으로 면담 신청을 한다. 머릿속에서는 과연 또 압박을 하는 게 양국 관계에 도움이 될까? 좀 기다리는 게 좋지 않을까라는 생각이 들지만 원론적으로 말하면 이런 경우 "대사는 생각하면 안 된다". 대사는 주재국에 나와 있는 한국의 대표로서 한국 정부의 지시를 이행해야 하는 임무를 띠고 주재국에 나와 있기 때문이다. 여기서 '대사가 현지의 상황과 분위기, 주재국 정부의 입장 등을 생각해 양국 관계와 같은 장기적 이익을 얻기 위해 약간의 재량을 발휘하는 것이 현명한 일인가?'라는 딜레마가 생겨난다. 은퇴한 외교관들의 회고록을 읽어 보면 이러한 상황을 겪어 보지 않은 사람은 없고 다들 자신의 스타일이나 국익에 대한 판단, 대사의 역할에 대한 생각에 따라 다르게 행동했다는 것을 알 수 있다. 본부는 교섭에서의 완전한 승리를 원하며 본부의 분위기에서 결정된(현지의 미묘한 분위기를 잘 모를 수밖에 없다) 지시가 이행되어 확실한 효과를 내기를 바란다. "대사가 주재국 외교부에 가서 조치를 요구하라고 지시를 내렸는데 왜 아직 아무런 변화가 없나? 내일까지 다시 요청하고 결과를 보고해라"라는 전문을 너무나도 쉽게 보낸다. 이런 본부의 꽉 막힌 지시를 부작용을 만들지 않고 잘 전달하는 것, 그러면서도 본부를 만족시키는 성과를 내는 것이 노련한 대사의 능력이라고 생각한다.

마지막으로 니컬슨의 좋은 대사의 덕목에는 구체적으로 언급되지 않았지만 내가 생각하는 중요한 덕목은 좋은 대사는 자기가 주재하는 나라와 그 나라 사람들에 대해 애정을 가져야 한다는 것이다. 호주의 외교관인 존 매카시(John McCarthy)는 "좋은 대사는 자기가 주재하는 나라 구석구석을 여행해야 하며 그 나라에 관심과 애정을 가져야 한다"고 말한 바 있다. 매카시는 "사람들은 모를 것 같지만 대사, 당신이 나타나지 않았을 때 사람들은 그것을 알아채고 기억한다(People know when you are not)"라는 대사들이 꼭 기억해야 할 중요한 말을 했다. 말레이시아에 부임한 대사들 중에 말레이시아 외교부나 정부에서 개최하는 행사에 초대를 받고도 거의 나타나지 않는 대사들이 몇몇 있었다. 신기하게도 내가 친하게 지내던 말레이시아의 지인들(대부분 사회지도층 인사들이다)은 그런 사실들을 다 알고 있고 그런 대사들에 대해 좋지 않은 감정을 표출했다. 그런 대사들은 주재국 여론 주도층으로부터 대사로서는 낙제점을 받은 것이다. 주재국에서 벌어지는 공식적인 행사는 물론이고 주재국에서 애도할 일이나 국민적 축제, 중요한 이벤트(예를 들어 서울시청 앞 광장에서 붉은 악마의 한국 국가대표 팀의 축구경기 응원 같은 것)에 관심을 가지고 가능하면 그곳에 있어야 한다. 주재국의 국민들이 어떤 대사가 자기 나라에 관심이 없는 사람이라고 느끼면 그가 아무리 훌륭한 외교적 스킬과 능력을 가졌다 하더라도 대사로서의 임무를 성공적으로 수행할 수 없다. 이러한 외교 활동은 외교 용어로는 공공외교라고 부른다. 주재국 국민을 대상으로 하는 외교 활동인 공공외교를 대사의 부수적인 임무로 생각해서는 안 된다. 이 책의 다른 부분에서도 강조했듯이 대사의 역할에 변화가 오면서 어쩌면 대사의 가장 중요한 임무는 주재국의 일반 사람들과 더 많이 접촉하고 그들에게 한국 대사가 그리고 한국이 여러분을 존중하고 애정을 가지고 있다는 것을 보여주는 일일 것이다.

◈ DIPLOMACY ◈

외교관의 꽃, 대사
화려함 뒤의 그늘

나와 같은 특임공관장들은 직업 외교관 출신 대사들과는 달리 대사의 삶에 대해 편견이나 환상을 가지고 있는 사람들이 주위에 그득하다. 직업 외교관들의 주변 사람들은 외교관들의 삶에 대한 이해가 깊다. 옆에서 오래도록 봐왔기 때문이다. 뿌리가 없이 늘 돌아다니는 인생, 자녀 교육에 대한 고민이 많은 삶, 파견국의 상황에 따라 가족과 떨어져 살아야 하는 어려움 등을 잘 알기 때문에 직업 외교관의 삶에 대해 별다른 환상이 없다. 하지만 나처럼 특임대사들의 주변 사람들은 대사로서의 삶에 대한 환상을 가지고 있고 호기심이 무척 많다. 대사 임기를 끝내고 돌아왔을 때 지인들은 여러 가지 궁금한 점들을 물어보곤 했다. 임지가 동남아시아 국가이니 골프를 많이 쳤겠다거나, 대사는 월급이 얼마나 되냐는 질문도 흔하게 받았다. 관저에서 요리사나 가사보조원들을 두고 살았으니 왕처럼 살았겠다는 소리도 많이 들었다. 하지만 2년이 조금 모자라는 짧은 대사 시절을 뒤돌아보면 대사로서 느끼는 가장 강한 느낌은 넓은 관저에서의 왕 같은 삶이 아니라 무거운 책임감과 혼자라는 고독감이었다. 물론 좋은 현지인 친구들을 알게 되고 그들과 마음을 터놓는 친구가 되어 즐거운 시간을 보낸 좋은 기억들도 많다. 한국에 대한 관심과 동경이 폭발하는 시기에 대사직을 맡아서 주재국 사람들의 분에 넘치는 사랑과 관심을 받으면서 대사직에 대한 자부심과 만족감을 느꼈던 것도 사실이다. 하지만 마치 대학 입시를 앞둔 고3 수험생처럼 늘 마음 한구석에는 무거움 부담감이 똬리를 틀고 있었고 대사로서 느끼는 그런 어깨의 짐을 누구도 같이 들어줄 수 없다는 생각에 외롭고 또 고독했다.

지금은 상식처럼 되어 있지만 요즘 세상에 공직을 한다는 것은 사람들 앞에 발가벗고 서 있는 것과 같은 압박 속에 살아야 한다는 것을 의미한다. 공직자에 대한 높은 도덕적 잣대를 가지고 공직자들의 일거수일투족을 관찰하는 사람들이 많다. 단순히 관찰하는 것이 아니라 휴대폰으로 촬영하거나 SNS에 자신이 목격한 공직자의 마음에 들지 않는 행동을 올리는 일도 흔하다. 같이 일하는 직원들도 자신들의 권익을 침해하는 상급자의 행동에 대해 절대로 그냥 넘어가지 않는 세상이 되었다. 외국에 나와 있는 대사는 더더욱 관심의 대상이고 궁금증의 대상이고 외교관에 대한 곱지 않은 인식으로 인해 감시와 비판의 대상이 된다. 이러한 환경 속에서 대사는 고독감을 느낄 수밖에 없다.

이렇게 추상적으로 말하면 넋두리가 되는 것 같으니 내 주변 친구들의 대사의 삶에 대한 질문에 이 기회를 빌려 답변해 보기로 한다. 첫째, 골프를 많이 쳤겠다는 질문은 요즘 공직자들의 삶을 전혀 이해하지 못하는 질문이다. 서울에서 공직자들이 업무 시간에 골프를 칠 수 있나? 물론 아니다. 그렇다면 왜 외무공무원인 대사는 골프를 많이 칠 수 있다고 생각하는 걸까? 다른 공직자와 마찬가지로 대사도 주말이 되면 골프를 칠 수 있다. 단, 시간이 있다면 말이다. 그런데 대사는 주말에도 늘 참석해야 할 행사가 있다. 주재국 행사에 참석해야 하는 경우도 있고 주말에 열리는 주말 한국 학교에 가서 선생님들을 격려하는 일정이 있을 수도 있다. 현지 백화점에서 열리는 한국식품 전시회도 주로 주말에 열리니 거기에도 가야 한다. 내 경험으로는 주말 이틀을 다 쉬어본 적은 거의 없었다. 그래서 한 달에 두 번 편하게 골프를 칠 수 있으면 아주 운이 좋은 달이라고 생각했다. 대사가 편하게 골프를 치던 시절이 있었다고 들었다. 지금부터 30~40여 년 전의 이야기일 뿐이다.

 내 전임 대사님 중 한 분의 에피소드를 이야기하면 대사가 골프 많이 치겠다는 질문이 얼마나 허탈한 질문인지 알게 될 것이다. 전임 대사님과 내가 근무했을 때 말레이시아의 왕비는 골프를 무척 좋아하시는 분이었다. 내가 신임장을 제정하고 같이 신임장을 제정한 타국 대사들과 같이 국왕 내외분과 환담을 할 때 왕비께서는 최경주 선수, 박세리 선수의 안부를 묻고 왜 한국 여자 골프가 그렇게 강한지를 물어보시는 등 한국 골프에 대한 관심이 대단했다. 나의 전임 대사님이 근무하실 때 왕실에서 연락이 와 왕비께서 대사님을 골프에 초대하셨다고 날짜와 시간을 알려주었다. 문제는 그날이 휴일이 아닌 평일이었던 것이다. 공무원이 평일에 골프를 치는 게 부담스러운 것은 사실이다. 그러나 내 판단으로 이 경우는 문제가 되지 않는다. 이런 왕실의 초청은 대사의 업무로 보아야 하기 때문에 주중이라 할지라도 전혀 문제가 없다. 같이 근무했던 직원들에 따르면 대사님은 며칠을 고민하시다가 결국 그 날짜가 휴일이 아닌 업무일이라서 초대에 응할 수 없다고 정중히 거절하셨다는 것이다. 물론 잘 이해가 가지 않았지만 평생 공무원으로 살아오신 전임 대사님의 공직자로서의 몸가짐이나 마음가짐 때문에 그런 결정을 하신 것이 아닌가 짐작하고 있다. 초청자가 왕이 아닌 왕비이고 왕비와의 골프는 업무상 연관성이 약하다고 생각하셨던 것 같다. 존중할 만한 처신이다. 골프에 관한 답을 하겠다. "대사는 진짜 골프 칠 시간이 없다"이다.

말레이시아의 수도 쿠알라룸푸르 근교에는 겐팅 하이랜드(Genting Highlands)라는 산 위에 조성해 놓은 리조트가 있다. 호텔도 있고 놀이동산, 골프장, 아울렛, 카지노도 있다. 연중 32~35도를 오르내리는 쿠알라룸푸르 시내와는 달리 겐팅 하이랜드는 꽤 시원하며 아침저녁에는 선선하기까지 하다. 시내에서 30~40분이면 갈 수 있어 쿠알라룸푸르에 사는 사람들이 휴일에 일찍 가서 골프를 치고 쇼핑을 하고 오기도 하고 아이들이 있는 사람들은 놀이동산에서 놀다 오기도 한다. 후임자가 정해지고 귀임을 얼마 앞두고 딱 한 번 지인과 골프를 치러 간 것 이외에는 단 한 번도 그곳에 가보지 못했다. 행사가 없는 휴일에 한 번 가보고 싶었으나 언제나 포기했던 이유는 바로 그곳에 카지노가 있기 때문이다. 물론 카지노는 근처에도 가지 않을 것이지만 만일 한국 교민 중 누군가가 겐팅 어딘가에서 날 보았다면 "어제 대사가 겐팅 하이랜드에 왔던데"라고 누군가에게 말할 것이고 이것이 몇 다리를 건너면 "지난 일요일에 대사가 겐팅 하이랜드 카지노에 왔었대"로 변할 가능성이 있다는 걸 알기 때문이다. 한국에 돌아와서 말레이시아에서 근무했다고 하면 겐팅 하이랜드 리조트를 물어보는 분들이 많았지만 난 가본 적이 없으니 아는 것이 없어 할 말이 없었다.

나는 삼겹살을 꽤 좋아하는 편인데 말레이시아에서는 쉽게 먹기가 어려웠다. 이슬람 국가라 중국계를 제외하고는 돼지고기를 먹지 않기 때문이다. 우리 부부가 생활하는 대사관저 이층에도 작은 부엌이 있어 웬만한 음식은 손수 해먹을 수가 있는데 삼겹살은 구워먹지 못했다. 관저에서 일하는 인도네시아 주방 보조와 방글라데시인 집사가 무슬림이기 때문이다. 돼지고기를 불결하고 불경한 음식으로 생각하는 이들이 돼지고기를 관저에서 먹는 것을 너무나 싫어하기 때문에 이 두 사람이 퇴근한 뒤에도 이층 부엌에서조차 삼겹살을 구워먹지 못했다. 그래서 가끔 한가한 주말 저녁에 아내와 한국

식당에 가서 삼겹살에 소주 한잔을 마시는 게 큰 낙이었다. 2017년 가을 한국에서 대학에 다니는 아들이 잠시 말레이시아에 왔다. 현지 음식을 잘 먹었지만 좀 지나자 아들이 삼겹살을 먹고 싶어 했다. 아들과 돌아오는 일요일 저녁에 한국 식당에 가서 삼겹살을 먹자고 약속했다. 그런데 바로 그 일요일 3시쯤에 북한이 여섯 번째 핵실험을 감행했다. 뉴스를 확인하고 몇 가지 조치를 한 후 아들과 삼겹살을 먹기로 한 약속이 생각이 났다. 관저로 돌아오니 아들은 나갈 준비를 하고 있었다. 아들에게 "미안하다. 오늘은 그냥 집에서 간단히 먹어야겠다. 삼겹살은 다음에 먹자"라고 말할 수밖에 없었다. 아들에게는 자세하게 이야기하지 않았지만 북한이 핵실험을 한 날, 한국 케이블 방송에서 핵실험 뉴스가 계속 나오는 한국 식당에서 한국 대사가 아들과 소주잔을 기울이며 삼겹살을 구워먹는 모습을 보이는 것이 부담스러웠다. 내가 예민한 것일 수도 있지만 그런 모습을 사진 찍어 '북한은 핵실험을 하는데 가족들과 소주 파티 하는 대사'라고 SNS에 올리는 사람들이 있을 수 있는 것이 요즘 세상이다. 아들에게 양해를 구하고 집에 있는 것이 공직자들 대부분의 처신일 거라고 생각한다. 그런 일로 사람들의 입에 오르내릴 필요가 없다. 아들과 이층에서 아내가 차려준 밥을 일부러 더 재미있는 얘기를 하며 먹었다. 하지만 머릿속은 내일 북한 핵실험과 관련해 본부에서 온 지시를 이행하기 위해 주재국 외교부에 들어가야 한다는 생각에 복잡했다.

ᕉ DIPLOMACY ᕋ

정장을 벗어 던지고 사이클링복을 입는 대사

변화하는 대사의 역할

2009년 4월 어느 날 자전거를 탄 한 무리의 사람들이 광화문 사거리를 지나가고 있었다. 헬맷을 착용하고 선글라스를 끼고 있어 얼굴은 자세히 보이지 않았지만 머리 색깔로 보아 무리 중의 여러 명이 외국인임을 알 수 있었다. 이들은 올림픽공원에서 열리는 서울시와 ≪중앙일보≫가 주최하는 자전거 대행진에 참가하기 위해 가는 중이었다. 그 무리에는 캐슬린 스티븐스(Kathleen Stephens) 주한 미국 대사도 끼어 있었다. 스티븐스 대사는 소문난 자전거 라이딩 애호가이고 재임 기간 동안 대한민국 전국을 대사관 자전거 동호회와 함께 종주했다. 가는 곳마다 한국의 문화유산을 찾아 감상하고 어떤 곳에서는 방문 지역 학교를 찾아가 한미관계나 미 대사관의 문화교육 프로그램에 대한 특강을 하는 등 한국인들과 만남의 기회를 가졌다. 나중에 붙인 이름이지만 주한 미 대사관 자전거 동호회의 이런 활동을 자전거 외교(bicycle diplomacy)라고 부르기도 했다.

사실 스티븐스 대사는 한국인들에게 가장 사랑받은 주한 미국 대사였다.

1975년 미국 평화봉사단원으로 한국에 온 스물 세 살의 캐슬린 스티븐스는 충남 예산 예산중학교에 배치되어 영어 보조교사로 봉사했다. 그때 한국 이름이 심은경이었다. 이런 인연으로 한국말도 유창하게 하며 한국에 대한 애정도 남달라 재임 시에도 한국인들과 격의 없이 가깝게 지내는 주한 미 대사였었다.

사실 그녀가 처음 주한국 대사로 내정된 것이 알려졌을 때 한국의 외교전문가들은 의아스러워했다. 왜냐하면 그녀는 국무성에서 한국 담당 라인에 오래 근무한 사람이 아니었다. 외교관 시절 부산 미 영사관과 서울 대사관에서 근무한 적은 있지만 한국에 관한 정무를 전문으로 하는 사람은 아니었다. 그녀를 주한 미 대사로 임명한 미국 정부의 생각을 이해하기 위해서는 2008년 당시의 한미관계를 살펴볼 필요가 있다. 그녀가 대사 임기를 시작한 2008년 10월은 광우병 파동으로 한미관계가 최악의 상황이었다. 2008년 5월 이명박 정부의 미국산 쇠고기 수입재개 협상에 반대하는 촛불 시위가 전국을 뒤덮었고 당시 알렉산더 버시바우(Alexander Vershbow) 주한 미 대사는 30개월 이상 미국산 쇠고기 수입 금지를 주장한 민주당 손학규 대표에게 전화를 걸어 '과학적 근거도 없이 수입 금지를 주장한 것에 대해 실망스럽다'고 항의해서 외교적 결례 논란과 반미 감정을 악화시키기도 했다. 이러한 상황에서 주한 대사로 임명된 스티븐스 대사는 악화된 한미관계를 복구하고 미국에 대한 한국 사람들의 분노를 달래기 위한 임무를 맡은 전형적인 '공공외교형' 대사였다고 생각한다.

이 책의 다른 부분에서 자세하게 다루는 공공외교는 상대국의 정부가 아닌 상대국의 국민들을 대상으로 전개되는 외교를 말하며 자국에 대한 호감이나 이해, 신뢰를 증진시키는 목적을 가지고 있다. 2008년 하반기의 미국에게 가장 필요한 대한국 외교는 다른 것이 아닌 바로 한국인들의 감정을 달래주고 미국에 대한 한국인들의 신뢰와 애정을 회복시키는 공공외교였던 것이다. 스티븐스 대사가 2008년 9월 22일 도착해서 가진 기자들과의 인터뷰를 지금도 기억한다. 기자들은 스티븐스 대사 예정자에게 광우병·쇠고기 수입재개 관련 반미 시위에 대해 어떻게 생각하느냐고 물었다. 그녀의 대답은 외교관으로서는 최고의 답변이었다. 스티븐스 대사는 자신이 한국에 평화봉사단으로 근무하던 1970~1980년대에는 한국인들이 자신의 의사를 자유롭게 표현할 수 없는 경우가 많았는데 이제 다시 한국에 돌아와 한국인들이 자신의 견해를 자유롭고 평화롭게 표현하게 된 것을 보는 것이 너무나 기쁘다고 말했다. 한미 간 최대 현안이고 미국이 가장 비판적으로 생각하는 쇠고기 수입 반대 문제에 대해서는 한마디도 하지 않았다. 스티븐스 대사 내정자는 한국의 민주주의가 진전되어 이제 한국 국민들이 자신의 견해를 자신 있게 말할 수 있는 수준의 민주주의를 이룩했다는 것에 대해 존경을 표한 것이다. 스티븐스 대사 예정자는 부임지 도착 첫날부터 공공외교를 멋지게 펼친 것이다.

스티븐스 대사는 2008년부터 2011년까지 대사로 한국에서 근무했는데 그 시절 스티븐스 대사를 떠올리게 하는 건 자전거 국토종주, 예산중학교 시절 제자들과의 재회, 유창한 한국말과 늘 웃는 얼굴로 한국인들에 둘러싸여 같이 사진을 찍는 모습이다. 이 당시라고 한미 간에 공통의 관심사인 정무적 이슈가 없었던 건 아니었지만 스티븐스 대사는 한국 외교안보 관련 정무적 현안을 챙기면서도 한국인들과 소통하고 스킨십을 하는 데 더 많은 노력을 했었던 것으로 기억된다. 사이클 복장을 하고 자전거를 타는 모습이나 농촌 작은 마을에서 마을 어르신들과 이야기를 나누는 스티븐스 대사의 모습들이 뇌리에 남아 있다. 이런 노력 덕분인지 한미관계가 껄끄러웠던 이 시기에도 스티븐스 대사는 한국인들이 가장 사랑한 주한 미국 대사였다. 미국으로 돌아간 후에도 한국 문화알림이 역할을 한 그녀를 문화체육관광부는 세종문화상 한국문화 부문 수상자로 선정했는데 그녀는 그때 받은 상금도 모두 한국에 기부했다.

대사의 역할에 변화가 오고 있다. 이미 이야기한 대로 정상외교의 활성화와 함께 대사의 역할은 작아지고 본부 고위급 외교관들이 대사가 하던 역할을 서서히 대체하고 있다. 이런 상황에서 대사들의 역할이 강조되는 부분이 바로 공공외교이다. 실제로 현재 공공외교 활동의 중심에는 대사가 있다. 대사관의 교육·문화 담당 외교관이 많은 공공외교 활동을 기획하고 담당하여 추진하지만 가장 효과적이고 임팩트가 큰 것은 대사의 공공외교 활동이다. 대사는 현지 라디오나 TV에 출연해 한국에 관한 소개, 혹은 한국의 정책을 설명할 수 있는 기회를 쉽게 가질 수 있다. 대사들의 단골 활동 중의 하나인 현지 대학에서 특강을 하는 것도 매우 효과적인 공공외교 활동이다. 한식 만들기 체험이나 K-팝, K-무비 관련 행사에 참석해 현지인들과 어울리면서 한국의 문화를 소개하는 것도 대사의 역할이다. 대사가 꼭 자국 문화의 홍보대사가 되어야만 공공외교 활동은 아니다. 현지 대중들과 친밀한 관계를 유지하고 현지 문화와 삶의 방식을 공유하며 존중하는 모습을 보이는 것만으로도 현지 대중들은 한국에 호감을 갖고 친구라는 인식을 가질 수 있는 것이다.

한국에서 대사로 근무했던 마크 리퍼트 대사도 공공외교에 많은 노력을 기울인 대사라고 생각한다. 리퍼트 대사는 한국 프로야구의 팬이었고 특히 두산베어스의 열렬한 팬이었다. 대사관 직원들과 야구장을 찾아 치맥을 즐기며 프로야구 경기를 응원하는 모습은 리퍼트 대사에 대한 친밀감을 높이는 것은 물론 미국에 대한 긍정적인 이미지를 만드는 데 기여했다고 생각한다. 그는 특히 소셜미디어를 활용해 활발한 공공외교를 펼친 대사였다. 리퍼트 대사는 피습 사건을 겪으면서도 한국 사람들이 자신에게 보내준 응원에 감사해했으며 소셜미디어를 통해 자신의 회복 과정을 공유하기도 했다. 피습 후에도 리퍼트 대사가 애견을 데리고 대사관 주변 광화문을 아침에 산책하는 모습을 본 사람들이 많다. 자신을 알아보는 사람들과 다정하게 한국말로 인사를 나누며 산책을 하는 리퍼트 대사의 모습에 많은 사람이 친구를 보는 것 같은 호의적인 감정을 느꼈었던 것이 사실이다. 이러한 대사의 공공외교 측면에서의 역할은 최근 들어 더욱더 강조되고 있다. 주재국 정부를 상대로 한 활동은 당연히 중요하며 대사가 해야 할 일이지만 이제 대사들은 그동안 해오던 공공외교 활동들을 더욱더 적극적으로 해야 하는 세상을 맞이하게 된 것이다. 높은 담장에 경비들이 지키는 대사관 사무실 속에 틀어박혀서 상대국 대중들과 아무 접촉 없이 상대국 정부와의 외교에만 몰두하는 대사상은 이제 환영받지 못한다.

힐러리 클린턴(Hillary Clinton) 국무장관이 취임하면서 2010년 ≪포린 어페어스(Foreign Affairs)≫에 기고한 "민간의 역량을 통한 선도: 미국 외교의 재정립(Leading Through Civilian Power: Redefining American Diplomacy)"은 미국이 21세기의 새로운 도전에 대응하기 위해 외교 및 개발(개도국의 개발) 분야에서의 외교 방향을 제시하고 있는데 핵심은 민간 부문과 시민사회를 외교 분야에 연결시키는 것이다. 이제는 변화된 외교 환경에서 정부 혼자만의 힘으로는 효과적인 외교를 할 수 없다는 인식이 반영된 것이다. 클린턴 장관은 공공외교를 외교 임무의 핵심으로 만들어야 하고 그 방안으로는 지역적 미디어 허브를 건설하여 대중의 논쟁에 적극적으로 대응하고 지역사회 차원의 외교를 통해 미국과 이익을 공유하는 네트워크를 만들며 피플 투 피플(people-to-people) 관계를 확대할 것을 제시했다. 이러한 관점에서 대사들에게 요구되는 능력은 현지에서의 외교 활동(특히 개발도상국의 개발 관련)에 있어 미국 민간 부분의 전문가, 시민사회 단체의 협력과 도움이 필요한 곳이 있을 때 그러한 파트너십을 구축하고 운영할 수 있는 능력이라고 강조한다. 클린턴 장관은 파키스탄 이슬라마바드에 있는 미국 대사관의 예를 들고 있다. 주파키스탄 미국 대사관에는 800명 정도의 직원이 근무하고 있는데 이 중 450명이 국무성의 공무원들과 국무성이 고용한 민간인들이다. 주파키스탄 미국 대사는 당연히 이들 450명을 이끌고 있지만 이들 이외에도 11개 연방 부처들에서 파견된 350여 명의 민간 전문가들을 이끌고 임무를 수행해야 하는 것이다. 이들 민간 전문가들은 재난구호 분야, 보건, 에너지, 통신, 금융, 농업, 사법 분야의 전문가들로서 파키스탄 현지에서 파키스탄이 필요로 하는 도움을 제공하는 임무를 담당하고 있다. 따라서 대사들은 예전처럼 파키스탄 정부와 상대하면서 전통적인 외교 임무를 하는 것뿐만 아니라 이들 민간 전문가들과 국무성의 외교관, 민간 전문가들을 이끌고 파키스탄의 민간 부문, 시민단체들과 협력하면서 파키스탄이 필요로 하는 도움을 제공하는 새로운 임무를 수행하고 있는 것이다.

이제 넥타이를 매고 주재국 정부 고위인사와 면담하는 대사의 모습을 대사 업무 수행의 전부라고 생각하면 안 된다. 그런 임무는 물론 대사의 기본 임무이지만 그것만을 해서는 이제 좋은 대사가 될 수 없다. 주재국의 사람들 속으로 뛰어들어 그들과 호흡하면서 그들의 생각을 이해하고 주재국에서 자신이, 그리고 자기 나라가 무엇을 할 수 있는가를 고민하는 대사, 21세기는 그런 대사들을 원하고 있다. 주재국 사람들이 한국을 사랑하고 한국의 친구가 되도록 하기 위해 주재국 곳곳을 누비는 대사들, 그런 대사들의 시대가 이미 오고 있다.

֍ DIPLOMACY ֎

대사 부인도 명함이 있다

대사 부인의 역할

2016년 4월 초쯤 주말레이시아 대사 내정자가 되어 아그레망 절차가 시작되면서 사실상 대사 부임을 위한 준비를 개인적인 차원에서 시작했다. 말레이시아 최근 현안에 관한 뉴스 및 해외 언론의 칼럼들을 모아서 읽고, 말레이시아에 현지 연구차 방문했을 때부터 알고 지내던 말레이시아 전략국제문제연구소(ISIS, 외교부의 실질적 산하기관인 말레이시아의 정책 싱크탱크) 학자들의 연락처를 챙기면서 현지 정책 커뮤니티와 협업할 사업 리스트들을 노트에 정리하기 시작했다. 내 경우에는 ASEAN(동남아시아 국가연합)에 대한 연구적 관심이 있었고 말레이시아에도 방문해서 학자 및 정책 전문가들과 교류를 하고 있었기 때문에 임지에 대한 낯설음이나 두려움 같은 심적 부담은 없었다. 정작 문제는 대사 부인 역할을 해야 하는 아내의 걱정이었다. 대사직의 성공적인 수행에 대사 부인의 역할이 매우 중요하다는 이야기는 오래전부터 듣고 있었기 때문에 아내에게 마음의 준비를 해달라는 부탁을 했다.

대사 부인이 될 아내에게 가장 먼저 닥친 현실적 문제는 말레이시아 대사 관저에서 일할 요리사를 구하는 일이었다. 대사관저의 요리사는 대사관에서 여는 연회의 음식 준비를 해야 하기 때문에 좋은 요리사를 구하는 일은 대사들의 최대 관심사 중의 하나이다. 지금도 그렇지만 한국 외교부는 관저에서 일할 요리사를 구해주지 않는다. 관저 요리사 취업 희망자 데이터베이스를 구축해 그 자료를 제공할 뿐이고 부임할 대사(사실상 대사 부인은)가 그 중에서 요리사를 선발하거나 아니면 자신이 선호하는 요리사를 스스로 찾아내어 선발해야 했다. 관저 요리사는 기본적으로 관저에서 열리는 연회를 담당하는 사람이다. 2017년 후반쯤 요리사들이 대사 가족의 식사 준비를 하지 못하도록 규정을 바꾸기 전까지는 대사 가족의 식사를 준비하는 것도 관저 요리사의 업무였다. 연회에서 음식이 맛이 없으면 그 연회가 즐거울 리 없고 연회의 외교적 목적이 달성되기도 어렵다. 설마라고 생각할 수도 있지만 어떤 나라의 관저 음식이 맛이 없으면 손님을 초대해도 호응이 좋지 않다.

관저에서의 연회를 통해 주재국 주요 인사들과 교류를 맺고 친밀한 관계를 형성하는 것은 대사 업무의 매우 중요한 부분이다. 대사가 부엌에서 만찬의 메뉴를 짜고 연회 준비를 지휘할 수는 없으니 대사의 업무 중 매우 중요한 부분이 대사 부인의 손에 달려 있는 것이다. 관저 요리사가 경험이 많고 계속 새로운 메뉴를 개발해서 손님들을 기쁘게 할 수 있다면 대사 부인의 부담은 크게 줄어든다. 다시 말해 대사 부인이 능력 있고 경험 많은 요리사를 찾아서 같이 부임한다면 연회 준비에 별다른 걱정을 하지 않아도 되지만 요리사와의 궁합이 잘 안 맞거나(요리 취향이나 위생에 대한 기준 등등) 요리사가 경험이 부족하다면 관저 연회에 대한 모든 부담이 대사 부인에게 떨어지게 되어 있다. 악몽이 시작되는 것이다. 아는 외교관 부인들은 아내에게 10여년 이상 계속 관저 요리사로 근무하고 있는 요리사들(한곳에 계속 있기도 하고 대사관을 옮겨 다니며 요리사 생활을 하기도 한다)을 선택하라는 조언들을 했지만 아내는 새로운 메뉴들을 개발할 수 있는 조리학과 출신 젊은 요리사를 선호했고 본인 희망대로 대학 조리학과를 좋은 성적으로 졸업한 남자 요리사를 선택했다. 결론적으로 말하면 이 젊은 요리사는 연회 음식을 준비해 본 경험이 전혀 없었고 좋은 성적표는 요리를 책으로 배웠다는 의미일 뿐이었다. 대사 부인이 된 아내는 그 요리사를 가르쳐가며 연회 때마다 부엌에서 메인 요리사 역할을 해야 했다. 그럼에도 한국 대사관저의 음식이 훌륭하다는 소문이 났으니 아내에게 고마워해야 할 일이다. 다행히 이 젊은 요리사는 2년간의 관저 요리사 생활에서 큰 발전을 이루어 우리가 말레이시아를 떠날 때 동남아시아의 다른 한국 대사관저의 요리사로 옮겨 갈 수 있었다.

이런 이야기를 길게 하는 것은 대사 부인의 역할에 대한 이야기를 하기 위해서이다. 연회를 준비하고 챙기는 것은 대사 부인의 역할 중에 하나에 불과하다. 대사 부인은 현지에서 대사 부인으로서 많은 공적인 역할을 수행해야 한다. 『외교관은 무슨 일을 하는가: 외교관의 일과 삶(What Diplomats Do: The Life and Work of Diplomats)』의 저자 영국 외교관 브라이언 바더(Brian Barder)는 대사의 부인을 '보수 없는 정규직(unpaid full time career)'이라고 비꼰 바 있다. 부부 동반으로 참석해야 하는 주재국의 각종 행사에 참석해야 하며 대사 부인을 초청하는 현지 학교나 기관들의 요청에 응해서 한국에 대한 소개나 한국 음식 등에 대한 소개도 해야 한다. 교민들과 관련된 행사도 많아서 각종 어린이 행사나 한국 학교 행사에 주빈으로 참석해 인사말을 하거나 심사위원의 역할을 하기도 한다. 아내는 현지 한글학교에 주말 자원봉사자 선생님으로 오랫동안 봉사하기도 했다. 대사 부인들이 많은 시간을 쓰는 활동 중의 하나는 주재국 외교단 배우자 모임 활동이다. 쉽게 말해 대사들의 배우자들의 모임인데 대부분의 나라에서 대사들은 외교단, 배우자들은 대사 배우자 모임이 공식적으로 존재하는 것으로 알고 있다. 말레이시아에는 SOHOM(공식 명칭은 The Association of Head of Diplomatic Mission in Malaysia인데 Spouses of Head of Mission의 초기 명칭을 아직도 사용하고 있다)이라는 대사 배우자 모임이 있다. 대사 부인 모임이라고 하면 안 되는데 대사가 여성인 경우 남성 배우자들이 참석하기 때문이다. SOHOM에는 3명 정도의 남성 배우자들이 안 빠지고 참석했는데 때로는 대사 부인들이 여성들끼리의 대화를 하고 싶어도 이들 남성 배우자들 때문에 불편해한다는 이야기를 아내로부터 들었다. 이 모임은 2017년 말레이시아 정부로부터 비영리단체(nonprofit society) 지위를 인정받아 모금이나 기부를 위한 수익사업 등을 할 수 있게 되었다. 이 모임은 말레이시아 정부나 왕실이 주최하는 여러 자선 행사에 참여하거나 공동 주최자로 활동한다. 또 말레이시아 여성들을 위한 봉사활동을 하기도 하고 기금모금 일일장터 행사를 열기도 한다. 이 모임에 적극적으로 참여하기 위해서는 다른 대사 부인들과 잘 소통해야 하고 어느 정도 언어 능력이 되어야 한다.

    대사 부인은 대외적 활동뿐만 아니라 대사관저의 운영을 책임지는 어려운 임무를 수행해야 한다. 관저 요리사가 연회에 대한 경험이 전혀 없었던 우리의 경우는 연회가 결정되면 디저트를 포함한 식사 메뉴를 짜고 식자재장을 보고 연회 종류에 따라 식탁의 장식을 계획하고 손님용 화장실을 포함한 관저 곳곳을 청소하고 정비하는 준비를 대사 부인이 지휘해야 했다. 연회 당일에는 꽃 시장에 들러 식탁을 장식할 꽃을 사오고 관저 요리사, 현지인 도우미와 함께 많게는 20명이 넘는 손님들의 식사를 준비한다. 아주 예전에는 대사관 직원 부인들도 연회가 있는 날이면 일손을 거들기도 했지만 지금은 그런 일은 상상도 하기 어렵다. 한국이 어렵게 살던 때, 대사관 인원도 적고 예산도 없어 대사 부인과 직원 부인들이 김치를 담그고 모든 연회 준비를 하던 시절의 이야기이다. 대사 부인은 평소에는 대사관저의 아래층, 즉 손님을 맞는 공간의 인테리어, 장식 등도 신경 써야 한다. 말레이시아 관저에는 한국 현대미술 작품 30여 점이 있다. 내가 부임하면서 국립현대미술관의 '미술품 재외공관 대여 사업'을 활용해 30여 점을 대여해 왔다. 2년간 보유할 수 있고 연장이 가능하다. 수준 높은 작품들이 많이 있어 우리 대사관저에 오는 손님들이 가장 부러워하는 것이 관저의 미술 컬렉션이었다. 관저 분위기에 맞게, 또 말레이시아 사람들이 좋아할 만한 미술품을 선정하는 것도 대개는 대사 부인의 역할이다.

    대사라는 직업이 모든 사람의 성향과 어울리는 것은 아니듯이 대사 부인 역할 역시 사실 아무나 할 수 있는 일은 아니다. 외국 사람들과 대화를 나누어야 하는 파티나 연회 그리고 공식 행사에 일주일에 대여섯 번씩 참석해 참석자들과 환담을 해야 하는 일이 적성에 맞지 않는 사람에게는 견딜 수 없는 부담이고 곤욕스러운 일일 것이다. 외교관이 되려는 사람들은 자신이 그 직업에 관심이 있고 또 적성에 맞기 때문에 선택했을 테니 그러한 일들을 평생 하고 살아야 한다는 것을 인지하고 준비를 했을 테지만 그 외교관과 결혼한 사람은 반드시 같은 성향과 적성을 가지고 있는 것은 아니기 때문에 외교관과 결혼을 결심하기 전에 상당한 마음의 준비나 고민을 했을 수도 있다. 특히 직업 외교관이 아닌 특임대사의 부인들은 정말로 생각지도 않게 대사 부인이 되어 어려운 역할을 수행해야 하는 운명에 처한 것이다. 이럴 경우 이들 특임대사의 부인들이 느끼는 심적 부담과 관저 생활의 여러 가지 임무들이 주는 육체적 부담이 얼마나 클지 당사자가 아니면 상상하기 어려울 것이다. 한국 외교부는 대사 임명자 부인들을 위한 교육 프로그램을 갖추고 있다. 물론 도움이 되는 것은 사실이지만 교육 기간이 짧기 때문에 한계가 있을 수밖에 없다.

대사 부인의 다양한 역할과 임무 때문에 많은 나라에서는 대사 부인을 공식적인 직책으로 간주한다. 한국 외교부도 대사 부인에게 보수를 지급하지는 않지만 소정의 배우자 수당을 지급한다. 보통 대사의 재외근무수당의 4분의 1 정도를 지급하는데 물론 대사와 실제로 동반 부임해야만 지급하고 1년에 9개월 이상 부임지에 체류해 있어야 한다. 이러한 대사 부인 직책의 시작은 사실 오래된 관행은 아니다. 브라이언 바더의 『외교관은 무슨 일을 하는가: 외교관의 일과 삶』에 소개된 영국의 사례를 보면 과거에는 대사 부인들이 당연히 대사와 함께 임지에 동반해서 여러 가지 대사 부인에게 요청되는 활동을 수행했었다. 물질적 보상은 없었고 대사 부인이 당연히 해야만 하는 의무로 간주되었다. 그러나 여성들의 사회 진출이 활발해 지면서 많은 대사 부인들이 자신들의 직업 그리고 경력을 중요시하게 되었고 경력이 단절되는 것을 피하기 위해 대사와 같이 부임하지 않는 경우가 많아지기 시작했다. 영국 외교부는 이러한 대사의 단독 부임이 대사의 외교 활동에 부정적 영향을 미친다고 판단했고 이런 문제를 해결하기 위한 방안으로 대사 부인이 관저관리자로 임명되기를 원하면 대사 부인을 그 직에 임명하고 그에 따른 보수를 지급하는 제도를 도입했다. 그러나 이러한 제도 개선에도 불구하고 대사 부인들의 불만이 줄어들거나 남편과 함께 임지에 부임지 않는 대사 부인의 수가 크게 줄지는 않았다고 한다. 문제는 정부에서 관저관리자 수당을 지급하면서 그에 따른 활동보고서를 요구하고 회계 감사 등을 하게 되면서 차라리 수당을 받지 않고 의무도 지지 않겠다는 분위기가 생겨났다는 것이다.

또 독신 대사들이 늘어나면서 영국 외교부의 바람과는 달리 단신 부임하는 외교관들도 늘어나고 있는 것이 추세라고 한다. 그럼 대사는 단신 부임하면 대사 부인의 역할은 누가 하는가? 가장 문제가 되는 경우는 반드시 부부

동반으로 참석해야 하는 행사가 될 것이다. 그런 경우에는 아예 참석하지 않거나 아니면 반드시 참석해야 하는 공식 행사인 경우 대사관의 여성 외교관을 파트너로 동반하는 외국 대사들도 많이 보았다. 어린이 관련 교민 행사도 대사관의 여성 외교관이나 교육·문화 담당 직원이 참석하기도 한다. 하지만 대사 부인이 수행할 수 있는 많은 사회적 역할이나 비공식적 행사는 수행할 사람이 없기 때문에 전체적으로 해당 국가의 외교 활동은 대사 부인이 활발하게 외교 활동을 하는 나라들보다는 위축 될 수밖에 없을 것이다.

 1970~1980년대 한국의 대사 부인들은 지금의 대사 부인들보다 훨씬 더 열악한 환경에서 남편을 위해, 그리고 나라를 위해 자신들의 삶을 희생하고 대사 부인의 힘든 역할을 묵묵히 수행했었다. 하지만 밀레니얼 세대가 대사가 되는 시대에도 대사 부인들이 자신의 직업이나 생활을 포기하고 주어진 역할을 기꺼이 수행할까? 그들의 개인적 희생과 사명감만을 요구하는 "우리 때는 다 그랬다"는 '라떼' 마인드를 극복하고 지금부터라도 그때를 대비해 대사 배우자에 관한 체계적인 제도를 준비해야 할 것이다.

Understanding Diplomacy and
Contemplating Korea's Diplomacy

제3장

외교의 실제 엿보기

꽁 DIPLOMACY ⚭

외교는 어떻게 이루어지는가
2021년 이란의 한국 선박 나포를 둘러싼 외교 사례

2021년 새해가 밝은 지 며칠 후인 1월 4일 한국 국적의 화학물질 운반선이 호르무즈 해협의 오만 인근 해역에서 이란 혁명수비대에 의해 나포되었다. 이란 측은 나포 이유가 이 운반선이 해양 환경오염을 일으켰기 때문이라고 밝혔다. 하지만 운반선을 소유하고 있는 선사 측은 환경오염을 일으키지 않았고 이란 혁명수비대가 배를 나포한 해역은 공해상이라고(이란의 영해가 아니라고) 주장했다. 결국 이 사건은 이란이 4월 9일 선장과 억류된 배를 석방함으로써 종료되었다. 이런 국가 간의 갈등이 발생했을 때 외교는 시작된다. 외교가 어떻게 작동되고 이루어지는지를 살펴보면 외교에 대한 이해를 높일 수 있을 것이다.

1. 갈등 현안의 발생

- 이란의 혁명수비대가 한국 측 화학 운반선을 환경오염을 일으켰다는 이유로 나포하여 이란 반다르아바스항에 억류했음. 하지만 선사 측은 환경오염을 초

래한 적이 없으며 혁명수비대는 공해상에서 선박을 나포했다고 주장.

2. 현안 발생의 배경

- 이번 이란의 한국 선박 나포는 이란이 표면적 이유로 내세운 해양환경 문제가 아니라 한국과 이란 사이의 가장 큰 현안인 한국에 동결되어 있는 이란의 석유수출대금 문제임.
    - 이란은 그동안 미국의 대이란 제재로 동결된 이란의 대한국 석유 수출 대금(70억 달러, 약 7조 5000억 원으로 이란에 지불되지 못하고 한국의 은행에 묶여 있음)을 해결해 줄 것을 지속적으로 요구해 왔음.
    - 그러나 미국의 제재에 동참하고 있는 한국으로서는 해결할 수 없는 문제였고 이를 잘 알고 있는 이란은 이 돈을 의약품 등 인도적 물품을 구입하는 데 소진하는 방안을 논의해 왔음.
    - 이미 한-이란 간의 인도적 교역 확대 방안을 논의해 왔고 실제로 이란에 의약품과 의료 기기 등 20여 개 품목을 수출하기도 했음.
    - 이란은 세계보건기구 주도의 코로나 백신 공동 구매 및 배분 메커니즘인 코백스 퍼실리티(COVAX FACILITY)에 한국에 동결된 대금으로 지불하고 코로나 백신을 확보하고 싶다는 의사를 밝혔고 미국이 이러한 안에 대해 대이란 제재 조치의 예외 사유로 인정하는 특별 승인을 결정하면서 이러한 방안의 현실화 가능성이 열렸음.
    - 이러한 상황에서 한국은 최종건 외교부 1차관을 단장으로 하는 대표단을 파견해 이 문제를 논의하기로 했음.
- 그러나 이란이 최 차관 방문 6일전 한국 선박 나포 사건을 일으킨 데 여러 가지 해석이 나왔음.
    - 즉, 한국이 이란과의 인도적 교류를 늘리기 위해 노력하고 있지만 동

결되어 있는 7조 이상의 자금 규모에 비해 교역 액수가 충분치 않기 때문에 이란 내 강경파들은 계속 한국의 자금 동결에 대해 불만을 표시해 왔음.
- 이란은 6월에 대선이 예정되어 있어 강경파들이 대선에서 유리한 위치를 점하기 위해 미국과 미국의 제재에 동참하고 있는 한국에 도발적 행위를 한 것으로도 볼 수 있음.
- 또 바이든 정부가 출범하는 시점에서 미-이란 협상이 재개될 것으로 보이는 상황에서 미국을 압박하고 이란이 호르무즈 해협에서 할 수 있는 것들을 보여줌으로써 자신들의 존재감을 과시하려는 협상 전략의 하나로도 볼 수 있음.
- 실제적 이유로는 이란이 코백스 프로그램으로 백신을 구입하는 과정에서 한국에 동결된 원화 자산을 달러로 환전해 코백스에 보내야 하는데 이때 미국에 의해 이 자금이 압류될 것을 걱정한 이란이 이 협상이 타결되기 직전에 사건을 일으켰다고 보는 견해도 있음. 미국이 이 거래를 승인했음에도 미국을 신뢰하지 못하는 강경파들이 돌발적인 사태를 일으켰다는 것임.

3. 양국의 초기 외교적 조치

✓이란 측

- 이란 외교부는 한국 선박이 나포되었으며 이것은 선박의 해양오염 행위에 대해 조사하라는 이란 법원의 명령에 의한 것으로 전적으로 기술적(technical)인 사안이라고 발표함(적대적 행위가 아닌 환경오염을 초래했는지를 과학적으로 조사하기 위한 목적이라는 의미).
  - 또 다른 여타의 유사한 사례처럼 예외가 있을 수 없으며 이 문제는 법

의 테두리 내에서 다루어질 것이라고 천명.
- 1월 5일 이란 정부 대변인 알리 라비에이(Ali Rabiei)는 이란의 한국 선박 나포가 인질극이라는 주장을 일축하며 인질범이 있다면 그것은 이란의 자금 70억 달러를 인질로 잡고 있는 한국이라고 주장함.

✓ 한국 측
- 선원들의 안전을 확인하고 선박의 조기 해제를 요청함(통상적으로 주이란 한국 대사관에 지시를 내려 한국 대사가 이란 외교부에 들어가 이러한 요구를 전달함).
- 주이란 한국 대사관 영사를 선박이 입항한 항구에 보내 선원들의 안전을 확인하도록 지시.
- 외교부 재외국민보호 대책 본부와 현장 지휘반 가동.
- 강경화 장관 주재 대책본부회의 개최.
- 외교부는 곧바로 청와대 국가안보실에 보고. 서훈 국가안보실장은 대통령에게 보고.
- 국가안보실 주관으로 긴급 관계부처 회의 소집(외교부, 해양수산부, 국방부, 합동참모본부, 국정원 등 참여).
- 국방부는 청해부대의 최영함을 현지에 파견함.
- 1월 5일 대통령은 국가안보실이 유관 부처와 대응책을 긴밀히 협의하라고 지시.
- 국가안보실장이 주재하고 관계 부처 및 국정원이 참여하는 상황점검 회의를 개최.
- 외교부 아프리카중동국장은 1월 5일 주한 이란 대사 사이드 샤베스타리(Saeed Shabestari) 대사를 초치하여(외교부로 불러들임) 나포에 대

해 항의하고 조속히 해당 선박에 대한 억류를 해제할 것을 요구함(주한 외국 대사관의 대사는 외교부 해당 지역 국장이 업무 상대임).

4. 교섭의 시작
- 외교부 아프리카중동국장을 단장으로 실무대표단을 1월 7일 이란에 급파하여 교섭을 시작.
- 예정되어 있던 외교부 1차관의 이란 방문을 예정대로 진행해 교섭을 통해 문제 해결 시도.
- 이란 측은 외교부 1차관이 나포 문제를 교섭하기 위해 오는 것이라면 올 필요 없다는 입장을 표명.
- 만약에 1차관이 올 것이라면 동결자금 문제를 해결하기 위해 오라는 메시지를 보냄.

5. 보도는 되지 않았지만 생각해 볼 수 있는 한국의 외교적 노력
- 외교부는 한국 주재 미 대사관과 나포 사건에 대해 논의하고 미국의 이란에 대한 압박을 부탁할 가능성이 큼.
- 또 나포 사건을 해결하기 위해 진행 중인 코로나19 바이러스 백신 구입 프로젝트가 잘 해결되어야 하는 만큼 이것이 순조롭게 진행되기 위해 미국의 협조를 부탁할 가능성이 큼.
- 미 국무부는 이번 사건이 제재 압력 완화를 얻어내려는 명백한 시도로 페르시아만에서 항행의 권리와 자유를 위협하는 것이라고 비난하며 억류된 선박을 즉각 억류 해제하라는 한국의 요구에 동참한다고 발표.

6. 교섭과 별도로 이루어진 한국의 외교적 노력
   - 의원외교 차원: 송영길 외교통일위원회 위원장이 이란 의회 외교위원장과의 전화 통화로 석방 요청을 하는 등 동결 자금에 관한 한국측의 해결 의지를 보여줌.
   - 한국 측은 이란 핵합의 복귀 협의 유관국들과 동결자금 해제에 관해 논의하는 등 적극성 보임.
   - 선박 나포와 별개로 우호관계 회복을 위한 노력 차원에서 인도적 교역 재개, 이란의 UN 분담금을 동결된 원화 자금으로 납부하자는 제안.
   - 국제적 백신 공동 프로젝트인 코백스 퍼실리티를 통해 이란에 코로나19 백신 제공.
   - 정세균 국무총리가 이란을 방문.

7. 문제의 해결
   - 이란은 억류 29일 만인 2월 2일 선장과 선박을 제외한 선원 19명(한국인 5명)을 석방.
   - 선장과 선박은 억류 2개월여 만인 4월 9일 석방됨.
   - 이란이 사법절차에 들어가지 않고 선사와 이란항만청과의 합의로 이란의 국내 법적 절차가 종료되었다고 발표.
   - 주이란 한국 대사관 담당 영사가 승선해서 출항 직전까지 선장과 선원의 건강 상태 확인, 안전한 출항 확인.
   - 한국 유조선 석방에 관한 조건에 대해서는 양국 모두 밝히지 않음. 따라서 한국이 어떠한 양보를 제공했는지는 공식적으로 알 수 없음.

8. 외교적 갈등해결 방식의 특성

- 이 문제의 해결 과정을 보면 핵심적인 교섭 내용과 그 타결 조건에 대해서는 공개되지 않음.
  - 대부분의 외교 교섭은 국내적 파장이나 국제적 규범, 타국과의 관계 등을 고려해 비밀에 부침.
  - 아마도 짐작건대 한국이 동결자금과 관련한 중요한 양보를 했을 것. 물론 이 과정에서 미국을 설득하고 미국의 양보를 받아내는 교섭 과정도 있었을 것.
  - 하지만 이런 내용들이 상세히 공개되었을 때 이란의 불법적 나포에 양보를 하는 것에 대한 비난, 미국도 제재에 대한 예외를 두는 것이 아니냐는 비판 등이 생길 수 있기 때문에 이런 합의와 합의의 조건은 외교적으로 비밀에 부치는 것이 보통임.

9. 정리

- 이란 측의 한국 선박 나포로 시작된 외교 갈등은 양국 간의 외교적 노력을 통해 더 큰 갈등 없이 해결되었음.
  - 한국 측은 외교부는 물론 청와대 국가안보실, 국회, 국무총리실, 국방부, 국정원 등 범정부적 대응을 통해 문제 해결에 나섬.
  - 국내적 대응과 함께 미국과의 협의, 공조가 있었을 것으로 추측됨.
  - 미국 이외에도 이란 핵 합의 복귀, 유관국과의 논의 등 다양한 외교 채널을 가동함.
  - 결국 외교적 해결은 이란이 원하는 것 모두(억류 자금 해제)를 주지는 못했지만 일정 부분의 양보를 제공하고 외교 갈등의 원인인 한국 선박 억류를 푸는 방식으로 이루어짐.

- 한국은 이란의 억류 자금 해제 압박 부담도 어느 정도 덜어내는 소득을 얻은 것으로 보임.

◊ DIPLOMACY ◊

국익을 위한 외교 전쟁

다자외교의 현장

한국 외교 관련 유튜브 콘텐츠 중 가장 많은 조회 수를 기록한 것은 외교부가 제작한 '펭수 외교부 장관 만난 썰'로 401만 2785회(2021년 12월 기준)이다. 이런 조회 수는 아마도 강경화 장관의 인기보다는 펭수의 인기에 힘입은 것이라고 보는 게 합리적이다. 펭수가 빠진 외교부 콘텐츠에서 가장 화제가 되었던 콘텐츠는 아마도 오준 UN 주재 한국 대사의 북한 인권 관련 UN 연설이 아닌가 생각한다. 2014년 12월 23일 유엔안전보장이사회 회의에서 북한 인권 문제를 공식 안건으로 채택하는 표결 이후 오준 대사는 북한 인권에 대한 연설을 했는데 이 연설이 회의에 참석했던 외국 외교관들을 비롯한 많은 사람을 감동시켜 큰 화제가 되었다. 오준 대사는 연설을 통해 북한 인권 문제가 한국 국민들에게는 그냥 누군가(anybodies)의 이야기가 아니며 우리가 먼 훗날 북한 주민들을 위해 옳은 일을 했다고 말할 수 있도록 행동해야 한다는 요지의 연설을 해서 유엔안보리 이사국 대표들에게 큰 박수를 받았다.

이 연설 영상을 보면 유엔안전보장이사회(UN Security Council) 회의장 모습이 보이고 원형의 회의 테이블에 각국 대표들이 둘러앉아 있다. 아마도 유엔안전보장이사회 이사국 15개국 대표가 둘러앉아 있었을 것이다. 혹시 여러분이 궁금할까 봐 조금만 더 자세히 이야기하면 유엔안전보장이사회는 5개국의 영구 상임이사국(미국, 러시아, 영국, 프랑스, 중국)과 10개국의 비상임 이사국으로 구성되며 비상임이사국은 2년 임기로 선거로 선출된다. 오준 대사의 연설이 있었던 이 회의에서는 북한 인권 문제를 정식 안건으로 채택하는 문제를 두고 투표가 있었고 찬성 11, 반대 2, 기권 2표로 북한 인권 문제가 정식 안건으로 채택되었다. 북한 인권 문제를 둘러싼 이사국들의 국익을 반영한 입장이 충돌하는 이 현장이 인권을 주제로 한 다자외교의 현장인 것이다.

이렇게 국제연합(UN: United Nations)과 같은 국제기구를 무대로 벌어지는 외교를 다자외교(multilateral diplomacy)라고 부른다. 한 국가를 상대로 벌이는 양자외교(bilateral diplomacy)와 달리 다자외교는 셋 이상의 국가들 간에 이루어지는 외교이다. 다자외교와 양자외교의 근본적 차이점은 양자외교가 두 국가 사이에 발생하는 여러 가지 현안들을 다루는 데 반해서 다자외교는 여러 나라가 공통적으로 가지고 있는 문제들, 특히 한두 나라의 노력만으로는 해결할 수 없는 현안들을 다루게 된다. 대표적으로 환경 문제, 인권 문제, 빈곤 문제, 군축 문제 등이 다자외교의 주요 관심사이다. 다자외교는 UN과 같이 지구촌의 거의 모든 나라가 참여하는 글로벌 국제기구를 중심으로 이루어지기도 하고 특정 지역 차원에서 만들어진 지역 기구를 중심으로 이루어지기도 한다. ASEAN과 같은 지역협력기구에서는 동남아시아 10개 국가가 참여하여 이 지역의 당면 현안들을 가지고 협력하기도 하고 때로는 자국의 국익을 위해 치열한 외교전을 벌이기도 한다. 예를 들어 동남아시아의 연무 문제는 싱가포르, 말레이시아, 태국 등 여러 나라에 큰 피해를 주는 문제이기 때문에 연무 문제의 원인으로 지적되는 인도네시아의 화전 농법의 금지를 통한 연무 문제의 해결을 논의한다. 그러나 화전 농법을 그만두도록 하기 위해서는 이런 농법에 의존하는 사람들에 대한 보상이나 지원 등이 필요하기 때문에 ASEAN 회의에서는 그런 보상이나 지원에 소요되는 재원을 어떻게 마련할 것인가에 대한 치열한 협상이 벌어지기도 한다.

2021년 바이든 후보가 미국 대통령으로 당선되면서 '다자외교로의 복귀'를 천명했다. 전임 트럼프(Trump) 대통령이 기후변화에 관한 대표적 다자외교의 성과물인 파리협약에서 탈퇴하고 코로나19 바이러스 문제에서 중국 편을 든다고 세계보건기구 WHO에서도 탈퇴하는 등 다자외교에서 멀어졌던 것을 되돌려 놓겠다는 의지를 밝힌 것이다. 실제로 미국은 파리협약에 복귀했고 WHO 탈퇴 절차도 중단했다. 세계의 문제들을 관리하는 데 있어 미국이 다자기구에 복귀해서 강대국의 책임을 다하겠다는 것을 세계에 분명히 보여준 것으로 보인다.

사실 다자외교는 강대국보다는 약소국에게 매력 있는 외교 행태라고 할 수 있다. 다자외교는 국제기구나 국제적 협력·협약을 중심으로 펼쳐지는데 다자외교에서는 일단 규칙이 정해지면 참여하는 모든 나라가 이 규칙에 따라 움직여야 하고 이 규칙에 의해 합의를 만들어나가야 한다. 따라서 강한 나라나 약소국이나 같은 규칙이 적용되기 때문에 특별히 강대국에게 유리할 수가 없다. 약소국은 강대국과 일대일로 양자적 협상을 하는 것보다는 국제기구 내에서 문제를 해결하는 것을 선호할 수밖에 없다. 무역 마찰이 있을 때 미국과 양자협상을 하는 것보다 WTO에 이 문제를 가져가서 WTO의 규정에 따라 처리하는 것이 더 나은 결과를 가져올 수도 있다. UN과 같이 193개 국가가 참여하는 대규모 국제기구에서 한 나라의 목소리가 영향력을 갖기가 어렵다. 미국과 같은 강대국이라 하더라도 1국가 1표제를 채택하고 다수결로 의사결정을 하는 UN 총회에서는 다수의 약소국의 '수의 힘'을 당하기 어렵다. 미국의 공화당 정부는 전통적으로 UN에 대해 적대적인 생각을 가지고 있다. UN이 미국을 비롯한 선진국들의 돈을 가지고 방만하게 운영되며 총회에서 수적 다수를 차지하고 있는 개도국, 약소국들의 이익을 대변하는 구조를 가지고 있다고 생각하는 것이다.

그럼에도 불구하고 미국이 UN에서 탈퇴하지 않는 것을 보면 미국이 UN을 통해 무엇인가 얻는 것이 있음이 분명하다. 물론 5개 강대국(미국, 영국, 프랑스, 러시아, 중국)에게 거부권을 부여해서 이들 국가들이 자국에게 불리한 UN의 결정을 막을 수 있는 특혜를 준 것이 가장 중요할 것이다. 그 외에도 미국과 같은 강대국의 입장에서 보면 여러 나라가 모여 무엇인가를 결정하고 공동의 문제에 대해 해답을 찾고 그 해결을 위해 공동의 노력을 하는 것은 사실 미국이 짊어져야 할 부담을 나누어지는 것이다. 물론 미국이 UN 전체 예산의 22% 정도를 부담하지만 그래도 세계의 골치 아픈 문제 해결에 미국 혼자 나서는 것보다는 훨씬 짐을 덜게 되는 것이 사실이다. 또 다자외교를 통한 해법이 모든 참여 국가의 의사를 반영한다 하더라도 결국 강대국의 의사가 많이 반영되도록 규칙이 만들어지는 경우가 많기 때문에 사실상 강대국이 원하는 방향으로 문제 해결 해법이 결정된다. 또 그 해법은 UN과 같은 전체의 이름으로 행해지기 때문에 미국이 독자적으로 해법을 마련하고 실행하는 것보다 더 정당성을 가질 수 있다.

다자외교가 이 지구촌의 공통적인 문제 해결에 어떤 역할을 하는지 간단히 살펴보자. 첫째로 다자외교는 전 세계의 국가들의 의견을 청취하고 다른 의견을 조율하는 장을 제공한다. UN에서 인권이나 대량살상무기에 대한 국가들의 다양한 의견이 제시되고 또 조율된다. 파리협약이 만들어진 파리회의에서는 기후변화와 관련된 다양한 국가의 견해(예를 들어 선진국과 개도국의 다른 의견들)들이 표출되고 의견 충돌이 있을 경우 조율을 통해 공동의 이익을 위한 해법을 도출한다. 파리협약이 그 성과물이다. 두 번째, 다자회의는 공동의 문제 해결을 위한 '규범', '규칙'들을 만드는 기능을 한다. 1948년 UN 총회에서 채택된 인권선언(Universal Declaration of Human Rights)은 노예나 고문 등의 인권유린을 금지하는 선언으로서 전 세계적인 인권 개선에 중요한 기여를 했다. 그 밖에도 UN 총회에서의 지뢰나 집속탄 금지와 같은 논의도 주권국가들을 강제로 따르도록 하지는 못하지만 하나의 방향성과 규범을 만드는 효과를 가짐으로써 의미 있는 성과를 낼 수도 있다. 그리고 다자외교를 통해 국제적 조약들을 만들기 위한 협상이 이루어진다. 1968년의 핵비확산조약(NPT)이나 1982년의 UN 해양법협약(UNCLOS) 등이 다자외교를 통해 탄생했다.

대부분의 나라에서 양자외교와 다자외교를 담당하기 위해 외교부 구조를 크게 지역국과 기능국으로 나눈다. 한국 외교부에는 1차관 산하에 지역국들이 자리 잡고 있고 2차관 산하에는 기능국들이 있다. 지역국은 양자외교를 담당하는데 국가들을 지역별로 나누어 국 산하에 과 단위로 두고 있다. 예를 들어 아시아태평양국에는 아태 1과와 아태 2과 그리고 아태협력과가 존재하는데 아태 1과가 일본을, 아태 2과는 인도, 호주, 뉴질랜드, 파키스탄을 비롯한 서남아시아 국가들을 담당한다. 아태 지역협력과는 한·중·일 3국 협의체 등 지역협력체나 협력 메커니즘 등을 담당한다. 이와는 달리 2차관 산하의 기능국은 지구촌의 여러 의제를 다루는 다자외교를 담당하는 역할을 한다. 기후변화 문제, 인권 문제, 에너지 문제, 국제개발 문제 등의 지구촌의 여러 현안을 다루는 여러 국이 존재한다. 개발협력국, 국제경제국, 국제기구국, 기후환경과학국 등 외에 여러 국이 있다. 예를 들어 인권 문제는 국제기구국 인권사회과에서 담당하며 국제경제국에서는 G7, G20, OECD 등 국제경제기구 업무를 담당한다. 간단히 말하면 기능국에서 일하는 외교관들은 인권, 환경, 여성 등 지구촌의 여러 어젠다를 중심으로 업무가 부여되고 지역국에서 일하는 외교관들에게는 특정 국가에 대한 업무가 주어진다. 다자외교를 담당하는 기능국에서 가장 중요한 과는 전통적으로 국제기구국의 UN과였다. UN이 다자외교의 가장 중요한 플랫폼이고 또 전 세계 대부분의 국가가 속해 있는 가장 크고 포괄적이고 가장 큰 영향력이 있는 국제기구이기 때문이다. 다자외교를 총괄하는 직책은 차관보급 직책인 다자외교조정관인데 외교부 내의 요직으로 인식되고 있으며 다자외교조정관을 거쳐 외교부에서 성공한 외교관들이 많다. 많은 주UN 한국 대사들이 다자외교조정관 출신이었다. 노무현 정부에서 외교안보수석을 지냈고 외교부 2차관을 지냈던 천영우 전 수석, UN 대사를 지낸 오준 전 대사 그리고 문재인 정부에서 2차관을 지내고 UN 대사로 근무 중인 조현 대사도 다자외교조정관을 지냈다.

한국 외교부에서는 전통적으로 지역국이 더 중요한 부서로 인식되었다. 특정 의제에 대한 전문성보다 특정 국가에 대한 전문성이 더 중요하다는 생각이 존재했기 때문이다. 특히 한국의 안보·번영과 직접적인 관련이 있는 국가들과의 양자외교가 중요하기 때문에 이들 나라를 다루는 양자외교가 외교부에서 가장 중요한 업무로 인식되었던 것이다. 북미국의 북미1과는 미국을 담당하는 과로서 외교부 입부 성적이 좋은 외교관들이 가장 선호하는 부서였다. 미국과의 양자외교를 담당하는 핵심 부서이기 때문이었을 것이다. 하지만 최근에는 외교관들의 선호도에도 많은 변화가 왔다. 모든 사람이 북미1과에 갈 수는 없기 때문에 양자외교 담당과를 고집하기보다는 자신이 관심을 가지고 있는 현안을 다루는 기능국들에 가려는 사람들이 늘어나고 있다. UN과는 예전부터 가장 인기 있는 과 중의 하나였지만 UN과가 아니더라도 환경문제에 대한 관심이나 국제 인권에 대한 관심이 있는 사람은 이런 문제에 대한 전문성을 가질 수 있는 기능국의 해당과를 지망하는 경우가 크게 늘었다. 또 이런 과에서 근무하여 전문성을 갖게 되면 UN과 같은 국제기구에서 일할 수 있는 기회도 훨씬 많아져서 국제기구 근무를 선호하는 외교관들이 몰리고 있다.

국제사회가 지켜야 할 규칙이나 규범들을 만드는 국제회의에 참여하여 국익을 지키는 것이 다자외교의 근본적 역할이기 때문에 다자외교는 중요 국가와의 양자외교만큼 국가이익에 중요하다. 다자외교를 담당하는 외교관들은 해당 현안을 신중하게 분석해서 어떠한 입장을 취해야 자국의 이익이 확보되는지 판단하고 국제회의에 참석해서 자국의 이익을 대변하는 다자외교를 수행하게 된다. 그래서 기능국에 근무하는 외교관들은 국제회의 출장이 많다. 국제회의에 참석해 자국의 이익을 대변하거나 비슷한 이해관계를 가진 나라들과 연합을 이루어(예를 들어 개도국 그룹) 그 연합의 집단적 이익을 확보하려고 노력한다. 다자외교의 주요 주제인 기후환경 중에서 '오존층 파괴 방지를 위한 몬트리올 의정서' 채택 과정에서 한국의 다자외교 사례를 통해 다자외교가 어떻게 이루어지는지 그리고 왜 중요한지를 살펴보도록 하자〔정래권 전 기후변화대사의 「기후변화와 환경: 한국의 국제환경레짐 참여 사례」, ≪평화포럼21: 다자외교 강국으로 가는길≫, 통권 5호(21세기평화연구소·化汀평화재단, 2009)을 바탕으로 재정리〕.

1980년대부터 지구환경문제가 중요한 관심사로 떠올랐다. 이러한 분위기에서 가장 먼저 지구환경 현안으로 떠오른 것이 오존층 파괴 문제였다. 요즘은 지구 온난화를 가속화하는 이산화탄소 감축 문제가 지구환경문제의 핵심적 현안이지만 1980년대에는 프레온가스(Freon gas, 냉장고나 에어컨 냉매로도 사용되고 헤어스프레이에도 사용된다)가 오존층을 파괴해 빙하를 녹이면서 해수면 상승, 남극의 동식물의 멸종 위기와 같은 문제를 가져온다는 인식이 생기면서 프레온가스 규제 문제가 핵심 현안으로 등장했다. 프레온가스 사용 제한을 위한 국제 다자회의가 열렸고 그 결실을 맺은 것이 몬트리올 의정서이다. 캐나다 몬트리올에서 협정이 채택되었기 때문에 몬트리올 의정서라고 부른다. 1987년 채택된 몬트리올 의정서는 선진국의 1인당 프레온가스 사용량에 대해서는 아무런 제한을 하지 않았지만 개도국에 대해서는 1인당 0.3kg으로 사용량을 제한하도록 했다. 만약 이러한 한도를 지키지 않으면 무역 제재를 할 수 있는 조항도 포함시켰다.

이러한 몬트리올 의정서의 내용은 한국에는 큰 충격으로 다가왔다. 한국은 프레온가스 사용량이 급증하고 있는 나라였고 1989년에는 이미 1인당 사용량이 0.6kg을 넘어서서 몬트리올 의정서가 정한 한도의 두 배를 넘어섰다. 더 큰 문제는 한국은 이 당시 오존층 파괴 문제에 대한 심각성을 인식하지 못하고 몬트리올 의정서를 위한 협상에 전혀 참여하지 않았던 것이다. 따라서 한국이 속했던 개도국 카테고리의 0.3kg 제한을 완화하는 의견을 제시할 수조차 없었다. 한국의 선택은 몬트리올 의정서에 가입하지 않는 것과 가입해서 1인당 사용량을 0.3kg으로 낮추는 것뿐이었다. 몬트리올 의정서에 가입하지 않으면 0.3kg 이상의 프레온가스에 해당하는 무역 제재를 감수해야 했다. 몬트리올 의정서가 비가입국에도 무역 제재를 할 수 있는 조항을 포함하고 있었기 때문이다.

발등에 불이 떨어진 한국은 프레온가스의 1인당 사용량을 0.5kg까지 허용한 국가 카테고리인 체제전환경제(economies in transition)로 인정받기 위한 외교 교섭을 시작했으나 성과를 거두지 못했다. 동시에 프레온가스 사용량을 줄이기 위해 대체물질을 개발하는 노력을 시작했다. 이 과정에서도 의정서 채택 1년 안에 의정서 문안에 서명한 나라들에게 주어지는 기술이전의 혜택을 받지 못했다. 의정서 가입에 대한 입장을 정하지 못하는 바람에 1년 안에 서명하지 못했던 것이다. 결국 독자적으로 대체물질을 개발하는 노력을 시작했는데 이 과정에서 이미 기술을 확보한 선진국의 다국적 기업들은 기술이전을 거부하거나 터무니없는 로열티를 요구하면서 자신들이 개발한 프레온가스 대체물질을 사갈 것을 요구하기도 했다. 한국은 1996년에 가서야 막대한 기술개발비를 투자한 끝에 대체물질 자체 기술을 확보하여 생산하게 되었다. 한국은 1992년 몬트리올 의정서를 비준했고 개도국에 제공되는 다자기금의 혜택을 받지 않는 조건으로 의무감축 10년 유예기간을 적용받는 개도국 지위를 유지할 수 있었다. 간단히 말해 오존층 파괴와 관련한 지구환경 보호 노력에 대한 정보에 어두워 관련 다자외교 과정에 전혀 참여하지 못했고 그 결과 다자협상에서 한국의 입장을 전혀 반영하지 못했으며 그 결과 큰 경제적 손실을 감수해야만 했던 것이다. 이러한 기후환경 분야 다자외교의 뼈아픈 실패를 경험한 한국은 그 후 1991년 외무부 내 과학환경과를 설립하고 본격적으로 기후환경 관련 다자회의들을 준비하기 시작했다. 주요 현안에서의 다자외교도 주요 국가와의 양자외교만큼 한국의 국익에 중요하다는 좋은 교훈이 될 것이다.

☙ DIPLOMACY ☙

외교 의전
예절 이상의 외교 행위

한국은 2021년 영국에서 열린 G7 정상회의에 초정 받아 참석했다. 행사가 끝나고 참여한 국가 정상들이 단체 사진을 찍었는데 이 사진이 문제를 일으켰다. 사실 사진이 문제가 아니라 이 사진을 홍보한 한국 정부가 사고를 친 것이다. 문화체육관광부가 G7 정상회의를 홍보하는 포스터를 제작하면서 단체 사진을 상단에 배치하고 그 밑에 큰 제목으로 "사진 한 장으로 보는 대한민국의 위상"이라는 문구를 배치했다. 그리고 사진 밑에 "이 자리 이 모습이 대한민국의 위상입니다. 우리가 이만큼 왔습니다"라는 문구가 달려 있다. 문제의 사진에는 문재인 대통령이 주최국 정상 보리스 존슨(Boris Johnson) 영국 총리, 바이든 미국 대통령, 마크롱 프랑스 대통령과 맨 앞줄에 서 있었다. 포스터의 문구는 한국의 위상이 높아져서 맨 앞줄에 미국, 영국, 프랑스 등 세계 강대국들과 어깨를 나란히 하고 있다는 것을 강조하고 싶었던 것 같다. 박수현 대통령국민소통수석도 이 사진을 두고 MBC와의 인터뷰에서 "한국이 중요한 위치이기 때문에 그런 평가를 정확하게 받고 의전 서열도 그렇게 예우를 받는 것(앞줄에 주최국 정상 옆에 서는 것을 말함)"이라고 했다. 문제가 된 건 포스터를 제작한 문화체육관광부가 원본 사진 맨 왼편에 앞줄에 서 있는 남아프리카공화국 대통령을 사진에서 잘라내고 포스터 사진을 제작한 것이다. 남아프리카 공화국 대통령이 앞줄에 서 있는 사진을 쓰는 경우 그 밑에 멋지게 적은 "이 자리 이 모습이 대한민국의 위상입니다"라는 문구가 설득력이 떨어지기 때문에 남아프리카공화국 대통령을 잘라내고 미국, 영국, 프랑스, 한국 네 나라만 앞줄에 선 사진으로 만들었던 것 같다. 홍보 노력은 가상 하지만 남아공에 대한 외교 결례이고 또 문구 자체는 진실을 왜곡하는 낯간지러운 자화자찬이다. 국민소통수석이 국민을 외교 바보로 아는 언급을 하는 것도 매우 안타깝다.

단체 사진에서 문 대통령이 맨 앞줄에 선 이유는 한국의 높아진 위상과는 무관하며 철저히 외교 의전에 따른 것이다. 이런 사진에서 맨 뒷줄에 혹은 구석 자리에 서는 것을 좋아하는 정상은 없다. 모든 참석자가 불평 없이 자리를 배치할 수 있는 유일한 길은 기존의 외교 의전에 따르는 것이다. 외교 의전에 따른 우선순위를 보면 국가 정상(대통령)이 최우선이고 그다음 내각제의 정부 수반인 총리나 수상의 순서이다. 내각제에서 총리는 의전상으로는 국가 정상은 아니다. 일본의 경우 국가 정상은 일본의 국왕 천황이다. 프랑스의 국가 정상은 대통령이고 총리는 의전 서열상 그다음이다. 같은 대통령인 경우 재임 기간이 긴 사람이 의전 서열이 앞선다. 그래서 2021년 취임한 바이든 미국 대통령보다 2017년 5월에 취임한 문 대통령과 마크롱 대통령이 보리스 존슨 총리의 옆자리에 서게 된 것이다. 이런 의전에 따라 자리를 배치하다 보니 남아프리카공화국 대통령이 맨 앞줄에 오게 되었고 국력으로 치면 맨 앞줄에 서야 할 독일이나 일본의 수상들이 두 번째 줄에 서게 된 것이다. 일반 국민들이 외교 의전을 잘 모른다고 생각하고 사진을 편집하고 사실을 왜곡하는 문구를 단 포스터를 만든 정부 부처는 망신을 당했다.

외교는 국가 간의 행위로서 격식을 매우 중요하게 생각한다. 따라서 외교에 임하는 국가들 간에 지켜야 할 예절이 관습적으로 내려오고 있다. 이것이 외교 의전이다. 어렵게 생각 할 필요는 없다. 사실 우리 개인들도 매일매일 의전에 따라 행동한다. 여러 명이 식사를 할 경우 자신이 먼저 식당에 도착하더라도 좋은 자리는 연장자나 상급자를 위해 남겨 놓고 자기에게 합당한 자리를 찾아 앉게 된다(이런 생활 의전을 잘 안 지키면 한 소리 들을 가능성이 크다). 또 미리 와서 앉아 있다가도 늦게 도착한 연장자가 오면 자리에서 일어나 맞아드리는 것도 개인들 사이의 예절, 즉 의전으로 볼 수 있다. 매우 예를 갖춰야 할 손님과 식사를 할 경우 식당 밖에서 기다리다가 손님을 맞고 자리까지 안내하기도 한다. 국가 사이의 예절은 조금 더 복잡하다. 개인들 간에는 연장자와 같은 보편적으로 받아들일 수 있는 서열의 기준이 있지만 동등한 주권을 가지고 있는 국가들 사이에는 그러한 것이 존재하지 않기 때문이다. 국가 간 관계에서 행동의 가이드라인이 없을 때 의도치 않은 무례를 범하게 되고 서로에 대한 불쾌감과 불신, 심하면 분노와 증오가 생길 수 있다. 이런 감정선을 가지고 이루어지는 외교 행위는 성공을 기대하기 어렵다. 외교 의전이 우리가 생각하는 것보다 훨씬 더 중요한 이유이다.

외교에서 의전이 발전하게 된 역사를 살펴보기로 하자. 서양에서 외교가 지금의 모습과 비슷하게 형태를 갖추기 시작한 것은 지금 우리가 살고 있는 국가들의 형태인 주권국가가 등장하면서부터이다. 물론 그 전에도 도시 국가 간이나 왕국 간에 외교관계가 있었지만 지금의 외교와는 차이가 있었다. 주로 왕의 친척이나 귀족들이 사신의 역할을 하면서 서로의 의견을 전달하는 소통의 기능이 외교의 주를 이루고 있었다. 보통 1648년의 웨스트팔리아 조약을 근대적 주권국가체제의 시작이라고 이야기한다. 30년 종교전쟁이 끝나고 신성로마제국이 사실상 해체되고 교황권은 더 이상 세속적 권력 위에 존재하지 않게 되면서 영토에 대한 독점적 주권을 가진 국가들로 구성된 근대적 국제체제가 형성되었다. 이후 등장한 주권국가 간의 패권 경쟁과 식민지 쟁탈전이 시작되었고 국가들 간의 관계가 외교라는 제도적 상호작용을 통해 이루어지기 시작했다. 그러나 이 시기에는 국가 간의 관계를 규율하는 행동규범이나 규칙이 확립되지 않아 국가 간 관계에서 이를 둘러싼 충돌이 심심치 않게 일어났다.

갈등의 핵심은 어느 나라가 더 높은 서열인가의 문제였다. 각 나라를 대표하는 대사들 중 누가 행사 주최자의 옆자리에 앉는지, 혹은 마차 행렬에서 어떤 대사의 마차가 맨 앞에 서는지 등에 대한 마찰이 일어났는데 이것은 그 국가의 위상이나 위신과 관계되는 것이어서 간단한 문제가 아니었다. 이렇게 의전 서열이 정리되지 못해서 생기는 갈등은 1661년에 드디어 폭발하게 된다. 1661년 영국 왕 찰스(Charles) 2세에게 신임장을 제정하기 위해 주영 스웨덴 대사가 찰스 2세의 마차를 따라 화이트홀궁(Whitehall Palace)으로 향할 때 영국에 주재하는 다른 나라 대사들의 마차가 이 행렬을 뒤따르게 된다. 이 당시에는 새로운 대사의 신임장 제정식에 다른 대사들이 참여하는 관습이 있었다. 문제는 누가 신임 스웨덴 대사의 마차 뒤에 설 것인가를 두고 경쟁이 벌어졌다는 것이다. 보통은 이런 행사에 참석하지 않던 스페인과 프랑스 대사가 각자의 왕의 명령에 의해 스웨덴 대사의 마차 뒤를 따르기 위해 행렬이 출발하기를 기다리고 있었다. 당시 프랑스와 스페인은 30년 전쟁에서 적으로 싸웠고 전쟁의 결과로 지는 해 스페인과 떠오르는 해 프랑스 사이의 갈등이 남아 있는 상황이었다. 두 나라의 왕들은 스웨덴 대사의 마차 바로 뒤에 자리를 잡음으로써 상대국보다 더 우월한 나라라는 것을 보여주라는 명을 내린 것이다. 스웨덴 대사의 마차가 출발하자 스페인 마차가 프랑스

마차를 밀어붙이며 유리한 자리를 차지했으나 그 후 벌어진 양국의 마차 간의 충돌로 여러 명이 목숨을 잃었다. 결국 스페인의 마차가 프랑스 대사의 마차를 물리치고 스웨덴 대사의 마차 뒤를 따르는 승리를 얻었다. 그러나 이 사건이 있고 몇 달 뒤 스페인은 화가 난 프랑스와의 전쟁을 피하기 위해 이 사건에 대해 공개적으로 사과하고 프랑스가 스페인보다 영원히 우위에 있다는 것을 인정했다.

이러한 국가들 간의 서열 다툼이 처음으로 정리된 것은 1815년 비엔나 회의이다. 나폴레옹 전쟁의 전후 처리를 위해 열린 비엔나 회의에서 여러 가지 유럽의 문제들이 다루어졌지만 그중의 하나가 국가들 간의 서열이 정리된 것이다. 비엔나 규칙(Vienna Regulation)이 만들어졌고 국가를 대표하는 대사들 사이의 서열은 대사가 주재국 왕에게 신임장을 제정한 순서대로 하게 되었다. 그리고 조약에 서명하는 순서는 국가 이름의 프랑스어 알파벳 순서로 하기로 결정되었다(당시에는 프랑스어가 외교 공용어였다).

그 후 점차로 국가 정상들 간의 직접적 만남이 늘어나면서 환영 및 환송식, 선물의 증정, 건배, 만찬 등 행사에 관한 규칙과 예절 등이 중요해졌고 이를 전담하는 직책이 생겨나게 된다. 오늘날 의전장(Chief of Protocol)으로 불리는 직책은 미국에서는 1928년 처음 등장했고 대부분의 국가에서도 이러한 직책이 생기게 된다. 의전장은 외교부 직책 중에서도 고된 직업에 속한다. 한국 외교부에서 차관보급 보직(1급)인 의전장은 정상 행사와 같은 고도의 정확성이 요구되고 실수가 용납되지 않는 업무를 담당하기 때문에 엄청난 스트레스와 정신적 피로를 감당해야 한다. 그래서 2년 정도 근무하는 다른 보직과 달리 의전장은 1년이면 교체를 해주는 것이 보통이다. 의전장은 한국 외교부에서는 커리어 관리에 좋은 보직이라는 인식이 강하다. 행사 시에 대통령과 물리적으로 가까운 거리에 있고 해외 순방도 늘 같이 하기 때문에 대통령과 친밀한 관계를 쌓을 기회가 많기 때문이다. 정상의 해외 방문에서도 의전장은 대통령 차량 앞 차량에 탑승해 초청국 의전장과 같이 이동하게 된다. 이러한 밀접한 관계 때문인지 의전 관련 보직을 거친 외교관들이 외교부에서 성공한 경우가 많다. 대표적으로 외교부 장관과 UN 사무총장을 지낸 반기문 전 UN 사무총장도 청와대 의전비서관(외교부 의전장과 청와대 비서실의 의전비서관은 다른 직책이다) 출신이다. 그 이전에 외교부 장관을 지냈던 박동진 장관과 이범석 장관도 외교부 의전장(당시 직책에 따라 의전국장, 의전실장 등) 출신들이다. 외교부 의전장은 외국 손님의 방문과 행사 관련한 의전 그리고 우리 정상의 해외 순방에 청와대 의전비서관실과 협력하여 의전 업무를 수행한다. 외교부 '외빈영접규정'에는 외국의 국가원수나 총리급 외빈이 방문할 때 의전장이 공항에 영접을 나가도록 되어 있다. 대통령 해외 순방의 경우 순방단의 일정, 숙소, 차량 등 순방 행사를 총괄해서 준비, 집행하게 된다. 보통 대통령의 해외 방문 한두 달전에 현지에 파견되어 정상의 방문을 준비한다. 하지만 순방 행사에서 대통령의 일정과 세부 의전 등은 청와대 의전비서관의 담당이다.

의전이 국가 간의 외교관계를 부드럽게 또 예측 가능하게 하는 기능을 수행하려면 모든 나라가 공유하는 규범이나 규칙이 있어야 한다. 유럽에서 발전해 온 의전 관례들을 다른 나라들이 수입해서 수용하는 방식으로 전 세계 공통적인 의전 규범과 규칙으로 자리 잡았지만 국가의 특수성과 고유한 문화 요인 등으로 국가들 사이의 조정과 합의가 필요한 사항들이 늘어나게 되었다. 2012년 미국 국무성 주최로 제1차 세계의전장회의(Global Chiefs of Protocol Conference)가 열려 77개국 100명의 의전장들이 참석하여 의견을 교환하고 2년마다 회의를 갖기로 했다. 이 회의는 2014년에는 한국에서, 2016년에는 UAE의 두바이에서 열렸다.

쉽게 말하면 의전은 국가들 간에 외교를 행하는 데 필요한 행동 방식에 관한 가이드라인이다. 가장 중요한 외교 의전은 상대를 방문할 때의 행동 방식, 손님을 맞을 때의 행동 방식, 회담이나 회의를 할 때의 행동 방식 등에 대한 가이드라인이다. 그래서 의전장이 제일 바쁠 때는 외국에서 정상이 방문거나 많은 수의 외국 정상이 참여하는 국제 행사가 자국에서 열리거나 자국의 정상이 해외 방문을 할 때이다. 손님들이 공항에 도착하면서부터 숙소까지 도달하는 과정, 자국 정상과 만찬을 하는 과정, 회담을 하는 과정, 기자회견을 하는 과정, 돌아가는 외국 정상을 배웅하는 과정까지 모두 의전이 챙겨야 하는 부분이다. 의전상의 실수가 생기면 손님인 외국 정상이 불쾌할 수 있고 한 개인이 아닌 국가 정상이 불쾌하다는 것은 한국에 대한 그 외국 정상의 인식이 부정적이 될 수 있고 심하면 자국의 위신에 손상을 입었다고 생각할 수도 있다.

외교 역사상 의전상의 갈등으로 외교의 내용, 즉 협상의 결과라든지 양국 간의 관계가 악화된 경우는 수없이 많다. 처음에도 언급했듯이 개인 간의 예절이 인간관계에 영향을 미치듯이 국가 사이에서 의전상의 실수는 국가 간 관계에도 영향을 준다. 이렇기 때문에 의전은 때로는 외교의 수단으로 사용되기도 한다. 의전을 통해 협상에서 기선을 잡는 다든지 그동안 느꼈던 외교적 불쾌감을 의전을 통해 드러내기도 한다. 개개인들의 사회생활에서 상대를 기쁘고 우쭐하게 만드는 여러 가지 기술들이 상대로부터 호감을 얻어내고 궁극적으로는 자신이 원하는 바를 얻을 수 있게 하는 것처럼 의전의 성공과 실패에 따라 상대 국가와 절친이 될 수도 아니면 원수도 될 수가 있다. 그래서 의전은 외교상 예절의 문제 이상인 것이다. 이란 혁명 이후 서방 국가들과 소원한 관계를 유지하던 이란은 1999년 20년 만에 모하마드 하타미(Mohammad Khatami) 대통령이 프랑스를 방문할 예정이었지만 이 계획은 연기되었다. 문제가 된 것은 만찬 석상에서 와인을 빼달라는 이란의 요청을 프랑스가 거부했기 때문이다. 이란은 이슬람 율법을 내세우며 이러한 요구를 했지만 프랑스는 프랑스의 자존심인 와인을 만찬에서 빼는 것은 받아들일 수 없다고 고집하여 결국 정상 방문이 이루어지지 못했던 것이다. 의전 문제가 정상 방문 자체를 무산시키는 결과를 가져온 것이거나 프랑스가 아직 이란과 관계 개선을 할 의사가 없었던 속마음을 의전상의 문제로 드러낸 것일 수도 있다.

대한민국 외교부 홈페이지에 외교 의전에 관한 콘텐츠들이 있는데 "의전의 5R"이라는 원칙을 소개한다. 첫 번째는 Respect(존경)로 상대방에 대한 존중과 배려가 기본이 되어야 한다는 것이다. 상대방의 특수한 사정이나 특별한 기호 등을 사전에 파악해 의전에 반영하는 것은 외교 행사를 부드럽게 만들고 성공적으로 만드는 훌륭한 외교 기술이다. 술을 마시지 않는 이슬람의 관습을 존중해 포도 주스로 와인을 대신해 건배를 하는 경우도 많다. 두 번째는 Reciprocity(상호주의)이다. 상대방이 나에게 베푼 만큼 나도 상대방에게 베풀어야 한다는 의미이다. 개인들 간의 관계에서도 그렇듯이 호의를 받기만 하는 관계는 바람직하지 못하다. 의전의 기본은 상대가 누구이건 간에 상대가 나에게 한 만큼의 대접을 되돌려 주어야 하는 것이다. 상호주의가 너무나도 당연한 의전 원칙이긴 하지만 현실에서는 상호주의를 지키는 것이 쉬운 일만은 아니다. 중동의 산유국에 우리 대통령이 정상 방문을 하는 경우 6성급 호텔에 최고급 객실을 대표단에게 제공하는 경우가 빈번하다. 문제는 해당 국가 정상의 한국 방문 시 같은 수준의 대접을 제공해야 하는데 여러 가지 사정상 그런 대접이 어려울 수가 있다. 이러한 경우는 의전 담당자 간에 상호주의가 적용되지 않는 조건으로 상대국의 호의를 수용하는 경우가 있다. 세 번째는 Reflecting(culture)이다. 의전은 그 시대의 관행이나 상대국의 문화 등을 반영하면서 조정되어야 한다. 예전부터 내려오던 의전은 서구 유럽의 문화를 반영한 것이지만 모든 나라가 서구식 의전을 전적으로 받아들일 필요는 없다. 또 세상이 변하면서 예전의 의전이 현재에는 부적절한 것도 있다. 시대의 변화와 상대국의 문화 등을 반영하여 양국에 맞는 의전을 찾아나가면 된다. 환영 만찬에서 건배를 하는 것이 의전 관례이지만 술을 마시지 않는 이슬람 국가 정상의 환영 만찬에서는 건배 순서를 빼는 것도 바람직한 의전이 될 수 있다. 네 번째는 Rank(서열)이다. 모든 의절의 시작은 서열을 분명히 알고 지키는 것이다. 모든 외교 행사에서 가장 문제가 되는 것이 이 서열 측면에서 실수를 하는 것이다. 여러 나라 정상들이 함께하는 행사에서는 서열 문제가 더 민감한 문제이고 대사들이 참석하는 행사에서도 서열 문제는 실수가 있어서는 안 되는 부분이다. 'Rank'는 서열과 함께 '격'을 의미하기도 한다. 공항에 마중 나오는 초청국 관리의 격, 회담에 참여하는 카운터파트(counterpart)의 격 등은 매우 엄격히 지켜져야 한다. 마지막으로 Right(오른쪽)이다. 이 말은 의전에서 항상 오른쪽이 상석이라는 원칙이다. 행사의 주빈의 오른쪽 자리가 가장 상석이고 여러 사람이 소파에 앉을 때도 맨 오른쪽 자리는 서열이 높은 사람을 위해 비워두어야 한다. 양자 간 회담을 할 때 국기를 배치할 때도 오른쪽이 상석이라서 이 자리를 차지하려고 싸움이 벌어지기도 한다. 요즘에는 양국 국기를 같이 왼쪽, 오른쪽에 함께 배치하는 경우가 많다. 오른쪽 상석의 원칙, 간단한 원칙이지만 지켜야 하는 원칙이다.

 보통 사람들이 외교 의전에 대해 뉴스를 접하게 되는 것은 외교적 의전을 지키지 않아 무례를 범할 때일 것이다. 사실 외교 의전으로 인해 국가 간에 갈등이 생기고 중요한 외교 현안이 어그러지는 경우가 역사적으로 매우 많다. 또 국가들의 불편한 관계로 인해 고의적으로 의전에서 무례를 범하기도 한다. 문재인 대통령의 2017년 중국 국빈 방문 시에 중국은 여러 차례 의전상의 무례를 범했는데 아마도 미사일 방어 시스템, 사드(THAAD)의 한국 배치에 대한 중국의 불쾌감을 전달한 것으로 생각된다. 2021년 4월 터키의 수도 앙카라에서 열린 EU-터키 정상회담에서 터키 대통령 에르도안(Erdogan)과 EU 정상회의 상임의장만 좌석이 마련되었고 EU 집행위원장 우르줄라 폰 데어 라이엔(Ursula von der Leyen)의 자리가 마련되지 않아 집행위원장은 자리를 찾아 두리번거리다 실무자인 터키 외무부 장관과 소파에 마주 앉아야만 했다. EU 집행위원장은 국가 정상급 지위로서 보통 EU 정상회의 상임의장과 같이 정상회담에 참석할 경우 나란히 자리를 마련해야 한다. 터키도 그 이전 EU와의 정상회담에서 EU의 두 정상급 인사와 에르도안의 자리를 나란히 마련했었다. 이 시기 터키와 EU는 터키가 여성에 대한 폭력을 금지한 국제조약인 '이스탄불 협약'에서 탈퇴하면서 갈등을 빚고 있었다. 여성인 EU 집행위원장은 터키 측의 이러한 의전상의 결례가 의도된 것이라며 불쾌해했다.

　이 책을 읽은 뒤에는 외교 의전과 관련된 기사를 통해 의전 속에 숨겨진 외교적 의미를 찾아낼 수 있을 것이다. 그리고 외교 의전의 일부이기도 한 식탁 예절, 식사 예절 등은 일반인들도 익혀 놓으면 사회생활에 도움이 될 수 있다. 외교부 홈페이지에 가서 의전 메뉴의 식탁 예절과 다른 예절 항목들을 가벼운 마음으로 읽어보기를 권한다.

◈ DIPLOMACY ◈

대통령은 최상의 외교관(물론 잘만 한다면…)

지금처럼 정상외교가 활발한 적이 있었던가? 우리는 뉴스를 통해 국가 정상들이 만나 정상회담을 하는 정상외교의 현장을 흔하게 보고 있다. 한국의 대통령도 한미 정상회담과 같은 양자정상회담, 그리고 G20 정상회의, APEC 정상회의 등 다자 정상회의에 자주 참석해 '외교관' 역할을 수행하고 있다. 새로 당선된 타국의 대통령이나 총리와 전화 통화를 통해 축하 인사를 전하고 양국 관계의 방향에 대한 논의를 하는 모습도 정상외교의 한 모습이다. 누가 나에게 현대 외교의 주인공이 누구냐고 묻는다면 국가 정상들이라고 대답할 것이다. 그만큼 중요한 현안에서는 정상들 간의 직접적 외교가 일상이 되어버렸다. 물론 정상외교가 새로운 현상은 아니다.

외교의 역사에서 보면 로마에서는 원래 원로원이 외교의 권한을 가지고 있었고 여기에서 선발된 사람이 메시지를 전달하고 전달 받는 역할을 했었다. 그러나 제국이 커지면서 외교의 권한은 원로원에서 황제에게로 옮겨가게 되는데 이것은 제국을 건설한 황제들이 자신들의 권위를 과시하기 위해 직접 로마제국 내 국가들과의 대외관계를 챙기기 시작했기 때문이었다. 상주대사 시스템이 정착하게 되면서 상주대사가 외교의 주인공이 되었다. 먼 나라와의 외교에서 교통(이동) 문제는 장애가 되었고 상대 국가에 대한 깊은 이해와 인적 네트워크가 중요시되는 상황에서 왕과 같은 국가 정상들이 할 수 있는 일은 많지 않았기 때문이다.

이후 외교는 전문적인 외교관들의 전유물이 되었다. 대사들의 황금기가 오기 전 정상들의 기억할 만한 역할은 제2차 세계대전이 마무리되는 과정에서 이루어진 몇 차례의 정상회담일 것이다. 1943년 미국의 루스벨트(Roosevelt), 중화민국 장제스(蔣介石) 총통, 영국 처칠(Churchill) 수상이 이집트의 카이로에서 만나 대일전(對日戰)에서의 협력 그리고 일본 패전 시 일본의 영토 처리 등을 논의했다. 이 정상회담에서 한국의 독립에 관한 조항이 만들어졌기 때문에 우리에게도 익숙한 회담이다. 또 전쟁이 끝나가던 1945년 2월 소련 우크라이나 흑해 연안의 휴양지 얄타에서 미국, 영국, 소련의 수뇌(정상)들이 모여 얄타 회담을 열게 된다. 처칠, 루스벨트, 스탈린(Stalin)이 참석한 이 정상회담에서 패전 독일의 처리 문제, 소련의 극동전선 참전 등이 논의되었다. 또 1945년 7월에는 포츠담에서 미국, 영국, 중국(당시에는 국민당 정부) 그리고 소련이 뒤늦게 참석한 포츠담 회담이 열려 4국의 정상들이 전후 대일본 처리 방식 등을 논의했다. 아마도 이러한 일련의 정상회담들은 전쟁이라는 특수한 상황이 만들어낸 이벤트였고 그 이후에는 정상회담의 전성기가 다시 돌아올 때까지 직업 외교관들이 외교의 중심에서 활약했다. 하지만 냉전 시대에는 미소 간의 핵 경쟁으로 인해 국가 정상의 역할이 여전히 중요했고 이스라엘-팔레스타인 평화 협상과 같이 어려운 협상에는 정상들이 핵심적 역할을 했다.

상주대사들의 전성시대가 가고 다시 정상외교의 부흥기가 등장한 가장 큰 요인은 역시 기술의 발달이다. 특히 항공 여행이 일반화되면서 정상들은 배로 몇 달씩 걸리던 거리를 단 몇 시간 만에 이동할 수 있게 되었다. 항공 노선이 빠르게 늘어나면서 전 세계 어느 곳이든 하루 정도면 다 갈 수 있게 된 것이다. 정상들은 바쁜 국내 일정 그리고 장시간 비행기 여행을 하는 것에 부담을 가져 양자 간 정상 방문을 꺼리는 경향이 있었지만 양자 간 정상회담 역시 서서히 증가했다. 또 하나 중요한 변화는 국제회의가 급격하게 늘어난 것이다. 이러한 변화 역시 교통·통신의 발달과 무관하지 않다. 항공 산업의 발전과 함께 더 많은 국제회의가 개최되었고 또 정상들이 참여하는 국제정상회의(summit)들이 빠르게 늘어나기 시작했다. 예를 들어 1973년 오일쇼크에 대응하기 위한 선진국 5개국 정상회의가 프랑스 지스카르데스탱(Giscard d'Estaing) 대통령의 초청으로 프랑스에서 열리고 이것이 나중에 G7으로 발전했다. 1989년 출범한 APEC은 미국이 주최했던 1993년 시애틀 회의부터 정상회담으로 격상되어 지금까지 매년 열리고 있다. 지금은 정상회의체가 된 G20 회의 역시 처음에는 장관급 회의로 시작되었다. 이 외에도 핵안보정상회의, 민주주의정상회의, ASEAN 관련 정상회의들(East Asian Summit, ASEAN+3 Summit) 등 주요국 정상들은 1년에 10여 개에 가까운 정상회의 초대장들을 받게 된다. 요즘에는 올림픽 경기와 같은 국제 스포츠 행사를 활용해 정상회담을 갖기도 한다. 다자정상회담은 대부분 크게 예민하지 않은 의제들을 다루기 때문에 그 필요성에 대해 부정적인 의견이 있을 수 있지만 한 번 참석해서 많은 회담이나 외교 이벤트를 소화할 수 있기 때문에 시간 및 비용 대비 효율적이며 그러한 기회를 통해 여러 나라의 정상들과 친밀한 관계를 만들어갈 수 있어 향후 정상외교에 도움이 되기도 한다.

    이러한 다자정상회의에 참석하면 참가국 정상들이 모두 모이는 다자정상회담뿐만 아니라 필요에 따라 양자정상회담이 열리기도 한다. 개별적 양자

정상회담을 하는 것은 일정을 잡는 것부터 복잡한 고려 사항들을 신경 써야 하지만 이러한 다자정상회의 계기에 만나는 정상회담은 훨씬 간편하고 또 효율적이다. 또 의전이나 형식도 매우 간소하게 할 수 있는데 정상회담이라는 용어를 사용할 수 있는 정식 회담 말고도 약식 회담이 얼마든지 열릴 수 있다. 아마도 가장 격식이 없고 효율적인 회담은 잠시 비는 시간에 보통 10분 내외의 짧은 시간 동안에 비어 있는 회의장이나 휴식 공간에서 간단히 "용건"만을 의논하는 형식의 정상 간의 만남이다. 다른 일을 하고 있는 사람을 한쪽으로 불러낸다는 의미에서 풀 어사이드(pull aside) 회담이라는 별칭을 갖는 이런 형식의 회담은 때로는 특별한 의제 없이도 두 나라 관계가 아무 문제없다는 것을 보여주기 위한 의도로도 이루어진다. 2021년 도쿄 하계 올림픽을 계기로 추진된 한일 정상회담은 일본 측의 무성의와 사실상의 거부로 무산되었다. 한일관계가 최악이라는 것이 그대로 드러난 것이다. 이렇게 효율적이고 유연한 회담 방식을 통해 한번 다자정상회의에 참석하면 보통 3~4회의 양자정상회담을 갖게 되므로 다자정상회의가 매우 중요한 외교 이벤트가 되었다.

정상외교의 긍정적인 측면은 이것이 외교 실무자들의 회담에 비해 시간이 단축되고 또 효율적으로 진행될 수 있다는 데 있다. 만일 타결하기 어려운 협상이라면 실무자들의 협상은 어려운 의제에 막일 때마다 본국 정부에 보고하고 최고의사결정자의 결정을 전달 받아 다시 협상을 이어나가는 번거로운 과정을 반복하게 된다. 정상회담은 그런 과정을 생략할 수 있다는 장점이 있다. 그리고 만일 두 정상들 사이가 가깝다면 정상 간의 회담이나 협상은 더욱더 효율적으로 이루어질 수 있다. 트럼프 대통령과 문재인 대통령이 개인적으로 서로 좋아한 것은 아니지만 두 정상은 임기 중 아홉 번 만났다. 아홉 번 중 두 번은 국제회의를 계기로 만난 것으로 2018년 UN 총회를 계기로 뉴욕에서 만난 것과 같은 해 부에노스아이레스에서 열린 G20 정상회의를 계기로 만난 것이다. 트럼프의 임기로 보면 1년에 두 번은 한국 대통령을 만난 것이다. 이렇게 1년에 두 번씩 만나게 되면 사실 두 나라 사이의 가장 중요한 문제는 대통령들 사이의 대화와 논의를 통해 처리된다.

여기서 흥미 삼아 정상외교에 소요되는 비용에 대해 한번 알아보기로 하자. 아마 대부분의 독자들의 예상을 뛰어넘는 액수가 될 것이다. 우선 다자정상회담의 비용에 대해 알아보자. 다자정상회담은 기본적으로 참석자가 많기 때문에 많은 비용이 소요된다. 예를 들어 G7 정상회담은 회원국 정상 7명 그리고 초청국과 국제기구 수장이 참석할 경우는 10여 명을 넘어선다. 문재인 대통령이 참석한 2021년 영국 콘월에서 열린 G7 정상회의에는 초청국 4명의 정상을 포함 11명의 국가 정상(인도의 모디(Modi) 수상은 온라인으로 참석)과 구테흐스(Guterres) UN 사무총장이 참석했다. APEC 정상회담은 21개국의 정상과 초청국(그리고 국제기구들)이 참여한다. 주최국은 매년 돌아가면서 맡게 되는데 주최국은 회의 장소와 각국 대표단의 숙소와 식사 비용의 일정 부분 부담, 문화 행사 및 견학 비용, 경호 등을 부담한다. 참가국에서는 주최국이 제공하는 범위를 넘어서는 인원의 숙박비와 식비, 자체 경호 인력, 장비에 소요되는 비용을 담당한다. 2010년 11월 서울에서 열린 G20 정상회의 예산을 보면 대충 20여 명의 정상이 참여하는 정상회의의 비용을 짐작할 수 있을 것이다. 이 당시 소요 비용은 1300억 원 정도였는데 이 중 경호 관련 비용이 270억 원가량이 소요되었다. 외국에서 열리는 다자정상회의 비용도 이 정도 수준인 것으로 보인다. 2001년 이탈리아 제노바 G8 정상회담에서는 1억 3000만 달러(약 1500억 원) 정도가 소요되었다. 2008년 일본 홋카이도 G8 정상회담에는 이보다 훨씬 많은 3600억 원 정도가 소요되었다. 2박 3일 일정의 정상회의에 3600억 원이 든다는 것은 다자정상회의가 그 성과나 중요성에 비해 지나친 돈 잔치가 아닌 생각도 든다. 참가국 정부가 지불하는 추가적인 비용(자체 경호 비용, 물자, 수송비 등)을 고려하면 다자정상회의는 정말로 비싼 외교 행사이다. 다자정상회의에 이렇게 많은 돈이 드는 이유는 경호 비용 때문이다. 서울 G20 정상회의에는 20% 정도가 경호 비용으로 지출되었고 개최지의 위치나 위협 요인에 따라 더 많이 지출되기도 한다. 제노바 G8 정상회의의 경우에는 개최지 주변에 PAC-3와 같은 미사일 방어 시스템까지 배치되었다. 미국을 비롯한 세계열강의 정상들이 참석하는 회의이므로 이들에 대한 테러나 미사일 공격은 대재앙을 가져오기 때문에 이에 대한 대비를 위해 지대공 미사일, 미사일 방어 시스템 등이 설치되는 것이다. 양자정상회담은 물론 다자정상회담보다 훨씬 돈이 덜 든다. 일단 초대하는 쪽이 한 명의 손님만 대접하면 되기 때문이다. 그러나 역시 경호에는 만만치 않은 비용이 소요된다. 2019년 6월 미국 트럼프 대통령의 영국 방문 시 (국빈 방문) 영국이 지출한 비용은 7억 원 정도가 소요되었다고 한다(Annabel Sampson, "The cost of entertaining Trump comes in at £435,000 for Brits," *tatler*, March 31, 2020). 여기에는 문화 행사와 만찬 그리고 숙소 비용이 포함된다. 하지만 런던 경찰청이 트럼프 대통령 경호에 사용한 비용은 350만 파운드(55억 5000만 원) 정도가 지출되었다.

◈ DIPLOMACY ◈

당신을 VVIP로 모십니다!
미국의 대통령 별장 정상외교

외국 정상들의 방문이 대동소이하다고 생각할지 모르지만 사실은 정상 방문의 종류에 따라 의전이나 그 정치적 의미는 천차만별이다. 정상의 방문은 크게 네 가지 종류로 나뉜다. 그것들은 국빈 방문(state visit), 공식 방문(official visit), 실무 방문(working visit), 사적 방문(private visit)이다. 물론 국빈 방문이 가장 격이 높은 방문이다. 국빈 방문은 보통 다음과 같은 의전을 포함한다. 첫째, 공항에서 초청국의 장관급 인사가 영접을 한다. 반면에 공식 방문에서는 보통 초청국에 주재하는 자국 대사가 영접을 나온다. 공항 환영 행사에서 21발의 예포가 발사되는 의전이 제공된다. 정상집무실(청와대나 백악관 등등)에서의 공식 환영식도 있다. 국빈 방문의 핵심은 초청국 정상이 주재하는 공식 국빈만찬이다. 그리고 그 나라 의회에서 연설할 수 있으며 초대국의 수도 외 한 곳을 더 방문할 수 있다. 네 종류의 방문 중 국빈 방문과 공식 방문은 초청자가 초청국의 국가원수이고 실무 방문은 정부 초청 형식이다.

국빈 방문은 정상 방문 중에서도 드문 경우에 속한다. 미국의 경우 대통령 임기 중 한 나라에 한 번씩의 국빈 방문 기회가 주어진다. 국빈 방문은 초청국의 결정 사항이기 때문에 초청국으로부터 국빈 방문 초청을 받지 못하면 국빈 방문으로 방문하고 싶어도 갈 수가 없다. 그러나 모든 정상이 국빈 방문을 선호하는 것은 아니다. 국빈 방문이 의전이나 일정 등이 부담스럽기 때문에 간소하게 실무 중심의 방문을 선호하는 정상들도 많다. 2017년 11월 7일 미국 트럼프 대통령이 문재인 대통령의 초청으로 국빈 방문했는데 이 국빈 방문은 미국 대통령으로서는 1992년 조지 H. W. 부시(George H. W. Bush) 대통령의 국빈 방문 이후 25년 만의 첫 국빈 방문이다. 다시 말해 그 이후에 한국에 왔던 조지 W. 부시(아들 부시) 대통령(공식 방문), 클린턴 대통령(실무 방문), 오바마 대통령(공식 방문)의 방한은 국빈 방문이 아닌 공식 방문이나 실무 방문이었다는 것이다. 한국 대통령 중 미국에 국빈 방문을 한 대통령은 이승만, 박정희, 노태우, 김영삼, 김대중, 이명박 대통령 등이다. 박근혜 대통령은 공식 방문이었고 문재인 대통령이 트럼프 대통령과 정상회담을 했던 방문 그리고 2021년 바이든 대통령과의 정상회담을 위한 방문들은 공식 실무 방문(Official working visit)이었다. 미국은 국빈 방문, 국빈 방문 초청을 꺼리는 경향이 있다. 지나치게 의전이 복잡하고 비용이 많이 들기 때문에 되도록 이면 공식 방문이나 실무 방문을 선호한다. 미국 대통령과 정상회담을 하고 싶어 하는 국가 정상들이 줄을 서 있고 이 중에 많은 이가 국빈 방문을 선호하므로 이러한 요청을 다 들어주기가 불가능하기 때문에 국빈 방문 초청은 매우 제한된 경우에만 이루어진다. 영국의 경우 국빈 방문 초청은 1년에 단 두 번으로 제한하고 있다.

정상회담은 상징성이 강하다. 특히 미국 대통령과의 정상회담은 초청 받는 국가의 격 그리고 초청 받은 지도자의 위상(국내적으로 그리고 국제적으로도)에 도움이 된다. 그래서 많은 나라의 정상들이 미국에 정상회담을 요청하고 초청해 줄 것을 요청한다. 미국은 외국 정상의 방미 필요성을 판단해 초청하거나 초청이 어렵다고 정중히 거절하게 된다. 전두환 대통령은 레이건 대통령과의 정상회담을 원했으나 미국은 쿠데타의 주역을 초청할 마음이 전혀 없었다. 결국 미국은 사형선고를 받은 김대중 총재를 감형하는 조건으로 전두환 대통령을 초청했다. 한국 측에서는 국빈 방문을 요구했으나 미국 측은 단번에 거절하고 공식 방문으로 전두환 대통령을 초청했다. 하지만 미국은 미국의 국익 그리고 외교정책 목적상 필요하다고 생각하면 기꺼이 초청하고 또 필요하다면 국빈 방문으로 초청한다. 쉬운 말로 하면 미국이 무엇인가 필요한 것이 있거나 또는 자국의 외교정책적 이익에 도움이 된다고 생각하면 이 매력적인 정상회담 카드를 아낌없이 사용한다. 뭔가 얻어내야 하는 것이 있기 때문에 혹은 상징성이 크기 때문에 홍보가 된다면 최대한의 대접을 한다는 의미이다. 그러니 한국 대통령이 어느 나라에 국빈 방문 초청을 받아 가시더라도 한국의 국격이 높아져서 국빈 초청을 받았다는 순진한 생각은 하지 말길 바란다.

미국 대통령과의 정상회담이 상징성이 크다 보니 웃지 못할 일들이 벌어지곤 한다. 미국을 방문해서 미국 대통령과 정상회담을 하는 경우 많은 외국 정상들이 미국 대통령의 별장으로 초대 받아 그곳에서 정상회담을 하고 싶어 한다. 미국 대통령들은 최대한 개인적 친분을 강조하고 싶거나 특별한 예우를 해야 할 때 미국 대통령 공식 별장이나 자신의 개인 별장에 초청해서 마치 가족과 같은 분위기에서 하룻밤을 같이 보내고 정상회담도 하는 관습이 있기 때문이다. 가장 많이 이용하는 별장은 워싱턴에서 100km 정도 떨어진 캠프 데이비드에 있는 대통령 공식 주말 별장이다. 캠프 데이비드가 유명해진 것은 1978년 지미 카터(Jimmy Carter) 대통령이 이집트 대통령, 이스라엘 총리를 그곳에 초대해서 13일에 걸쳐 협상한 끝에 중동평화협정을 성사시켰기 때문이다. 조지 W. 부시 대통령은 캠프 데이비드를 가장 많이 활용한 대통령 중의 하나이다. 반면에 트럼프 대통령은 캠프 데이비드를 좋아하지 않았고 플로리다에 있는 개인 별장 마라라고(Mar-a-Lago)를 선호했다. 사실 조지 W. 부시 대통령도 정말로 가까운 외국 정상들은 부시 집안의 개인 별장인 텍사스 크로퍼드 목장으로 초청하곤 했다. 영국의 토니 블레어(Tony Blair) 수상, 중국의 장쩌민(江澤民) 주석, 일본의 고이즈미(小泉) 총리가 초청을 받았다. 트럼프도 마라라고 별장에 시진핑(習近平) 주석과 아베(安倍) 수상을 초청한 바 있다. 인도의 모디 총리도 미국 방문 시 캠프 데이비드에 초대 받고 싶어 했던 것 같다. 밥 우드워드(Bob Woodward)의 『공포: 백악관의 트럼프(Fear: Trump in the White House)』라는 책에는 모디 총리가 트럼프 대통령과 캠프 데이비드에서 만찬 행사를 갖기를 원했지만 백악관 측은 애초 계획대로 간소한 칵테일 리셉션과 백악관에서의 만찬을 고집해서 모디 총리의 캠프 데이비드 만찬은 이루어지지 않았다는 내용이 있다. 인도의 전략적 중요성을 인식하고 있던 맥매스터(McMaster) 국가안보보좌관은 모디 총리 측의 이런 의견을 전달했으나 라인스 프리버스(Reince Priebuse) 백악관 비서실장이 트럼프 대통령의 뜻이라며 거절했다는 것이다. 인도는 미국의 새로운 아시아 전략인 인도-태평양 전략, 그리고 미·일·호주·인도 4개국 협의체 쿼드(Quad)에서 매우 중요한 의미를 갖는 국가였기 때문에 참모진으로서는 인도와의 관계를 강화하기 위해 그러한 방식의 예우를 건의했을 것이다.

한국 대통령으로는 2008년 이명박 대통령이 최초로 캠프 데이비드에 초청 받아 머물렀고 그곳에서 정상회담을 가졌다. 위키리크스에 따르면 이러한 캠프 데이비드 정상회담은 한국 측의 요청으로 이루어졌고 미국 측은 미국산 소고기 수입 재개 문제가 그 전에 해결되었으면 한다는 입장을 전했다.

결과적으로 이명박 대통령이 캠프 데이비드에 도착하기 11시간 전에 한미 간에 쇠고기 수입 재개 협상이 타결되었다. 사실 이보다 먼저 노무현 대통령의 방미 때도 캠프 데이비드에서의 정상회담이 추진되었다고 한다. 미국 측에서는 한국이 이라크에 파병 결정을 해준 것에 대한 감사의 표시로 캠프 데이비드 정상회담에 긍정적인 입장이었으나 최종적으로 한국 측에서 '별장'에서의 정상회담이 격이 떨어진다고 판단했던지 반대를 했다고 한다. 아마도 '격' 문제는 핑계일 수 있고 노무현 대통령의 입장에서 내키지 않는 파병의 대가로 미국 대통령의 별장에서 묶게 되는 그림이 썩 좋지는 않다고 생각했을 수도 있다.

미국 대통령과의 정상회담이 갖는 상징성으로 인해 미국 대통령의 방문을 원하는 나라들이 많다. 하지만 미국 대통령은 아마도 세계에서 가장 수요가 많은 대통령일 것이고 그러다 보니 그러한 요청들을 다 수용하는 것은 불가능하다. 그럼에도 미국 대통령을 초청하고 싶어 하는 나라의 입장에서는 미국 대통령이 자국을 방문하지 못하는 것에 대해 불편한 감정을 가질 수 있다. 이러한 불편한 감정은 특히 미국 대통령이 자기 나라는 들르지 않고 인근 국가만을 방문한 경우이다. 특히 이 인근 국가와의 관계가 좋지 않을 경우 이러한 미국 대통령의 순방 일정은 큰 정치적 이슈가 될 수 있다.

1996년 4월 16~17일 제주도에서 클린턴 대통령과 김영삼 대통령의 정상회담이 개최되었다. 클린턴 대통령은 서귀포 중문단지 신라호텔에서 김영삼 대통령과 정상회담을 갖고 북핵 4자 회담을 공동 제안했다. 그 당시 외교안보수석을 지내던 유종하 대사의 인터뷰를 보면 이 정상회담은 한국의 국내 정치적 파장을 고려한 한국 측의 적극적인 구애로 일정에 없던 정상회담을 하게 된 것이라는 내용이 나온다〔돈 오버도퍼(Don Oberdorfer), 『두 개의 한국(The Two Koreas)』, 이종길 옮김(길산, 2002), 554~55쪽〕. 발단은 클린턴 대통령이 4월 16~18일에 일본을 국빈 방문하기로 한 것 때문이다. 미국 대통령의 일본 방문이 문제가 될 것은 전혀 없지만 문제는 클린턴 대통령이 일본까지 왔다 가면서 한국에는 들르지 않는다는 것에 있었다. 보통 미국 대통령은 일본과 한국을 묶어 동북아시아 순방을 한다. 한국 측에서는 클린턴 대통령이 한국에도 다녀가도록 요청을 했지만 미국 측에서는 클린턴 대통령이 이미 한국을 방문했고 김영삼 대통령도 미국에 두 번이나 초청했기 때문에 특별히 현안이 없는 상황에서 한국에 가기는 어렵다는 답을 한 것이다. 문제는 그해 4월에는 15대 총선이 있었고 이런 상황을 김대중 씨가 이끄는 야당인 국민회의가 한미관계에 문제가 있다는 식으로 프레임을 해서 선거 이슈로 삼을 가능성이 있다는 문제가 청와대 내부에서 제기되었다. 어떻게 해서든 클린턴 대통령을 한국에 오게 하기 위해 한국 측에서는 그때까지 비밀리에 미국과 협의 중이던 북핵 4자 회담(한·미·북·중)을 제주 정상회담에서 공동 제안하자는 카드를 미국 측에 내밀었다. 미국 측은 한국 측의 사정을 이해해 정상회담을 받아들였지만 정상회담을 하더라도 물리적으로 클린턴 대통령의 시간이 부족하기 때문에 서울에는 갈 수 없고 제주공항 부근에서 서너 시간 정도 머무를 수 있다는 안을 제시했다. 하지만 더 근사한 그림을 원했던 한국 측의 설득과 협상을 통해 클린턴 대통령이 제주공항에서 차로 한 시간가량 소요되는 서귀포로 이동해 중문에 있는 제주신라호텔에서 정상회담을 갖고 1박을 하는 일정으로 합의되었다. 이렇게 막바지에 한국이 끼어들어 클린턴 대통령이 일본보다 한국에 먼저 오게 되고 4자 회담 공동 제안이라는 화제성이 있는 이벤트를 갖게 됨으로써 일본 측에서는 미국 측에 항의를 하는 일도 벌어졌다. 2009년에 오바마 대통령이 G20 런던 정상회의를 마치고 귀국하는 길에 터키 방문을 결정하자 그리스가 미국 측에 항의하는 일이 있었다. 그리스와 터키 간의 역사적인 갈등 관계 때문에 오바마 대통령이 인접국 그리스를 들르지 않고 터키 한 나라만 방문하는 것은 그리스에게는 매우 불쾌한 일로 받아들였던 것이다.

◊ DIPLOMACY ◊

정상회담은 만능인가?
정상회담의 성공과 실패

2019년 2월 28일 하노이에서 미국의 트럼프 대통령과 북한의 김정은 조선노동당 위원장의 단독회담과 확대회담이 열리고 있었다. 회담 종료 예정 시간보다 훨씬 빠른 오전 9시 45분경 두 정상이 굳은 얼굴로 회담장을 나섰다. 예정되었던 오찬은 취소되었으며 공동합의문도 만들어지지 못했다. 트럼프 대통령은 오후 2시 10분경 단독으로 기자회견을 열고 "북한이 전면적인 제재 해제를 요구해 협상을 끝냈다"고 말하면서 회담 결렬의 책임을 북한 측에 돌렸다. 그리고 바로 하노이 노이바이 국제공항으로 가서 베트남을 떠났다. 많은 기대를 걸었던 미국과 북한과의 2차 정상회담이 최악의 형태로 결렬되고 만 것이다. 북한은 한동안 하노이 회담에 대한 뉴스를 한동안 한 줄도 보도하지 않을 만큼 큰 충격을 받았다고 한다.

여기서 2차 북·미 정상회담에 대한 분석을 하자는 것은 아니다. 이 책의 관점에서 볼 때 결렬된 하노이 북·미 정상회담은 정상외교의 어려움과 복잡성 등을 잘 보여주는 사례로서 매우 흥미롭다. 외교 관련 교과서를 보면 정상회담은 상징성이 강한 특성이 있어 성공 시에는 매우 큰 임팩트가 있고 또 정상들 간의 빅딜(big deal)을 통해 어려운 난제들을 빠른 시간에 해결할 수 있는 장점이 있다고 되어 있다. 만약에 하노이 북·미 정상회담에서 북한의 비핵화에 대한 의미 있는 합의가 이루어졌다면 그간 북한과 미국 사이에 있었던 지루한 줄다리기를 한순간에 해결해 북한의 비핵화와 관련된 매우 중요한 성과라는 평가를 받았을 것이다. 그러나 2019년의 하노이 북·미 정상회담은 시작 전부터 우려 속에서 시작되었고 실제로 그러한 우려가 현실로 나타난 것이다.

중요한 어젠다를 놓고 벌이는 양자정상회담은 보통 두 가지 형태로 나눌 수 있다. 하나는 이미 실무자들 사이에 대부분의 합의가 이루어지고 정상회담에서는 정상들이 실무선에서 합의가 이루어지지 못한 부분 또는 몇 가지 디테일한 부분만을 최종 합의하는 형태로 bottom-up(상향식) 방식이라고 부른다. 이러한 방식은 회담의 성공 가능성이 매우 크며 정상회담 성공의 불확실성을 크게 감소시킬 수 있다. 정상회담은 정상들의 정치적 입지에 도움이 되기 때문에 하는 것이고 따라서 실패할 수 있는 정상회담을 원하는 정상들은 없다. 따라서 대부분의 경우 길고 긴 사전 실무 협상을 통해 말 그대로 정상들은 도장만 찍으면 되는 수준까지 합의를 만들어내는 것이 보통이다. 두 번째 형태는 top-down(하향식) 방식으로 어려운 협상 의제들을 정상회담에서 정상들 간에 협상을 통해 타결하는 방식이다. 이러한 방식은 협상 의제가 실무 협상에서는 도저히 진전이 없는 난제일 경우 시도된다. 하지만 협상 타결 가능성에 대한 확신을 가질 수 없기 때문에 정상들로서는 정치적 부담이 큰 정상외교 방식이다. 하노이 북·미회담은 톱-다운 방식으로 김정은, 트럼프 간의 합의에 성패를 건 형태의 정상회담이라고 할 수 있다.

하노이 회담은 양측의 핵심 요구사항이 사전 협상에서 타결을 보지 못한

채 두 정상의 담판으로 넘겨졌다. 북한 측은 비핵화에 대한 북한의 행동의 표시로 영변의 핵 시설을 비핵화하고 이에 대한 대가로 북한에 대한 제재를 사실상 완전 해제(핵심 제재들을 해제)할 것을 제안했으나 트럼프 대통령은 영변의 핵 시설 및 핵물질의 폐기로는 충분치 않으며 영변 이외의 지역에도 핵 시설이 있다는 증거를 제시하면서 북한의 추가적인 적극적 조치가 없으면 제재의 완전 해제는 불가능하다는 입장을 고수했다. 두 정상의 협상이 한 발짝도 진전이 없자 미국은 합의문을 만드는 것을 포기하고 회담 결렬을 선언해 버렸다.

이러한 하노이 협상의 결렬은 북한에게는 매우 충격적인 일이었던 것으로 보인다. 이러한 결과를 보려고 김정은이 기차를 타고 4500km를 달려왔을 리는 없다. 북한이 미국의 협상 카드에 대해 오판을 했든지 아니면 트럼프가 미국 유권자들이나 국내 전문가들이 만족할 만한 협상 결과를 가져가지 못할 바에는 차라리 북한에게 아무런 양보도 하지 않는 것이 정치적으로 더 나은 결과라는 생각 때문에 협상을 깬 것일 수도 있다. 그래서 트럼프가 협상의 결렬을 예상하면서도 북한이 생각지도 못했던 영변 이외에 북한의 다른 핵 시설들의 존재를 김정은에게 제시하며 영변 비핵화 이상을 요구한 것일 수도 있다. 북한은 선거를 앞둔 트럼프로부터 영변 핵 폐기 정도로 북한에 대한 핵심 제재들을 해제 받을 수 있을 것이라는 잘못된 판단을 했던 것이었을 수도 있다. 양 정상의 정치적 이득이라는 측면에서 보면 트럼프 대통령은 하노이 정상회담의 실패로 별다른 타격을 입지 않았다. 오히려 북한에게 끌려다니지 않고 아무런 양보도 하지 않았다는 것이 잘한 협상이라는 의견이 많았던 것이다(No deal is better than a bad deal). 그러나 김정은 위원장은 이야기가 다르다. 북한은 회담 결렬 후 《노동신문》을 통해 회담 결렬 책임이 미국에게 있다는 식으로 미국을 비난했지만 김정은이 협상을 성공적으로 타결하고 제재 해제라는 선물을 가지고 올 것이라고 기대하던 북한 주민들이 갖는 실망과 허탈감은 클 수밖에 없었다.

이러한 협상 실패의 위험을 예상하지 못하고 정상회담을 강행한 것은 아마도 두 나라 지도자들의 결정이었을 것이다. 미국의 실무자들은 정상회담에 대해 회의적이었고 또 결코 하노이 회담에서 협상이 타결되지 않을 것이라고 확신했다. 원래 외교관들은 정상회담에 부정적이다. 특히 정상들끼리의 담판이 핵심이 되는 톱-다운 방식의 정상회담은 매우 위험하다고 본다. 그 이유는 첫째, 국가 정상들은 협상을 잘하지 못한다. 그들은 정치가들이고 협상을 해본 적이 없다. 사안의 디테일도 사실 잘 모른다. 자신에 대한 지나친 자신감과 상대방에 대한 다분히 감정적인 판단을 바탕으로 협상에 임하기 때문에 협상을 그르치는 경우가 많다. 둘째, 만일 정상들이 국내 정치적 압력에 시달리고 있다면 잘못된 방향으로 협상을 타결할 가능성도 커진다. 협상을 성공시켜야 하는 정치적 부담 때문에 현명하지 못한 양보를 할 수도 있다.

외교 역사에서 자주 거론되는 실패한 정상회담들이 있다. 1938년 뮌헨에서 열린 독일의 히틀러와 영국의 체임벌린(Chamberlain) 수상 사이에 열린 뮌헨회담이 그중의 하나이다. 영국과 프랑스 등 승전국은 독일의 일련의 행동(오스트리아 합병과 주데텐란트 합병 시도 등)에 의구심을 갖고 있었고 영국의 수상 체임벌린은 주데텐란트 위기를 논의하고 독일이 어떤 생각을 가지고 있는지를 확인하기 위해 독일을 방문해 히틀러와 정상회담을 가졌다. 이 회담에서 히틀러는 독일은 결코 전쟁을 할 의사가 없고 다만 주데텐란트에 거주하는 독일인들을 보호하기 위한 것이라는 것을 강조했다. 체임벌린은 히틀러의 말을 믿고 주데텐란트를 독일에 합병시키고 그 대가로 독일이 영국과 불가침 조약을 맺는 뮌헨협정을 프랑스, 이탈리아와 함께 네 나라가 체결했다. 체임벌린 수상은 전쟁에 반대하는 영국 국내 여론의 압박 때문에 히틀러가 또 다른 전쟁을 하려는 것은 아닐 것이라는 희망적 사고를 했고 히틀러를 압박하기보다 잘 달래는 것이 평화를 확보할 수 있는 방법이라고 판단했다. 히틀러가 전쟁을 하지 못하도록 4개국이 참여하는 약속(뮌헨협정)을 받아내고는 이것이 히틀러가 전쟁을 못하도록 하는 힘을 가질 것이라고 믿었다. 1938년 9월 30일 영국에 돌아온 체임벌린은 런던 시민들 앞에서 히틀러와의 협정으로 '우리 시대를 위한 평화(peace for our time)를 지켜냈다'고 연설했다. 그러나 6개월 후 독일은 협정을 깨고 체코슬로바키아를 완전히 병합했고 1939년 9월에는 폴란드를 침공하면서 제2차 세계대전을 일으키게 된다. 체임벌린 수상은 히틀러에게 철저히 속은 것이다.

한미 간의 정상회담 중에서도 실패한 정상회담들이 있다. 그중에 김대중 대통령과 조지 W. 부시 대통령의 정상회담은 "this man" 사건으로 유명하다. 2001년 3월 8일 부시 대통령이 기자회견 중 김대중 대통령의 말을 끊고 김대중 대통령을 가리키며 "북한에게까지 손은 내민 이 양반(this man)의 리더십을 높게 평가합니다(···· but first let me say how much I appreciate this man's leadership in terms of reaching out to the North Koreans)"라고 말했다. 이것을 두고 국내에서는 여러 가지 해석이 있었다. 정부에서는 부시 대통령의 친밀감의 표현이었다고 무마했지만 회담 전 1월에 있었던 한-러시아 공동성명에서 **ABM 조약**과 관련한 소련 측의 입장을 지지한 문항에 대한 미국 측의 분노, 그리고 한미 정상회담 당일 오찬을 겸한 확대정상회의에서의 부시 대통령의 무례한 언동 등을 고려해 볼 때 "this man" 표현은 김 대통령의 대북정책을 조롱한 것으로 보는 것이 더 타당하다고 생각한다. 정상회담이 양국 간의 앙금만 쌓이게 된 것이다.

김대중 대통령은 부시가 당선되자마자 47일 만에 햇볕정책에 대한 지지를 얻어내기 위해 워싱턴으로 달려가 정상회담을 가졌다. 클린턴 정부 때 이루어 놓은 성과를 이어받아 북한과의 관계 개선을 이루고자 하는 열망이 너무나 컸다. 그러나 부시는 햇볕정책에 대해 매우 부정적으로 생각하고 있었다. 김대중 대통령은 부시를 설득할 수 있다고 믿었던 것 같다. 실제로 햇볕정책에 대해 김대중 대통령은 매우 논리 정연했고 제네바 합의와 대북정책 기조인 '페리 프로세스(Perry Process)'에 대해서도 강한 확신을 가지고 있었다. 2시간 30분의 회담 내내 김대중 대통령은 부시 대통령을 설득하려했고 부시 대통령은 김대중 대통령이 말에 전혀 귀를 기울이지 않고 회담 내내 매우 무례하게 행동했다. 회담 직후 열린 공동 기자회견에서 부시 대통령의 "this man" 발언이 나왔고 북한과 김정일 국방위원장에 대해 강도 높은 비난을 퍼부었다. 완전히 실패한 회담이었다. 이 회담은 정상회담이 갖는 위험성을 잘 보여준다.

정상들은 종종 자신의 정책이나 아이디어에 대해 지나친 확신을 가지고 있고 또 상대방을 설득할 수 있다고 믿기 때문에 누가 생각해도 잘못된 판단과 실수를 저지르게 된다. 부시는 민주당 후보 알 고어(Al Gore)를 이기고 당선했으며 클린턴의 대북정책에 대해 비판적인 생각을 가지고 있었다. 외교정책에서 ABC(anything but Clinton), 즉 클린턴 방식과는 정반대로 갈 것이라는 신호를 이미 보내고 있었다. 부시 대통령의 외교안보팀은 강성파들이 포

▶ **미국의 ABM 조약 파기와 김대중 정부의 입장**   ABM 조약은 1972년 미국과 소련이 맺은 조약으로 탄도요격미사일의 배치를 서로 제한하는 것을 골자로 하고 있다. 미국은 국가 미사일 방어체제(NMD)를 개발·배치하면서 요격 미사일 배치를 제한하는 ABM 조약이 걸림돌이 되자 2001년 이 조약에서 일방적으로 탈퇴했다. 소련은 이러한 미국의 움직임을 비난했는데 부시-김대중 정상회담을 일주일 정도 남겨 놓고 한-러 정상회담 후 발표한 공동 성명에서 한국과 러시아는 ABM 조약이 강화되어야 한다는 데 동의했다. 이 성명이 나오자 미국은 한국이 국가 미사일 방어 계획에 대한 논란에서 러시아 편에 섰다며 충격이라는 반응을 보였다.

진하고 있었고 북한에 대한 강한 거부감을 가지고 있었다. 그러나 김대중 대통령은 그러한 모든 것이 전혀 눈에 들어오지 않았다. 오직 어렵게 만든 모멘텀(momentum)을 이어가야 한다는 생각에만 몰두해 있었다. 부시 대통령 취임 닷새 뒤 김대중 대통령은 축하 전화에서 대북 포용의 필요성을 장황하게 설명했다. 잭 프리처드(Jack Pritchard) 국무부 대북특사의 저서 『실패한 외교(Failed diplomacy)』에서, 부시 대통령은 전화기 수화기를 손으로 막고 주변의 보좌진들에게 "Who is this guy? I can't believe how naive he is!(이 사람 도대체 뭐하는 사람이야? 순진하기 짝이 없네)"라고 말했다고 전한다. 부시 대통령은 결국 2002년 1월 29일 연두교서에서 북한을 이란, 이라크와 함께 '악의 축'으로 규정하고 그해 10월 북한이 우라늄농축프로그램을 진행하고 있다는 것을 빌미로 제네바 합의에 따른 대북 중유 제공을 중단시켰다. 결국 1994년 제네바 합의는 붕괴되고 만다.

그러나 2001년 11월 중국 상하이에서 열린 제9차 APEC 정상회담을 계기로 열린 한미 정상회담은 전혀 분위기가 달랐다. 당시 외교안보수석이었던 정태익 대사의 설명에 따르면 3월 정상회의의 실패를 되풀이하지 않기 위해 김대중 대통령은 철저히 부시 대통령의 어젠다에 초점을 맞추고 북한에 관한 얘기는 먼저 꺼내지 않았다고 한다. 부시 대통령의 반테러 활동에 대한 지지를 표하고 한국도 미국의 반테러 활동을 지지하고 지원하겠다는 발언을 했다. 부시 대통령은 김대중 대통령이 북한에 대한 얘기를 꺼내지 않았는데

▼ **페리 프로세스** 페리 프로세스는 1999년 미국의 대북 조정관 윌리엄 페리가 북한을 방문한 후 내놓은 클린턴 정부의 포괄적 대북정책을 담은 보고서를 말한다. 대북 포용정책을 기조로 3단계 접근 방식을 제시했는데 1단계는 북한의 미사일 발사 중지와 미국의 대북 경제제재 해제, 2단계는 북한의 핵과 미사일 개발 중단, 마지막 3단계는 북일·북미관계 정상화와 한반도 평화체제 구축이다. 이 대북정책은 부시 정부가 들어서면서 폐기되었다.

도 먼저 김정일에 대해 어떻게 생각하냐고 물으며 김대중 대통령의 대답 뒤에 김대중 대통령의 철학에 의해 추진하는 정책을 전적으로 지지하겠다고 화답했다. 그리고 2002년 1월 방한하여 도라산 철도역과 휴전선을 방문하고 한국의 입장을 지지하는 언급을 하여 김대중 대통령을 기쁘게 했다.

노무현-부시 대통령 간 여러 차례의 정상회담도 실패한 정상회담이었다. 문제는 정상회담에서 의례적인 말장난은 그만두고 솔직한 토론을 해야 한다고 생각했던 노무현 대통령의 스타일 때문이었다. 노무현 대통령은 '검사와의 대화'를 생중계로 시도할 만큼 솔직하고 기탄없는 대화와 토론을 선호하는 스타일이었다. 그러나 국가 정상끼리의 솔직한 토론이 과연 가능하며 또 짧은 정상회담의 대화를 통해서 누군가가 승복하거나 설득 당할 수 있을까? 2005년 11월 경주에서 열린 조지 부시 대통령과 노무현 대통령의 정상회담은 결코 좁혀질 수 없는 의견을 가지고 두 사람이 얼굴을 붉히는 토론을 벌인 조마조마한 정상회담이었다. 두 대통령은 마카오의 BDA 자금 동결 문제를 놓고 설전을 벌였는데 노 대통령은 6자 회담 합의가 막 성사된 시점에 BDA 자금 동결 제재를 하는 저의가 의심스럽다고 말했고 부시 대통령은 의심스러울 것 없다고 대답했지만 노 대통령은 그래도 의심스럽다고 다시 물

▶ **마카오 BDA(방코 델타 아시아) 제재**   마카오에 위치한 방코 델타 아시아(Banco Delta Asia)에 대해 2005년 미국은 BDA가 북한의 불법자금 돈 세탁을 도와주고 있다고 보고 이 은행을 '돈세탁 우려 기관'으로 지정했다. 미국에 의해 우려 기관으로 지정되면 미국 금융기관과 거래가 중지되고 또 BDA와 거래하는 제3국의 금융기관도 제재를 받게 된다. 이 결과 북한과 거래하던 금융기관들이 제재가 두려워 북한과의 거래를 중단했고 마카오 당국은 BDA의 지급불능 사태를 막기 위해 BDA에 있는 북한의 2만 5000만 달러 계좌를 포함한 모든 계좌를 동결했다. 이런 제재를 간접제재(secondary boycott)이라고 하는데 북한에 대한 직접적 제재는 아니지만 북한과 거래하는 대상을 제재함으로써 결국 북한을 제재하는 효과를 갖는다. 이 BDA 제재는 북한의 통치 자금이 동결된 것과 함께 북한이 국제적 금융거래를 전혀 하지 못하게 함으로써 북한이 '피가 마르는 고통'이라고 하소연할 만큼 북한에게는 고통스러운 제재였다.

고 늘어지자 부시 대통령은 고개를 돌리고 한참 동안 아무 말도 하지 않았다고 한다.

노무현 대통령은 정상회담을 어려운 문제를 담판하는 기회로 생각하는 경향이 있었다. 목표를 가지고 들어가서 그것을 얻어내기 위해 집요하게 압박하는 스타일이었다. 이런 정상회담 스타일에 부시 대통령이 당황하고 불쾌해한 경우가 많았다. 2007년 9월 시드니에서 열린 부시-노무현 정상회담에서 노무현 대통령은 부시 대통령이 공개적으로 종전선언 내지는 한반도 평화체제를 언급해 주기를 기대했고 회담 후 기자회견에서 부시 대통령에게 "한반도 평화체제 내지 종전선언에 대해 명확히 말씀해 주셨으면 한다"고 압박했다. 이에 대해 부시 대통령은 "우리가 평화체제 제안을 하느냐의 문제는 김정일 국방위원장이 검증 가능한 비핵화를 하느냐에 달려 있다"고 답했다. 이에 대해 노 대통령은 다시 "김정일 위원장이나 한국 국민들은 그다음 이야기를 듣고 싶어 한다"며 종전선언 언급을 유도했다. 그러자 부시 대통령은 퉁명스럽게 "더 이상 어떻게 분명히 말씀드려야 하는지 모르겠다. 우리는 한국에서 전쟁을 종식시키는 일을 할 수 있을 것이다. 하지만 그러기 위해서는 김정일 씨가 그의 (핵)무기에 관해서 검증 가능하도록 폐기해야 할 것 같다"고 말하며 자리에서 일어나 악수를 청하고 자리를 떠났다(안홍기, "노무현과 골프 한 번 안 친 부시가 봉하마을 찾는 까닭", ≪오마이 뉴스≫, 2019년 5월 23일 자).

성공적인 정상외교도 많이 있다. 아주 어려운 협상은 최고의사결정자의 결단이 필요한 것이기 때문에 정상회담에서의 담판이 필요할 수 있다. 다만 역사적으로 보면 이러한 정상회담도 유능한 외교관이 사전 협상을 통해 충분한 준비를 하고 정상들은 마지막 디테일을 손보거나 담판을 통해 추가적 진전을 만들어내는 방식의 bottom-up 방식이 더 바람직해 보인다. 미·중 간의 냉전적 갈등 속에서 1972년 2월 닉슨 대통령은 중국을 방문해 마오쩌둥(毛澤東)과 만나 정상회담을 가짐으로써 전 세계를 깜짝 놀라게 했다. 한 시간가량 열린 정상회담에서 양국은 상하이 공동선언(Shanghai Communique)을 채택하고 오랜 적대적 관계를 개선할 첫 단추를 끼우게 된다. 그리고 1979년 1월 미·중수교협정을 발효함으로써 공식적인 외교관계를 열었다. 하지만 이러한 성공적인 정상회담 뒤에는 당시 국무부 장관인 헨리 키신저(Henry Kissinger)의 물밑에서의 역할이 있었다. 키신저는 1971년 저우언라이(周恩來)의 초청을 받고 중국에 들어가 그와 비밀 회담을 가졌다. 이 비밀 회담에서 마오쩌둥-닉슨 정상회담에서 발표될 상하이 공동선언의 뼈대가 만들어졌고 가장 민감한 어젠다(예를 들어 대만 문제를 어떻게 할 것인가)에 대한 기본적 논의도 이루어졌다. 만일 이러한 사전 정지 작업이 이루어지지 않았다면 당시 분위기로서는 닉슨은 절대 중국에 갈 수 없었을 것이다. 정상회담의 성과에 대한 확신 없이 혈맹이었던 대만이 거품을 물 것이 확실한 중국 방문(마오쩌둥의 워싱턴 방문도 아니고), 그리고 동맹국인 일본과 한국이 엄청난 충격을 받을(그래서인지 닉슨의 중국 방문을 그 당시 '닉슨 쇼크'라고 불렀다) 중국 방문을 감히 결정하지 못했을 것이다. 1972년의 실제 정상회담에서는 이미 마련된 안을 바탕으로 20여 시간의 추가적 협상을 통해 상하이 공동선언이 완성되었다고 한다.

😊 DIPLOMACY ⌾

아그레망과 외교관계 I
한일 갈등과 강창일 주일대사에 대한 아그레망

≪동아일보≫ 2020년 12월 31일 자 기사는 강창일 주일대사 내정자가 일본 정부로부터 아그레망(agrément)을 받은 것으로 알려졌다고 보도했다. 아그레망은 외교사절(주로 대사)에 대한 주재국의 동의를 말한다. 좀 더 풀어서 설명하면 한국 정부가 내정한 주일대사 내정자를 일본 정부가 받아들이겠다는 의사를 표명하는 절차이다. 일본에서 공식적으로 아그레망 문서가 도착하면 한국 정부는 강창일 내정자를 공식적으로 주일대사에 임명하고 대통령이 강 대사 내정자에게 신임장을 수여하게 된다.

대사 내정자의 아그레망 접수 여부는 보통 언론에서 기사로 다루지 않는다. 신문에는 그 후 청와대에서 열리는 신임장 수여식을 보도할 뿐이다. 강 대사 내정자에 대한 아그레망 접수 여부가 언론의 관심이 되는 이유는 강 내정자가 일본 정부로부터 아그레망을 받지 못할 가능성에 대한 우려가 있었기 때문이다. 여기서 아그레망의 의미와 절차에 대해 좀 더 설명할 필요가 있다. 대사는 타국에 주재하면서 대한민국을 대표하게 된다. 만약 정부가 보낸 대한민국의 대표가 접수국에 대해 부정적인 인식을 가지고 있거나 접수국의 이익에 반하는 행동을 할 우려가 있다면 접수국은 그러한 인물을 자국에서 대한민국을 대표하는 대사로 받아들이고 싶지 않을 것이다. 이러한 경우 접수국은 한국이 내정한 인물에 대한 아그레망(동의)을 거부할 수 있다. 자국의 이익을 지키기 위한 행동이다. 이것은 외교에 관한 제네바 협약에 규정되어 있다. 이 협약에는 접수국이 아그레망을 거부할 권리와 그 사유를 설명하지 않을 권리를 명시하고 있다. 그렇다면 접수국은 어떻게 그 인물이 자국에 주재하는 파견국의 대사로서 적절한지 또는 부적절한 인물인지 판단할 수 있을까?

일단 A국가가 B국가에 보낼 대사를 내정하여 B국에 통보하면 B국 정부는 내정자에 대한 평가에 들어간다. A국가에 있는 B국의 대사관은 내정자에 관한 정보들을 수집하여 본국에 보고하게 된다. 이러한 정보에는 범죄 경력, 그동안 자국(B국가)에 대한 내정자의 언급, 만일 내정자가 한 인터뷰나 신문 기사 혹은 저서, 논문 등이 있다면 그 내용들도 꼼꼼히 파악하여 내정자의 성향이나 특히 B국에 대한 인식 등을 파악해 보고한다. 이러한 정보들은 B국의 해당 정부 부처에 보내진다. 예를 들어 내정자의 범죄 경력 등은 B국의 내무부(한국의 행정안전부와 같은 기능을 하는 부서)에 보내지고 해당 부서는 이에 대한 의견을 외교 부서에 전달하게 된다. 이러한 절차를 거쳐 접수국 정부는 내정자에 대한 종합적 평가를 하게 되고 문제가 없다고 생각되면 파견국 정부에 아그레망 서한을 보낸다. 그러나 만일 내정자가 자국의 이익에 부합하지 않는 인물이라고 판단되면 아그레망을 거부하거나 아그레망을 보내더라도 불만의 표시로 아그레망을 계속 미루는 등 항의의 표시를 하게 된다. 이러한 평가 절차를 거치기 때문에 보통 아그레망이 나오는 데 걸리는 시간은 빠르면 일주일 어떤 경우에는 두 달이 넘게 걸리는 경우도 있다.

강창일 내정자는 일본의 도쿄대학교에서 박사학위를 받았고 한일의원연맹 한국 측 회장으로 활동한 바 있는 대표적 일본통 정치인이지만 2019년 "일본 왕을 한국에서는 일왕이라고 부르자"라는 발언을 한 적이 있고 2011년에는 일본과 러시아가 영유권 분쟁을 하고 있는 쿠릴열도를 방문해 쿠릴열도가 러시아의 영토라고 발언했다는 기사가 나온 적이 있다. 일본에서 천황에 관한 문제 그리고 영토주권에 관한 문제는 민감한 문제이다. 이런 문제에 대해 일본인들이 받아들일 수 없는 발언을 한 사람을 주일대사로 내정한 것에 대해 일본 내부에서 아그레망을 거부해야 한다는 논란이 일었기 때문에 강 내정자의 아그레망 문제가 비상한 관심을 끌었던 것이다. 다행히도 강 내정자에 대한 아그레망이 나왔고 강 내정자는 동경에 부임해서 신임장을 받고 대사로서의 임기를 시작하게 되었다. 한국 외교부와 강창일 내정자 역시 강 내정자가 아그레망을 받는 데 문제가 있을 수 있다고 생각했던 것 같다. 강창일 전 의원은 주일대사에 내정된 후 서울에서 ≪요미우리(讀賣)신문≫, 교도통신 등 일본 언론의 취재에 응하면서 천황, 쿠릴열도 관련 발언 등에 대해 해명했다. 그리고 "대사로 부임하면 천황이라고 부르지 않으면 안 될 것"이라고 말했다. 우리 외교부에서도 주한 일본 공사를 불러 강 내정자의 아그레망 절차에 대한 일본 측의 협조를 부탁했다는 이야기가 흘러나왔다. 강창일 전 의원은 2020년 11월 23일 주일 한국 대사로 내정되었고 12월 말 경에 일본 측의 아그레망이 나온 것으로 보여 약 한 달의 시간이 걸렸다. 이 한 달이라는 시간은 강 내정자에 대한 불편한 점이 있지만 최악의 한일관계를 더욱더 악화시키고 싶지는 않다는 일본 측의 생각이 절묘하게 반영된 '소요 기간'이라는 생각이 든다.

참고로 강창일 대사는 2021년 1월 22일 일본에 부임했고 도착하자마자 가진 기자들과의 질의응답에서 "천황 폐하께 가서 신임장을 제출해야 한다"
고 말했다.

❧ DIPLOMACY ❦

아그레망과 외교관계 II
미국의 우리 대사 내정자 거부가 내정간섭?

2019년 8월 문정인 대통령 외교안보특보는 ≪조선일보≫ 디지털편집국과의 통화에서 "주미대사직을 제안 받았으나 고사했다"고 말한 것으로 보도되었다. 청와대가 조윤제 주미대사의 후임으로 문정인 특보를 낙점하고 인사 검증을 진행했던 것은 사실이었다. 인사 검증에서도 특별한 문제가 없었던 것으로 알려졌었다. 문 특보는 주미대사직을 고사한 이유는 밝히지 않았다. 그러나 2019년 8월 11일 미국 ≪워싱턴포스트(The Washington Post)≫ 존 허드슨(John Hudson) 기자가 자신의 트윗을 통해 "미국 정부가 문 특보의 주미대사 임명에 비공식적으로 반대 신호를 보낸 이후 이수혁 의원이 주미대사로 임명되었다"는 주장을 제기했다. 하태경 당시 바른미래당 의원이 이러한 트윗을 소개하면서 미국이 반대하는 인물을 특보로 두는 것이 부적절하다는 주장을 펴면서 정치적 쟁점이 되었다. 그러나 청와대 관계자는 이러한 주장들이 "전혀 근거 없는 이야기"이며 "문 특보 본인이 고사한 이유가 컸다고 알고 있다"라고 밝혔다(임도원, "'문정인 주미대사' 미서 거부 논란", ≪한국경제》, 2019년 8월 11일 자).

양국 정부가 공식적인 입장 표명을 하지 않기 때문에 어떤 것이 진실인지는 알 수 없다. 그럼에도 이 사례를 꺼낸 이유는 이 논란 이후 한국에서 벌어진 아그레망에 대한 오해에서 비롯된 논란을 이야기하고 싶어서이다. 이러한 보도 이후 당시 정의당 김종대 의원은 "미국이 우리 정부가 내정한 대사를 된다, 안 된다라는 이야기를 했다는 것은 워싱턴의 외교 농단이고 내정간섭이다"라는 페이스북 포스팅을 올렸다. 김 전 의원은 아마 파견 국가가 대사를 내정하고 보내는 것이 파견국의 권리(주권)라고 생각했던 것 같다. 그러나 한국이 내정한 대사에 대해 국익이라는 측면에서 평가하여 받아들이거나 거부하는 것은 미국의 주권에 속하는 일이다. 이것은 앞에서 말한 바와 같이 외교에 관한 비엔나 협약에 접수국의 권리로 규정되어 있다. 마찬가지로 미국이 한국의 국익에 반하는 인사를 주한 미국 대사로 내정하면 한국이 이것을 무조건 받아들여야 하는 것이 아니라 국익의 관점에서 파악해 거부할 수 있는 권리가 있는 것이다. 아마도 김종대 의원이 아그레망에 대한 이해가 부족해서 생긴 일로 보인다. 내가 '김종대 의원의 포스팅이 잘못된 것이라는 것을 누구라도 지적해야 하는데'라고 걱정하고 있을 때 다행히 ≪뉴스톱(NEWSTOF)≫의 임용대 기자는 기사 "[팩트체크] 문정인 주미대사 거부가 미국의 외교 농단?"을 통해 김종대 의원의 무지를 지적했다. 임용대 기자는 이 기사에서 독일이 북한 대사관의 불법적 외화벌이에 대한 항의로 신임 대사 내정자에 대한 아그레망을 거부한 사례를 소개했다. 또 한국도 1973년 5월 덴마크가 북한과 수교하자 이에 대한 항의의 표시로 신임 덴마크 대사 내정자에 대한 아그레망을 보류한 사실을 소개했다. 최병구 전 대사의 『외교, 외교관: 외교의 실제』(2004)라는 책에는 1997년 이스라엘이 내정한 주터키 이스라엘 대사 내정자에 대해 터키 정부가 아그레망을 거부한 사례를 소개하고 있다. 주터키 대사 내정자는 역사학 전공 대학교수였는데 1981년 한 이스라엘 라디오 프로그램에 출연해 제1차 세계대전 때 터키군이 아르메니아인 약 150만 명을 학살했다는 이야기를 했다는 이유로 터키 정부가 아그레망을 거부했다. 16년 전 터키를 비난하는 인터뷰를 문제 삼았던 것이다. 요약하면 아그레망은 대사 내정자를 접수하는 접수국의 고유한 권한이라는 것이다. 접수국의 아그레망 관련 결정에 대해 왈가왈부하는 것이 오히려 접수국에 대한 내정간섭이 될 수 있다.

또 하나의 흥미로운 점은 문정인 특보의 경우는 내정이 공식화되기 전에 모든 일이 일어난 것이다. 그래서 한국과 미국 사이에 별다른 외교적 마찰 없이 마무리된 것이다. 사실 강창일 주일대사 내정자의 경우는 외교적 관례에 어긋나는 점이 있다. 한국 정부 차원에서 대사를 내정을 하면 이것은 비밀에 부쳐지고 접수국에 아그레망을 요청하게 된다. 상대국의 아그레망이 나오면 그때 공식적으로 내정자 신분이 된다. 파견국에서 아그레망을 요청하기 전에 상대국에 비공식적으로 특정인의 내정 계획을 알려서 접수국의 의견을 파악하는 경우도 있다. 이러한 비공식적 절차는 내정자에 대한 아그레망을 거부하는 경우가 생겨서 양 국가 사이에 외교적 갈등이 생기는 것을 막기 위한 비공식적인 관례적 절차이다. 강창일 내정자의 경우 이러한 비공식적 절차 없이 한국에서 일방적으로 내정자를 확정해 일본 측의 아그레망이 도착하기도 전에 보도가 나온 것이다. 이 점에 대해서도 일본 측에서는 문제를 제기한 것으로 알려졌다.

문정인 특보의 경우 실제로 이러한 비공식적 의견 교환이 있었는지는 알 수가 없지만 《워싱턴포스트》의 존 허드슨 기자에 따르면 이러한 비공식적 (트윗에는 'private'이라는 표현을 쓰고 있다) 의견 교환이 있었고 미국이 여기서 부정적 의견을 전달했다는 것이다. 이것이 사실이라면 미국의 의견을 확인한 뒤 한국 정부가 대사 후보를 교체한 것이 된다. 이러한 의견을 확인하고도 그 내정자를 고집한다면 공식적 절차에서 아그레망이 거부되는 결과가 나올 것이고 이것은 양국의 외교관계에서 매우 심각한 갈등 요인이 되었을 것이다.

◇ DIPLOMACY ◇

왜 돈 스파이크는 나이로비에 나타났을까?
다시 주목받는 공공외교

2013년 케냐의 나이로비대학교에 작곡가 돈 스파이크가 나타났다(혹시 모르시는 분이 있을까 봐 알려드린다. 돈 스파이크는 한국인이고 원래 육류 전문가가 아니라 작곡가이다). 돈 스파이크는 이 대학에서 열린 K-Pop 오디션을 진행했다. 아프리카 대륙에서 최초로 열린 K-Pop 오디션이었다. 그와 함께한 한국 음악가들은 A.S.K.(African Sing Korean Soul)라는 프로젝트 팀의 멤버들이었다. 40여 팀이 참가한 이 오디션은 능숙한 한국말로 싸이(psy)의 강남스타일을 부르는 참가자부터 한국말도 노래 실력도 형편없고 의욕만 넘치는 참가자들까지 다양한 현지인이 참가한, 오디션이라기보다는 K-Pop 축제에 가까웠다. 작곡가 돈 스파이크는 도대체 아프리카 케냐에서 무엇을 하고 있었던 걸까? 돈 스파이크는 그해 4월 외교부와 산하기관 한국국제교류재단(KF)이 주관하는 '국민 모두가 공공외교관' 프로젝트 공모에 선정되어 아프리카에서 K-Pop 오디션을 열고 있었던 것이다. 돈 스파이크 팀이 제안한 프로젝트는 A.S.K(African Sing Korean Soul)로서 음악을 통해 아프리카에 한국을 알리는 사업이었다. 돈 스파이크는 공공외교관으로 위촉되어 공공외교 활동을 수행한 것이다.

우리가 아는 외교는 기본적으로 한 국가의 정부가 다른 국가의 정부를 상대로 국익을 확보하기 위한 활동을 말한다. 이런 외교에서는 정부를 대표하는 외교관들이 각자 자국의 이익을 확보하기 위해 상대국 외교관들을 상대로 설득·교섭·협상을 하는 것이 외교의 전형적인 모습이다. 그런데 요즘 전 세계 대부분의 국가가 많은 노력을 기울이고 있는 새로운 형태의 외교가 있다. 바로 공공외교(public diplomacy)이다. 작곡가 돈 스파이크가 참여했던 활동 바로 그것이다. 공공외교는 무엇인가? 영어 'pubic diplomacy'는 여러 가지로 번역될 수 있는데 한국, 일본, 중국 등에서는 공공(公共)외교로 번역되어 사용된다. 여기서 public(공공)은 정부가 아닌 대중을 말한다. 즉, 공공외교는 대중외교, 좀 더 정확히는 대중을 상대로 하는 외교를 말한다. 공공외교는 이미 제2차 세계대전과 이후 냉전 초기에 적국 대중에 대한 프로파간다(propaganda), 즉 대중 선전의 형태로 이루어지다가 그 뒤 상대국 국민을 대상으로 자국의 홍보, 이해와 신뢰 증진을 위한 외교 활동으로 자리 잡았다. 외교의 한 영역으로서 공공외교가 정립된 미국의 경우 전 세계에 퍼져 있는 미국문화원을 중심으로 활발한 공공외교 활동을 해왔다. 공공외교가 다시 세계적 주목을 받기 시작한 것은 2001년 9·11 테러 이후 미국에서 공공외교에 대한 중요성 인식과 관심이 부활되었기 때문이다.

9·11 테러는 미국 외교에 큰 충격을 주었다. 미국은 사우디아라비아, 이집트, 쿠웨이트 등과 같은 아랍의 주요 국가들과 친밀한 외교관계를 유지하고 있었다. 그런데 사우디아라비아 청년들이 중심이 된 테러리스트들이 미국 본토에서 수천 명의 미국인이 희생된 끔찍한 테러를 자행하면서 미국은 그동안의 중동 외교에 대해 재검토를 하게 되었다. 결국 미국이 깨닫게 된

것은 아랍의 주요 국가들과 정부 차원에서는 친밀한 외교관계를 유지했지만 그런 나라들의 국민들이 미국에 대해 가지고 있는 분노와 증오에 대해서는 관심을 갖지 못했고 그런 감정들을 풀어주기 위한 외교적 노력은 부족했다는 것이다. 이런 반성을 바탕으로 아랍 국가들의 일반 대중을 상대로 한 공공외교에 대한 노력을 기울이기 시작했다. 중동 및 이슬람권을 위한 라디오 사와(Radio Sawa), 알후라(al-Hura), 라디오 파르다(Radio-Farda) 등을 신설하고 아랍의 대중들에 대한 일방적 선전, 홍보가 아닌 쌍방향 소통을 강화하는 프로그램을 시행하게 되었다. 공공외교가 다시 미국 외교의 주요 메뉴로 부상한 것이다.

그럼 공공외교는 과연 정부 간 외교와는 어떤 차이가 있을까? 우선 공공외교는 대상이 상대국의 정부가 아니라 상대국의 국민·대중이다. 외교의 대상이 바뀌면서 여러 가지가 그에 따라 바뀌어야 한다. 첫째, 목표가 달라져야 한다. 상대국 정부를 상대로 하는 외교는 그 목표도 무게가 있고 심각한 것들이다. 종군위안부에 대한 사과를 받는 것, 영토 분쟁을 해결하는 것, 북한에 대한 제재를 이행하도록 하는 것 등이 정부 간 외교에서 다루어지는 것들이다. 그러나 상대국 국민을 대상으로 하는 공공외교에서 이런 목표들을 달성할 수는 없다. 국민들은 그런 중요한 문제를 결정할 수 있는 위치에 있지 않기 때문이다. 공공외교의 목표는 상대국 국민이 한국을 잘 이해하고 호감을 갖도록 하고 또 우리가 추진하는 정책에 지지를 보내도록 하는 정도의 목표를 갖고 있다. 둘째, 대상이 바뀌고 그에 따라 목표가 바뀌면 외교의 수단도 달라져야 한다. 상대국 정부를 대상으로 하는 외교에서는 협상이나 경제제재, 압박 등이 사용되지만 상대국 국민을 대상으로 하는 외교에서 이런 수단들을 사용할 수는 없고 또 성취하고자 하는 목적으로 볼 때 이런 심각한 수단들을 사용하는 것도 적절치 않다. 공공외교에서는 자국의 문화(예를 들어 K-Pop 같은), 우수한 학교와 과학기술 수준, 지구촌을 위한 자국의 기여 등이 상대국 국민으로 하여금 한국에 대해 관심을 갖게 하고 호감을 느끼게 하며 또 존경하고 지지하도록 만드는 중요한 수단이다. 이런 수단은 조지프 나이(Joseph Nye)가 말하는 소프트 파워와 관련이 있다. 소프트 파워는 상대방이 내가 원하는 바대로 행동하게 만들 수 있는 능력, 특히 매력을 의미한다. 국가 간의 외교에서는 군사력이나 경제력, 협상력 등 하드 파워가 중요하지만 공공외교에서는 상대국 국민이 한국에 대해 호감을 느끼고 닮고 싶어 하도록 만드는 소프트 파워적 수단이 더욱 효과적이다. 마지막으로 국가 간 외교는 말 그대로 정부만이 주체가 될 수 있다. 하지만 공공외교에서는 대상이 상대국 국민이기 때문에 일반 국민들도 외교에 참여할 수 있다. 한국의 민간 부분, 즉 대학, 지자체, 봉사단체, 문화예술인, 시민단체들이 상대국 국민을 상대로 때로는 우리 정부와 협력하여 공공외교에 참여한다.

공공외교의 주체에 대해 조금 더 이야기해 보자. 일반적인 외교에서는 물론 공공외교에 있어서도 가장 중요한 주체는 정부이다. 정부 중에서도 주무 부서인 외교부가 가장 중요한 역할을 한다. 외교부는 특히 전 세계에 나가 있는 재외공관들이 각 나라의 대중을 직접 접할 수 있는 장점을 가지고 있다. 그래서 대사관, 총영사관 등 재외공관은 공공외교의 최전선에 나가 있는 야전 지휘부라고 보면 된다. 공공외교라는 용어가 한국 외교부에서 본격적으로 사용되기 이전에도 재외공관에서는 현지 국민에게 한국을 알리고 한국의 좋은 이미지를 심기 위한 여러 가지 활동들을 해왔다. 태권도 대회나 한국어 말하기 대회, 한국요리 경연 대회 등이 단골 메뉴이고 이런 행사 이외에도 대사나 총영사들은 주재국의 대학에 가서 한국에 관한 강연을 하거나 방송에 출연해 한국을 홍보하는 일을 했다.

공공외교가 외교부의 3대 임무 중의 하나가 되면서 좀 더 체계적으로 공공공외교 사업이 시행되었고 또 본부에서 기획해서 시행하는 행사들도 늘어났다. 이렇게 외교부와 재외공관의 역할이 중요하지만 다른 정부 부처들도 공공외교에 참여하고 있다. 5년마다 수립되는 '공공외교 기본계획'을 보면 외교부는 물론 16개 정부 부처의 공공외교 계획이 나와 있다. 외교부 이외에 다른 정부 부처들도 공공외교를 수행하고 있다는 것을 말해 준다. 지방자치단체 역시 공공외교의 주체이다. 이것 역시 '공공외교법'에 규정되어 있다. 지자체들은 각자 자기 지역이 가지고 있는 자원들을 가지고 지역에 특화된 공공외교 사업을 펼칠 수 있다. 예를 들어 충청북도는 세계 최초의 금속활자인 '직지'를 가지고 한국의 높은 수준의 활자문화를 세계에 홍보하고 있다. 광주광역시가 '세계인권도시포럼'과 같은 행사 유치를 통해 광주의 이미지를 만들고 홍보한다거나 강원도가 북한 접경 지역의 특성을 살려서 평화 관련 국제 행사들을 기획하는 것도 지자체 공공외교의 좋은 예이다.

한국은 외교부에서 2010년을 '공공외교 원년'으로 선포하고 '정무', '경제', '공공외교'를 한국 외교의 3대 축으로 선포했다. 물론 2010년 이전에도 공공외교로 분류될 수 있는 외교 활동이 없었던 것은 아니다. 주로 문화외교국에서 수행하던 문화외교 활동이 공공외교 활동으로 부를 수 있는 것들이었다. 2010년은 한국 외교부가 본격적으로 전략을 세우고 조직을 정비해서 공공외교를 추진하기 시작했다는 것을 의미한다. 2016년에는 '공공외교법'이 제정되어 범정부적 차원의 통합적 공공외교 추진을 위한 법적 기반이 마련되었다. 2018년에는 문화외교국이 공공문화외교국으로 확대·개편되어 5개 과와 새로 신설된 국민외교센터를 관할하게 되었다. 공공외교 예산도 2013년부터 편성되어 그해 60억으로 시작해서 2021년에는 388억이 되었다. 아직도 공공외교는 정무외교나 경제외교에 비해서는 외교부 업무의 작은 부분이지만 그 중요성에 대한 인식은 자리를 잡은 것으로 보인다. 외교부 본부

인력이 한정되어 있는 상황에서 공공외교 사업을 직접 시행하는 것은 어려움이 많다. 그래서 보통 산하기관인 한국국제교류재단(KF), 한국국제협력단(KOICA), 재외동포재단 등을 통해 사업을 시행한다. 직접 시행하는 사업으로는 지식공공외교 활동인 한국에 대한 잘못된 정보를 바로잡는 한국바로알림단(Friends of Korea), 재외공관에서 예선전을 치르는 한국에 관한 퀴즈대회인 퀴즈 온 코리아(Quiz on Korea), 세계 외국인 한국어 말하기 대회(World Korean Language Speech Contest for Foreigners), 해외 대학 도서관에 한국 관련 자료실을 만드는 코리아 코너(Korea Corner) 사업이 외교부가 직접 시행하는 사업들이다.

이쯤에서 공공외교는 현실에서 어떤 외교 활동들을 하는 것일까에 대해 알아보자. 우선 한국 외교부의 공공외교 3대 영역을 살펴보자. 한국의 공공외교법, 그리고 외교부의 공식 문서에서 나타난 공공외교 영역은 문화공공외교, 지식공공외교, 정책공공외교 세 가지이다. 물론 이외에도 다른 영역에서의 공공외교는 가능하다. 예를 들어 코로나19 사태 이후 한국은 보건 분야에서 우리의 역량과 세계 기여를 위한 보건공공외교에 많은 노력을 기울였다. 또 PKO 파병을 통한 평화유지활동을 군사공공외교로 부르기도 한다. 우선 세 가지 영역의 공공외교에 대해 간략히 알아보자.

문화공공외교는 우리가 가진 여러 가지 문화 자산을 활용하여 한국에 대한 관심과 흥미, 호감 등을 높이는 공공외교 활동이다. 2022년 현재 한국의 대표적 문화 자산은 누가 뭐라 해도 BTS가 아닐까? 그렇기 때문에 문재인 대통령도 BTS를 '미래 세대와 문화를 위한 대통령 특별사절'에 임명했을 것이다. 청와대 대변인의 말을 빌리면 BTS 특별사절 임명이 "국민의 외교 역량 결집을 통해 외교 지평을 넓히려는 공공외교의 일환으로 … 국가 이미지 제고를 위해 추진됐다"는 것이다. K-Pop 이외에도 K-Movie와 같은 문화 자산, 전통 예술, 활자문화 같은 문화 자산들도 한국의 인지도와 호감도를 높이는 데 기여하고 있다.

지식공공외교는 좀 설명이 필요하다. 지식공공외교는 우리가 가지고 있는 지식 자산을 통해 한국의 호감도와 매력을 증진하는 외교 활동이기도 하고 한국과 관련한 지식을 상대방에게 알려 한국을 올바로 이해하는 것을 목표로 하는 활동이기도 하다. 외국인들이 한국어나 한국과 관련한 학문을 공부할 수 있도록 지원하는 것도 공공외교 활동이다. 예를 들어 외교부 산하기관인 한국국제교류재단은 전 세계 유명 대학에 한국어나 한국학 강좌를 개설하기 위해 교수직을 설치하는 것을 지원하거나 한국어·한국어학 관련 교수들을 현지에 파견하는 사업을 오랫동안 해왔다. 최근에는 해외 대학에서 BTS와 함께 한국어를 배우는 프로그램인 런 코리안 위드 BTS(Learn Korean with BTS) 강좌를 시작했다. 2022년 기준 4개국 6개 대학에서 이 강좌를 개설했는데 여기에는 미국 미들베리칼리지, 프랑스 파리고등사범대학, 이집트 아인샴스대학교, 베트남 하노이 국립외국어대학교 등이 포함되어 있다. 외국 교과서에 기술된 한국 관련 잘못된 내용들을 바로잡는 사업도 진행되고 있다. 이 공공외교 사업은 외교부, 교육부가 공동으로 진행하는데 외교부는 현지 공관을 통해 교과서의 내용을 파악하고 잘못된 기술들을 찾아내고 교육부는 현지 교육부를 접촉해 잘못된 내용의 수정을 요구하고 필요한 자료들을 제공하는 일을 담당한다.

마지막으로 정책공공외교는 일반 대중보다는 여론 주도층, 정책 전문가 등을 대상으로 한다. 목표는 한국의 정책에 대한 지지를 확보하는 것이고 이를 위해 한국의 정책을 소개하고 설명하는 세미나, 정책포럼 등을 개최하고 외국의 정책 전문가들에게 한국의 주요 정책에 대해 연구할 기회를 주는 활동들을 수행한다. 한국은 특히 북한 핵 문제를 포함해서 한반도의 평화와 안정을 위협하는 요인들을 잘 관리해야 하는 숙제를 가지고 있다. 이러한 과제를 해결하기 위해 주요 국가들의 정책결정 전문가들이 한국의 외교정책을 잘 이해하고 지지를 보낼 수 있도록 정책공공외교가 이루어지고 있다. 정책공공외교에서는 정부의 지원도 필요하지만 학자들이나 민간연구소들의 역할도 매우 중요하다. 정책공공외교가 정부 주도가 되면 이런 활동을 한국 정부의 프로파간다 활동으로 인식할 수 있고 한국 정부가 중심이 된 정책 로비로 오해할 수도 있기 때문에 주로 학자들이나 민간연구소가 해외의 연구기관이나 싱크탱크와 협약 관계를 통해 한국 정책에 대한 소개와 협동 연구를 진행하고 있다. 외교부 산하 한국국제교류재단(KF)의 해외정책연구소 지원 사업이 정책공공외교의 좋은 예라고 할 수 있다. 예를 들어 KF 미국 워싱턴 D.C. 사무소는 워싱턴에 소재하는 주요 싱크탱크들의 한국 관련 정책 연구를 지원한다. 브루킹스연구소(The Brookings Institute)나 전략국제연구센터(CSIS: Center for Strategic and International Studies), 헤리티지재단(The Heritage Foundation) 등의 싱크탱크들은 단순히 연구기관이 아니고 미국의 주요 정책에 자문을 하고 정책결정에 관여할 수 있는 전문가들이 연구와 자문을 수행하는 곳이다. 따라서 여기서 일하는 전문가들이 한국의 대외정책에 대해 관심을 갖고 올바로 이해하며, 나아가서 한국의 정책을 지지하도록 하는 것이 워싱턴 D.C.에서의 정책공공외교 활동의 핵심이다. KF는 전략국제연구센터에 '한국 석좌(Korea Chair)'직을 설치하고 한국 외교안보 관련 연구를 지원한다. 또 전략국제연구센터와 함께 한국과 미국의 학자, 정부 관리, 싱크탱크 연구원들이 함께 참여해 한반도 관련 현안에 대해 의견을 교환하는 한미전략포럼(Korea-US Strategic Forum)을 매년 개최하고 있다. 이런 활동을 통해 만들어진 인적 네트워크는 한국의 외교안보 정책적 입장을 이해하는 미국 참석자들이 미국 정부에서 일하게 되었을 때 한국의 외교안보 정책에 긍정적으로 작용하게 된다.

  2020년 코로나19 사태 초기에 한국의 방역 경험들이 세계인의 관심을 끌었다. 한국 외교부는 이러한 방역 경험이 우리의 의료 수준과 시스템의 선진성을 세계에 알릴 수 있는 기회라는 인식을 갖고 K-방역에 대한 경험을 세계와 공유하는 의료공공외교 활동을 매우 활발하게 진행했다. 코로나19 방역 경험을 공유하는 사업으로서 2020년 5월부터 7월 8일까지 아홉 차례의 웨비나(webinar)를 개최하여 보건, 출입국 검역, 역학조사, 격리자 관리 등 다양한 분야에서 방역 관련 한국의 경험을 소개했다. 외교부 산하기관인 KF도 한국에 주재하고 있는 외국 공관들을 대상으로 한국의 진단 기술과 장비 등에 대한 홍보 설명회를 열었고 한국의 코로나19 대응 노력에 대한 인식을 높이기 위해 미국 남가주대학교(University of Southern California) 공공외교센터와 공동으로 '코로나19 관련 한국의 대응 노력'이라는 온라인 대담회를 개최했다.

  공공외교 역시 가장 중요한 주체는 정부이지만 여러분과 같은 일반인도 외교부나 한국국제교류재단이 주관하는 '국민모두가 공공외교관' 공모에 참여하여 공공외교 활동을 할 수 있다. 그 외에도 일반인이 참여할 수 있는 많은 공공외교 사업이 있으니 관심이 있는 사람들은 꼭 한국국제교류재단 홈페이지를 방문해 보길 권한다.

🔊 DIPLOMACY 🔊

외교에서 국민의 역할
문재인 정부의 '국민외교'에 대해

문재인 정부의 국정과제 중 '국민외교 및 공공외교를 통한 국익 증진'이라는 과제가 있다. 공공외교는 이미 이야기했던 것처럼 2000년 이후 대부분의 나라에서 매우 활발하게 이루어지고 있는 상대국 대중을 상대로 하는 외교이다. 그런데 이와는 달리 '국민외교'라는 개념은 외교 관련 교과서 어디에도 없는 새로운 개념이다. 내 생각에는 문재인 정부의 창작물이라고 생각한다. 국민외교는 무엇인가? 대한민국 외교부 홈페이지의 설명을 소개하면 국민외교는 민주화의 확산과 정보통신기술의 발달 등으로 정부와의 쌍방향 소통과 정책결정 과정에의 참여를 바라는 국민의 요구와 기대가 증가하는 현실을 반영하여 "국민과 활발히 소통하고 외교에 관한 국민의 의견을 수렴하여 정책에 반영하며 이를 통해 외교정책에 대한 국민의 신뢰와 지지를 확보하고 전 국민의 외교 역량을 결집하여, '국민 중심, 국익 중심'의 외교를 구현"하는 것이다. 좀 쉽게 요약하면 외교에 대해 국민들에게 잘 알리고 외교정책결정 과정에 국민의 의견을 반영하여 외교정책에 대한 국민의 신뢰와 지지를 확보하는 국민 중심의 외교를 목표로 하는 정책이다. 국민에게 정책에 대해 잘 설명하고 국민의 의견을 반영하여 국민의 신뢰를 확보한다는 내용 어디 하나 흠잡을 것이 없는 아름다운 내용이다. 국민외교라는 과제를 국정과제로 선정한 사람들의 의도를 대충 짐작할 수 있다. 외교정책이 밀실에서 외교 관료, 청와대(대통령, 비서실, 국가안보실 등)등의 소수의 사람들의 손에 의해 만들어지기 때문에 국민의 알 권리나 국민의 의사가 반영되지 못하며 결국 국민의 지지도 받지 못한다는 문제의식이 이러한 국민외교 개념을 만들어냈을 것이라는 생각이 든다.

국민외교의 좋은 의도에도 불구하고 문제는 국민외교의 영역이 다른 정책들 예를 들어 경제정책이나 산업정책, 복지정책과 같은 국내 정책이 아닌 다른 나라와의 관계를 다루는 외교정책의 영역이라는 것이다. 외교정책은 상대가 있고 상대국과의 관계 속에서 수립되고 실행된다는 점에서 일반적인 국내 정책과는 성격이 다르다는 점을 이해해야 한다. 국내 정책은 '정보공개법'이나 여러 가지 절차에 의해 정보가 공개되지만 외교관계에 대해서는 국가의 이익을 현저하게 해칠 우려가 있는 경우 공공기관 정보공개법에서도 비공개로 할 수 있도록 규정하고 있다.

국민의 알 권리라는 차원에서 외교도 예외가 될 수 없다고 주장하는 사람들은 이미 공개외교 원칙이 보편화되었다는 것을 주장한다. 공개외교가 일반적인 규범이 된 것은 제1차 세계대전이 끝난 후 전후 처리 과정에서 주도적 역할을 했던 우드로 윌슨(Woodrow Wilson) 미국 대통령이 전후 질서를 설계하는 가이드라인이었던 14개 조항(The Fourteen points)에서 제1차 세계대전 이전 만연했던 유럽에서의 비밀외교가 제1차 세계대전의 원인이라고 진단하고 공개외교(open diplomacy)를 주창하면서이다. 유럽 국가들 간의 복잡한 비밀동맹조약들은 결국 오스트리아와 세르비아의 충돌을 삽시간에 전

유럽의 전쟁으로 확대시켰다. 만일 이런 동맹조약들의 존재를 국민들이 알았었더라면 유럽 국가들은 전쟁에 참전하는 데 좀 더 신중했을 수도 있다. 이후 비밀외교는 뭔가를 숨기는 것 같은 어두운 이미지를 갖는 부정적 개념이 되었다. 일본이 필리핀에 대한 미국의 권익을 인정하는 대가로 미국이 일본의 한반도 지배를 인정한 1905년 카츠라-태프트 밀약[정확히는 합의각서(Agreed Memorandum)]이 비밀외교의 예로 거론되는 이유도 이 합의가 비밀에 부쳐졌기 때문이다.

그러나 14개 조항에서의 공개외교는 국가 간의 조약이나 협약 등이 공개되어야 한다는 것을 의미한다. 현재 이러한 원칙에 대해 반대하거나 문제를 삼는 경우는 없다. 국민외교가 이러한 수준에서의 국민의 알 권리를 의미하는 것이라면 굳이 새로운 개념을 만들어서 국정과제로 삼을 필요도 없다. 문제는 국민외교가 추구하는 국민의 외교에 대한 알 권리가 '공개외교'의 차원을 넘어서 외교정책에 국민의 의사가 반영되는 것이라는 것이다. 이것 역시 그 자체가 문제라기보다는 어느 정도까지 국민의 의사가 반영되어야 하는 것인가에 대한 문제이다. 만일 국민외교라는 것을 국정과제로 설정한 사람들의 마음속에 박근혜 정부 때 이루어진 일본과의 위안부 합의가 이러한 새로운 과제를 설정하는 계기가 되었다면 문제는 좀 복잡해진다. 문재인 정부는 2017년 7월 31일 '한일 일본군위안부 피해자 문제 합의 검토 태스크포스'를 외교부 장관 직속으로 설치했다. 이 태스크포스(TF: Task Force)의 목적은 2015년 12월 28일에 발표된 한일 위안부 문제 합의의 경위와 내용을 밝히고 평가하는 것이었다. 이 태스크포스는 2015년 12월 28일 발표된 합의 내용 이외에 대외적으로 공개되지 않은 합의가 있었다는 사실을 밝혀내고 비공개 합의를 공개하기로 결정했다. TF에 참여한 3명의 외교부 위원들은 국가 간 협상에서 논의되고 비공개하기로 한 합의를 공개하는 것은 국제관계에서 국가의 신뢰성을 훼손하는 것이며 향후 한국의 대외 협상에 큰 악영향을 미친다는 이유로 공개하는 것에 반대했다. 그러나 어차피 TF가 만들어진 목적이 이 합의의 문제점과 부당성을 밝혀내는 것인 상황에서 그런 반대 논리가 먹힐 리 없었다. 시민단체, 대학교수, 인권변호사로 구성된 민간위원 6명과 외교부 위원 3명으로 구성된 TF는 공개를 결정했다. 이때 민간위원으로 참여했던 전직 외교관(이후 문재인 정부에서 국립외교원장 그리고 다시 제1차관으로 기용되어 다시 외교부에서 일하게 되었다) 조세영 씨는 이러한 공개가 정당했으며 외교에서 비공개가 허용되는 것은 국가안보나 중대한 국익을 저해할 우려가 있는 경우로 엄격하게 한정되어야 하며 위안부 합의 중 일부를 비공개한 것은 이러한 경우에 속하지 않고 "국내에서 비판을 피하기 위해 편리한 수단으로 비공개 합의를 남용한 것"이라고 주장했다.

그런데 조세영 전 차관은 본인이 신문에 연재하던 또 다른 칼럼에서 공개 외교의 원칙을 이야기하며 그 의미가 조약과 협정의 내용을 공개하라는 의미이지 그 교섭 과정까지 공개하라는 뜻은 아니라는 것이라고 말한 바 있다. 그리고 외교 교섭의 현장에서 외교관들이 유연성을 발휘해 타협을 이끌어낼 수 있을 정도의 재량은 허용될 필요가 있는데 그 이유는 상호 양보와 타협이 곧 외교의 본질이기 때문이라고 덧붙였다. 이 이야기는 외교와 외교 협상의 본질을 잘 이해하고 있는 직업 외교관이 할 수 있는 의미 있는 이야기라고 생각한다. 외교 협상과 교섭의 과정에서 양보가 없다면 절대 합의는 이루어질 수 없다. 합의를 이루기 위해서는 서로 주고받기 그리고 하나를 양보하는 대신 다른 것을 얻어내는 협상의 기본적 기술을 발휘해야만 한다. 그런데 여기서 양보를 하는 부분은 설사 그것이 다른 무엇을 얻어내기 위한 것이라 할지라도 일반 국민의 정서로는 용납되지 않는 경우가 많다. 국내 정치적으로 예민한 이슈를 다루는 협상에서는 더욱더 한국 측이 한 양보는 국내적으로 받아들여지지 못한다. 협상의 과정에서 이루어지는 다양한 전략(다른 이슈와 연계한다든지 때로는 대외적으로 공개되지 않는 이면 합의를 만든다든지)은 공개될 경우 협상 당사자들의 국내에서 큰 문제가 될 수 있기 때문에 공개하지 않는다. 이런 협상의 과정과 비공개 합의를 다 공개하라고 한다면 외교 협상에 임한 협상 담당자들은 협상을 하기가 어렵다. 합의를 이끌어내기 위해 자신이 한 양보가 다 공개될 것을 각오해야 하기 때문이다. 조세영 씨가 말하는 협상에서 '타협을 만들어낼 수 있는 재량'을 발휘할 수 없는 것이다. 영국의 외교관 데이비드 켈리(David Kelly)는 "공개외교란 용어 자체가 모순이다. 외교는 공개되면 더 이상 외교가 아니다"라고 말한 바 있다. 국민의 알 권리와 외교 협상이라는 특수성에서 오는 어느 정도의 비밀의 보장 필요성은 충돌한다. 보통 국가안보나 중대한 국익을 저해할 우려가 있을 경우 국민의 알 권리를 유보할 수 있다고 보지만 어떤 사안이 중대한 국익을 저해할 것인지의 판단은 너무나 주관적이고 또 정치적이다. 위안부 TF가 "우리 외교부가 왜 합의안 중 일부를 공개하지 않았느냐?"고 문제를 지적할 수는 있지만 그 내용을 공개하기로 결정한 것은 결국 한국이 국가 차원에서는 외교적 신의 위반 행위를 하도록 만든 것이라고 볼 수밖에 없다. 이러한 선례를 만들었으니 앞으로의 외국과의 협상에서 한국의 협상 상대는 한국과의 비공개 약속을 신뢰할 수 없을 것이다.

    국민외교의 중요한 부분인 국민의 외교정책 결정 과정에의 참여 역시 일견 긍정적인 것으로 보이지만 외교정책의 전문적 성격과 국민이 대체 누구를 말하는 것이냐의 문제 등 현실에서는 말처럼 쉬운 목표가 아니라고 생각된다. 통상 협상, 특히 시장개방 협상에서 쌀시장 개방에 농민의 의사를 전적으로 반영하면 쌀 시장 개방 협상은 아예 시작할 필요가 없다. 안타깝지만 특정 작물 생산 농민의 이익이 대한민국의 전반적 국익과 일치하지는 않기 때문이다. 1999년 중국산 마늘의 국내 시장 점유율이 늘어나자 농업이익단체가 한국 정부에 세이프가드(safeguard, 긴급수입제한조치)를 요청했고 2000년 총선이 있는 상황에서 정부는 세이프가드를 발동해 중국산 냉동 마늘에 대한 관세를 30%에서 315%로 인상했다. 이에 대해 중국은 보복 조치를 취해 한국산 휴대폰과 폴리에틸렌에 대해 수입 금지 조치를 취했다. 이 당시 중국의 대한국 마늘 수출액은 900만 달러 정도였고 한국의 대(對)중국 휴대폰과 폴리에틸렌 수출액은 5억 달러 정도였다. 마늘 농가의 입장을 반영해 취한 통상정책은 휴대폰 산업과 폴리에틸렌 산업에 심각한 타격을 주었다. 대한민국의 통상정책은 누구의 입장을 고려하고 반영해 결정되어야 했는가? 어떤 의견이 국민의 의견인가?

요즈음 한국 외교부에서 가장 인기 없는 임지 중의 하나가 일본이다. 일본을 담당하는 아시아태평양국 아태1과는 한일관계가 악화되면서 가장 힘든 부서가 되었다. 일본에 대한 합리적 평가나 한일관계 개선을 위한 어떠한 노력도 토착왜구로 매도되는 환경에서 일본을 담당하는 외교관들, 즉 한일관계를 개선하는 것이 주 업무인 외교관들은 업무를 잘하면 잘할수록 대한민국 공적이 될 가능성이 커지는 환장할 아이러니를 경험하게 된다. 국민들을 대일 외교정책 결정에 참여시키면 한일관계는 종쳤다고 보면 된다. 많은 일반 국민은 한일관계의 개선이 한국에게도 일본에게도 얼마나 중요한지 사실 알지 못한다. 일본과의 과거사 문제에서 한발도 벗어나지 못하는 사람들에게는 한일 양국이 앞으로 경제적으로 그리고 안보 측면에서 어떻게 협력해야 무한 경쟁의 미래에서 살아남을 수 있는가에 대해서는 큰 관심이 없고 밉상 일본에 대한 미움과 과거에 대해 마음을 열고 반성하지 못하는 찌질한 일본에 대한 증오만이 존재한다. 대중의 반일 감정을 정치적 동력으로 활용하던 문재인 정부가 2021년 들어 갑자기 한일관계 개선에 매달리면서 일본에 러브콜을 보내는 것을 보면 국익을 위한 정책 방향이 꼭 국민의 정서에 부합하지는 않는다는 것을 알 수 있다. 일반 국민의 생각대로만 외교가 이루어질 수 없는 이유이다.

특정 이익집단이나 이념 집단의 견해를 국민의 의견으로 포장하여 그들이 외교정책을 좌지우지하게 만드는 것은 국민외교가 아니다. 정책결정에서 이해당사자들의 의견을 청취하고 최대한 반영하는 것은 필요한 일이지만 정책은 대통령을 비롯한 대통령이 임명한 관료, 전문가 집단의 집단지성에 의해 결정되는 것이다. 국민들이 정책결정의 주인공이라는 헛된 신화를 심어주어서는 안 된다. 문재인 정부의 모든 외교정책이 국민의 의사를 반영하고 참여를 보장했을까? 그건 문재인 정부뿐만이 아니라 어떤 정부에서도 일어날 수 없는 일이다. 그러니 국민외교를 다르게 규정하자. 국민의 지지는 분명히 외교의 든든한 자산이다. 따라서 국민이 외교 현안에 대해 정확한 정보를 갖도록 해야 한다. 이런 의미에서 문재인 정부의 국민외교의 긍정적인 측면이 분명히 존재한다. 국민외교는 국민에게 어떠한 외교 현안이 있고 어떠한 방향으로 외교가 이루어지고 있는가를 정확히 알리는 것이 시작이다. 그리고 그 이전에 국익에 대한 이해와 외교에 대한 이해를 넓힐 수 있도록 국민들을 교육하는 작업이 국민외교의 기초 작업이 되어야 한다. 그래야만 외교정책 과정에서 국민들의 참여가 애초에 의도하던 긍정적인 결과를 낼 수 있을 것이다. 그런 의미에서 외교부 산하 국립외교원에서 운영 중인 '국민외교 아카데미'에 거는 기대가 크다. 청소년과 대학생들을 대상으로 하는 프로그램에 많은 젊은이들이 참여하기를 기대한다.

🕰 DIPLOMACY ⌘

국민과 외교부의 접점, 영사 서비스

외교관이 관련된 불미스러운 사건이 발생했을 때 신문 기사에 달린 댓글을 읽어 보면 한국 국민의 외교부에 대한 인식이 최악이라는 것을 느낀다. 아무리 소리 없는 다수는 다른 생각을 가지고 있다 해도 많은 댓글이 기존에 자신이 겪은 혹은 느꼈던 외교부에 대한 나쁜 인상이나 경험을 이야기하며 외교부, 외교관들을 싸잡아 비난한다. 외교부에 대한 이러한 부정적 인식은 여러 가지 이유가 있겠지만 가장 큰 원인은 외교부의 재외국민보호에 대해 우리 국민들이 불만을 가지고 있기 때문인 것 같다. 특히 〈집으로 가는 길〉이라는 영화의 내용처럼 해외에서 어려움에 처한 자국 국민에 대해 외교부가 적절한 보호를 하지 못했다는 생각이 국민들의 안티-외교부 인식에 큰 영향을 미쳤다고 생각한다.

외교부의 임무와 역할을 크게 나누면, 한국을 대표, 타국과의 관계 속에서 국익 확보, 외국과의 소통(communication)을 담당, 협상과 교섭을 담당, 그리고 외국에서 자국 국민의 생명과 재산을 보호하는 것 등으로 볼 수 있다.

따라서 재외 국민의 보호는 외교부의 임무 중 중요한 부분이다. 외교 기관의 발전 역사를 보면 재외국민과 관련한 업무, 즉 영사업무는 외교업무와는 분리되어 있었고 영사업무가 외교업무와 통합된 것은 대개 1900년대 초·중반에 와서이다. 미국은 1924년 로저스 법안(Rogers Act)에 의해 모든 영사업무와 외교업무가 하나의 기관으로 통합되었고 영국은 1943년 이든 개혁(Edens Reforms)에 의해 영사업무가 외교부에 통합되었다.

외교업무와 영사업무의 구분이 어렵게 느껴지는 사람들을 위해 간단히 설명하면 외교업무는 상대국 정부와 관계되는 업무로서 대사관을 통해 이루어지는 것이고 영사업무는 해외에 체류하는 자국 국민의 보호, 여행 지원, 자국 기업의 활동 지원 등 주로 영사관을 통해 이루어지는 업무이다. 영사관의 주요 업무는 해외에 거주하는 혹은 여행하는 자국 국민의 서류에 관련된 일(여권 관련 업무, 여권을 분실할 경우 여행증명서 발급 등), 여행 중 곤란한 일을 당한 경우 국민 보호 임무, 외국인의 한국 입국 관련 비자 발급 업무, 결혼 비자 신청 업무 등이다. 일반 국민이 외교부와 직접적 접촉을 하게 되는 경우는 보통 여권 발급을 위해 외교부 여권과에 가는 일(요즘은 각 구청의 여권과 사무실에 가면 된다), 그리고 해외에서 여권을 분실하거나 범죄 피해를 당해 해당 국가의 영사관에 연락하거나 찾아가는 일들 이외에는 별로 없을 것이다(대사관으로 전화를 걸어도 재외국민업무는 바로 영사관으로 연결해 줄 것이다). 그래서 일반 국민은 외교부가 얼마나 많은 영역에서 일을 하든 간에 자신들과 직접적으로 관계가 있는 영사업무를 통해 외교부의 업무를 경험하고 평가하게 된다.

2011년 벨기에 브뤼셀에서는 "외교 부서의 미래 국제회의(Foreign Ministry of the Future Conference)"가 열렸다. 차관급 외교부 관리들이 참석한 이 회의에서는 외교부의 재외국민보호 업무에 관한 의제가 가장 중요하게 논의되었다. 이 회의의 배경은 각국의 외교부가 직면한 새로운 도전에 대해 경험을 공유하고 적절한 대응을 하기 위한 것이었다. 그 새로운 도전 중 가장 중요한 것이 바로 자국민에 대한 보호 업무의 중요성이 매우 커지고 있다는 것이었다. 국제 여행객은 모든 나라에서 급격히 증가했고 시민의 권리의식은 성장했으며 시민의 목소리를 전달할 수 있는 소셜미디어 같은 수단들이 급격히 늘어났다. 점점 더 외교부의 업무는 해외에 있는 자국민의 보호 업무를 얼마나 잘했느냐로 평가받기 시작했다. 내가 알던 고위 외교부 관리는 "외교부가 아무리 다른 업무에서 성과를 거두어 정부업무평가에서 높은 점수를 기대하다가도 해외에서 우리 여행객이 큰 사고 하나를 당하면 그해 외교부 업무평가는 최악이 되는 것"이라고 어려움을 토로한 적이 있다. 위에서 언급한 브뤼셀 회의가 말해 주듯이 이런 어려움은 한국 외교부만의 문제가 아니다. 무력 분쟁이 있는 지역에서의 자국민 보호, 쓰나미 같은 자연재해의 피해자들을 보호하는 일, 테러리즘으로부터의 자국민 보호, 유명 관광지에서의 범죄 피해 등 모든 나라의 외교부는 한정된 예산과 인원을 가지고 급격히 증가하는 재외국민보호 수요에 대응하기 위해 노력해야만 했다. 하지만 안타까운 점은 외교부의 그런 노력들이 해외에서 범죄의 피해자들과 가족들 그리고 그러한 소식을 언론으로 접하는 국민들을 달래주거나 만족시킬 수 없다는 것이다.

2004년 12월 26일 인도양에서 발생한 쓰나미로 인해 태국 푸껫 지역에서 가장 큰 피해를 입은 스웨덴의 사례를 들어보자. 이 자연재해로 스웨덴 국민 543명이 사망했고 1500명이 부상을 당했다. 한국의 경우 17명이 사망했다. 쓰나미 발생 당시 태국에는 2만여 명의 스웨덴 관광객이 크리스마스 휴가를 보내고 있었다. 12월 26일 쓰나미가 발생하고 큰 피해가 생겼지만 스웨덴 정부는 적절한 대응을 하지 못했다. 4일이 지나서야 의료진과 의약품을 실은 수송기를 태국에 보냈다. 그 사이에 스웨덴인들은 대사관 직원들과 연락을 시도했으나 연락이 닿지 않았고 생존자들도 독일 구조팀의 도움으로 가까스로 현장을 빠져나왔다. 이 쓰나미 사태로 당시 예란 페르손(Göran Persson) 수상과 라일라 프레이발스(Laila Freivalds) 외교부 장관은 큰 비난을 받았다. 해외 여행객의 사고에 대한 대응이 너무 늦고 적극적이지 않았다는 비난이었다. 그리고 이러한 안이한 대응의 원인이 2003년 제정된 '재외 스웨덴인에 대한 자금 지원법(Financial Assistance to Swedish Citizens Abroad Act)'과 같은 매우 경직된 재외국민 지원 정책 때문이라는 비난도 쏟아졌다. 이 법안은 기본적으로 해외 여행객이 자기 자신 스스로를 돌봐야 한다는 원칙("help with self-help")을 천명했기 때문이다. 이듬해 나온 독립위원회의 조사 보고서는 사건 현장에서 온 전문들이 즉각적으로 스웨덴 외교부 담당 부서로 전달되지 않았고 의료팀 파견 과정에서도 의사결정 시스템의 혼선으로 지연되는 등 위기관리체계가 미흡했다는 점들을 지적했다.

엄청난 자연재해로 가족들을 잃고 그들을 찾기 위해 백방으로 정보를 구하고 뛰어다닌 유족들에게 자국 정부가 며칠 동안 아무런 대응을 하지 않는다는 것은 참을 수 없는 일일 것이다. 그럼에도 불구하고 불과 10여 명의 주태국 스웨덴 대사관의 직원들이 2만 명의 자국 관광객과 그 가족들의 문의 전화와 질문, 항의 그리고 여러 가지 요구사항을 제대로 처리하는 것을 기대하는 것도 무리다. 한국처럼 여행객 수가 적어서 그나마 대응을 할 수 있었던 경우가 아니고는 이런 대규모 자연재해에서 제대로 된 대응은 현실적으로 불가능하다. 당시 쓰나미로 태국에서만 23만 명이 희생되었는데 너무나 많은 희생자 때문에 시신을 적절히 처리할 수도 없었다. 이런 상황에서 어떤 만족할 만한 영사 서비스를 할 수 있는가? 그러나 많은 수의 사망자가 생긴 경우 피해자와 가족들에게 이런 식의 합리적인 사고는 수용될 수가 없다.

재외국민보호가 대중과 미디어의 관심의 초점이 되는 상황에서 늘어나는 여행객 그리고 점점 더 안전이 확보되지 않는 여행지로 향하는 여행객 그리고 여행객의 연령이 급격히 낮아지면서 생기는 여러 가지 안전사고로 인해 각국의 외교부는 심각한 고민에 빠지게 된다. 재외국민보호를 위한 예산이나 인원은 한정되어 있는데 해외에서의 사고에 대한 언론의 관심은 커지고 여행자들의 불만은 더 커지는 현상을 과연 어떻게 해결할 수 있을 것인가에 대한 대책을 마련해야 하는 것이다. 많은 나라가 취한 해법은 첫째, 안전한 여행 캠페인이다. 대사관별로 주재국의 여행 정보와 주요 여행지에 대한 정보, 주의할 점들을 수집해 국민들에게 제공하기 시작했다. 어떤 지역은 피해야 하고 어떤 지역은 해가 지면 가지 않는 게 좋고, 어떤 사람들을 조심해야 하는지와 같은 정보들이다. 둘째, 해외에서 생기는 사건에 대한 피해를 여행객 스스로가 해결해야 한다는 원칙들을 해외 여행객에게 명확히 하기 시작했다. 특히 서구 국가들은 여행객의 자유의사로서의 여행과 행동에 대한 책임을 기본적으로 여행객 스스로가 져야 한다는 점을 명확히 했다. 그래서 여행자 보험을 강력히 권유하기 시작했다. 스웨덴의 2003년 법안도 이런 추세의 한 예이다. 이 법안은 국가가 공무가 아닌 개인의 여행과 관련해 발생한 금전적 피해(의료비를 포함)를 보상해 줄 수 없다는 일반적 원칙에 의거한 정책이다. 또 이런 피해에 대해 정부의 보상이 커지면 여행자들의 위험한 행동을 오히려 부추길 수 있다는 생각도 이러한 정책의 근거로 제시되었다. 세 번째, 위기 발생 시의 대응 시스템을 강화하기 시작했다. 한국의 경우 본부에서는 24시간 가동되는 24시간 영사콜센터, 재외국민지원센터, 해외 안전정보 문자서비스를 만들었다. 해외에서 위기 상황이 생겼을 때 신속히 파견되어 대응할 수 있는 '신속대응팀'도 만들어졌다. 2019년 헝가리 부다페스트 다뉴브강 유람선 침몰 사고가 발생했을 때 현지에 신속대응팀을 파견한 바 있고 코로나19로 각국에 격리된 우리 국민을 한국으로 데려오기 위한 신속 대응팀이 여러 나라에 파견되었다.

그러나 이런 시스템의 정비가 국민들의 만족도를 크게 개선할 수 있다고 생각지는 않는다. 기본적으로 정부에 대한 과다한 기대가 있으면 정부의 서비스가 아무리 강화된다 하더라도 그러한 기대를 만족시킬 수 없기 때문이다. 중요한 것은 국민들이 그러한 과도한 기대를 줄여야 하고 자신의 안전은 자신이 지켜야 한다는 간단한 원칙을 지키는 것이다. 사고가 난 다음에 설사 정부가 구제를 위해 노력을 한다고 해서 그 피해가 모두 구제될 수 있는 것은 아니다. 생명을 잃거나 심각한 피해나 부상을 입은 다음에 정부의 구제 노력이 무슨 의미가 있겠는가?

정부가 여행객 개개인의 위기 상황에 항상 신속히 완벽하게 대응할 것을 기대하는 것도 합리적인 생각이 아니다. 왜 그런지 몇 가지 이유를 이야기하고 싶다. 첫째, 코로나19 이전 한국의 해외 여행객 수는 2000만 명을 넘어섰다. 전 세계 어느 곳에도 한국의 여행객들은 있다. 한국인들이 선호하는 일본, 동남아시아 국가들은 보통 1년에 몇 백만 명의 여행객이 방문한다. 매년 200만 명의 한국 여행객이 방문하는 태국의 한국 대사관에서 영사업무를 담당하는 직원이 얼마나 되겠는가? 영사업무 중에도 한국 입국비자 등의 출입국 관련 업무를 제외한 사건·사고를 담당하는 경찰 영사와 영사, 행정원들을 다 합쳐야 5명을 크게 넘지 않는다. 이 인원이 연 200만 명의 여행객을 담당해야 하는 것이다. 2019년 한국의 영사 1명이 담당하는 재외국민 수는 11만 2000여 명이었다. 이런 수치는 일본이나 호주보다 몇 배나 많은 수치이다. 더욱더 어려운 점은 단체 관광객이 줄어들고 소규모 혹은 개인 단위의 자유 여행객들이 크게 늘어났다는 것이다. 단체 여행은 가이드가 있고 가이드가 최소한의 여행객 관리를 하지만 자유 여행객들은 아무도 챙겨줄 사람이 없다. 이들이 주로 범죄의 대상이 되고 사건·사고의 피해자가 된다. 둘째, 현지 외교공관에서 해줄 수 있는 지원의 범위가 여행객들의 기대나 생각과는 크게 차이가 있다는 것이다. 해외에서 곤란한 상황에 처한 경우 영사의 도움을 받는 것을 영사조력이라고 한다. 그런데 이 영사조력 서비스는 말 그대로 조력이다. 다시 말해 힘을 보태준다는 말이다. 힘을 보태주는 것은 문제를 완전히 해결해 주거나 현지의 처벌로부터 면제를 받게 해준다는 것과는 거리가 멀다.

영사조력이 무엇인지 자세히 알아보자. 여행지에서 그 나라의 법을 어기거나 시비에 휘말려 체포되는 경우가 있는데 그 경우 보통 영사콜센터를 통해 현지 영사관에 연락을 취하게 된다. 이럴 경우 영사들이 제공할 수 있는 영사조력 서비스는 우선 경찰서를 방문해 도움을 청한 여행자를 만나 자초지정을 청취하고 현지 경찰로부터 부당한 처사를 당했는지 등을 확인하고 현지의 지인이나 한국의 가족에게 연락을 원하면 연락을 취해준다. 그 후 현지 경찰을 만나 체포 이유 등을 확인하고 법적 절차 없이 석방될 수 있는지 벌금을 납부해야 하는지 등을 확인하게 된다. 재판을 받아야 하는 경우는 변호인의 선임에 도움을 준다. 이 정도가 영사들이 해줄 수 있는 일이다. 문제는 대부분의 여행객들이 이 경우 영사가 자신을 석방시켜 주기를 기대한다는 것이다. 하지만 만일 현지 경찰에서 조사가 필요하다고 생각하면 잡아두고 조사를 하고 범죄 혐의가 심각해서 법적 심판을 받아야 한다고 생각하면 더 오래 유치장 생활을 해야 한다. 이럴 경우 도움을 요청한 사람들은 한국 외교부(현지 공관)가 아무런 조치도 취하지 않는다고 불만을 터뜨리는 경우가 많다. 하지만 현지의 한국 외교관과 영사들은 주재국 법적 절차에 개입할 아무런 법적 권한이 없다. 이러한 상황에서 할 수 있는 일은 부당한 대우를 받지 않도록 하는 일, 가능한 한 신속하게 일을 처리하도록 요청하는 일 그리고 변호인이 필요한 경우에는 변호인 선임을 도와주는 일 등이 할 수 있는 일의 전부이다. 소매치기를 당하거나 가방이나 지갑을 분실하거나 해서 무일푼 신세가 된 경우 영사들에게 돈을 빌려달라는 경우가 많다. 영사들이 할 수 있는 일은 한국에 있는 가족이나 지인으로부터 송금을 받을 수 있도록 하는 '신속해외송금 제도'를 안내해 주는 일뿐이다.

영사조력에 관한 국민의 오해와 이로 인한 불만이 계속되자 정부는 '영사조력법'을 입법해 2021년 1월 16일부터 시행하고 있다. 그동안에는 외교부 내부업무 처리지침을 통해 영사조력을 수행해 왔었는데 이것을 법제화해서 영사조력에 대한 명확한 원칙을 세우고자 했던 것이다. '영사조력법'을 그대로 소개하기보다는 '영사조력법'에 규정된 영사조력의 범위를 넘어서기 때문에 외교부가 도움을 줄 수 없는 내용을 소개하는 것이 여행객들에게는 좀 더 이해가 빠를 것이다.

✓ 영사조력이 도움을 줄 수 없는 사항들

- 수감된 재외국민(여행자, 체류자 등)의 연고자(가족, 친구 등) 면회에 소요되는 비용의 지원을 하지 않는다.
- 체포 구금 시 번역·통역 서비스 그리고 법률 자문은 제공하지 않는다. 의료비를 먼저 내주거나 지불 보증을 해주지 않는다.
- 개인 간의 민사 분쟁을 해결해 주지 않으며 개입이나 지원을 하지 않는다.
- 체포, 구금, 수감 시 수사를 하거나 주재국의 수사, 사법절차에 개입이나 압력 행사를 하지 않는다(범죄에 대한 수사나 범인 체포, 신변 보호 등).
- 사고의 경우 각종 신고서 발급 및 제출을 대행하지 않고 상대측과의 보상 교섭을 하지 않는다.
- 재외공관 근무시간 이후 무리한 영사 서비스는 제공하지 않는다.

- 숙소, 항공권 등의 예약을 대행해 주지 않는다.
- 돈을 빌려주거나 지불보증, 벌금 대납, 비용 관련 교섭(변호사비, 의료비, 보험료) 등을 하지 않는다.

이러한 내용을 읽고 난 뒤 국민들의 반응은 아마도 "아니 그럼 도대체 무슨 도움을 준다는 거야"라고 할 수도 있다. 영사조력이란 국가가 자국의 국민들을 보호하는 책무를 수행하는 것이지만 현실적인 제약 속에서 이루어질 수밖에 없고 또 조력이라는 자체가 도움을 준다는 의미로서 자신의 안전에 대한 책임은 개인 스스로가 져야 한다는 철학에 근거하고 있다. '영사조력법'에 들어 있는 기본 원칙을 보면 영사조력의 정확한 성격을 알 수 있을 것이다. 우선 '영사조력법' 제4조에는 재외국민의 책무로서 자신의 안전 확보를 위한 모든 주의를 기울여야 하고 재외국민의 안전 도모를 위한 국가의 조치에 협조해야 한다고 되어 있다. 이 법의 제10조와 제11조는 영사조력의 기본 원칙을 담고 있다. 첫 번째는 법규 준수의 원칙으로 국가는 영사조력 시 조약과 국제법규, 체류하고 있는 국가의 법령을 준수해야 한다. 둘째, 지역 특수성의 고려로서 영사조력 시 해당 국가의 제도, 문화 등 특수한 상황을 고려해야 한다. 한국에서는 문제가 없는 행동이지만 체류국에서 문제가 되는 행동이라면 그 나라의 문화, 규범, 법규 등에 따라 처벌을 감수해야 한다는 의미이다. 셋째, 보충성의 원칙으로서 영사조력은 재외국민이 사건, 사고에 처할 경우 스스로 또는 연고자의 지원을 받는 등의 방법 등을 통해 해결할 수 없는 경우에 한해서만 제공되는 보충적 성격의 도움이라는 것이다. 넷째, 형평성의 원칙으로서 영사조력의 보호 수준은 국내에서 발생하는 유사 사례에서 정부가 제공하는 통상적인 보호 수준과 형평성이 유지되어야 한다. 재외 국민이라고 해서 특별한 보호를 제공할 수 없다는 의미이다. 다

셋째, 비용의 자기 부담의 원칙으로서 재외국민은 자신의 생명, 신체, 재산의 보호에 드는 비용을 스스로 부담해야 한다. 다만 재외국민이 스스로 부담할 수 없는 상황 등 예외적인 경우 국가가 그 비용을 부담할 수 있다.

'영사조력법'과 영사조력의 원칙을 이해한다면 해외에서 만족스럽지 못한 한국 외교관들의 도움에 대해 무작정 비판하기는 어려울 것이다. 개개인들은 자기의 상황이 가장 엄중하고 특별하지만 2000만 여행객 시대에 해외에서 근무하는 영사 담당 외교관들은 매일 수많은 비슷한 사건과 마주하게 된다. 영사들은 매뉴얼에 따라 그리고 2021년부터는 '영사조력법'에 따라 대응하도록 되어 있다. 하지만 이런 노력 후에 대부분의 경우 감사를 받기는커녕 쌍소리를 듣기 일쑤다. 국가가 내 문제를 다 해결해 주리라는 지나친 기대를 갖는 경우가 많기 때문이다.

대사로서 아침에 받는 보고에서 가장 신경을 쓰는 것은 밤사이 영사 당직자들에게 걸려오는 한국 국민 관련 사건·사고 관련 보고이다. 이런 일들은 조금이라도 대처를 잘못하면(예를 들어 담당자의 귀찮은 듯한 목소리 톤 등) 바로 대사관 홈페이지나 소셜미디어 게시판에 올라오기 때문에 대사들은 늘 직원들에게 상대방이 정서적으로 불안한 상황이니 섭섭함을 느끼지 않도록 최선을 다해서 응대하라고 강조한다. 직원들도 이런 일로 언론에 오르내리게 되면 불이익을 당할 수 있기 때문에 각별히 주의를 기울이는 것이 요즘 현실이다. 해외에 체류하는 국민들은 부디 자신의 안전을 자신이 지킨다는 생각을 갖고 위험한 지역이나 업소에는 출입을 자제하고 또 낯선 사람들과 어울린다든지 시비에 휘말린다든지 하는 일에 대해 극도로 조심을 해야 한다. 피해는 일단 발생하면 복구가 어렵고 본인이 법적 처벌을 받을 수 있는 경우라면 정부가 해줄 수 있는 일은 생각보다 많지 않다.

마지막으로 말레이시아에서 근무할 때 겪었던 영사조력에 관한 경험을 공유하고 싶다. 아침에 출근하니 영사가 보고를 기다리고 있었다. 어젯밤에 한국 국적의 여성 7명(20대 초반부터 30대 후반까지 연령은 다양)이 경찰에 연행되어 유치장에 수감 중이라는 내용이었다. 같이 있던 친구들 중에 연행을 피한 일행이 영사 당직 번호로 체포 사실을 알려왔다는 것이다. 이들 중 3명은 전날 열렸던 한국 아이돌 보이 그룹의 콘서트장 밖에서 굿즈를 판매하고 있던 사람들이었는데 역시 굿즈를 판매하던 말레이시아 여성들의 신고로 연행되어 갔다는 것이다. 한국 사람들 말고도 역시 굿즈를 판매하던 중국, 대만 여성들도 같이 연행되어 갔다. 일행들의 증언으로는 워낙 한국 굿즈가 품질이 좋기 때문에 손님들이 몰리자 말레이시아 굿즈 판매자들이 경찰에 신고했고 경찰들은 여행 목적과 다른 활동을 했다고 '출입국관리법' 위반(관광비자로 입국해 영리 행위를 한 것)으로 체포했다는 것이다.

영사는 보고를 마치고 바로 유치 시설로 출발했다. 통상적으로 이런 일이 생기면 일단 서울 본부에 보고를 하고 면회를 해서 부당한 처우를 받지 않았는지 불편한 점은 없는지 한국에 연락하기를 원하는지 등을 물어봐 조치하고 담당 경찰을 만나 사건 진행 상황을 브리핑 받고 속히 사건이 잘 처리되기를 부탁하고 오게 된다. 오후에 영사가 돌아와 하필 오늘이 말레이시아 공휴일이라 유치 시설 자체가 문을 열지 않아 면회가 되지 않으며 유치 시설 직원이나 담당 경찰도 출근을 하지 않아 만나지 못했다고 보고했다. 그 대신 친한 경찰과 연락해 상황을 들었으며 어제 신고를 한 한국 여성을 통해 체포된 사람 중 한 명의 전화번호를 파악해 전화 통화를 했는데 체포된 사람들은 잘 있으나 한 여성이 대사관에서 아무도 오지 않는다고 이미 한국에 있는 가족들에게 신문사에 알리라고 전화를 했으며 원래 오늘 숙소에서 퇴실하도록 되어 있으니 대신 퇴실을 부탁했고 여성 용품을 가져다 달라고 했다는 것이다. 다음 날 아침 영사가 유치장을 방문해 면회를 하고 여성 용품을 전달하고 불편한 점은 없는지 상황을 체크하고 담당 경찰을 만나 사건 처리 진행 과정을 물어보고 돌아왔다. 영사는 체포된 한국 여성들이 유치 시설이 좋지 않다고 불평하고 있으며 말레이시아 경찰은 현재 조사를 진행 중이고 조사가 끝나야 벌금을 부과할 것인지 아니며 법 위반으로 재판에 넘길 것인지를 알 수 있다고 했다고 보고했다. 그리고 한국 신문에 벌써 이 사건 관련한 기사가 실렸고 한두 기사는 대사관이 아무 대응도 하지 않고 있다는 톤으로 보도를 했다는 보고를 했다. 취재도 확인도 없이 기계적으로 그런 기사를 쓰는 일부 언론이 원망스러웠지만 어제오늘의 일도 아니고 우리 공관만 겪는 일도 아니어서 더 이상 신경 쓰지 않기로 했다. 다음 날 경찰서를 방문했던 영사가 체포된 여성들이 오늘은 풀려나기 어렵다는 보고를 했다. 너무 오랫동안 유치장에 있으면 곤란하기 때문에 한국 대사관과 친분이 있는 현지 경찰 고위직에게 문의를 하고 선처를 부탁했는데 돌아온 답은 같이 잡혀온 다른 나라 판매자들의 조사가 아직 끝나지 않아 처리 방침을 정할 수 없어 조사가 끝나기를 기다리는 중이라는 답이었다. 서울에 있는 가족들에게 이런 사실을 알리고 영사가 계속 면회를 하고 연락을 취하고 있으니 너무 걱정하지 않아도 된다는 메시지를 전했다.

　서울의 언론 보도는 처음에는 대사관의 대응에 초점을 맞추고 있었지만 시간이 지나면서 갑자기 그 아이돌 보이 그룹 팬들 간의 설전으로 옮겨가고 있었다. 공식 팬클럽에서는 그 판매자들이 진정한 팬이 아니며 해외 콘서트를 따라다니며 사진을 찍고 굿즈를 판매하는 사람들이 돈을 벌기 위해 아이돌 그룹에게 피해를 주고 있다고 비난하고 나선 것이다. 그러면서 언론들이 소위 굿즈 장사에 관한 기사들을 싣기 시작했다. 전체 논조는 너무나 상업화된 팬 문화에 관한 것이었고 직업적 굿즈 판매자들이 초래하는 문제들도 제기되었다. 말레이시아에서 체포된 판매자 중에도 30대 후반의 여성이 있었는데 이 판매자도 팬이라기보다는 전문적 판매자였다. 어쨌든 이러한 논쟁이 시작되면서 대사관의 대응은 더 이상 언론의 관심에서 벗어났고 체포된 사람들에 대한 여론도 부정적으로 변했다.

한편 대사관의 최대 걱정은 이 판매자들이 '출입국관리법' 위반으로 재판에 넘겨지는 것이었다. 이렇게 되면 얼마나 걸릴지 모르는 재판 기간 동안 계속 수감되어 있어야 하고 변호인의 선임 등 판매자들의 경제적 부담도 커지게 되기 때문이다. 대사관에서는 여러 통로로 현지 사법 당국에 이들이 전문적 판매자들이 아니라 보이 그룹의 팬이며 따라서 벌금과 같은 최소한의 처벌로도 충분하다는 의견을 전달했다. 관광비자로 들어와 영리 활동(굿즈 장사)을 한 것은 법 위반이 분명하기 때문에 그게 최선의 대응이었다. 그리고 다행히도 체포된 지 3일 만에 모두 벌금을 납부하고 추방되는 것으로 결정이 났다. 다행히도 이들은 그동안 자신들을 매일 면회하며 챙겨준 영사에게 진심으로 감사를 표하고 떠났다. 영사는 며칠 동안 장시간 운전을 하며 현지 경찰과 계속 접촉하며 사건을 논의하느라 많은 고생을 했다. 하지만 큰 문제없이 판매자들이 귀국할 수 있게 되어 다행이라고 안도했다. 대사관도 또 한 고개를 넘었다.

아직도 〈집으로 가는 길〉이라는 영화가 공신력이 있는 다큐멘터리라고 생각하는 사람이 있다면 생각을 바꿔주기를 부탁드린다. 〈집으로 가는 길〉은 영화이고 전도연 배우가 연기한 장 씨가 겪은 고초와 어려움을 보여주는 시각에서 만든 영화이다. 아마도 이 스토리가 영화가 되기 위해서 또 극적 재미를 만들기 위해서는 악마 역할이 필요했을 것이고 장 씨를 위해서 고생했던 주프랑스 한국 대사관 담당 영사가 악마로 둔갑했다. 영화에서 거만하고 콧대 높고 한국 국민의 어려움에 하등의 관심 없는 사람으로 나오는 영사는 실제로는 처음 수감되었던 파리 교외에 있는 프레스네스 교도소에 네 번이나 면회를 갔으며, 나중에 이감된 프랑스에서 비행기로 9시간 걸리는 마르티니크 뒤코스 교도소에 세 번이나 면회를 갔다. 구금된 장 씨에게 30여 차례 전화 통화로 재판 진행 상황을 알려주고 장 씨가 교도소 내에서 불편한 점이 없는지 수시로 확인했다. 또 장 씨에 대한 송금 지원, 교도서 방문 시 책, 옷, 생필품 등을 전달했고 장 씨도 담당 영사에게 여러 차례 "감사하다"는 편지를 보냈다. 정부 차원에서는 한국 외교부가 프랑스 외교부 측을 여러 차례 접촉해 "프랑스 정부가 관심을 갖고 최대한의 협조를 해줄 것"을 요청했다. 장 씨가 고의건 아니건 마약 운반으로 프랑스의 법을 어겨 체포되어 구속되었고 한국 정부의 노력이 없었다면 더 긴 형량과 더 큰 고초를 겪었을 수도 있다. 어려움을 겪은 사람과 가족의 입장에서는 정부의 역할에 대해 모든 것이 불충분하고 불만족스러울 수 있지만 재미를 위해, 이윤을 위해 만든 허구인(실화를 기반으로 했다고 영화 속의 모든 것이 사실은 아니다) 영화 때문에 대한민국 외교부가 입은 상처는 회복이 불가능할 만큼 크다. 혹시 외교부를 미워하고 욕하게 된 계기가 이 영화였다고 생각되는 사람들은 제발 이 사건을 다룬 프로그램 〈추적 60분〉 "나는 대한민국 국민입니다" 편에 대한 외교부 입장문 정도는 읽어보기를 부탁드린다.

제2부

대한민국 외교와 외교부의 제자리 찾기

Understanding Diplomacy and
Contemplating Korea's Diplomacy

제1장

한국 외교 왜 위기인가?

여러분은 대한민국 외교부에 대해 어떤 생각을 갖고 있는가? 외교부 하면 떠오르는 이미지나 단어, 느낌은 무엇인가? 내 관찰에 의하면 대한민국 외교부는 그다지 인기 있는 정부 부처는 아니다. 일반인이 갖는 외교부의 느낌을 나열해 보면, 외교관, 엘리트 의식, 정장과 격식, 친미적 성격, 권위적인 대사관, 국익을 위해 협상을 하는 사람들, 뭐 이런 것들이 아닐까? 외교부에 대한 국민들의 인상과는 관계없이 외교부는 매우 중요한 정부 부처이다. 특히 한국처럼 지정학적 요충지이며 개방적인 경제구조를 가진 나라는 외교의 역할이 매우 중요하고 당연히 외교를 담당하는 외교부 역시 매우 중요한 부처다. 하지만 국민들의 생각은 좀 다른 듯하다. 2018년 입소스 코리아가 실시한 정부 신뢰도에 관한 조사 중 정부 부처 정책 관심도 항목에서 외교부는 18개 정부 부처 중에서 13위를 차지했다. 외교부는 업무수행 긍정 평가율 조사에서는 18개 부서 중 8위를 차지했다. 같은 해인 2018년 한국사회여론연구소의 정부 신뢰도 조사에서는 외교부가 과학기술정보통신부에 이어 2위를 차지했다. 외교부를 신뢰하기는 하지만 외교부가 담당하는 정책에는 관심이 없고 업무 수행에 대해서도 그저 그렇다고 생각하는 것이다.

외교가 중요한 나라에서 외교부에 대한 낮은 관심도 그리고 외교부에 대한 부정적인 인식 등은 어디에서 오는 것일까? 많은 요인이 관련되어 있지만 중요한 것은 외교부에 대한 부정적 인식이 대한민국 외교의 위기와 밀접하게 연결되어 있다는 것이다. 한국 외교가 만족스럽지 못하기 때문에 담당 부처인 외교부가 못마땅한 것이다. 한국 외교가 국민들이 만족할 만큼의 성과를 내지 못하는 근본적인 이유들이 있다고 생각한다. 그것들은 전적으로 외교부의 잘못만은 아니고 오히려 외교부도 그러한 구조적 요인들의 피해자이다. 이런 문제들이 해결되어야만 외교부도 본연의 자리를 찾고 해야 할 일을 해냄으로써 국민들의 사랑과 지지를 받을 수 있을 것이다. 무엇이 외교부가 제 역할을 하지 못하도록 하는가?

1. 청와대를 중심으로 이루어지는 한국 외교

　한국의 외교부는 구조적으로 그 기능과 역할에 있어 한계를 가지고 있다. 여기서 말하는 구조적인 환경이라는 것은 한국이 강력한 대통령 중심제 국가이고 대통령직(Office of President)을 상징하는 청와대에 권력과 자원이 집중되어 있는 것을 말한다. 다른 영역에서도 이러한 환경은 같지만 외교 영역은 한국의 생존과 관련된 미국, 중국 등 4강과의 대외관계를 포함하고 있기 때문에 중요성이 더하고 당연히 대통령의 영향력이 더 클 수밖에 없다. 한국은 이러한 구조적 환경하에서 청와대가 외교안보 분야의 핵심 행위자가 되고 외교부는 어쩔 수 없이 그 밑에서 청와대가 주문하는 역할만을 수행하는 역할 분담이 만들어진 것이다.

　문재인 정부 청와대의 외교안보 관련 조직 구조를 살펴보자. 대통령 바로 밑에는 두 자리의 장관급 실장이 있는데 하나는 비서실의 비서실장이고 또 하나는 국가안보실의 안보실장이다. 이러한 구조는 새로운 정부가 들어설 때마다 달라지기도 한다. 현 정부의 경우 국가안보실장 산하에는 2명의 차관급 차장이 있는데 1차장은 국방 관련 업무를 담당하고 2차장은 외교·통일 관련 업무를 담당한다. 박근혜 정부 때는 비서실장 산하에 외교안보수석직이 있었고 외교안보수석이 국가안보실 2차장을 겸임했었다. 현재 국가안보실 산하에는 8명의 비서관이 일하고 있으며 이 중에 외교정책, 통일정책 비서관 등이 2차장 산하에 있다. 외교안보 관련 또 다른 정부 조직은 외교·안보 분야의 최고위급 회의체인 국가안전보장회의가 있다. 대통령이 당연직의장을 맡고 국가안보실장이 상임위원장 그리고 국가안보실 1차장이 사무처장을 맡게 된다. 국가안전보장회의는 국가안보실이 주무 부처가 된다. 국가안전보장회의의 구성원은 대통령, 국무총리, 외교부 장관, 통일부 장관, 국방부 장관, 국가정보원장, 행정안전부 장관 그리고 대통령 비서실장이다. 행정부 내에서는 외교부, 통일부, 국방부 등이 외교안보 관련 부서들이다. 대통령 중심제에서 컨트롤타워인 청와대는 행정부의 정부 부처를 관리·통제하기 때문에 같은 장관급인 국가안보실장은 실제로는 외교부 장관이나 통일부 장관을 지휘하고 이들의 보좌를 받게 된다. 외교 관련 업무의 주도권이 주무 부서가 아닌 청와대에 있다는 말이다. 2021년 국민의힘당 이준석 당대표가 통일부 폐지를 언급하면서 논란이 되었는데 이 대표가 내세운 이유 중 하나는 북한 관련 업무 중에서 정책 부분은 사실상 청와대가 담당하고 있고 북한 관련 외교업무는 외교부가, 정보수집 업무는 국가정보원이 수행하고 북한과의 회담과 교류, 협력 업무만 통일부가 담당하고 있기 때문이다. 북한 관련 주요 정책을 결정하는 것은 청와대 국가안보실이고 통일부는 국가안보실이 자료나 전문적 의견을 요청할 때 자문하는 역할만을 수행한다.

외교부도 행정 부처로서 통일부의 이런 처지와 크게 다르지 않다. 그러나 통일부와 조금 다른 점은 외교부는 청와대가 결정한 정책을 시행하기 위한 현장 조직을 가지고 있다는 점이다. 외교부는 외교정책을 외국과의 관계에서 시행하는 일선 조직으로서 전 세계에 166개의 재외공관을 보유하고 있다. 그럼에도 외교전략의 수립, 전략에 기초한 핵심 정책의 실행 등은 청와대 국가안보실이 핵심적인 역할을 한다. 특히 대통령의 치적이 될 수 있는 관심 사업(예를 들어 문재인 정부의 '동북아 플러스 책임공동체' 등)은 청와대가 직접 챙긴다. 외교부의 조직을 보면 외교부의 전략 수립 기능이 매우 약하다는 것을 바로 알 수 있다. 이유는 간단하다. 애초에 그것이 외교부의 역할이 아니기 때문이다. 외교부의 외교전략 기능은 1차관 산하의 국장급 직책인 외교전략기획관이 담당하고 있고 북한 관련 정책은 차관급의 한반도평화교섭본부장과 그 산하의 북핵외교기획단과 평화외교기획단에서 맡고 있다. 그러나 여기서 한국의 대외 전략이나 한반도 관련 정책이 만들어지는 것은 아니다. 여기서 나오는 정책 아이디어들을 청와대 국가안보실에 보고하고 국가안보실 차원에서 국가안보실 2차장이 최종적으로 외교전략과 외교정책을 만들어내는 구조이다. 이러한 구조 속에서 외교부는 청와대의 결정을 시행하는 시행 부처의 성격을 갖게 되고 국제환경 변화에 따른 중·장기적 외교전략을 수립하는 기능이 퇴화되는 것이다.

지금은 퇴임한 강경화 외교부 장관에 대해 자질과 능력이 없다는 비판이 있었다. 임기 동안 뭘 했는지 모르겠다는 비판도 있다. 강 장관이 정무 분야에서 경험이 적은 것은 사실이지만 다자외교 전문가이고 UN 고위직을 경험했기 때문에 외교의 문외한이라는 비판은 옳지 않다. 강경화 장관이 그런 비판을 받는 진짜 이유는 기본적으로 외교부가 아닌 문재인 정부의 청와대(안보실장)가 핵심 외교 현안을 독점했기 때문이라고 봐야 한다. 주요 외교안보 현안을 청와대가 직접 챙기기 때문에 외교부 장관은 언론의 주목을 받을 만한 업적을 낼 수 없는 구조적 환경 안에서 일하게 되는 것이다. 그리고 외교부 장관이 소외되는 이러한 현상은 강경화 장관에 국한된 것은 아니다. 한국의 역대 정권 그리고 다른 나라의 경우에도 이런 현상은 흔하게 나타난다.

나는 역대 대통령들의 회고록을 자주 읽는데 특히 외교관계의 뒷얘기들을 재미있게 읽는다. 노태우 대통령 회고록에서 당시 소련과의 수교 그리고 중국과의 수교 등 북방정책의 뒷얘기는 매우 흥미롭다. 그 부분을 보면 소련과의 수교 문제를 전담한 것은 외교부가 아닌 김종휘 청와대 외교안보수석과 박철언 청와대 정책보좌관(나중에는 정무장관)이었다고 명확히 적혀 있다.

박철언 보좌관이 도쿄 주재 잡지사 기자로 위장한 소련 KGB 요원을 접촉하여 소련 측과 수교 관련 의견을 교환했고 그 결과를 바탕으로 김종휘 수석이 전략을 짜고 계획을 수립했다고 한다. 1990년 6월 4일 최초의 한·소 정상회담을 성사시킨 주역도 역시 한국의 청와대였고 소련 측에서도 외교부를 따돌리고 당시 소련 지도자 고르바초프(Gorbachev)의 외교수석보좌관인 아나톨리 도브리닌(Anatoly Dobrynin)이 비밀리에 정상회담을 준비했다. 이 정상회담은 소련 외교의 실세인 외무장관 에두아르드 셰바르드나제(Эдуáрд Шевардна́дзе)도 모르게 비밀리에 준비되었다고 한다. 한중 수교를 위한 비밀 협상도 김종휘 외교안보수석이 공식적인 라인을 담당하고 박철언 장관이 비공식 라인으로 일했다고 한다. 노태우 전 대통령은 회고록에서 "소련과의 수교 과정에서처럼 중국과의 관계 개선 과정에서도 내가 직접 일을 시킨 사람은 김종휘 외교안보수석과 박철언 장관뿐이었다"고 적고 있다. 아마도 외교부는 김종휘 수석의 지시를 받으면서 실무적 부분을 담당했을 것이다(이 당시 이 업무를 담당했던 최병구 대사는 김종휘 수석과 박철언 정책보조관을 중심으로 북방외교가 추진된 것은 맞지만 "외교부는 그 과정에서 조금도 소외되지 않았다"고 말한 바 있다).

이렇게 외교 담당 부처가 정책을 결정하는 데 보좌 역할만을 하게 될 경우의 문제는 청와대가 외교부와는 달리 정치적 고려, 남북관계에 대한 고려 등 외교 이외의 고려를 하면서 외교정책을 결정한다는 점이다. 2007년 노무현 정부는 일본과 EU가 UN 총회 제3위원회에서 공동 제출한 UN 대북 인권결의안(인권 침해를 하고 있는 북한에 대한 압박을 담고 있음) 표결에서 기권했다. 이 결의안은 찬성 97, 반대 23, 기권 60으로 통과되었다. 문제는 표결 당시 송민순 외교통상부 장관은 한국이 인권 문제에 대한 국제사회의 노력에 동참하는 것이 한국의 대외관계에 도움이 된다며 결의안에 대해 찬성표를 던져야 한다고 건의했으나 김만복 국정원장이 북한에 의견을 물어보고 결정하자는 의견을 내서 실제로 북한에 의견을 물었고 북한으로부터 통지를 받은 뒤 기권하기로 결정했다는 것이다. 대통령이 남북관계를 고려해 당사자 북한의 의견을 물어 대북 인권결의안에 대한 대한민국의 입장을 정했다는 것이다. 이러한 내용은 송민순 장관의 회고록에 있었고 당시 그런 제안을 한 김만복 원장은 이러한 내용을 부인한 바 있다. 이렇듯 청와대는 대외관계뿐만 아니라 국내 정치, 그리고 남북관계 등 다양한 요인을 외교정책 결정에 고려하는 경향이 있기 때문에 외교정책이 왜곡될 수 있고 대외관계 측면에서 부정적 결과를 가져올 수 있다.

2. 국내 정치에 휘둘리는 한국 외교

국민들의 사랑을 받지 못하고 청와대가 수립한 외교정책을 위한 지시를 집행하는 처지가 된 외교부를 더욱더 힘들게 하는 건 자신들의 영역인 '외교'가 국내 정치에 휘둘리는 현실이다. 외교가 국내 정치적으로 이용되고 정치적 이익을 위해 동원된 여론이나 정치인들의 선동에 고무된 국민들의 정서에 포획당해 있다. 외교의 초당파성과 탈정치화는 국가 이익을 최전선에서 수호하는 외교의 성격상 양보할 수 없는 부분이다. 쉽게 말해서 여당이든 야당이든 그리고 어떠한 정치적 입장에 있든 간에 국익에 대해서는 한목소리를 내야 한다는 것이다. 그렇지 못하면 그러한 당파적·정치적 균열을 파고들어 한국의 대외관계에서 이익을 침해하려는 외부의 시도에 취약할 수밖에 없다. 그러나 한국에서 외교는 국익을 증진하는 것이 아니라 국내 정치의 희생양이 되어 종종 국익을 지켜내는 역할을 다하지 못했다.

지금 최악의 상태에 와 있는 한일관계는 일본의 책임 이외에도 정권의 정치적 이익을 위해 외교관계를 희생물로 삼은 결과이다. 한 치 앞을 내다보지 못하고 반일 정서를 선동하고 그것을 바탕으로 정치적 이익을 얻으려는 시도는 1년도 지나지 않아 일본에 화해의 손길을 내밀고 정상회담을 구걸하는 외교적 망신으로 돌아왔다. 위안부 합의를 사실상 무효화해버린 대통령은 위안부 합의가 국가 간 공식적 합의라고 입장을 바꾸고 위안부 피해자들에게 배상하라는 법원의 판결에 대해 갑자기 '곤혹스럽다'고 언급함으로써 국민들을 어리둥절 그리고 분노하게 만들었다. 이 모두가 외교 영역인 한일관계를 국내 정치적으로 이용하고자 했던 잘못된 시도가 만들어낸 비극이다. 징용자 문제도 정치적 계산으로 방치해서 한일 갈등의 핵으로 만들어버렸다. 징용자 배상에 관한 대법원 판결에서 그동안의 정부의 입장과 다른 개인의 배상 청구가 가능하다는 판결이 나왔을 때 그 문제를 법적 판결대로 처리되도록 놓아두면 한일관계에 어떤 결과가 올 것인지를 뻔히 알면서도 삼권분립 제도하에서 사법부의 판단에 정부가 할 수 있는 일이 없다는 논리로 이 문제가 한일관계 파국의 단초가 되는 것을 방치했다. 문재인 정부가 들어서서 한일관계의 가장 예민한 문제인 위안부, 강제징용배상 문제를 이런 식으로 처리하면서 한일관계는 정면충돌의 길로 들어섰다.

이 책의 아그레망에 관한 내용에서 언급한, 한 국회의원이 미국이 한국의 주미대사 내정자를 거부했다며 한국에 대한 내정간섭이라고 주장하는 것도 외교를 정치화하는 행태이다. 외교는 외교적 규범과 관습, 국제적 관례에 따라 이루어지는 것인데 그것을 미국의 내정간섭이라는 정치적 문제로 프레임화하는 행태는 정치적 목적을 위한 행동이다. 그런 식으로 미국을 한국 내정에 간섭하는 강대국으로 몰아서 국민들의 분노를 일으키고 그것으로 반미 감정을 부추기며 또 그를 통해 자기 정치 세력의 정치적 동원을 노리는 것이라는 오해를 받기 충분하다. 외교를 전혀 이해하지 못해서 생긴 억지인지 아니면 머릿속에 한미관계를 강자와 약자 프레임으로 이해하고 있기 때문에 모든 한미 간의 일을 그런 식으로 해석하려 했던 것인지는 알 수 없다. 외교를 이런 방식으로 정치화하려는 사람들이 한미관계에 불필요한 노이즈를 만들고 신뢰를 손상하는 사람들이다.

국가 이익을 손상하는 결과를 가져온다는 것을 알면서도 자신의 정치적 목적을 위해 그런 선택을 하는 사람들이 많다. 사실 이런 사람들을 걸러주어야 하는 것이 언론의 기능이다. 실제로 그 국회의원의 소셜미디어 포스팅 이후 그 발언의 잘못을 지적한 언론 보도가 여러 건 나왔다. 그럴 경우 해당 정치인은 자신의 외교적 무지가 탄로 난 것을 깨닫고 포스팅을 내리게 되고 그냥 웃음거리 정도로 끝나게 된다. 그런데 만일 언론이 정파성을 가지고 그런 잘못된 주장을 두둔해 주거나 반미 감정을 자극하는 식으로 보도한다면 엉터리 주장이 한미관계에 악영향을 미치는 어처구니없는 결과를 낳게 될 수도 있다. 그래서 외교부는 언론이 외교에 대해 정확한 보도와 긍정적 역할을 하기를 원한다.

그러나 두 가지 문제가 이러한 외교부의 바람을 실현되기 어렵게 만든다. 하나는 일부 언론이 화제성 있는 기사를 원하고 사람들의 관심을 끌기 좋은 분노를 일으키는 기사, 민족주의적 감정을 일으키는 기사를 목말라 한다는 것이다. 외교부의 잘한 일은 기삿거리가 안 되지만 외교부의 잘못은 모든 국민이 같이 분노하는 가치가 높은 기사가 된다. 그래서 외교부 관련 기사 중 외교부에 긍정적인 기사는 찾아보기 어렵다. 또 하나는 언론을 우군으로 활용하기 위한 외교부의 노력이 부족해 보인다. 언론에게 충분한 정보와 기삿거리를 제공하고 기자, 언론인이 외교 현장에서 관찰할 수 있는 기회를 제공하는 등의 대언론 업무가 너무도 서투르다. 대한민국의 모든 대기업, 그리고 정부 부처가 그런 업무를 매우 중요하게 생각하고 많은 인원과 자원을 아낌없이 투입한다. 그런데 외교부는 업무의 특성상 비밀주의, 외교는 설명해도 잘 모른다는 편견 그리고 언론인들을 기피하는 조직 문화가 있는 것으로 보인다. 그런 외교부의 태도는 오랫동안 외교 분야를 담당해 온 전문성을 가진 외교 전문 기자들마저도 우군으로 만들지 못하는 결과를 가져온다. 별다른 지지 세력도 없는 외교부가 언론마저 친구로 못 만들면 정치에 휘둘리는 한국 외교를 누가 지켜줄 것인가.

3. 외교가 중요한 나라의 열악한 외교 인프라

대한민국은 전 세계 200개가 좀 안 되는 나라들 중에 어떤 나라일까? 전 세계에서 강대국 미국, 중국, 일본 사람들을 '놈'자를 붙여 말하며 무시하는 사람들은 한국인밖에 없다는 농담도 있을 정도로 한국인들은 강대국을 인정하지 않는 경향이 있다. 동시에 미국이나 중국과의 관계에 따라 대한민국의 운명이 좌지우지된다고 생각하는 약소국 콤플렉스 또한 지식인들 사이에 그리고 일반인들 사이에서 쉽게 볼 수 있다. 내가 생각하는 약소국 콤플렉스의 원인 중 하나는 구한말의 쓰라린 경험이다. 강대국 간의 거래와 힘을 앞세운 강대국의 강압 앞에서 무기력하게 나라를 빼앗기고 일본의 식민 지배를 겪은 경험은 강대국에 대한 두려움을 우리의 DNA에 각인시켜 놓았던 것은 아닐까? 세계 질서와 동북아 질서가 요동칠 때마다 구한말 시기 조선의 운명을 언급하며 역사는 반복된다는 주제의 신문 칼럼들이 등장하는 것도 강대국 콤플렉스로밖에 보이지 않는다. 비슷한 문제의식을 제기하는 학생들에게 늘 하는 얘기지만, 21세기의 한국이 구한말의 조선, 대한제국과 같을 수는 없다. 껍데기밖에 남지 않은 중화 질서에 대한 집착과 세상의 변화에 무지한 위정자들이 자신들의 이권에만 몰두하다 조약과 강압 외교, 그리고 야만적 폭력을 휘두르는 강대국 앞에서 어쩔 줄 몰라 하던 구한말의 조선은 이제 없다.

한국은 세계 6위의 군사 대국이고 세계경제 10위권의 경제 대국이다. 미국의 군사력 평가기관인 글로벌파이어파워(GFP)에 의하면 군사력(화력), 경제적 능력, 병참 능력, 자원, 지리적 요소 등의 지표 50가지를 가지고 측정한 권력 지수(power index)로 측정한 대한민국의 2021년 국력은 140개국 중 6위이다. 2020년 7위에서 한 계단 올랐다. 한국 위로는 5위의 일본, 4위의 인도, 3위의 중국, 2위의 러시아, 1위의 미국이 있다(www.globalfirepower.com). 경제력으로 보면 2020년 한국의 GDP는 세계 9위이고 2019년의 세계 12위에서 두 계단 올랐다("IMF World Economic Outlook Database," April 2020). 수출액으로만 보면 한국은 측정 연도에 따라 6위에서 9위까지 사이에 있다. 세계 10위권이라는 말이다. 전체 무역 규모 역시 2013년 이후 7년 동안 세계 9위를 차지하고 있다.

소위 주변 4강이라고 하는 미국, 중국, 러시아, 일본이 각축을 벌이는 동북아에서 핵보유국인 북한과 대치하고 있는 한국은 군사력과 경제력 같은 물리적 국력과 함께 외교력이 무엇보다도 중요하다. 동맹국 미국과의 관계, 군사적으로 또 경제적으로 매우 중요하지만 역사적 갈등 관계를 해소하지 못하고 있는 일본과의 관계, 미국과 경쟁하며 한반도에서 영향력을 확대하려는 중국과의 관계, 한반도에 대한 영향력의 회복을 노리면서 미국과 갈등 관계에 있는 러시아와의 관계 이 4강과의 관계 모두가 대한민국의 생존에 중요하다. 이러한 4강과의 관계는 많은 요인이 복잡하게 작용하는 다차방정식이며 고도의 외교적 행보가 필요하다. 그 외에 경제적·정치적 영향력을 키워나가면서 동아시아 국제정치에서 빼 놓을 수 없는 변수가 되어가고 있는 아세안 국가들과의 관계, 세계 정치에서 한 축을 차지하고 있는 EU와의 관계도 한국의 번영과 안정에 중요한 부분이다. 지정학적으로 버거운 상대들과 부대끼며 살아야 하는 한국에게 그런 상대들을 다루는 '외교'는 국가 생존과 번영에 핵심적 수단이다. 그럼에도 과연 대한민국의 '외교'가 그 중요성만큼의 지원을 받고 있는지는 의심스럽다.

한국의 2021년 외교 예산은 2조 8400억 원가량 된다. 대한민국 전체 예산 558조의 약 0.5% 정도이다. 요즘 존폐 여부가 정치적 쟁점이 되고 있는 여성가족부의 2022년 예산은 1조 4659억 정도이다. 국방 예산이 52조 8400억 원으로 전체 예산의 9.4% 정도이니 외교부 예산은 국방 예산의 20분의 1 정도 수준이다. 이 액수는 2015년에 비해 후퇴한 수치이다. 2015년 외교부 예산은 정부 예산의 0.77% 정도였고 외교부 인력도 2235명이었으니 6년 사이에 예산, 인력 모두가 후퇴한 것이다. 외교 예산 2조 8400억 중 20%(5387억 원)는 국제기구 분담금으로 외교부 통장으로 들어왔다가 바로 UN과 같은 국제기구로 나가는 외교부가 손도 대보지 못하는 돈이다. 미국의 국무성 예산은 2020년 525억 달러 정도로 한화로 환산하면 58조 6400억 원 정도 된다. 한국 전체 예산의 10% 정도 수준이고 한국의 외교 예산에 20배가량 되는 액수이다. 일본의 외무성 2020년 예산은 7조 8320억 원으로 한국 외교부 예산의 3배가량 된다. 국방 예산과 비교해 보면 일본의 국방 예산과 한국의 국방 예산이 큰 차이가 나지 않는 데 비해 외교 예산은 일본이 한국의 3배가량 되는 큰 차이를 보인다. 2022년 외교 예산이 5.8% 늘어나 3조를 넘어섰지만 정부 예산은 8.3%가 늘어나 전체 예산에서 차지하는 비중은 오히려 줄어들었다. 인력 면에서 보면 한국 외교부의 인력은 2225명이고 일본은 6358명으로 인원 역시 3배 이상이다. 왜 세계 많은 나라가 전범국 일본에 대한 호감을 가지고 주요 현안에서 일본의 편을 드는 이유를 여기에서 찾아야 한다. 2021년 4월 13일 일본이 후쿠시마 원전 방사능 오염수 방류를 최종 결정했을 때 미국은 그런 결정이 원자력 안전 국제 표준에 부합하다며 일본의 방류를 지지했고 국제원자력기구(IAEA: International Atomic Energy Agency)도 일본의 결정을 환영한다고 발표했다. 한국으로서는 이해할 수 없는 반응이지만 일본은 방류를 내부적으로 결정한 이후 미국과 IAEA에 대한 외교적 노력을 기울여왔다. 일본은 IAEA에 지불하는 분담금 순위에서 미국, 중국 다음으로 분담금을 많이 내는 나라이고 2020년 2월 라파엘 그로시(Rafael Grossi) IAEA 사무총장을 초청하여 후쿠시마 원전을 방문하게 하는 등 오래전부터 방류를 위한 외교적 노력을 기울였다. 또 일본이 이 문제와 관련해 미국에 얼마나 외교적 정성을 기울였을지는 짐작해 볼 수 있다. 아마도 대중국 압박 등 여러 현안에서 미국이 원하는 것을 들어주면서 방류 문제에 대한 지지를 얻어내기 위한 노력을 했을 것이고 통상적인 워싱턴에서의 로비 외교도 가동했을 것이다. 이런 것이 일본의 외교력이다.

《월간조선》 2002년 8월호에는 당시 외교부 조약국장이던 신각수 전 외교부 차관의 기고문이 실려 있다. 이 기고에서 신각수 국장은 한국이 해외에 대한 의존이 크고 국제사회에서의 위상이 국가 운명에 큰 영향을 미치는 나라임에도 불구하고 외교 인프라가 취약한 것을 지적하며 외교 인력이 두 배 수준으로 증가되어야 한다고 역설했다. 20년이 지난 2021년, 당시 1519명이던 외교 인력은 500여 명 정도가 늘어난 데 그쳤다. 대충 1년에 25명 정도가 늘어난 것이다. 신각수 차관은 2016년 3월 15일 자 《매일경제》에 "한국 외교 인프라 정비 서두를 때"라는 비슷한 주제의 칼럼을 게재한 바 있다. 14년이 지나도 한국 외교 인프라가 개선되지 않았기 때문에 이런 칼럼을 다시 쓸 수밖에 없었을 것이다. 여기서 신 차관은 주요 중견 국가들과 한국의 외교 인프라를 수치로 비교하고 있다. 주요 중견국들의 정부 예산에서 외교 예산의 비율 그리고 외교 인력을 보면 다음과 같다. 한국(0.77%, 2235명) 캐나다(2.0%, 7200명), 네덜란드(4.1%, 3164명), 스페인(7.2%, 2743명), 스웨덴(3.6%, 1352명), 호주(1.3%, 2479명) 등이다. 한눈에 봐도 한국의 외교 예산 비율은 지나치게 낮다. 1%를 못 넘기는 수치는 다른 중견국들과 큰 차이가 난다. 인력 면에서는 캐나다를 제외하고는 크게 차이가 나지 않아 보이지만 인구당 외교 인력 수로 계산해 보면 외교 인력 역시 차이가 많이 난다. 네덜란드의 경우 인구 1717만여 명에 외교 인력이 3164명으로 1만 명당 약 1.84명이고 한국의 경우 5182만 명에 2235명으로 인구 1만 명당 0.43명의 외교 인력을 보유하고 있는 것이다. 네덜란드가 한국보다 인구당 외교 인력 수는 네 배 정도가 되는 것이다. 한국보다 인구가 적은 캐나다, 스페인, 호주 등도 한국보다 더 많은 외교 인력을 보유하고 있다. 외교부의 예산, 인력 부족 호소는 문재인 정부 첫 외교부 장관 강경화 장관의 청문회에서도 또다시 등장했다. 강 장관 후보자는 한국의 외교 수요는 크게 늘어나 조직은 커지고 있는데 인력 충원은 제자리걸음을 하고 있다고 외교부의 인력 증원을 호소했다.

경제의 해외의존도가 높은 나라, 세계 4강에 둘러싸인 상대적 약소국, 그리고 핵보유국 북한과 대치하는 안보 위협이 높은 나라, 한반도 평화를 위한 주요 국가들의 지지와 협력이 필수적인 나라, 그리고 경제적 위상과 걸맞은 국제사회에서의 발언권과 영향력을 갖기 원하는 선도적 중견국, 이런 대한민국이 왜 외교에 대한 투자에는 인색한지 이해하기 어렵다. 방사능 오염수 방류 결정을 보면서 한국 외교가 도대체 무엇을 했냐고 질타하면서 일본이 외교에 투자하는 관심과 예산 액수 그리고 한국과 일본의 외교 인프라 격차는 왜 돌아보지 않는가? 외교를 무시하고 홀대하는 분위기는 전염병처럼 번져 외교에 대한 몰이해와 근거 없는 편견으로 가득한 나라가 되어가고 있다.

바깥세상이 어떻게 변해가고 있는가에 무지하여 나라를 잃은 경험이 있는 나라가 이렇게 외교의 중요성을 인지하지 못하는 것은 역사의 교훈에서 배우지 못하는 것 아니면 과연 무엇인가?

4. 외교 주무 부처 외교부의 위기

2019년 4월 4일 외교부 청사 17층에서 한-스페인 전략대화가 열렸다. 참석자들은 눈치채지 못했지만 기자들의 눈에 구겨진 채 걸려 있는 태극기가 눈에 들어왔다. 구겨진 태극기 사진이 언론에 퍼졌고 국민들의 비난이 쇄도했다. 언론, 국회의원, 전문가들은 외교부의 기강 해이를 질타했고 보도 3일 만에 담당 과장이 보직 해임되는 징계를 받고 일단락되었다. 이 외에도 재외공관의 성 관련 비리, 재외공관 예산의 부적절한 사용 등 크고 작은 외교부의 문제점들이 외교부 관련 언론 보도의 단골 메뉴이다. 검색엔진에서 "외교부 왜 이러나"라는 검색어를 쳐보면 거의 매년 같은 제목의 기사, 시론 등이 등장한다. 외교부가 완전히 문제 부처로 낙인찍힌 형국이다. 구성원의 비위나 범죄 등은 다른 정부 부처도 사정이 크게 다르지 않지만 외교부에 대한 언론의 관심이 큰 이유는 아마도 한국을 대표하는 역할을 하는 외교부에 대한 기대가 크기 때문일 것이다.

하지만 이러한 사건·사고 위주의 보도나 대중의 관심은 정작 관심을 가져야 할 외교부라는 기관이 가지고 있는 심각한 문제점들을 가리는 역할을 한다는 것을 생각해 본 적이 있는지…. 외교부의 조직상의 문제점, 채용 및 인사 제도, 업무평가 관련 제도, 재외공관 운영 등 외교부의 업무 수행 및 성과와 관련된 많은 문제가 있음에도 이런 문제들은 뒤로 밀린 채 국회의 외교부

국정감사와 언론 기사에서는 국민들의 눈과 귀를 쏠리게 하고 작은 분노를 불러일으키는 흥미 위주의 사건들만 다루어지고 있는 것이다.

외교부는 국제환경의 변화에 민감해야만 하는 부서이다. 정보화 기술이 빠르게 발전하고 그에 따라 국가 간의 소통 방식과 현안의 중요도도 빠르게 변하기 때문에 외교부 역시 이러한 환경 변화에 빠르게 대처하고 스스로를 변화시키는 적응력을 가져야 한다. 그러나 많은 전문가의 눈에 외교부는 타성에 젖어 있고 관료화되면서 변화와 혁신보다는 현상 유지와 현실에 안주하는 부처로 비쳐진다. 외교부의 개혁에 대한 주문이 낯선 이야기는 아니다. 5년마다 정부가 바뀌고 그때마다 각 정부 부처의 개혁과 변화가 시도된다. 외교부도 예외는 아니어서 외교부 조직의 문제점이 정권 교체기마다 특집 기사로 나오고 국회의 외교부 국정감사에도 외교부 개혁에 관한 주문이 단골 메뉴이다. 그러나 그동안 외교부가 어떤 변화를 만들어왔고 어떤 조직적 차원 그리고 업무 방식의 개혁 등이 있었는지 쉽게 떠오르지 않는다. 그저 생각나는 것은 통상 기능이 붙었다 떨어졌다 하는 정도의 조직 개편 정도이다.

그동안의 외교부 개혁 과정을 좀 더 자세히 알아보기 위해 구체적으로 어떠한 개혁 방향들이 제시되었고 또 실행되었는지 최근의 사례를 가지고 이야기해 보자. 문재인 정부가 들어서면서 강조되었던 외교부 조직의 개혁 키워드는 외교부의 폐쇄성 극복, 순혈주의(외시 출신 중심의 인력 구조) 극복, 4강 위주 외교를 넘어서는 외교 다변화 등이다. 이런 문제점을 극복하기 위한 방안으로는 대사직 외부 개방, 외무고시 출신 비중 축소 및 지역 전문가 등 전문가 충원 등이다. 그런데 이런 개혁 어젠다는 이미 오래전부터 제기되었다. 2004년의 정부혁신위가 제시한 외교부 핵심 개혁 과제도 거의 똑같다. 2004년 이후 문재인 정부가 들어선 2017년까지 14년 동안 이 문제가 해결되지 못했다는 이야기이다.

　우선 충원과 관련해서는 외무고시를 통한 충원이 갖는 문제점을 극복하기 위한 방안들이 제시되었고 그 결과 외무고시의 폐지와 외교관 후보자 선발시험의 시행, 국립외교원을 신설해 외교 아카데미를 통해 외교관 교육 및 훈련을 담당하게 했다. 또 선발 방식을 다양화하기 위해 민간경력직 공개채용 등을 신설했다. 그러나 일반외교, 지역외교, 외교전문 분야로 세분해서 충원하던 제도는 2021년부터는 일반외교만을 선발하고 지역외교, 외교전문 분야는 폐지하고 이들 분야는 5급 경력직 공개채용에서 선발하는 것으로 바뀌었다. 외교부의 순혈주의 문제의 또 다른 핵심은 대사직을 외시 출신과 외교부 출신이 독점하는 구조였다. 이러한 구조가 지역이나 특정 국가에 대한 전문성을 약화시키고 통상이나 환경, 개발 등 분야별 전문가들이 필요한 국가에 적합한 공관장을 충원하는 것을 어렵게 하는 장벽이라는 지적이 있어 왔다. 외교부에는 이미 특임공관장 제도가 있어서 외교관이 아닌 전문가들을 공관장으로 임명할 수 있는 제도가 시행되고 있었고 이러한 특임공관장의 비율을 늘리는 안이 개혁안으로 제시되었다. 문제인 정부에 와서는 특임공관장 비율을 30%까지 늘리는 계획을 만들었다. 중요한 것은 단순히 특임공관장의 비율, 숫자를 늘리는 것이 중요한 게 아니라 애초의 의도대로 전문성을 가진 비외교관 출신들을 충원하는 것이다. 그러나 문제인 정부가 끝나가는 시점에서 볼 때 이러한 개혁안이 애초에 의도한 성과를 거두고 있다고 보기 어렵다. 특임공관장 대부분이 현 정부 관련 인사들이었기 때문이다. 조태용 국민의힘 의원이 2020년 분석한 자료에 따르면 2020년 9월까지 임명된 특임 공관장은 총 42명이고 이 중 28명(67%)이 문재인 대선 캠프 출신, 김대중, 노무현 정부 청와대 근무 인사, 더불어민주당 출신 인사 등이었다. 더 문제는 이들 중 절반 이상은 외교 전문성이 거의 없는 인사라는 점이다.

문재인 정부가 강조했던 외교부 개혁 중의 하나는 외교부의 폐쇄주의, 비밀주의다. 문재인 정부의 시각은 고시 출신들로 채워진 외교부는 행시 출신들인 다른 부처의 고위공무원과도 교류가 없는 매우 폐쇄적인 집단으로 자신들의 기득권을 철저히 지키고 자기 식구 감싸기에 철저하며 또 정보를 자신들끼리만 공유하고 외부에 철저히 비밀시하는 관행을 가지고 있다는 것이었다. 박근혜 정부 시절 만들어진 위안부 합의도 피해자나 국민들과의 소통 없이 밀실에서 소수의 사람들끼리의 논의와 결정을 통해 이루어진 폐쇄주의, 비밀주의의 결정판이라는 인식을 가지고 있었던 것이다. 이러한 문제점을 극복하기 위해 내놓은 외교 메뉴가 국민외교이다. 국민외교는 국민과 소통하고 국민의 의견을 수렴해 정책에 반영하는 국민 중심의 외교를 하겠다는 것이었다. 이를 실현하기 위해 국민외교센터를 신설했다. 그러나 과연 국민외교센터가 어디에 있고 무엇을 하는 기관인지 그리고 어떤 성과를 냈는지 아는 국민이 얼마나 될까? 문재인 정부의 외교정책에서 국민의 의견이 반영된 것들이 어떤 것이 있을까? 이 모든 질문에 대한 답은 그다지 긍정적이지 않다.

Understanding Diplomacy and
Contemplating Korea's Diplomacy

제2장

외교부의 위기는 어떻게 해결할 것인가?

외교부의 개혁에 대한 제안들은 그동안 전직 외교관들로부터 나온 것들이 훨씬 현실적인 문제를 다루고 있고 구체적이며 외교부의 역량 강화에 도움이 된다고 생각한다. 이러한 의견들과 외부에서 보는 외교부의 문제점들을 망라해서 외교부의 나아갈 방향을 고민하는 노력이 필요하다고 생각한다. 외교를 연구하는 학자의 입장에서 또 그동안 외교부와 일하면서 느낀 관찰자의 관점에서 외교부의 변화 방향을 제시해 보겠다.

1. '청와대 왕국' 한국에서 외교부는 무엇을 해야 하는가?: 외교부의 정체성 만들기

이 문제는 외교부가 무엇을 하는 부처인가에 관한 문제이다. 일반인들의 인식과는 달리 외교부는 외교정책을 만드는 부처가 아니다. 단순화해서 말하면 외교부는 만들어진 외교정책을 실행하는 역할을 하는 실행 부서이다. 물론 매일매일 벌어지는 외교 현안에 대응하는 것도 외교부의 일이다. 외교부를 구성하는 두 부분, 즉 본부와 재외공관은 지휘부와 현장사무소로 볼 수 있으며 현장사무소는 현장에서 일어나는 일들을 지휘부에 보고하며 지휘부는 현장에서 올라온 정보를 바탕으로 어떠한 대응을 해야 하는지를 결정하고 그 실행을 다시 현장에 지시하게 된다. 외교부는 주요 국가의 움직임이나 국제사회의 변화에 대한 정보를 축적해서 가지고 있기 때문에 외교전략이나 중·장기 외교정책을 구상할 때 전문적인 제안과 자문을 할 수 있다. 그러나 이러한 외교부의 역할 역시 최근에는 정부 내의 다른 부처나 NGO, 기업, 전문가 집단들도 수행한다. 소위 외교의 '범정부 접근(whole of government)'이라고 부르는 현상이 이미 일반화하고 있어 외교부의 외교 독점이 깨진 지는 오래다. 쉽게 말해서 정부의 한 부처인 외교부가 외교를 독점적으로 수행한다는 생각은 이제 사실도 아니고 바람직한 것도 아니다. 최근 등장한 '국가외교체계(National Diplomacy System)'라는 개념은 외교가 외교부에 의해 독점적으로 수행되는 것이 아니라 외교, 개발, 환경, 국방 등을 다루는 정부 각 부처가 참여하는 복잡한 네트워크를 통해 이루어지며 외교부는 국가외교체계 속의 하나의 하부 시스템(외교부 본부와 재외공관으로 구성된)으로 인식되어야 한다는 것을 강조한다. 이런 상황에서 필요한 것은 우선 외교부가 새로운 환경하에서 정확히 어떤 임무를 수행해야 하는지를 분명히 하는 것이다.

　우선 실질적으로 주요 외교정책을 결정하는 것은 청와대라는 것을 생각하면 외교부의 역할이 좀 더 분명해질 수 있다. 청와대 국가안보실에서는 한국의 안보와 관련된 외교 사안의 방향이나 정책을 만드는 역할을 한다. 북한문제, 북한 핵 문제, 한미관계, 한중관계, 한일관계, 한·러관계 등 4강 관련 현안 그 외에 한국의 생존과 번영에 중요성을 갖는 외교 현안에 대한 정책 수립을 청와대가 담당하고 있는 것이다. 그렇다면 외교부는 어떤 역할을 담당할 것인가? 가장 기본적인 임무는 외교부가 위에서 말한 한국의 생존과 관련한 외교안보 사안에서 매일매일 발생하는 **외교 현안에 대응하는 것**이다. 예를 들어 아프가니스탄에서 탈레반이 카불에 입성하면 현지에 있는 우리 국민들을 안전하게 귀국시키는 문제가 외교부 앞에 떨어지게 된다. 이런 외교 현안은 매일매일 엄청나게 발생하며 이런 현안들에 대해 분석과 대응 방향을 제시하고 필요한 외교적 조치들을 시행하는 것이 외교부의 임무이다. 탈레반의 외국에 대한 입장, 외국인 철수에 대한 정책, 철수 과정에서 안전을 확보하기 위한 미국과의 공조 및 지원 확보 등은 모두 외교부가 챙겨야 하는 임무들이다.

　두 번째는 변화하는 국제 질서에 대응하는 새로운 **외교 메뉴의 개발 및 실**

행이다. 예를 들자면 2000년대 들어서 미국을 시작으로 공공외교의 중요성과 역할을 강조하는 흐름이 나타났는데 한국 외교부도 2010년을 한국 공공외교의 원년으로 선포하고 공공외교를 한국 외교 3대 축의 하나로 규정하고 실행하기 시작했다. 조금 늦은 감은 있지만 외교부가 변화하는 외교의 흐름을 파악하고 그것에 대응하기 위한 노력을 한 것이다. 2021년의 상황을 보면 지금은 기술을 둘러싼 국가 간의 경쟁과 협력 등이 매우 중요한 국제정치의 모습으로 등장했다. 이러한 상황에서 '기술외교'의 필요성은 커지고 있으며 외교부는 기술외교를 위한 인력과 자원을 확보하고 한국의 기술외교의 목표와 방향, 그리고 주요 시행 계획 등을 준비해야 한다. 이것이 새로운 외교 메뉴의 개발의 한 예이다.

세 번째는 **한국 외교의 중·장기 전략 개발**이다. 청와대는 주요 외교안보 사안에 관한 현안 대응에 집중할 수밖에 없다. 대통령은 임기가 있고 그 임기 내에 외교적 업적과 성과를 내야 하며 시시각각 부상하는 현안과 위기에 대처해야 하기 때문이다. 장기적 계획은 대통령의 임기가 끝나면 그대로 유지되고 실행된다는 보장이 없기 때문에 현 정부 청와대의 관심은 될 수 없다. 그러나 모든 국가는 중·장기적 외교전략과 정책을 준비해야 하며 그것이 외교부가 해야 하는 임무이다. 외교부 역시 매일매일의 외교 현안에 대응해야 하는 것이 가장 핵심 업무이지만 중·장기 외교전략 개발 역시 외교부 아니면 할 수 있는 조직이 없다. 외교부 본부에서는 국장급의 외교전략기획관실(정책기획관실을 개편)과 그 밑에 두 개의 과가 이 임무를 담당하고 있다. 그리고 연구 기능인 국립외교원 산하 외교안보연구소가 정책연구 기능을 통해 이 임무를 지원한다고 볼 수 있다. 현재의 조직 구조로 볼 때 외교부의 중·장기 외교전략 개발 기능은 부족해 보인다. 그러나 부족한 것은 조직과 인력보다는 그러한 중·장기 외교전략에 대한 관심이라는 생각이 든다. 10년 아니 30년, 50년 후 한국의 대외적 도전과 기회가 무엇이고 한국은 국제사회에서 어떠한 국가로 자리 잡을 것인가에 대한 연구와 중·장기적 전략 개발을 하는 조직이 필요할 것이다. 외교부가 주축이 되고 범정부적 참여 그리고 민간 전문가들이 참여하는 위원회를 만드는 것을 생각해 볼 수 있다.

2. 넥타이를 풀고 현장으로: 외교관들의 관료화를 막아라

위성락 전 러시아대사는 한국 외교부가 행정, 의전, 행사에 대부분의 에너지를 소비하고 있다는 비판을 한 바 있다. 여기서 문제가 되는 '의전'은 재외공관에서 한국에서 오는 VIP 손님들에 대한 과도한 의전이 핵심이다. '행사'는 한국이 개최하는 국제 행사, 외교 행사가 점점 많아지기 때문에 자연히 행사 준비 및 진행에 많은 시간과 인력을 투입할 수밖에 없다. 문제는 '행정'인데 외교부도 행정 부처고 조직이라 다른 모든 조직들처럼 행정업무가 있다. 그런데 위성락 대사가 말하는 외교부의 행정업무는 인사, 총무, 회계와 같은 업무보다는 외교관들이 상부의 지시를 받아 작성하는 보고서 등과 같은 문서업무를 말한다고 생각한다(이런 보고서를 외교부에서는 보통 '자료'라고 한다). 외교관들이 많은 시간을 상급자들에게 전달할 보고서를 작성하는 데 소비하고 있다는 지적은 외교부 장관을 지낸 윤영관 전 서울대교수도 지적한 바 있다. 윤영관 전 장관은 한국의 외교관들이 서류작업 특히 상관에게 제출할 보고서 작성에 대부분의 시간을 보내기 때문에 선제적으로 외교 문제를 예방하거나 해결하는 능력을 배양할 시간이 없고 일이 생기면 뒤치다꺼리를 하는 조직이 되었다고 말한 바 있다.

외교부 본부 근무는 다른 정부 조직과 마찬가지로 위계적 조직이고 재외공관과 달리 대부분의 시간을 사무실에 앉아 문서 작업을 포함한 행정업무를 한다. 재외공관들을 관리하는 지역국은 담당하는 국가와의 외교업무들이 주 업무이다. 외국에서 대표단이 오거나 무역 협상이 열리거나 수교기념일 같은 외교 행사가 다가오면 그에 대한 준비를 해야 한다. 또 각 공관에서 온 전문들을 분석하고 의견을 주거나 결정을 해주어야 하는 문제에 대해 답을 주어야 하고 그를 위한 과 차원 또는 국 차원의 회의를 준비해야 한다. 지역 부서가 그러한 업무에 대부분의 시간을 보내는 반면 기능 부서는 자신이 맡은 영역(환경, 개발, 인권, 군축 등등)에서의 국제적 동향 파악 보고서 작성, 국제회의 관련 문서 준비, 출장 준비에 많은 시간을 보낸다. 이렇게 문서작업이 많은 환경에서 외교관들에게 전략적 마인드를 가지고 앞으로 생길 수 있는 문제점들을 미리 파악하고 한국이 취할 전략을 고민하라고 요구하는 것은 무리일 것이다.

본부는 그렇다고 쳐도 재외공관이 관료화되는 것은 큰 문제이다. 재외공관에 나와 있는 외교관들도 사실 하루 종일 책상을 떠나기 어렵다. 조세영 전 차관은 저서 『외교외전』에서 '읽고 읽고 또 읽는 외교관의 하루'라는 장을 통해 재외공관에서 근무하는 외교관들이 본부에서 온 전문을 읽는 일, 현지 신문을 읽는 일, ≪이코노미스트(The Economist)≫나 ≪포린 어페어스(Foreign Affairs)≫ 같은 주요 시사 잡지들을 챙겨 읽는 등 문서를 읽는 일에 가장 많은 시간을 쓴다고 했다. 대사는 접견이나 방문 등 외부 행사가 많지만 그 시간 이외에는 역시 책상에 앉아 전문, 현지 신문, 국내 신문 스크랩 자료, 접견이나 회의에 필요한 자료들을 읽어야 한다. 외부 행사가 많아 전문을 다 못 읽은 날은 퇴근할 때 전문을 싸들고 들어가 관저에서 읽는 경우도 허다하다. 사실 읽는 것이 외교관 업무의 전부는 아니다. 읽기도 하고 또 쓰기도 해야 한다. 재외공관에서 일하는 외교관의 또 다른 주요 업무는 전문

쓰기이다. 정무 분야에서는 워낙 지시가 많이 오기 때문에 그 지시를 이행하고 보고하는 전문을 써야 할 뿐만 아니라 지시가 없어도 주재국의 주요 현안에 관한 동향 전문을 자발적으로 쓴다. 안 그래도 바쁜 상황에서 이렇게 자발적으로 동향 전문을 쓰는 이유는 사실 그게 재외공관에서 일하는 외교관의 기본 업무이기도 하지만 얼마나 많은 전문을 작성해 보냈는가가 인사평가의 주요 지표이기 때문이다. 이렇다 보니 조세영 전 차관이 말한 대로 '쓸데없는 자료 만들기'와 전문에 파묻혀 사는 게 외교부에서의 삶이다.

이런 문제점을 해결하기 위해서는 외교관의 성과평가제도의 변화가 필요해 보인다. 위에 언급한 공관 근무 외교관들의 평가에서 본부에 보내는 전문의 개수가 중요한 지표가 되는 방식으로는 책상에만 붙어 있는 외교관의 관료화를 막을 수 없다. 전문의 개수가 중요한 지표가 되는 것은 주로 정무를 담당하는 외교관들인데 정무 분야에서도 새로운 평가 지표를 개발할 필요가 있다. 정무 담당자도 주재국과 한국과의 관계라든지 남북관계 등에 대해 주재국 학교나 기관 등에서 특강 등을 할 수 있고 정무 관련 주재국 내 네트워크 구축 노력을 지표로 개발할 수도 있을 것이다. 전체적으로 발로 뛰는 외교관, 주재국 국민과의 밀접한 접촉 그리고 그들에 대한 공공외교를 활발히 하도록 하려면 공공외교 활동에 대한 강조, 주재국 국민이 관심을 갖고 필요로 하는 협력 사업의 기획, 실행을 강조하는 성과평가 지표를 개발하는 방식으로 공관 근무 외교관들의 업무 우선순위를 획기적으로 바꾸어야 한다.

책상에 앉아 상사가 요구하는 보고서나 자료를 가장 중요한 업무로 생각하는 업무 수행 방식과 업무 문화가 결국 유능한 인재들을 문서작성 업무에 매몰되게 만들고 창의성을 상실한 채 위에서 시킨 지시만을 수행하는 수동적인 관료 조직의 부품으로 만들어버리고 있다. 그리고 그런 외교관들로 채워진 외교부가 어떻게 세상의 빠른 변화를 선제적으로 파악하고 창의적인 대응을 선도하는 조직이 될 수 있겠는가? 그렇다면 어떻게 이러한 업무 방식을 바꿀 수 있을까? 위성락, 윤영관, 조세영 등 전직 외교관들이 이 문제에 대해 지적은 했지만 뾰족한 방안을 제시한 분은 없다. 나 역시 외부자이고 외교부 본부에 근무해 본 경험이 없기 때문에 적절한 방안이 떠오르지 않는다. 여기서 한 가지 드는 생각은 어쩌면 외교부의 역할이 일상적 현안 대응 업무와 행사, 의전 업무 그리고 청와대가 결정한 외교정책 과제들을 실행하는 역할에 머물러 있기 때문에 이런 업무 수행 방식 및 업무 문화가 자리 잡은 것은 아닌가 하는 것이다. 중요한 외교전략이 어차피 외교부가 아닌 청와대에서 만들어지는 상황에서 청와대에 파견되거나 한반도평화교섭본부처럼 청와대 중심 외교정책 결정 구조 속에 참여하는 부서의 외교관이 아니라면 자신의 업무적 능력은 상관을 잘 보필하는 일에 달려 있는 것이 아닐까? 그렇다면 외교부의 현재의 업무 수행 방식을 바꾸기 위해서는 외교부의 역할에 근본적 변화가 필요하다는 생각이 든다. 청와대로부터 외교의 본연의 임무를 외교부로 가져오는 일, 간단히 말하면 외교정책 수립과 결정에 외교부의 역할을 확대시키는 것이 외교부 관료화의 문제를 푸는 근본적 해법이 될 수 있다고 생각한다. 그런 때가 오기 전까지 해야 할 일은 지금은 조직상으로 너무 왜소한 정책 관련 조직을 강화하고 한반도평화교섭본부나 북핵기획단과 같이 정책 수요가 많은 부서들과의 업무적 연계를 제도화해서 정책기능 부서가 실질적으로 외교부 차원의 주요 정책 아이디어 도출 과정에 참여할 수 있도록 하는 작업이 필요해 보인다.

3. 아랍어 잘하는 한국 외교관은 없는가?: 외교부 역량 강화를 위한 인사 및 평가 제도 개혁

외교부에 대한 일반인들의 비판 중 단골 메뉴는 "외교관들이 영어를 못한다, 현지어를 못한다"이다. 비(非)고시 출신 외교부 장관인 강경화 전 외교부 장관도 외교관들이 영어를 너무 못한다며 대책 마련을 지시한 바 있다. 또 다른 단골 지적 사항은 외교관들의 지역 전문성 부족이다. 특히 아프리카, 중동, 남미 등 국가들에 대해서는 언어구사 능력도 떨어지고 전문성도 떨어진다는 지적이다. 중동 국가의 대사관에 근무하는 외교관들이 아랍어를 잘하지 못하는 경우는 흔한 일이다. 이런 전문성 부족의 가장 큰 원인은 현행 인사 제도이다. 흔히 순환근무 제도라고 부르는 외교관 인사 제도는 기본적으로 한 국가에 계속 근무하는 것이 아니라 선진국과 개도국을 순환하면서 근무하는 제도이다. 외교부 은어로 "냉탕, 온탕"이라고 부르는 이 제도는 외교관의 임지를 가급지부터 라급지까지 4단계로 분류하고 미국이나 유럽의 주요국과 같은 가급지에 근무했다면 다음 근무지는 아프리카나 중동 등 라급지에서 근무해야 한다는 원칙이다(나급지에 근무했다면 다음 임지는 보통 다급지로 가게 된다). 반대로 라급지에서 근무한 사람은 다음 임지는 가급지가 된다. 이러한 순환근무제는 재외공관 간에 생활환경, 치안 문제, 교육 환경 등에서 큰 차이가 있는 상황에서 모두에게 균등한 기회를 부여하기 위해 만들어진 제도이다. 사실 전문성을 강조한다면 외교관은 같은 공관이나 같은 지역에서 계속 근무하는 것이 바람직하지만 그렇게 되면 열악한 환경의 아프리카 지역 공관에만 계속 근무하는 외교관과 생활환경이 좋고 중요도가 높은 미국이나 유럽의 선진국에서 계속 근무하는 외교관이 생기게 된다. 이럴 경우 발생할 수 있는 형평성 문제, 위화감과 사기 문제 등을 해결하기 위해 최선의 인사 제도는 아니지만 순환근무 제도를 채택하고 있는 것이다.

이런 제도하에서는 외교관들은 계속 다른 나라에서 근무할 것을 예측할 수 있기 때문에 굳이 현지어를 배우고 그 나라 전문가가 되려는 수고를 하지 않으려고 한다. 이러한 인사 방식에서는 전문성이 배양되기가 어렵다. 입부해서 갈 수 있는 언어연수를 마치고 해당 언어와 전혀 관계없는 공관으로 발령 나는 경우는 허다하다. 윤덕민 전 국립외교원장은 냉탕온탕 인사를 비판하면서 "서남아 국장(방글라데시, 파키스탄 등을 담당)을 멕시코 대사로 발령하고, 중동 국장을 일본 총영사로 발령한다"고 한탄한 바 있다. 윤덕민 교수는 이스라엘의 주휴스턴 총영사는 임기가 없는 거의 종신직이라고 하면서 휴스턴 총영사의 주 업무가 부시 대통령 일가의 대소사를 챙기고 그 네트워크를 관리 그리고 필요 시 활용하는 일이라고 전한다. 부시 대통령 일가가 휴스턴 부근에 살고 있기 때문이다. 외교관의 전문성이 얼마나 중요한지 이스라엘 외교의 사례를 통해 강조하는 것이다.

이런 결과가 지금 한국의 외교부가 가지고 있는 전문성 부족의 원인이다. 외교관 전문성 배양의 측면에서 냉탕온탕 인사 원칙의 문제점은 분명하지만 너도 나도 미국이나 유럽과 같은 선진국에서 근무하고 싶은 희망이 분명한 현실에서 아프리카나 중동 전문가를 평생 그 지역 공관으로 발령한다면 아

▶ **냉탕-온탕 순환근무제 폐지**   외교부는 2016년 냉탕-온탕 순환근무제를 폐지하려는 시도를 했었다. 재미있게도 이러한 결정은 전문성 제고를 위해서가 아니라 여성 외교관 수가 늘어나면서 냉탕-온탕 제도를 거부하고 퇴직하는 여성 외교관 수가 늘어나는 문제가 발생하기 시작했기 때문이다. 일부 여성 외교관들이 냉탕 발령을 받고 본부 근무를 신청하거나 그것이 안 될 경우 사직서를 제출하는 경우가 생기기 시작했다. 여성 외교관 비율이 2019년 42.4%까지 늘어났고 이에 따라 이런 경우가 많아짐에 따라 냉탕-온탕 보임 원칙을 지키기 어려워진 것이다. 외교부는 우선은 가급지와 라급지를 제외한 나, 다 급지만을 풀어서 냉탕-온탕 원칙을 적용하지 않는 방안을 검토했다.

무도 외교부에 남아 있지 않을 것이라는 것도 사실이다. 전문성을 높이기 위해서는 험지 및 비선호 공관 근무자에 대한 강력한 인센티브를 주는 방법 이외에는 다른 방법이 없어 보인다. 예를 들어 지역 및 국가 전문가 트랙을 만들어서 지역 및 국가 전문가를 자발적으로 지망할 수 있도록 인센티브를 마련해야 할 것이다. 전통적인 비선호 지역인 아프리카, 중동, 서남아시아 지역 공관의 근무 여건의 획기적 개선, 험지 수당을 넘어서는 전문가 트랙에 대한 금전적 보상, 정년 연장이나 2회 이상의 공관장 보임 보장 등의 다양한 인센티브를 개발해야 한다. 외교부의 오랜 고민거리가 2021년에도 해결되지 못한 것을 보면 가슴이 답답하다.

4. 외교관, 꼭 시험으로 뽑아야 하나?: 다양성을 가진 인재들로 채워진 외교부 만들기

문재인 정부의 외교부 개혁에서 자주 거론되는 단어가 외교부의 순혈주의다. 2017년 외교부가 국민신문고를 통해 실시한 대국민 설문조사 결과에서도 외교부의 문제점 2위로 나타난 것이 외무고시 중심의 순혈주의이다. 순혈주의가 무엇일까? 다른 피가 섞이지 않은 순수한 피라는 말일 텐데 이것은 외교부가 외무고시(현재는 외교관 후보자 선발시험)를 통해 선발된 사람들로 구성된다는 것을 의미한다. 이런 동질성 때문에 자기들끼리 똘똘 뭉치고 외부 사람들의 진입을 철저히 막는 폐쇄성을 갖게 된다는 것이다. 사실 다른 정부 부처 역시 고위급 충원은 행시와 다른 국가고시를 통해 충원하기 때문에 외교부만 특별히 문제가 될 것은 없다고 생각한다. 그러나 외교부의 순혈주의를 지적하는 이유는 외교부가 일반 행정고시와도 구별되는 외무고시를 통해 외교부에 들어오고 그로 인해 폐쇄성이 커지고 자기 식구 챙기기 등의 부작용이 있기 때문이다.

사실 외교부의 폐쇄성은 끼리끼리 문화 차원의 문제가 아니다. 같은 외무고시를 보고 들어와도 학연으로 또 파벌이 형성되는 것이 외교부의 현실이기 때문이다. 순혈주의의 진짜 문제는 지나치게 동질적인 사람들이 외무부를 채우게 되는 현실, 즉 다양한 인재가 들어오지 못하는 현실인 것이다. 외무고시를 통해 외교관이 된 것이 잘못이나 약점이 될 수는 없지만 한 조직이 같은 선발 과정을 거쳐 들어온 사람들만으로 구성된다는 것은 조직의 강점보다는 약점이 될 가능성이 크다. 준비 과정이 같기 때문에 전문성 측면에서도 동질적이고 사고의 다양성과 다양한 경험을 확보하기 어렵기 때문이다.

이 문제의 해결은 충원 루트를 다양화하는 것과 외무고시 출신뿐만 아니라 지역 전문가와 같은 외부인들도 공관장으로 임명될 수 있도록 하는 것이다. 문재인 정부에서는 공관장의 30%를 비외교관 출신으로 보임하는 특임공관장 비율을 늘리겠다고 했지만 특임공관장의 면면을 보면 이 제도가 애초에 의도했던 효과를 거두는 것은 이미 실패했다는 것이 명확해 보인다. 특임공관장 제도가 잘못되었다기보다 특임공관장 후보의 추천, 평가(언어능력 평가를 포함해서) 관련 제도가 미비하거나 제대로 이루어지지 않는 것이 문제라고 생각된다. 이 문제는 특임공관장 제도 운영을 이 제도의 원래 취지를 살릴 수 있는 방향 그리고 국민의 눈높이에 맞는 방향으로 개선하는 방식으로 해결해야 한다.

순혈주의를 극복하기 위해 도입한 또 하나의 제도가 특채 제도이다. 언어특채, 자격증 특채, 민간경력 특채 등이 있다. 아랍어, 러시아어와 같은 특수어가 가능한 사람을 외교관으로 채용하거나 변호사 자격증 혹은 외교 활동에 필요한 다른 자격증을 가진 사람을 특채하기도 한다. 민간 기업이나 국제

NGO에서 경험을 쌓은 사람도 특채 대상이다. 한동안 에너지, 자원 관련 업무 종사자를 찾는 경우가 많았고 아마도 지금은 IT나 AI 등 4차 산업혁명 관련 기술 분야에서 종사한 경험이 있는 인력들이 필요할 것이라는 생각이 든다. 특채 제도는 과거에 외교부 고위급들의 자녀들을 채용하기 위해 악용된 사례가 있었다. 그 전에도 영어능통자를 뽑기 위한 외무고시 2부 시험이 1997년부터 2003년까지 운영되었는데 절반 정도가 외교관 자녀들이 합격해서 문제가 되었고 결국 폐지되었다. 이런 사례들을 보면 외교관들의 다양성과 전문성 제고를 위해 만든 제도들의 성패는 그 제도 자체보다는 그 제도가 얼마나 합리적으로 운영되는 데 달려 있는 것이다.

외교부가 좀 더 다양한 전문 영역과 경험을 가진 인력들을 충원해야 하는 것은 지금의 외교 환경에서 너무나 중요한 일이다. 다만 이들이 외교부에서 일하기 위해 필요한 충분한 역량을 가질 수 있도록 충실한 교육, 훈련 프로그램을 만들 필요가 있다. 특수 언어에 집중된 언어 특채로 외교부에 들어온 사람들이 적응하지 못하고 퇴직하는 경우가 많이 있었다. 언어는 가능하지만 외교에 관한 기본적 트레이닝과 외교관으로서의 사명감이나 일의 성격에 대한 인식이 부족했기 때문이라고 생각된다. 외교관 후보자 선발시험을 통해 외교부에 들어온 인력들도 외교 아카데미에서의 1년간의 연수 기간 동안 외교관으로서 필요한 대부분의 역량을 갖추게 된다. 특채로 들어온 사람들도 이와 상응하는 연수 기회가 주어져야만 이들이 외교관으로서의 역할을 할 수 있도록 준비할 수 있는 것이다.

그런데 특채 제도를 관찰하면서 느끼는 점은 과연 보완적 성격을 가진 특채 제도만으로 외교부의 동질성(부정적 의미의) 문제가 해결될 수 있을까이다. 결국은 현재의 외교관 충원 제도에 대해 근본적 질문을 던져야 하고 2013년 생겨난 외교관 후보자 선발시험도 사실상 다양성을 지닌 인재를 선발하는 데는 실패했음을 인정해야 한다. 조태용 의원이 분석한 자료에 의하면 외무고시 폐지 이후에도 2017~2020년 4년 동안 임용된 외교관 중 서울대, 연대, 고대 출신 비율이 69.1%로 학벌 편중 현상이 해소되지 않은 것으로 나타났다. 결국 외시나 외교관 후보자 선발시험 등 대동소이한 시험에 의한 선발 제도를 과감하게 내던져 버려야만 지금의 외교 환경에서 능력을 발휘할 수 있는 다양한 배경을 가진 외교관들로 외교부를 채울 수 있을 것이다. 많은 사람이 선망하는 외교관을 선발하는 데 시험만큼 공정한 제도가 어디 있는가? 다양한 인재를 선발하기 위해 시험 이외의 선발 방식을 만들어야 하는데 과연 객관성과 공정성을 확보할 수 있는가? 이런 생각들 때문에 아직도 고시촌 학원에 다니면서 수험서를 몇 년씩 외우고 3차 면접 시험을 대비하는 고액 과외까지 받는 수험생들 중에서 외교관을 뽑는 제도를 유지하고 있는 것이다. 공정성과 객관성을 확보하기 위해 창의적 인재를 선발할 수 있는 새로운 제도를 시도하기 어렵다는 이야기를 언제까지 받아들여야 하는 것인가?

제3부

한국 외교의 핵심 현안과 해법

대한민국은 지금 어떠한 국제환경에서 살고 있는가? 한국의 생존과 번영에 중요한 영향을 미치는 외교 현안은 무엇언가? 그리고 어떻게 하면 이러한 외교 현안들을 현명하게 해결해 나갈 수 있는가? 국민들이 한국의 대외관계의 핵심적 부분들을 이해하는 것은 매우 중요하다. 그것들에 대해 최소한의 지식을 가지고 고민할 수 있어야 외교정책에 대한 평가를 할 수 있고 한국의 생존과 번영을 이룰 수 있는 지도자를 선택할 수 있는 눈도 갖게 된다. 대한민국 외교안보의 핵심적 현안은 미·중 시대 한국의 외교, 북핵 문제, 한미관계의 관리, 한미동맹의 미래, 한일관계의 정상화, 부상한 중국과의 관계 관리 등이다. 핵심 외교 현안들의 내용과 현재의 외교정책 그리고 이러한 현안들이 던지는 도전에 대응하기 위한 방안들을 이야기해보고자 한다.

**Understanding Diplomacy and
Contemplating Korea's Diplomacy**

제1장

미·중 대결 시대, 한국의 외교적 선택

1. 신냉전으로 접어든 미·중관계

2021년의 세계 질서의 가장 큰 특징은 미·중 간의 대결이다. 경쟁이 아닌 대결이다. 중국은 국력의 신장과 함께 미국의 초강대국 지위를 위협하고 있고 여기에 대한 미국의 대응이 미국과 중국 간의 경쟁을 넘어 충돌을 일으키고 있는 상황이다. 중국의 괄목할 만한 경제적·군사적 성장은 굳이 설명이 필요하지 않다. 경제적으로는 이미 일본을 제치고 GDP 2위를 차지했고 군사적으로도 미국, 러시아에 이어 세계 3위의 군사력을 자랑하고 있다. 외교력을 간접적으로 보여줄 수 있는 전 세계 외교공관의 숫자에서도 276개로 273개인 미국을 제치고 1위를 차지하고 있다. 물론 중국의 외교력은 미국과 경쟁이 되지 않는다. 그러나 이미 전 세계에 미국보다 많은 자국 공관을 설치하고 외교를 통해 자국의 영향력을 확대할 외교 인프라를 갖추고 있는 것이다.

중국의 국력 신장보다 더 중요한 것은 미국이 주인공 역할을 하고 있는 현재의 국제 질서에 순응하는 것을 중국이 거부하고 자기 목소리를 내면서 중국이 주인공인 세계 질서를 만드는 작업을 시작했다는 것이다. 시진핑 주석의 중국몽(中國夢)으로 상징되는 중국의 굴기(崛起, 우뚝 서기) 움직임은 여러 가지 영역에서 미국과 마찰을 빚고 있다. 기후변화 대응에 관해서도 세계경제의 거버넌스(관리)에 있어서도 또 최근의 코로나19에 대한 대응에서도 중국은 미국이 주도하는 기존 질서 안에서 미국에 협조하기보다는 자신이 주인공이 되기 위한 자신만의 방법을 가지고 미국과 경쟁하려 하고 있다.

중국을 자신이 만든 **자유주의 국제 질서** 안에서 묶어 두고 그 안에서 중국의 경제적 성장을 허용하면서 중국의 변화를 이끌려고 했던 미국의 대중 전략은 2010년 중반에 이르러 한계를 맞게 된다. 이것은 트럼프와 같은 미국의 지도자가 자유주의적 국제 질서의 기본 틀을 무시했기 때문이지만 다른 한편으로는 중국이 더 이상 미국이 만든 질서 안에서 순응하지 않겠다는 것을 분명히 하고 그 대안을 제시하기 시작했기 때문이기도 하다. 2013년부터 시작된 일대일로(一帶一路) 프로젝트와 국제개발금융에서 미국의 대안 역할을 하고자 하는 AIIB(아시아 인프라 투자은행)의 설립, 그 후 나타난 탈달러화 시도 등 중국의 홀로서기 움직임은 미국의 기존 대중 전략이 더 이상 유효하지 않다는 인식을 미국 지도층 내에 확산시켰다. 남중국해에서의 공세적 행동 역시 그 빈도와 정도에서 미국에 대한 정면 도전으로 해석될 만큼 강화되었다.

중국에 대한 새로운 대응을 시작한 사람은 미국의 트럼프 대통령이었다. 그 시작은 무역 측면에서의 압박이었다. 트럼프 대통령은 2017년 미국 전체 무역적자의 63%를 차지한 대중 무역적자를 문제 삼아 중국에 대한 무역 보복 조치를 시작했다. 2018년 7월 대중 무역적자를 바로잡기 위해 350억 달러의 중국산 제품에 25%의 추가 관세를 부가로 시작된 미·중 무역전쟁은 다시 중국의 지적재산권 침해에 대한 조치로 중국 IT 기업에 대한 제재를 시작했다. 2019년 5월 15일 '정보통신 기술 및 서비스 공급망 확보에 관한 행정명령'을 발동했다. 이 조치로 구글은 화웨이(Huawei)에 공급하던 안드로이드 운영체제 계약을 철회했고 퀄컴(Qualcomm)이나 인텔(Intel)도 화웨이에 대한 부품 공급을 중단했다. 시진핑의 '중국제조 2025'라는 첨단산업 육성정책을 중국의 기술패권 전략으로 보고 대응을 시작한 것이다. 이러한 경제

▶ **자유주의 국제 질서** 제2차 세계대전 종전 이후 패권국으로 등장한 미국의 주도로 형성된 국제 질서로서 자유민주주의·시장경제·자유무역을 옹호하고, 이런 가치를 공유하는 나라를 지원하며, 민주주의, 인권, 법치 등 공통된 규칙·규범과 세계은행(World Bank), IMF, WTO와 같은 경제국제기구 등을 통해 국가 간 협력을 만들어내고 질서를 유지하는 국제 체제를 말한다.

적 차원의 조치들은 2020년 5월 21일 발표된 「미국의 대중국 전략적 접근(U.S. Strategic Approach to Peoples' Republic of China)」이라는 보고서의 발표로 본격적인 새로운 대중정책으로 공식화되었다. 이 보고서는 미국이 1972년 중국과의 상하이 공동성명(공식적 수교는 1979년) 이후 유지해 왔던 대중정책, 즉 중국을 미국 중심의 질서 속에 끌어들여 개방되고, 법에 의한 지배, 민주주의 가치를 수용하는 나라로 만들려는 40년간의 대중정책이 실패했다고 평가하고 미국과 중국은 전략적 경쟁관계이며 중국은 미국에 대해 경제적·가치적·안보적 측면에서 도전이 되고 있다고 규정했다. 군사적으로도 중국의 안보적 도전에 대응하기 위해 3대 핵전략의 현대화, 사이버 우주 능력에 대한 투자 확대, 남중국해에서의 항행의 자유를 지속적으로 행사할 것을 명시했다. 많은 전문가는 이 보고서를 사실상 신냉전의 선포라고 보아야 한다고 평가한다.

2020년 7월 23일 미 국무장관 마이클 폼페이오(Michael Pompeo)의 닉슨도서관 연설(Communist China and the Free World's Future)을 보면 미·중관계가 경쟁과 협력의 양면성을 갖는 단계를 넘어서서 전면적 대결의 단계에 들어선 것으로 보인다. 폼페이오 장관은 이 연설에서 시진핑은 전체주의 사상의 신봉자이며 중국은 거짓말을 하고 지적재산을 도둑질하고 있다며 중국에 대한 포용정책을 중단하고 자유 국가들은 힘을 합쳐 중국공산당을 중국에서 몰아내야 한다고 주장하고 있다. 미국은 한발 더 나아가 중국을 고립시키기 위한 반중 전선을 구축하는 작업을 본격화하고 있다. 폼페이오 장관은 7월 28일

▶ **탈달러화** 국제 거래에서 달러 독점을 깨려는 움직임을 말한다. 중국과 러시아가 추진하는 탈달러화는 달러가 기축통화로서 누리는 이점들을 더 이상 작동하지 못하도록 하는 목표를 가지고 있다.

워싱턴 D.C.에서 열린 호주 외교, 국방 장관과의 2+2 회담 계기 기자회견에서 자신의 연설을 반박한 중국에 대해 자신이 제기한 문제는 독재국가와 권위주의 정권에 맞서 자유와 민주주의를 선택하는 문제라고 반박하며 민주주의 국가들 그리고 대서양 연안 동맹들이 어느 쪽에 서길 원하는지 정확히 알 것으로 확신한다고 말했다. 미 국무부는 이날 회담 관련 공동성명에서 인도·태평양에서 네트워크화 된 동맹과 파트너십을 강화하는 데 있어 아세안, 인도, 일본, 한국, 파이브 아이즈(Five eyes: 미국, 영국, 캐나다, 호주, 뉴질랜드 5개국으로 구성된 기밀정보 동맹) 등과 나란히 협력한다는 점을 재확인했다. 이제 미국은 세계를 향해 미국과 중국의 대결에서 어느 쪽에 설 것인지 결정하라는 주문을 하고 있는 듯하다.

2021년 1월 바이든 대통령이 당선되었다. 많은 측면에서 바이든 정부는 트럼프 정부의 정책들을 되돌리고 있지만 중국에 대한 대응만큼은 트럼프 정부와 크게 다르지 않다. 바이든 정부의 국가안보 및 대외정책의 최고 실무자인 제이크 설리번(Jake Sullivan) 백악관 국가안보보좌관은 업무를 시작하자마자 대중국 전략을 제시했다. 설리번 국가안보보좌관은 2021년 1월 29일 미국 평화연구소(USIP) 주최 화상 세미나에서 대중국 접근법을 제시했는데 그것은 체제 경쟁을 위한 미국 내부 문제 해소, 동맹 규합, 기술 경쟁, 행동 준비의 네 가지 해법이다. 체제 경쟁은 중국과의 체제 경쟁에서 이길 수 있도록 미국 내부 갈등을 해소하고 미국식 민주주의의 문제점을 정비하는 것이 최우선 순위로 제시되었다. 두 번째 유럽과 아시아에서 동맹국들과의 협력을 통해 중국에 대응하겠다는 생각은 바이든 행정부가 트럼프 정부와 구별되는 특징이다. 트럼프는 동맹을 불신하고 동맹관계를 거래관계로 폄하했지만 바이든에게 동맹은 '다자협력', '가치'와 함께 미국 대외정책의 핵심이다. 설리번은 중국 견제를 위해 미국, 일본, 호주, 인도로 구성된 4개국 협의체 쿼드(Quad)가 "인도-태평양 지역에서 실질적 미국 정책을 발전시킬 근본적 토대"라고 인식했다. 또 트럼프 정부의 안보보좌관이었던 로버트 오브라이언(Robert O'Brien)은 "쿼드가 나토(NATO) 이후 구축한 가장 중요한 관계"라고 말하며 바이든 행정부가 인도-태평양 전략을 바탕으로 한 쿼드를 계속 핵심적 메커니즘으로 활용할 것이라고 천명했다. 세 번째 기술 경쟁은 미국이 인공지능, 양자컴퓨팅, 생명공학, 청정에너지 등 핵심 최첨단 기술에서 우위를 유지하도록 미국이 공격적으로 투자해야 한다는 것이다. 마지막으로 미국이 언제든 미국이 원하는 바를 이루기 위해 행동할 준비가 되어 있어야 하며 신장과 홍콩의 인권 문제, 대만에 대한 위협 등에서 중국의 잘못에 대해 일관된 목소리를 내고 행동을 통해 "대가를 치르게 할 준비가 되어 있어야 한다"라고 강조했다.

중국과의 접점이라는 측면에서 핵심적 지역인 동아시아에 관한 정책을 총괄할 커트 캠벨(Kurt Campbell)의 메시지는 조금 더 구체적이다. 캠벨 국가안보회의(NSC) 인도·태평양 조정관은 ≪포린 어페어스≫ 기고에서 대중 견제를 위해 모든 분야를 포괄하는 거대 연합보다 맞춤형 연합체를 구축해야 한다면서 무역·기술 분야와 공급망 분야에서는 영국이 제안한 D10(G7+한국, 호주, 인도)이 역할을 할 수 있을 것이라고 지지했다. 군사 분야에서는 쿼드를 확대함으로써 중국에 대한 군사적 억지에 초점을 맞출 것이라 언급한 바 있다.

2021년 6월 영국에서 열린 G7 정상회의에서 미국은 중국에 대한 견제를 여러 나라가 참여하는 다자적 메커니즘을 통해 해나갈 것이라는 것을 분명히 한 것으로 보인다. G7 정상들은 회의를 마친 뒤 발표한 공동성명에서 신장 자치구와 홍콩에서의 인권 탄압, 대만해협에서 긴장감을 높이는 일방적인 행위에 대한 반대, 코로나19 기원 조사 등을 포함시켜 G7 차원의 대중 압박을 분명히 했다. 이 외에도 G7 국가들은 중국의 일대일로에 대응하기 위한 B3W(Build Back Better World) 계획 출범에 합의했다. 이 계획은 전 세계 저소득 국가와 중소득 국가를 모두 포괄하여 이들 국가의 인프라 투자를 제공하는 데 있어 일대일로와는 달리 민주주의 국가들이 주도하는 가치를 따르며 투명성을 강조하는 계획이다. 이 계획을 통해 일대일로에 대한 대안을 제시하여 일대일로의 확대를 억지할 것이라는 목표도 가지고 있다. G7 정상회의가 이렇게 특정 국가(중국)에 대한 대응을 공동성명에 명시하고 공동의 프로젝트를 추진하기로 한 것은 미국의 외교적 노력이 얼마나 강력했나를 보여준다. 'B3W' 같은 바이든의 선거 슬로건을 G7의 공동 프로젝트명으로 정한 것도 미국의 영향력을 상징적으로 보여준다.

2. 미·중 대결 시대가 한국에 주는 도전

미국과 중국이 본격적인 대결의 단계로 접어선 것은 우리가 살고 있는 이 시대의 매우 심각한 변화이다. 국제정치적 개념을 사용해서 설명하면 마치 제2차 세계대전 이후 미국과 소련이 각각 자유진영과 공산진영을 이끌며 대결했던 것과 같은 냉전적 국제 질서가 21세기에 다시 형성되고 있는 것이다. 이러한 두 개의 진영이 대치·경쟁하는 국제 질서는 세계 모든 국가의 운명과 그들의 외교정책에 심각한 도전이 될 수밖에 없다. 1950년 한국전쟁을 생각해 보면 그것은 냉전 질서 속에서 미국과 소련의 이익이 한반도에서 충돌한 냉전이 만들어낸 전쟁이었다. 이제 21세기 미·중 간의 신냉전의 형성을 우리가 심각하게 받아들여야 할 이유이다.

미·중 간의 신냉전 속에서 대한민국의 운명을 생각해 보자. 가장 먼저 생각해 봐야 할 것은 한반도의 특수성이다. 한반도의 남한과 북한은 미국과 중국 모두와 특별한 관계를 가진 나라들이다. 한국은 미국과 1953년 한미상호방위조약으로 묶여진 동맹국이고 그에 따라 미군이 한국에 주둔하고 전시작전권을 미국이 행사하고 있는 상황이다(전시작전권 전환은 이미 합의가 되었지만 전환의 조건이 아직 충족되지 않아 실제 전환이 미루어지고 있다). 중국과 북한은 1961년 중·조 상호원조 및 우호협력조약에 의거한 군사동맹관계이고 중국은 북한을 일종의 완충지대(buffer zone)로 생각하고 북한의 후견자 역할을 유지하고 있다. 그렇기 때문에 미·중 간의 본격적 대결은 한국과 북한에게는 세계의 다른 나라들과는 다른 보다 직접적이고 심각한 영향을 미칠 수밖에 없다.

적어도 2010년 초까지 미·중관계와 관련한 한국의 외교정책에 큰 고민은 없었다. 시진핑이 그의 '중국몽'을 위한 움직임을 본격화하기 전까지 미·중은 '협력과 경쟁'이라는 큰 틀 안에서 관계를 유지해 왔고 미국이 만들어 놓은 질서 안에서 중국이 국력을 신장시키고 기존 질서가 주는 이익을 추구하는 관계를 유지해 왔다. 그 틀 안에서 중국은 WTO에 가입했고(2001) 또 미국과 G2 시대를 상징하는 '미·중전략경제대화'를 출범시켰으며(2009) 2016년 중국 위안화가 IMF 특별인출권 바스켓에 포함되었다(이것은 중국의 위안화가 국제적 통화로서의 위치를 얻은 것을 의미한다). 이러한 미·중관계 속에서 한국은 한미동맹을 근간으로 미국과의 관계를 계속 강화해 왔으며 중국과는 경제관계를 강화하면서 전략적 관계도 편안한 속도로 강화시켜 왔다. 2015년 한중 FTA가 발효되었고 중국은 한국의 제1위 교역·수출·수입 대상국이며 한국은 중국의 제1위 수입 대상국이자 제3위의 교역·수출 대상국이 되었다. 2008년에는 한중관계를 전략적 협력동반자 관계로 격상하면서 관계 강화를 계속해 왔고 박근혜 정부에 와서는 역사상 처음으로 2015년 9월 3일 중국의 항일전승 70주년 기념 열병식에 참석하여 중국과의 정치적 관계 역시 진전을 이루었다. 그러나 박근혜 정부의 한반도 사드 배치 결정에서 보듯이 박근혜 정부 때까지 한국의 기본 스탠스는 한미동맹을 근간으로 하면서 경제적 협력이나 북한 문제와 관련해 중국의 협조를 추구하는 것이었다. 이 시기까지는 한국의 전략은 연미화중(聯美和中: 미국과 연대하고 중국과 친하게 지낸다)이나 안미경중(安美經中: 안보는 미국, 경제는 중국)과 같은 원칙으로 요약될 수 있었다.

그러나 미·중관계가 대결적 성격으로 변해가면서 한국의 고민이 시작되었다. 특히 문재인 정부에 와서는 북핵 문제의 해결과 한반도 평화 정착의 차원에서 중국의 협조가 필요하다는 인식하에 좀 더 적극적인 중국 접근이 시작되었다. 중국은 대한정책에서 보다 공세적인 정책을 펴기 시작했다. 사드 배치에 대한 보복(한국관광 금지, 중국의 롯데 사업에 대한 탄압)이 그 시작이었고 한국은 그러한 중국의 공세적 전략에 대해 적절히 대응하지 못하고 수세적 대응을 하고 말았다. 그 수세적 대응의 절정은 2017년 10월 한국 측이 제시한 3불 정책이다. 3불(不)은 사드 추가 배치를 하지 않는 것, 미국 미사일방어체제에 편입되지 않는 것, 한·미·일 안보협력이 군사동맹으로 발전하지 않을 것 등을 약속하는 내용이다. 한국의 생존에 관련된 핵심 안보 사안을 중국의 압박에 쉽게 포기하는 이런 식의 대응은 중국에게는 한국과 미국의 동맹관계에 균열이 생기고 있다는 자신감을 미국에게는 한국이 미국과의 관계를 희생하면서까지 중국에게 기울어져 가고 있다는 인식을 주게 된다. 이제 중국은 더 이상 안미경중이나 연미화중과 같은 수준의 한국의 대외정책에 만족하지 않게 되었다.

미국은 미·중관계에서 부상하는 공세적 중국에 대한 대응을 시작하면서 당연히 그러한 대응에 한국이 참여하기를 기대했다. 그러나 한국은 환태평양 경제동반자 협정(TPP: Trans-Pacific Strategic Economic Partnership)에의 불참으로부터 시작해 사드 기지 주변을 점거한 시위대 방치, 미국의 인도-태평양 전략에 대한 유보적 태도, 쿼드 플러스(Quad plus) 참여에 대한 유보적 태도 등 미국이 기대하는 동맹국으로서의 행동과는 동떨어진 움직임을 계속해 왔다. 미국이 중국의 공산당 정부에 대해 중국 인민을 탄압하고 인권을 탄압하는 없어져야 할 정권으로 규정하고 있는 상황에서 대통령이 시진핑에게 전화를 걸어 공산당 창당 100주년을 축하하는 식의 외교적 디테일도 미국을 불편하게 했다. 이러한 한국의 외교적 행태는 결국 워싱턴에서 동맹국 한국 그리고 한미동맹에 대한 근본적 의문을 제기하는 목소리가 커지는 결과를 가져왔다.

그런 와중에 2021년 6월 열린 한미 정상회담은 미·중 사이에서 한국의 대외정책이 그동안의 우려와는 달리 미국 중심적으로 회기하고 있는 것이 아닌가 하는 평가를 낳았다. 바이든과 문재인 대통령의 정상회담 공동성명서에서 문재인 정부는 그동안의 한미관계 및 외교정책의 움직임과는 상반된 여러 가지 내용을 미국과 합의했다. 특히 중국이 민감하게 생각하는 대만해협에서의 평화와 안정 유지의 중요성을 언급했고 남중국해 문제 역시 명시했으며 쿼드 등 개방적이고 투명하며 포용적인 다자주의의 중요성을 인식한다는 내용도 합의했다. 중국이 불편하게 생각하는 한·미·일 협력에 대해서도 근본적 중요성을 강조하는 문항을 담았고 최근 미·중 간의 대결의 새로운 전선으로 등장한 공급망 재편 문제에서도 반도체 등 미국 중심의 공급망 재편에 한국이 참여하기로 했다. 이 외에도 미국의 대북정책에서 중요한 부분인 북한의 인권 문제를 명시하는 것을 포함해 바이든 정부의 대외정책에 전반적으로 지지를 보내는 방향의 공동성명을 합의한 것이다. 이러한 문재인 정부의 외교정책에서의 방향 전환은 한국이 한미 정상회담에서 반드시 얻고자 했던 것을 얻는 대가로 양보한 것이 아닌가 생각된다. 그중 핵심적인 두 가지는 미국으로부터 코로나19 백신을 공급 받는 것과 미국이 북한과의 대화를 계속할 것을 명시하는 것이었던 것으로 보인다. 예를 들자면 '판문점 선언과 싱가포르 공동성명에 기초한 외교와 대화가 필수적'이라는 내용이 한국이 반드시 포함시키고자 했던 내용일 것이다.

이후 2021년 6월 11일부터 13일까지 영국 콘월에서 열린 G7 정상회담에 한국은 초대를 받아 참석했고 이 정상회담에서 G7 국가들은 다자적으로 중국을 견제하는 명백한 합의를 만들어냈다. 홍콩의 권리와 자유 보장, 신장, 위구르에서의 인권 탄압 중지, 글로벌 공급망에서 사용되는 강제 노동의 중단, 대만해협 및 남중국해의 평화와 안정, 코로나19의 기원 조사에 대한 중국 측의 협조 촉구, 일대일로에 대응하는 새로운 인프라 투자 메커니즘 구축(B3W) 등 중국을 겨냥한 여러 가지 합의를 공동성명에 포함시켰다. 물론 한국은 G7 회원국이 아니라 초청국(Invited guests)이기 때문에 공동성명에 참여하지 못했지만 중국과 러시아를 겨냥한 '열린 사회' 성명에 서명해야 했다. 향후 구체화될 수 있는 G7의 확대〔데모크라시(Democracy) 10, 혹은 G11 등의 형태가 될 수 있다〕에 한국이 참여할 경우 미국이 주도하는 대중국 견제에 참여해야 하는 압력이 커질 수 있는 상황을 예상할 수 있다. 실제로 2021년 9월 미국 하원은 정보 동맹인 파이브 아이즈에 한국의 참여를 검토하도록 했다. 파이브 아이즈는 정보공유 네트워크이지만 최근 중국의 화웨이를 견제하는 등 대중국 견제에 초점을 맞추고 있다. 이번 확대안에는 한국 이외에도 일본, 인도, 독일도 포함되어 인도·태평양으로 정보동맹을 확대하려는 움직임이 명백하다.

미·중 사이의 공급망 재편을 둘러싼 갈등 문제 역시 미·중 간에 형성된 새로운 전선이고 한국에도 영향을 미치는 문제이다. 미국은 중국에 대한 의존도가 큰 기존의 글로벌 공급망을 재편한다는 목표를 세우고 강력히 실행 중이다. 중국 주도의 첨단산업 부품 공급망에 의존하는 것을 안보적 위협 차원의 사안으로 보는 것이다. 바이든 대통령은 반도체, 전기차 배터리, 희토류, 의약품 등에 대한 중국의 의존도를 줄일 공급망 재검토를 위한 행정명령을 내린 바 있다. 이러한 미국의 공급망 재편정책에 중요한 역할을 하는 것이 동맹국들이다. 트럼프 정부에서도 미국과 협력하는 국가들만의 산업공급망인 경제번영네트워크(EPN: Economic Prosperity Network)에 대한 구상이 나왔고 바이든 대통령의 명령에 의해 만들어진 보고서(100-Day Reviews under Executive Order 14017)에서도 동맹국의 역할은 강조되어 있다. 바이든은 한국과의 첫 번째 정상회담에서도 반도체와 같은 첨단산업 협력과 백신 협력 등을 중요하게 논의했고 한국은 미국 주도의 반도체 동맹에 참여하기로 했다. 이에 따라 미국은 반도체 생산의 거인 TSMC와 함께 삼성과 같은 반도체 생산자들을 미국 내로 불러들이고 있다. 이러한 노력이 성과를 거둔다면 미국은 반도체 분야에서는 중국과의 디커플링(decoupling: 분리)를 달성할 수 있을 것으로 보인다.

반도체 이외에 희토류나 전기차 배터리 분야에서도 공급망 재편이 이루어지고 있는데 문제는 이러한 공급망 재편이 가져올 한국에 대한 영향이다. 첫째, 기존 중국 중심의 공급망 재편이 세계경제에 불확실성을 증가할 수 있고 또 미국이 원하는 정도의 성공을 거두지 못할 수도 있다. 희토류의 경우 중국의 시장 점유율이 워낙 높고 미국이 추진하는 쿼드 중심의 희토류 공급

▼ **경제번영네트워크** 미국 트럼프 대통령이 추진한 반중 산업공급망으로서 중국의 일대일로에 대응하는 성격을 가지고 있다. 호주, 일본, 인도, 뉴질랜드, 베트남, 한국 등을 참여 국가로 상정하고 한국에게도 참여를 권유했다.

망 구축이 어느 정도의 성공을 거둘 것인지 알 수 없는 상황이라 한국으로서는 매우 어려운 선택의 기로에 있다. 또 2021년 한국 자동차 기업의 생산 중단 사태는 중국 반도체 기업들에 대한 미국의 제재로 중국 내 반도체 생산이 차질을 빚어 공급이 줄어들어 발생한 것이다. 또 유럽, 미국, 한국, 일본 등이 중국산 부품에 크게 의존하고 있으며 따라서 글로벌 공급망 탈중국화는 상당한 시간이 소요될 가능성이 크다. 둘째, 미국 주도의 공급망 재편은 미국의 국가안보 차원에서 이루어지고 있고 이것이 반드시 한국에게 기회만을 제공하는 것이 아니라는 것이다. 예를 들어 2차전지(二次電池)의 경우 미국과 유럽 시장에서 중국 배터리 기업의 시장 확대에 제한이 걸려 한국 배터리 기업에 단기적으로 기회가 될 수 있지만 미국 그리고 EU 등은 2차전지 생산 내재화를 추진하면서 중국뿐 아니라 한국과 일본 역시 수출 감소 등의 피해를 볼 수 있는 것이다. 한국처럼 중국의 중간재에 대한 의존이 큰 나라는 글로벌 공급망에서 탈중국화가 쉽지 않을 뿐더러 중국 경제와의 상호의존관계로 인해 탈중국화에 기인한 중국 경제의 어려움이 한국 경제에도 악영향을 미칠 가능성도 크다.

 이러한 점들을 고려해 볼 때 미국 주도의 공급망 재편 문제는 한국이 분야별로 그 기회와 도전에 대해 심도 깊은 분석을 통해 전략을 마련해야 할 것으로 보인다. 반도체의 경우 이미 선택을 했고 의약품 분야도 어느 정도 한국의 수혜가 가능한 것으로 보인다. 반도체의 경우 중국에 대한 수출이 40% 이상을 차지하고 있기 때문에 공급망 재편에서 탈중국 성격이 더욱 강화되거나 장기화될 경우 한국 경제에 부담이 될 수 있다. 미국이 관심을 가지고 있는 나머지 분야에 대해서는 경제적 고려와 국제정치적 고려가 함께 있어야 한다. 다만 공급망 재편이 미국의 중국에 대한 견제와 미국 기업의 경쟁력 강화 성격이 강하기 때문에 한국에 대한 이득과 손실을 고려하고 다른 주요 국가들의 움직임을 고려해 전략을 만들어나가야 할 것이다. 그와 동시에 기존의 동아시아 생산 네트워크의 지속적 발전에 대한 전략 및 한국 중심의 공급망 다변화 전략도 동시에 추진되어야 할 것으로 보인다.

이렇게 미·중관계에서 미국의 대중국 압박은 강하고 더욱 다양한 차원에서 이루어지고 한국에 대한 참여 압박도 커지고 있다. 2021년 미·중 정상회담에서 한국은 미국의 대중정책에 원칙적으로 동의해 주었지만 앞으로 있을 이 공동성명을 근거로 한 미국의 구체적 요구에 어떤 식으로 응답할지는 알 수 없다. 이제 미국과 중국의 보다 직접적이고 구체적인 요구에 어떻게 대응할지에 대해 구체적인 전략이 있어야 할 것이다.

3. 신냉전 시대와 한국의 외교 전략

2021년 6월 외교부 1차관이 국회 외교통일위원회에 제출한 문건에서 "한미동맹을 근간으로 한중 전략적 협력동반자 관계의 조화로운 발전 입장 아래 중국과의 소통을 지속하겠다"는 공식 입장을 밝힌 것으로 보면 적어도 원칙 차원에서는 미·중 사이에서 한국의 스탠스는 기존의 입장이 유지되고 있는 것으로 보인다. 그러나 이러한 원칙적인 입장은 구체적 요구 앞에서는 의미가 없어진다. 또한 그동안 한국의 스탠스를 대변하고 있던 '안미경중', '연미화중' 등은 미국과 중국 두 나라 모두에게서 더 이상 수용될 수 없는 입장이라는 것을 이해해야 한다.

그렇다면 신냉전 시대에 한국은 미·중관계에서 어떠한 외교전략을 가져야 할 것인가? 이 문제에 대한 전문가들의 견해는 크게 몇 가지로 나눌 수 있다. 기본적으로 한국이 미국과 동맹관계라는 사실 그리고 중국은 북한의 동맹국이라는 사실로 인해 중국과의 관계 강화를 위해 한미동맹관계를 약화시키는 옵션은 현실성이 없다는 것을 받아들여야 한다. 또 현 문재인 정부가 취하고 있다고 보이는 전략적 모호성(의도적으로 한국의 입장을 밝히지 않는 전략)을 유지하는 접근도 지속 가능하지 못하다. 예를 들어 인도-태평양 전략이나 쿼드 플러스 등에 대해 참여 여부를 분명히 하지 않고 모호한 입장을 유지하는 태도는 한계가 있다. 이미 미국이 충분한 신호를 보냈음에도 "언제 공식적으로 요청한 적이 있느냐"와 같은 대응은 문제를 악화시킬 뿐이다. 그러한 옵션을 제외하고 보면 다음과 같은 옵션들이 존재한다. 하나는 기존의 한미동맹 중심의 외교안보 정책과 중국과의 경제 및 다른 기능적 협력을 유지하는 방안이다. 한국이 전통적으로 취해오던 접근이라고 볼 수 있는데 문제는 신냉전의 새로운 환경에서 적절한 대응이 될 수 있느냐이다. 중국으로부터의 압력을 어떻게 대응할 것인가에 대한 해답이 없으면 적실성을 확보할 수 없다는 문제점이 있다. 둘째는 여러 학자들이 저마다 다른 표현을 쓰고 있지만 핵심은 다자적 틀을 활용해 현재 한국이 처한 양자관계의 딜레마를 극복하자는 견해이다. 이 견해는 한미동맹에 대한 의존을 줄이고 동북아 다자안보협력체를 통한 안보의 확보, 동아시아 다른 나라와의 연대를 통해 미·중 간의 대결을 완화시키는 역할을 하는 것 그리고 이 경우 중국의 이익을 침해할 수 있는 선택들을 할 필요가 없게 된다고 생각하는 입장이다. 문정인 전 통일외교안보특보가 주장하는 '초월적 외교'도 결국 미·중 진영 외교의 틀에서 벗어나 다자협력을 중심으로 하는 새로운 질서를 만들고 여기서 한국의 외교 공간을 만들며 미·중이 충돌의 길로 가는 것을 막는다는 제안으로서 동북아 지역을 범위로 하는 다자안보협력체에 대한 기대를 걸고 있는 것이다. 또 다른 갈래는 단순히 한국이 더 많은 선택지를 가질 수 있도록 입장을 같이하는 '중견국(middle power)'과의 협력을 통해 미·중 갈등 속에서 우리의 독자적 운신 공간을 넓히고 미·중 간의 갈등을 완화시킬 수 있는 역할을 하는 것에 방점을 두고 있다.

이 두 가지 옵션(지역다자안보협력체나 중견국 협력체를 통한) 모두 한국이 미·중 사이에서 혼자 힘으로 이 강대국 대결 질서를 헤쳐 나간다는 것이 벅찬 일이니 다른 나라들과 힘을 합쳐 운신의 공간을 확보하자는 생각을 갖고 있는 것으로 보인다. 개인적으로도 다양한 다자협력체를 중첩적으로 갖는 것이 공세적으로 변해가는 중국에 대한 위협 회피 수단으로 의미가 있다고 생각한다. 문제는 국제정치에서 국가들 간의 협력(그것이 지역에 기반을 둔 다자안보협력체이건 비슷한 관심을 가진 중견국 협력체이건)이 자국의 생존과 안보를 보장할 수 없다는 것이다. 나 역시 다자안보협력에 대해 관심을 가지고 있고 여러 연구를 해보았지만 그때마다 명확해지는 생각은 아직 지구상에 자국의 안보를 책임져 줄 수 있는 다자안보협력체는 존재하지 않는다는 것이다. 국제정치 현실에서 그나마 의미 있는 다자안보협력체라는 것은 유럽의 유럽안보협력기구(OSCE: Organization for Security and Cooperation in Europe) 정도 말고는 존재해 본 적이 없다는 것, 그리고 동아시아나 동북아는 유럽과는 전혀 다른 안보 환경과 안보 위협을 가지고 있다는 것을 알아야 한다. 지역의 국가들 중 미·중 사이에서 한국과 같은 입장을 가진 나라들이 얼마나 되며(한국은 미국의 군사동맹국이다) 그런 나라들이 미·중 사이에서 동일한 입장과 행동을 취할 가능성이 과연 존재하는가? 그리고 공통의 이해관계를 가지고 어느 정도 구속력이나 응집력을 가진 중견국 협력체가 만들어지는 것

▼ **중견국** 강대국은 아니지만 국제사회의 현안에 대해 관심을 가지고 있으며 다른 나라와의 협력을 통해 다자적으로 국제문제 해결에 기여할 수 있는 정도의 능력을 가진 나라들을 의미한다. 정해진 기준은 없지만 물리적 크기나 국력만으로 정의되는 것은 아니며 호주, 캐나다, 스웨덴, 노르웨이 등의 기존의 중견국과 터키, 브라질, 멕시코 등의 나라들도 중견국으로 인식되고 있다.

이 불가능하다는 것은 나만의 생각이 아닐 것이다. 다시 말해 둘 모두가 현실성이 없는 얘기라는 것이다. 특히 동북아다자협력체라는 것은 미국도 이해상관자이기 때문에 미국을 배제할 수 없고 미국이 기존의 동맹체제를 대체하는 다자협력체에 절대로 지지를 보내지 않는다는 것은 그동안 여러 번의 경험으로 확인된 바 있다. 문정인 특보의 생각이 미국이 좌지우지 못하는 중국 중심의 다자안보협력체를 염두에 두고 있는 것이라면 여기에 참여하는 것 자체가 미국과의 적대적 결별을 의미할 수도 있다는 것도 지적하고 싶다. 내 생각으로는 이러한 다자적 네트워크를 강화하는 것은 한미동맹관계의 토대 위에 존재할 때만 앞으로 있을 수 있는 중국의 공세적 압박에 대응하는 데 유용한 틀이 될 수 있을 것이다. 한미동맹을 대체하는 다자적 해법은 현실성이 없다.

그렇다면 신냉전 시대 한국은 어떠한 선택을 할 수 있을까? 첫 번째, 한국의 외교안보정책의 핵심은 한미 간에 신뢰를 바탕으로 하는 한미동맹이다. 서로에 대한 확고한 신뢰를 바탕으로 하는 한미동맹이 한국의 외교정책의 가장 큰 자산이다. 물론 동맹은 공짜가 아니다 군사동맹으로 국가 생존과 안전에 필요한 도움을 받는 대신 동맹 파트너의 대외정책에 대한 협력과 지지를 제공해야 한다. 특히 군사적 능력에서 큰 차이가 존재하는 한미동맹에서 한국이 제공할 수 있는 동맹국으로서의 역할은 국익의 범위 내에서 미국의 외교정책을 지지하는 것이다. 동맹관계에서 외교정책적 자율성을 최대한 확보하는 문제는 또 다른 문제이다. 그것 역시 반드시 챙겨야 하는 문제이다. 그러나 그러한 비용이 든다고 해서 그보다 더 확실한 안보 확보 수단이 없는데도 동맹을 포기하는 것은 말이 안 되는 선택이다. 미국이라는 동맹 파트너가 없는 한국이 중국에게 어떤 존재로 보일 것인가는 길게 생각할 필요도 없는 문제이다. 이미 중국은 한국의 방공식별구역(KADIZ: Korea Air Defense

Identification Zone)을 수시로 침범하고 서해와 남해를 거쳐 동해상까지 전투기들을 보내고 러시아와 함께 독도 주변 상공에서 연합훈련을 하는 등 공세적 무력 전개를 하고 있다. 미국이라는 군사대국 동맹국이 없는 상황에서 중국의 공세적 행위가 어디까지 갈지 알 수 없다. 한미동맹이 존재하는 상황에서도 방어용 무기인 사드(THAAD)를 문제 삼고 있고 앞으로는 미사일 배치, 첨단 무기 도입, 한미연합 군사훈련까지 문제 삼아 압박을 가할 가능성이 있다. 이 때문에 많은 전문가 그리고 문재인 대통령도 한미동맹이 우리 안보의 근간이라는 이야기를 계속 하는 것이다.

두 번째, 한국의 외교정책은 우리가 지키고자 하는 가치에 부합하는 방향이어야 하고 국익 최우선 원칙에 기반을 두어야 한다. 민주주의와 시장경제, 규칙에 바탕을 둔 국제관계, 평화적이고 개방적인 국제 질서 등이 한국이 추구하는 가치이고 한반도의 평화와 안전, 지속 가능한 번영이 우리가 추구하는 근본적 국익이다. 이러한 원칙을 세우고 그에 따라 한국 외교의 방향을 정해나가는 것이 필요하다. 사안별로 입장을 정하거나 상황에 따라 양보를 하는 것은 결국 상대의 압박을 부르게 되어 있다. 원칙이 확실한 나라에게 압박은 궁극적으로 통하지 않는다. 압박의 의한 손해를 기꺼이 감수하고 원칙을 지키는 것이 장기적으로 불필요한 외교적 간섭을 당하지 않는 최선의 길이다. 중국의 눈치를 보면서 인권 문제에 대한 국제적 노력에 참여하지 않는 형태의 외교는 원칙이 없는 외교의 전형적인 모습이다. 이런 외교 방향은 중국에게 잘못된 기대를 하게 만들고 힘으로 누르고 마음대로 해도 되는 나라라는 인식을 갖게 하는 지름길이다. G7 정상회의 직전 중국의 왕이(王毅) 외교부장이 정의용 외교부 장관에게 전화를 걸어 G7에서 미국의 중국 압박에 넘어가지 말라는 설교를 했다. 주권국가의 외교장관에게 이런 식의 주제 넘은 압박을 가하는 행위는 중국이 한국을 속국으로 생각하는 것이 아니고

서는 있을 수 없는 일이며 한국이 중국의 눈치를 보고 원칙 없이 행동했기 때문에 생긴 일이다.

국가의 생존과 주권은 절대로 대가 없이 가질 수 없다. 그것을 두려워하는 민족에게 돌아오는 것은 굴종의 길 뿐이다. 우리는 중국의 압박 속에서도 당당하게 자국의 주권을 지키는 나라들의 사례를 본다. 베트남과 호주이다. 2014년 5월 베트남과 중국이 영유권을 놓고 분쟁 중인 파라셀(Paracel)군도에서 베트남 해군이 중국 석유시추선을 저지하는 과정에서 중국과 베트남의 충돌이 벌어졌다. 이 사건 직후 베트남에서 2만 명 이상이 참가한 반중 시위가 벌어졌고 베트남 노동자들이 중국이 투자한 공장에 난입해 기계와 설비들을 파괴했다. 이 과정에서 중국인 노동자 2명이 사망하고 100여 명이 부상했다. 반중 시위에 겁먹은 중국인 9000명 이상이 베트남을 도망치듯 떠났다. 중국은 예정보다 일찍 시추를 마무리했고 주변의 해군 함정도 철수했다. 베트남 사람들의 행동이 외교적으로 용납할 수 없는 일이지만 중국이 베트남을 만만하게 보지 못하도록 했다는 것은 분명하다. 남중국해 분쟁과 관련해서 베트남은 이 문제를 다자적 문제로 다루거나 국제법에 호소하지는 않지만 그렇다고 중국의 경제적 지원을 대가로 중국이 원하는 방향으로 이 문제를 해결하지도 않고 있다. 베트남은 전략적 신뢰 구축과 공동 평화 유지, 국제법 준수, 강대국들의 책임 등의 원칙을 강조하며 중국에 당당하게 맞서고 있다. 물론 외교적으로도 중국과의 관계를 실리적 관점에서 강화하려는 노력을 병행하고 있다. 호주의 경우 러드(Rudd) 총리 시절에는 중국과의 관계가 매우 좋았고 경제적 관계도 매우 밀접했다. 그러나 최근 코로나19의 발원지 조사 문제로 중국과 사이가 벌어졌고 중국은 호주에 대해 와인 관세, 그리고 철광석 수입 금지 등의 무역 보복을 가했다. 그러나 호주는 전혀 굴하지 않고 호주에 대한 다윈항의 장기 임대 재검토, 화웨이 5G 사용 금지,

홍콩과 신장 문제에 대한 중국의 인권 탄압을 계속 비판하고 있다. 핵심적으로 베트남과 호주의 대중국 전략의 핵심은 가치와 원칙이다. 경제적 피해가 온다고 해서 또는 경제적 혜택을 얻기 위해 국가가 추구해 오던 가치와 원칙을 포기하지 않는 것이다. 경제적 피해가 오더라도 주권이 흔들리고 속국 취급을 받는 길을 택해서는 안 된다. 왜 일본에게는 일본의 경제제재로 인한 경제적 피해가 두렵지 않다는 결기를 보이면서 중국의 경제적 보복에 지레 겁을 먹고 알아서 기는가?

여기서 분명히 해두어야 할 것이 있다. 중국의 경제적 보복이 반드시 한국에게만 피해를 주는 것은 아니다. 중국이 한국의 제1수출 대상국이고 한국이 중국의 제3수출 대상국이라는 것은 두 나라 간의 경제적 상호 의존이 매우 깊은 상태이며 이런 고도의 상호 의존 상태에서는 나의 경제적 제재로 인한 상대방의 피해가 다시 나에게 피해로 돌아오게 된다. 천영우 전 외교안보수석은 중국의 한국에 대한 경제적 제재가 중국에도 큰 피해를 줄 수 있다고 강조하고 있다. 특히 중국의 IT 산업은 한국으로부터 메모리 반도체의 수입 없이는 유지되기 어렵다. 호주의 경우를 보더라도 결국 호주에 대한 무역 제재가 중국에게 부메랑이 되어 돌아와 큰 피해를 입히고 있다. 호주 측은 중국과 맺은 일대일로 프로젝트 두 건을 파기했고 호주로부터의 철광석, 석탄 등을 수입하지 못하는 중국은 큰 어려움을 겪고 있다. 철광석 가격이 폭등하여 철광석을 엄청나게 수입하는 중국은 큰 피해를 입고 다른 수입 대체국을 찾고 있는 실정이다. 발전용 석탄 값도 10년 만에 최고점을 찍으며 화력발전 그리고 전력 생산에 큰 타격을 주고 있다. 중국도 아무런 부담 없이 경제제재를 할 수 있는 것은 아니라는 것이다.

세 번째, 한미동맹을 근간으로 하는 원칙 있는 외교는 미·중 사이에서 미국을 택하는 것을 의미하는 것은 아니다. 현 시점 세계의 어떤 나라도 누구를 택하고 누구를 버리는 경우는 없다. 한국이 한미동맹을 최우선시하는 것을 중국에게 이해시키고 중국의 핵심적 이익을 위태롭게 하지 않는 방향으로 노력하면 된다. 세계의 많은 나라가 중국과 밀접한 관계를 맺고 있지만 동시에 미국과도 가깝게 지내고 있다. 인도나 동남아시아의 말레이시아, 태국 등의 사례를 보면 신냉전적 미·중관계 속에서 외교적 방향이 둘 중에 하나를 선택하는 것이 아니라는 것을 잘 알 수 있다. 한국은 경제적으로 중국과 밀접한 관계이고 한반도 문제에 있어 중국의 협조가 필요하다. 일반인들이 사이가 좋지 않다고 생각하는 일본과 중국은 경제적으로 매우 밀접한 관계이고 2021년 시점에 상당히 좋은 관계를 유지하고 있다. 국가 간의 외교 관계란 상호 이익이 존재하는 영역에서 협력을 하고 갈등이 생기는 영역에서는 갈등을 줄여나가는 '예술'이다. 이 예술 속에서 국가들은 압박, 겁주기, 회유 등 다양한 기술을 동원해서 자국에 유리한 결과를 얻어내려고 애쓴다. 중국이 불편해하는 정책을 택하더라도 한국이 중국의 핵심 이익을 존중하고 좋은 관계를 유지하고자 하는 기본적 스탠스를 유지하고자 한다는 것을 잘 설득하면 상대방은 만족스럽지 않지만 이해는 할 수 있다. 계속해서 그런 문제들로 사이가 벌어지면 그 자체가 더 큰 외교적 손해라는 것을 알기 때문이다. 따라서 상대가 외교적 압박을 가한다고 해서 두려워할 필요도 없고 또 적대적 정책을 펼칠 필요도 없다.

위성락 전 러시아 대사는 이런 자세를 시계에 비유해 설명한 적이 있다. 미국과 한국의 관계를 3시라고 하고 중국과 한국의 관계를 9시라고 한다면

▶ **전략적 협력동반자 관계** 한중은 1992년 수교 직후 '단순 수교'관계를, 1997년부터는 '협력동반자 관계', 2003년부터는 '전면적 협력동반자 관계' 그리고 2008년부터 '전략적 협력동반자 관계'로 관계를 격상시켜 왔다. 참고로 중국은 일본과 미국과의 관계를 '전략적 동반자 관계'라고 표현하고 있다.

한국의 바람직한 외교정책은 1시 반의 위치라는 것이다. 전략적 마인드가 뛰어난 경험 많은 외교관도 우리의 정책 방향이 3시가 되어야 한다고 말하지 않는다. 그렇다고 미·중 사이의 한 가운데인 12시도 아니다. 한국은 미국의 동맹국이기 때문이다. 전략적 이슈에서 미국과 정책을 맞추어나가면서도 중국과의 관계를 관리해 나가는 전략적 마인드가 반드시 필요하다.

Understanding Diplomacy and
Contemplating Korea's Diplomacy

제2장

북핵, 북한 문제의 극복을 위한 한국의 외교정책

1. 한국 외교에서 북한 문제와 북핵 문제

남북 분단과 북한의 존재는 한국 외교의 구조적 제약이다. 다시 말해 적대적 상대인 북한이 한반도 안에서 대치하고 있는 상황은 한국 외교가 안보 중심, 주변 4강 중심, 특히 한미동맹 중심으로 자리 잡을 수밖에 없는 이유이다. 때로는 미국과의 동맹관계로 인해 원하지 않는 외교적 스탠스를 취해야 할 때도 있고 AIIB와 같은 국제기구 가입에 눈치를 보아야 할 때도 있다. 그 이유는 한국은 안보를 확보하는 데 미국의 군사적 도움이 필요하고 군사적 도움을 주는 동맹 파트너가 도움을 요청했을 때 그것을 무시할 수 없기 때문이다.

이렇게 북한 문제는 이렇게 저렇게 우리 외교의 60~70% 이상의 비중을 차지하는 현안이다. 이 문제의 해결에 청와대, 통일부, 국정원 그리고 외교부(외교부의 북핵외교기획단장, 한반도교섭본부장은 이 현안을 전담하는 직책이고 외교부의 가장 요직으로 꼽힌다)까지 매달려 있다. 북한 문제는 남북관계의 안정적 관리를 통한 한반도 평화 정착 그리고 북핵 문제의 해결이라는 두 개의 큰 축으로 이루어져 있다. 남북관계에는 남북 간의 경제적 협력, 군사적 긴장을 완화하기 위한 군사적 협력, 그 외 이산가족 상봉이나 인적 교류, 인도적 지원 등의 사회적 현안들도 중요하다. 북한 핵 문제는 이미 사실상 핵보유국이 되어버린 북한의 핵을 어떻게 할 것인가가 핵심적 현안이다.

북한 문제의 두 축 남북관계와 북핵 문제는 서로 밀접하게 연결되어 있다. 남북관계 관리는 북핵 문제에 종속되어 있는 문제다. 북핵 문제가 풀리지 않으면 남북관계에도 진전을 보기가 어렵다는 것이다. 북한의 핵실험 등 핵 프로그램으로 인해 현재 UN의 다자제재, 미국의 일방제재가 작동 중이기 때문에 남북관계의 주요 프로젝트인 개성공단 같은 북한과의 경제협력이 진행될 수 없는 현재의 상황이 좋은 예이다. 남북이 군사적 긴장을 낮추기 위한 9·19 군사합의와 같은 군사협력을 추진할 수는 있지만 북핵과 관련한 북한의 태도에 따라 언제든 그 합의가 사실상 무의미해진다. 현재도 9·19 군사합의는 북한의 도발적 행위(개성공단 내 남북연락사무소 폭파, 남한 GP에 대한 총격 등등)에 의해 무의미해진 상태이다. 따라서 북한 문제의 핵심은 북핵 문제의 해결이고 한국의 외교정책의 핵심 과제도 북핵 문제의 해결인 것이다. 문재인 정부가 남북관계를 풀어내고 그것을 동력삼아 북·미 간의 대화를 통해 북한 핵 문제를 해결하려는 시도는 잘못된 인식을 바탕으로 한다. 북한이 핵을 갖고자 하는 것이 남북관계에서의 필요로 인한 것이 아니기 때문에 남북관계가 풀린다고 해서 북한 핵 문제의 실마리는 절대 풀리지 않는다. 2018년 4월 27일 남북 정상이 판문점에서 만나 손을 맞잡고 한반도 비핵화, 한반도 평화 등의 내용을 담은 판문점 선언에 서명했지만 그런 남북관계의 진전이 북한의 비핵화에 아무런 역할도 하지 못했다는 현실을 간과해서는 안 된다.

2. 북한, 북핵 문제에 대한 한국과 미국의 역할과 과제

북핵 문제는 한국에게는 핵심적인 외교적 현안이지만 안타깝게도 한국이 주도적 역할을 할 수 없는 영역이기도 하다. 첫째, 북한의 핵 프로그램의 문제는 핵 비확산 문제이며 핵 비확산은 미국이 핵확산금지조약(NPT)을 중심으로 관리해 오고 있는 문제이다. 따라서 미국은 이 문제에 대해 다양한 수단을 동원해 북한의 핵 개발을 저지하려고 노력했고 개발된 핵무기를 폐기하려는 노력을 해왔다. 이런 구조 속에서 한국이 주도적으로 할 수 있는 일은 많지 않다. 두 번째, 북한은 자신의 핵 개발을 미국과의 적대적 관계 속에서 자구책으로 채택한 대응책이라고 주장하고 있고 핵 프로그램의 폐기 역시 미국의 대북 적대시 정책이 해소되어야만 진전을 볼 수 있는 문제라고 주장한다. 따라서 북한은 북한 핵 문제는 미국과 북한 간의 문제이고 한국이 할 수 있는 게 아무것도 없다며 한국의 개입을 원치 않고 있다. 이런 사정을 잘 아는 문재인 정부가 북·미 간의 북핵 협상을 지원하는 촉진자(facilitator) 역할을 하는 것을 목표로 상정하고 노력하고 있지만 북한은 원색적인 비난을 하며 한국의 그러한 노력을 조롱하는 실정이다.

사실상 한국의 이러한 딜레마는 북한 핵 문제가 국제적 현안이 되고 북·미 간의 현안으로 등장한 1993년 북한 핵 위기 때부터 지금까지 달라진 것이 없다. 한국이 할 수 있는 최대치는 북·미협상 혹은 다자협상에서 한국이 완전히 소외되지 않고 한국이 원하는 현안들이 의제에 반영되는 것이었다. 예를 들어 1993년 북핵 위기 시에 미국이 마련한 일괄협상안에는 남북대화를 재개한다는 내용이 있었지만 북·미협상의 재개, 팀스피릿(Team Spirit) 훈련 취소, 북한에 대한 교역과 투자를 위한. 한·미·일 3국의 양보 등 한국이 반대하던 내용이 포함되어 있었다. 문제는 이 일괄협상안이 한국 측의 동의 없이 만들어졌다는 것이다. 북·미 간의 핵 협상에서 가장 큰 성과였던 1994년 제네바 합의 역시 한국의 의견이 전혀 반영되지 않았다. 김영삼 대통령은 북한과 타협해서는 안 되며 기본합의문에 남북대화에 대한 언급이 없다는 이유로 이 합의를 반대했다. 그러나 결국 한국은 협상 과정에 참여하지도 못하고 제네바 합의에 포함된 북한에 대한 경수로 지원에서 가장 많은 비용을 지불하게 되었다.

북한의 핵 문제가 북·미 사이의 현안이기 때문에 생기는 가장 큰 문제는 북한 핵에 대한 미국의 정책이 한국의 희망이나 한국의 국익과는 부합되지 않는 방향으로 갈 수 있다는 것이다. 적어도 트럼프 정부까지 미국과 한국의 북한 핵에 대한 정책은 크게 다르지 않았다. 우리에게 익숙한 CVID(Complete, Verifiable, Irreversible Dismantlement/Denuclearization)는 북핵 협상에서 일관된 목표였고 이 점에서 한국과 미국은 별다른 이견이 없었다. 이것은 북한의 모든 핵 시설과 핵물질의 일괄적 폐기 합의와 그에 따른 즉각적인 리스트 신고, 검증, 핵 폐기 이행을 포함하는 일괄타결 방식을 의미한다. 그리고 북한에 대한 제재 해제는 북한이 이러한 합의를 모두 이행해 비핵화가 달성될 때 가능하다는 것이다. 물론 의미 있는 비핵화 조치를 시작하면 제재의 단계적 해제는 가능한 정도의 유연성은 있다. 하지만 하노이 북·미 정상회담에서 보듯이 영변 지역의 핵 프로그램 동결 및 폐기 정도로는 미국은 제재를 해제하지 않을 것이다.

그런데 바이든 행정부의 움직임을 보면 북한 핵 문제에 대해 실용적이고 외교적 해법을 강조하고 있다. 2021년 5월 한미 정상회담에서 미국은 '북한과의 외교가 열려 있고 이를 모색하는 정교하고 실용적인 접근법을 취한다'는 내용과 '판문점 선언과 싱가포르 공동성명에 기초한 외교와 대화가 필수적'이라는 내용을 공동성명에 포함시켰다. 또 '한미가 대북 접근법이 완전히 일치하도록 조율한다'라는 내용도 들어 있다. 전문가들은 이러한 내용들이 바이든 정부가 북핵 일괄타결에 대한 미련을 버리고 좀 더 실용적으로 점진적인 접근법을 택할 수도 있다는 신호로 보아야 한다고 생각하고 있다. 다시 말해 일괄타결이 아닌 단계적 접근법을 통해 북핵 문제를 다루겠다는 미국의 정책 방향 전환이 일어날 가능성이 크다는 것이다. 단계적 접근법이란 핵 동결을 시작으로 단계적 협상을 통해 점진적으로 북한의 비핵화를 추진하는 방식이다. 쉽게 말해 핵 프로그램의 동결을 빌미로 대가를 챙기고(예를 들어 제재의 일부 해제) 협상을 통해 다음 단계의 비핵화와 그 대가를 결정하고 진행시키는 방식이다. 단계적 접근은 비핵화를 일시에 타결하는 일괄 타결보다는 실현 가능성이 높지만 단계를 거칠 때마다 그 대가에 대한 협상을 해야 하기 때문에 시간이 오래 걸린다. 특히 단계를 매우 세분하게 되면 우리가 흔히 말하는 '살라미(salami) 전술'(소세지의 일종인 살라미는 얇게 썰어 먹어야 맛을 살릴 수 있다. 협상 단계를 세분하는 전략을 말한다)이 되어 비핵화 협상 과정에서 많은 대가와 많은 시간을 소모하게 된다.

문제는 북핵 협상의 역사에서 볼 때 북한은 결국 비핵화의 결정적 단계에 왔을 때 합의를 파기하고(핵실험을 한다든지 새로운 핵 프로그램을 공개) 다시 원점으로 돌아가는 것을 반복해 왔다는 것이다. 1차 핵 위기인 1994년에도 2차 핵 위기인 2003년에도 이런 단계적 방식의 비핵화 합의를 했지만 결국 북한은 미국의 약속 불이행을 구실로 합의를 파기하고 계속적으로 핵 능력을 강화시켜 왔다(실제로 북한은 핵 동결도 이행하지 않고 계속적으로 핵 프로그램을 진행시키고 있었다). 2019년 2월 하노이 북·미 정상회담이 결렬된 것은 북한이 이러한 단계적 접근에 따라 영변 핵 시설의 폐기와 같은 부분적 비핵화의 대가로 UN의 핵심 대북제재를 해제하는 것을 요구했지만 미국이 이러한 요구를 거부했기 때문이다. 북한의 이런 식의 동결 조치는 미국이 요구하는 모든 핵 시설 리스트 제출·신고와 검증 절차와는 질적으로 차이가 있다. 결국 이런 식의 단계적 접근은 북한의 농축우라늄과 같은 핵물질 그리고 이미 보유하고 있는 핵무기를 그대로 보유한 채 가동 중인 핵 프로그램 동결만을 주고 북한이 가장 고통스럽게 느끼는 제재를 해제하겠다는 것이다.

문재인 정부는 이러한 단계적 접근법을 지지하고 있고 미국에게 북한이 비핵화에 대한 확고한 의지가 있다는 점을 확인시키면서 북·미 정상회담 성사에 핵심적 노력을 했다. 그러나 트럼프는 그러한 단계적 접근법에 의한 합의가 '실패한 협상'으로 비난받을 것을 잘 알고 있기 때문에 차라리 협상 자체를 무효화시킨 것이라고 생각한다. 그런데 바이든 정부의 대북 관련 담당자들은 이미 북한과의 핵 협상 경험이 많은 사람들이고 일괄타결이 거의 불가능하다는 것을 잘 알고 있기 때문에 따라서 좀 더 현실적인 방식을 통해 북한의 비핵화에 일정한 진전을 이루고자 하는 생각을 가지고 있는 듯하다. 이런 미국의 의도와 문재인 정부의 북한에 대한 제재 해제를 통해 남북관계에 돌파구를 마련하려는 생각이 맞아 떨어질 때 또다시 북한의 해묵은 단계적 협상 전술에 말려 결국 북한의 핵보유를 기정사실화하고 북한에 대해 유일한 효과를 발휘했던 제재를 해제하게 되는 결과를 가져오게 될 것이다.

진정으로 북한의 비핵화를 원한다면 북한이 모든 핵물질 및 핵 시설 등을 신고하고 검증하는 식의 선제적 조치를 취하도록 압박하는 길 이외에는 없다. 이런 북한의 선제적 비핵화 조치에 대해 대가를 지불하고 다음 단계의 비핵화를 이행하도록 하는 형태의 일괄타결과 단계적 접근을 결합한 협상 전략이 현실적인 비핵화 협상 전략이 될 수 있을 것이다.

또 하나 지적하고 싶은 것은 남북관계의 진전을 위해 진정한 비핵화가 아닌 북한에게 시간을 벌어주는 비핵화 방식을 지지하는 것 그리고 북한의 핵보유를 기정사실화하고 핵보유국인 북한과 군축협상을 하는 게 현실적이라는 북한의 주장과 대동소이한 접근을 하는 것에 대해 경계해야 한다. 이런 방식으로 남북관계에서 대화의 돌파구가 열린다 하더라도 핵을 가진 북한이 남한과의 관계에서 우리가 원하는 방향으로 변화하거나 행동한다고 기대하는 것은 순진하거나 아니면 현실을 호도하는 것이다. 북한의 비핵화가 실현되기까지 한국은 핵을 가진 북한과 대치하며 살아야 한다. 미국 정보 당국은 북한이 약 65개 정도의 핵탄두를 보유하고 있고 현재도 계속 농축 우라늄 생산을 계속해 오고 있다고 판단한다. 미국의 랜드(Rand) 연구소는 2027년이면 최대 242개의 핵무기를 보유할 것이라고 예측하기도 했다. 북한의 김정은은 2021년 1월 노동당 8차 대회에서 이미 전술핵무기 개발을 지시했는데 이것은 한반도 내에서 사용할 수 있는 전술핵무기를 보유하고 핵 공포를 통해 한국을 좌지우지하고자 하는 의도인 것이다.

3. 북한 핵에 대한 한국의 군사적 대응 전략: 3축 체계, 전술핵, 핵 공유 프로그램

북한 핵의 완전한 폐기 목표와는 별개로 북한 핵에 대한 한국의 전략도 검토해야 한다. 2013년 한미안보협의회의에서 제시된 한국형 3축 체계라고 불리는 ① 북한의 핵무기 공격의 징후가 있을 때 한국이 선제 타격하여 무력화 시킬 수 있는 킬 체인(Kill Chain) 능력을 미국과 함께 강화하는 것, ② 북한의 핵 공격이 있을 때 피해를 최소화할 수 있는 한국형 미사일 방어 시스템(KAMD)의 강화, 그리고 ③ 북한을 응징할 수 있는 대량보복능력의 강화를 통해 억지력 등을 강화해야 한다. 둘째, 미국의 핵을 통한 **확장 억지**에 대한 보장을 확고히 하여 남한이 핵 억지 능력을 가지고 있다고 북한이 믿도록 해야 한다. 여기서 핵심은 한미 간의 신뢰를 확고히 하고 북한이 핵을 사용할 경우 미국은 핵을 통해 보복공격 할 것이라는 한국에 대한 미국의 확장 억지가 어떠한 경우에도 제공될 것이라는 것을 보여줄 수 있는 미국의 행동을 확보해야 한다. 일부 인사들은 북한이 대륙간탄도미사일을 통해 미국 본토에 핵

▶ **확장 억지**   미국의 핵무기를 통해 적의 공격 의도를 억지하는 것을 동맹국에까지 확장하는 전략을 말한다. 다시 말해 한반도에 대한 확장 억지는 미국의 핵무기를 통해 억지력을 제공해 한국에 대한 적의 공격을 사전에 억제하는 전략이다.

미사일 공격을 할 수 있는 능력을 진전시키고 있기 때문에 미국이 북한의 핵 공격을 받을 가능성에도 불구하고 한국에게 핵 억지를 제공할 수 있는지에 대해 의문을 제기하기도 한다. 이들의 주장은 우리가 미국의 핵우산을 믿을 수 없기 때문에 결국 선택할 수 있는 옵션은 북한이 전쟁을 일으키지 않도록 북한과의 평화를 조성해야 한다는 것이다. 미국의 핵우산 없는 한국에게 과연 핵을 가진 북한은 어떻게 나올 것인가? 미군이 철수하게 된 한국, 미국의 핵우산을 포기한 한국이 기댈 수 있는 것은 북한의 선의뿐인 그런 상황을 과연 평화라고 부를 수 있는가라는 질문을 이들에게 하고 싶다.

북한 핵의 군사적 대응 태세에 관한 한 가지 견해를 소개하고자 한다. 최근 외교안보 전문가 그룹인 공감한반도 연구회는 2021년 1월 15일 발표한 보고서「동맹 강화와 북핵 대응에 관한 제언: 북한 핵 위협에 어떻게 대응할 것인가」를 통해 북한 핵에 대한 군사적 대응 방안을 제시했다. 이 보고서는 미국의 확장 억제의 핵심인 핵우산과 관련해서 한미정책 조율을 대폭 강화하여 좀 더 실효성 있는 한미 핵 독트린을 마련해야 하며 핵우산 강화 방안으로 미국 전술핵 재배치, 동해상에 핵 순항미사일을 탑재한 미국 핵 잠수함 배치 및 공동 관리도 검토해야 한다고 주장하고 있다. 이것은 미국이 NATO에 제공하고 있는 핵 공유 프로그램을 한반도에 도입해야 한다는 것으로 보인다. 이것은 미국이 통제권을 보유하지만 한국에 전술핵을 배치하고 공동 관리하는 방안을 말한다. 이 보고서는 또 한국이 자체 개발 중인 대북 '3축 체계'는 충분한 억제력이 될 수 없기 때문에 미국 미사일 방어체계(MD)에 참여하고 수도권 밀집 지역을 방어할 수 있는 사드(THAAD)급 포대의 도입을 조속히 추진해야 할 것이라고 강조했다.

마지막으로 지금 일부 전문가와 정치권에서 이야기되고 있는 한국의 전술핵 도입에 대한 생각해 보고자 한다. 우선 전술핵이란 실제 전투에서 사용할 수 있는 사정거리와 폭발력이 작은 핵무기를 말한다. 전략핵은 적국의 수도를 공격해서 전쟁을 끝낼 수 있는 정도의 폭발력을 가진 핵무기로서 실제 사용보다는 억지력을 위한 무기의 성격이 강하다. 한반도에는 최고 1000여 개의 전술핵이 존재했었고 1991년 부시 대통령과 고르바초프 합의에 따라 남아 있던 600여 개의 전술핵이 모두 철수되었다. 그러나 지금은 북한이 사실상 핵보유국이 되었고 최근에는 한반도 내의 전장(戰場)에서 사용할 수 있는 전술핵무기를 개발하라는 김정은의 지시까지 있었기 때문에 한반도에 전술핵을 재반입 해야 한다는 주장들이 힘을 얻고 있다. 최근의 한 여론조사에서도 국민의 68%가 전술핵 재배치를 찬성했다. 국회의원이나 전직 외교안보수석들 그리고 여러 명의 대권 후보자들까지 전술핵 재배치를 주장하고 있다. 사실상 북한 핵 위협에 대한 확실한 대응 수단이 없다는 생각이 전술핵에 대한 관심을 강화시키고 있다고 생각한다. 한국이 전술핵을 독자적으로 개발·보유해야 한다는 주장도 있지만 비핵화에 대한 미국의 확고한 의지 등 현실적으로 불가능한 주장들이다. 그렇다면 전술핵 재배치는 가능한가? 가장 중요한 것은 물론 미국의 의지이다. 그동안 미국은 한국에 전술핵을 재배치하지 않더라도 해상 발사나 괌 기지에서 발진한 폭격기에 의한 발사 등으로 똑같은 효과를 낼 수 있다는 평가를 바탕으로 전술핵 배치를 검토하지 않았었다. 또 한반도 전술핵 재배치는 중국과 러시아의 반발을 불러오면서 한반도 주변의 군사적 긴장을 높일 가능성도 있다. 또 전술핵 재배치가 핵무기를 다른 나라에 양도하지 못하도록 한 NPT 조약에 위배되는 것으로 볼 수 있어 미국이 쉽게 결정하기 어려울 수도 있다. 문제인 정부의 입장은 전술핵 재배치가 1991년 채택한 한반도 비핵화 공동선언에 위배되며 또 한국이 전술핵을 도입하면 북한의 비핵화를 압박할 명분이 없어지므로 북한 비핵화에 도움이 되지 않는다는 것이다. 물론 이런 부정적 견해에 대한 반박 또한 존재한다. 무엇보다도 북한이 이미 핵을 보유한 이상 비핵화 공동선언은 이미 무효화되었다고 보는 것이 옳다.

전술핵 재배치의 현실성에 대한 문제가 제기되면서 최근 1966년에 시작된 NATO식 핵 공유에 대한 관심도 커지고 있다. NATO식 핵 공유란 미국이 NATO의 5개 동맹국 미군 공군기지에 150~200개의 전술핵무기를 비축해 놓고 유사시 미국의 최종 승인이 떨어지면 미국과 5개 동맹국의 전투기에 탑재되어 실천에 투입하는 프로그램으로서 소련에 대한 확장 억지를 제공하기 위한 수단의 하나이다. 만일 한국과 미국이 핵 공유 협정을 맺게 된다면 미국이 군산 미 공군기지 등에 전술핵무기(B61 등)를 비축하고 있다가 북한의 핵 공격 징후 시 미국의 승인과 함께 한국의 F1-5k 전투기에 탑재해 대북 억지에 나서게 될 것이다. 이러한 핵 공유를 위해서는 NATO 5개국처럼 핵 공유 협정이 미국과 체결되어야 한다. 이 협정은 핵무기 정책 협의, 핵무기 사용 기술과 장비 유지 등과 함께 미국이 핵을 제공하고 핵을 사용하는 책임과 위험을 공유하는 내용을 담고 있다. 한국 정부는 2017년부터 제기된 핵 공유 프로그램에 대해 검토하지 않고 있다는 입장인데 가장 중요한 이유는 핵 공유를 통해 한반도에 전술핵무기를 배치하면 한국 정부의 기본 입장인 한반도 비핵화에 위배되고 북한의 핵 개발과 보유를 반대할 명분이 약해진다는 점 그리고 북핵 관련 북한과의 대화도 불가능해질 것이라는 점 등이 지적되고 있다. 또 미국 전문가들 중에는 한·미·일 3국의 핵 공유를 주장하는 이들이 있기 때문에 한국의 핵 공유는 일본의 핵 공유도 불러올 수 있어 이것이 중국과 러시아의 반발과 함께 동북아에 불러올 군사적 긴장 등을 고려할 때 바람직한 정책이 아니라고 볼 수도 있다.

전술핵 재배치나 핵 공유 문제는 한국 내에서의 국민적 공감대 그리고 미국의 의지 등이 모두 맞아 떨어져야 가능한 옵션이라고 생각한다. 어쩌면 미국이 그동안 주장한 바와 같이 전술핵 재반입은 상징성만 있지 실제로는 재배치 없이 다른 방법으로도 같은 효과를 낼 수 있다는 것이 맞는 말일 수도 있다. 다만 북한의 핵 능력은 계속 고도화되어 가는데 그에 대한 대비 없이 핵을 가진 북한과 평화를 만들어낼 수 있다고 강변하는 문재인 정부의 말만 믿고 있기에는 우리가 처한 상황이 너무나 위험하다. 북한의 선의에 목을 매며 북핵에 대응하기 위한 한미 간의 협력 대응 메커니즘을 무력화하고 한미연합훈련까지 축소하는 방향의 대북 안보정책이 계속되는 한 국민들의 핵무기 보유에 대한 관심은 더욱더 커질 수밖에 없다.

Understanding Diplomacy and
Contemplating Korea's Diplomacy

제3장

한미관계의 도전에 대한 대응

한미관계는 한국의 가장 중요한 양자관계이다. 미국은 한국전쟁의 당사자 중 하나이고 종전 후 1953년 한미상호방위조약을 통해 군사동맹의 파트너가 되었다. 한미동맹은 한국 안보의 핵심적 부분이고 미국의 확장 억지를 통해 북한의 핵 위협으로부터 한국을 지키고 있다. 2만 8500명의 주한미군이 한국에 주둔하고 있으며 주한미군사령관이 전시작전권을 행사하고 있다(전시작전권 전환은 이미 합의가 되었다). 경제적으로도 미국은 한국의 제2위의 수출국이고 제3위의 수입국이다. 2021년 3월 퓨 리서치(Pew research center)가 조사한 미국에 대한 16개국의 호감도 조사에서 미국에 대한 호감도가 가장 높은 나라는 한국이었고 미국에 대한 비호감도가 가장 낮은 나라도 한국이었다.

미국, 그리고 한미동맹이 한국 안보의 근간이라는 인식은 정부에 따라 약간의 차이는 있지만 대체로 공통적인 것이었다고 볼 수 있다. 하지만 이러한 인식이 존재한다고 해서 한미관계가 늘 아무런 문제없이 유지되었다는 것은 아니다. 한미관계는 그동안 여러 가지 갈등과 반목, 위기를 겪어왔고 한미관계 그리고 한미동맹의 성격 자체도 많은 변화를 겪어왔던 것이 사실이다. 냉전 기간 동안은 미국의 대외정책의 변화로 인한 미군 철수가 한미 간의 갈등을 초래했다. 한국은 자주국방 정책 그리고 핵의 독자적 개발 시도로 미국의 주한미군 철수에 대응했다. 한국 내의 반미 감정의 심화도 한미 간의 갈등을 가져왔다. 미국이 한국의 권위주의 정권을 지지한다는 생각, 광주 민주화운동에 대한 무력 진압을 묵인했다는 의혹으로 인해 강한 반미 정서가 형성되기도 했었고 미선이, 효선이 사건과 같은 우발적 사고 그리고 광우병 파동 등 반미 감정을 촉발하는 사건들도 한미 갈등의 원인이 되었다. 김영삼 정부에서는 북한 핵 문제에 대한 대응과 관련 한미 간의 의견 충돌이 있었다. 노무현 정부 초기에는 한미관계 갈등이 심각한 단계까지 갔었지만 임기 후반에 와서는 이라크 파병, 미군의 전략적 유연성에 동의해 주는 등 상당히 좋은 관계를 유지했다. 결론적으로 말하면 한미 간의 이러한 크고 작은 갈등들이 한미관계를 근본적으로 변화시키지는 못했다. 한미관계는 공동 이익을 바탕으로 한 협력관계를 기본으로 큰 틀에서는 안정적으로 유지되어 온 것이 사실이다. 그러면서도 한국의 국력 성장, 한국의 민주화와 시민사회의 성장 등에 따라 좀 더 균형적인 방향으로 진전되어 간 것도 사실이다.

1. 미·중 갈등과 한국의 선택

현재 한미관계는 몇 가지 중대한 도전에 직면해 있다. 첫 번째는 중국의 부상과 영향력권 확대 전략에 대한 한국의 대응과 관련한 것이다. 이 문제는 3부 1장에서 자세하게 다루었기 때문에 여기에서는 최근 한국의 미·중 사이에서의 움직임에 대한 미국의 우려를 다시 언급하는 것으로 마무리하려 한다. 문재인 정부에 와서 미국과 중국 사이에서 한국이 기존 동맹관계의 틀 속에서의 움직임과는 다른 모습을 보이면서 한미관계에 균열의 조짐이 보이고 있다. 문재인 정부나 바이든 정부 모두 공식적으로는 한미관계의 중요성과 한미동맹의 굳건함을 강조하고 있지만 워싱턴의 싱크탱크나 한미관계에 정통한 의원들로부터 미·중 사이에서 한국의 스탠스에 대한 의구심과 비판의 목소리가 점차로 커지고 있다. 현재는 2021년 한미 정상회담이 미국이 원하는 방향으로 마무리되면서 이러한 우려의 목소리가 잦아든 상황이지만 향후 문재인 정부의 정책 행위에서 실제로 정상회담에서 합의된 내용들을 이행하느냐 여부에 따라 양국 관계가 다시 어려움에 빠질 수 있다.

2. 미국 국내 정치적 요인에서 오는 도전

미국 국내 정치적 변수가 장기적으로 한미관계에 대한 큰 도전이 될 것이다. 미국 우선주의를 맨 앞에 내건 트럼프는 물론이고 바이든 역시 국내 정치의 중요성을 강조하고 있다. 이미 바이든은 대선 TV 토론에서 "대외정책이 국내 정치이고 국내 정치가 곧 대외정책"이라는 말로 국내 정치의 중요성을 강조한 바 있다. 트럼프 집권 동안 드러난 미국의 분열과 미국 민주주의의 약점들을 바로잡는 것이 효과적이고 초당적 지지를 받을 수 있는 대외정책의 토대라는 점을 강조한 것이다. 동시에 국내 정치적 지지를 받지 못하는 대외정책은 설 자리가 없다는 점 역시 명확히 한 것이다. 미국이 냉전 이후 자유주의적 세계 질서를 위해 국제체제에서의 '공공재'를 공급하는 역할을 해왔지만 그러한 대외 전략이 국내적 희생을 바탕으로 하고 있다는 인식이 트럼프 정부 시기에 커졌다. 트럼프는 미국이 사기를 당하고 있다거나 동맹국들이 미국을 이용해 먹고 있다는 주장 등으로 미국의 국제주의적 대외정책으로 인해 미국인들이 피해를 보고 있다는 언급을 계속해 왔다. 바이든은 이러한 국내 정치 환경 속에서 당선되었고 대외정책에서도 국내 정치적 고려를 하지 않을 수 없게 된 것이다. 바이든이 다자주의를 강조하고 동맹국과의 협력을 강조하고는 있지만 그 속에 숨겨져 있는 중요한 요인은 다자주의를 통한 미국의 짐을 덜고 동맹국들의 기여를 늘려야 한다는 점이다.

미국이 언제라도 주한미군 축소와 같은 군사적 코미트먼트(commitment) 축소를 결정하고 한국 스스로 그 공백을 메꿀 것을 요청할 수 있는 시대가 왔다는 것을 인식해야 한다. 특히 한미동맹이 미국이 원하는 역할을 수행하지 못할 때 미국의 대한반도 전략 변화는 더 쉽게 이루어질 수 있다. 한 국내 일간지와의 인터뷰에서 미국 외교관이었고 지금은 민간안보기업에서 일하는 『셰일혁명과 미국 없는 세계(The Absent Super Power)』의 저자 피터 자이한 (Peter Zeihan)은 미국은 이제 한미동맹에 대한 애정이 식었다고 단언했다. 그리고 이것은 셰일가스 혁명으로 인한 것이다. 미국은 2005년 본격적으로 셰일오일과 가스를 생산하면서 세계 1위의 산유국이 되었고, 에너지에 대한 중동 의존을 거의 해소하게 되면서 미국 대외정책의 방향이 완전히 바뀌었다는 것이다. 미국에게 중동에 대한 중요성도 크게 떨어졌고 더 이상 세계의 경찰 역할을 할 동기도 크게 저하되었다. 미국이 초강대국의 역할을 포기할 때 가장 큰 피해를 볼 수 있는 나라로 동아시아의 중국, 일본, 한국, 대만 등을 들었다. 단순히 석유의 수급 문제를 넘어서 한국이 미국의 매력적인 동맹국이 되지 않으면 미국이 제공하던 안보 우산도 당연히 여길 수 없는 상황이 올 수 있다.

3. 미국의 동북아 전략과 한일 갈등의 문제

현재 미국의 동북아 전략에 있어 한국과 일본의 갈등은 중대한 도전이 되고 있다. 간단히 말해서 미국의 동북아 전략에서 한·미·일 삼각협력은 가장 중요한 대중 견제 메커니즘이다. 앞에서 한국이 미·중 사이에서 모호한 입장을 취하면서 발생할 수 있는 한미관계의 위기에 대해 언급했지만 그것과는 별개로 한국과 일본과의 관계가 악화되면서 한·미·일 삼각협력에 문제가 생기는 부분 역시 미국이 매우 우려하는 부분이고 이 문제가 적절히 해결되지 않으면 한미관계 역시 부정적 영향을 받을 수 있다.

동북아 나아가서 동아시아에서 한미동맹과 미·일동맹은 지역 안보를 확보하는 미국의 가장 중요한 두 축이다. 그리고 한미동맹과 미·일동맹은 미국을 매개로 한·미·일 삼각협력체제를 형성하며 냉전기에는 북한, 소련, 중국의 북방 삼각협력체제와 세력 균형을 형성하면서 동북아 지역의 평화와 안정을 확보하는 핵심 메커니즘으로 기능해 왔다. 한미, 미일 간의 군사동맹 이외에도 한일 간의 군사협력도 한·미·일 삼각협력의 중요한 부분이다. 한일 간의 군사협력은 기본적으로는 북한으로부터의 군사적 위협에 대응하기 위한 필요성에서 시작되었다. 한일 간에는 역사적 갈등이 존재했지만 두 나라는 공동의 안보 이익이라는 차원에서 군사협력을 진전시켜 왔다. 특히 북한의 핵 개발이 본격화되면서 일본은 한국과의 군사협력을 적극적으로 모색했다. 1990년대 후반부터 미국은 대북정책에서 한·미·일 공조를 본격화했고 한·미·일 대북정책감독조정그룹(TCOG: Trilateral Coordination and Oversight Group)을 출범시켰다. 2000년대 초반 미·일 안보동맹이 재규정 되면서 중국의 부상에 대한 대응으로서의 미·일 안보협력이 본격화되었고 부시 정부 후반기(2007년 이후)에 들어와서는 한일 안보협력도 한·미·일 안보협력으로 발전하게 되었다. 한미동맹도 이명박 정부에 와서 미국의 세계 전략에 부합하는 방향으로 조정되면서 한·미·일 안보협력은 본격화되었다. 미국은 한·미·일 삼각협력체제를 중국의 부상에 대응하는 핵심적인 메커니즘으로 규정하고 한일 군사협력의 업그레이드를 추진했다. 2012년 이명박 정부가 군사정보포괄보호협정(GSOMIA: General Security of Military Information Agreement), 상호군수지원협정의 체결을 추진했지만 국내 반대로 인해 좌절되었고 박근혜 정부에 와서 2016년 11월 23일 군사정보포괄보호협정이 체결되었다. 이 과정에서 미국은 군사정보포괄보호협정의 체결을 후원했다. 문재인 정부에 들어와서 두 차례 지소미아(GSOMIA)가 연장되었다. 이 과정에서 미국 상원이 연장을 촉구하는 결의안을 만장일치로 채택했고 국무부 데이비드 스틸웰(David Stilwell) 동아시아태평양 차관보가 양국을 오가면서 협정의 연장을 위해 설득 작업을 했다. 그러나 강제징용 관련 한국의 대법원 판결에 따라 시작된 양국 간의 갈등이 최악으로 전개되면서 결국 일본이 한국을 화이트 국가 리스트에서 제외하는 조치를 하는 등 보복성 정책을 취하자 한국은 2019년 8월 일본과의 군사정보보호협정을 더 이상 연장하지 않는다고 발표했다.

미국은 한국의 이러한 결정에 대해 한·미·일 안보협력을 약화시키는 일로 강한 불만을 표시했다. 결국 미국 정부가 적극적으로 나서 한국 정부가 11월 22일 연장 거부 통지 효력 정지를 발표함으로써 지소미아의 종료는 면하게 되었다. 이 협정은 양국 간 군사정보 교류 수단으로서의 의미도 크지만, 한·미·일 안보협력의 기반이 된다. 정보의 원활한 소통이 없이는 3국 간 실시간 안보협력이 불가능하기 때문이다. 미국은 한·미·일 안보협력이 북핵과 북한의 미사일에 대응하는 데 핵심적인 역할이라는 것을 강조해 왔다. 특히 트럼프 정부에 와서 미·중 간의 갈등이 격화되면서 한·미·일 안보협력에 대한 중요성이 더욱 강조되었고 한·미·일 안보협력을 위해 한일관계 개선의 필요성을 강조해 왔다. 한국은 한일관계와 한·미·일 안보협력을 연계하지 않는다는 공식적인 입장을 가지고 있다. 한일관계가 나쁘다고 해서 이것이 한·미·일 안보협력에 영향을 미치지 않도록 한다는 의미이다. 2020년에도 한·미·일 합참의장 회의(Tri-CHOD), 3국 간 차관보급 안보회의, 연합훈련 및 군사 교류를 정상적으로 실시하면서 한·미·일 3국 차원의 군사협력은 유지해 나간다는 메시지를 발신하고 있다.

앞에서 이미 이야기한 바와 같이 동아시아 지역에서 미국의 동맹정책의 핵심은 한미동맹과 미·일동맹이 시너지 효과를 내는 것이다. 미국은 한·미·일 삼각동맹을 동아시아에서 중국을 견제하는 핵심 메커니즘으로 생각하고 있다. 최악의 한일관계는 바이든 정부에게 매우 곤혹스러운 부분이다. 동아시아 지역을 총괄하고 있는 커트 캠벨 조정관은 2020년 12월 3일 미국의 싱크탱크 애틀랜틱 카운슬(Atlantic Council)과 한국의 KF(한국국제교류재단)가 공동 주최한 웨비나에서 한일관계가 나쁜 것은 북한 문제를 포함한 미국의 가장 중요한 문제에 대한 동맹의 연대를 약화시킨다고 언급한 바 있다. 토니 블링큰(Tony Blinken) 국무장관도 미국이 중국 견제를 위해 한일 간의 관계 개선에 역할을 할 것을 언급하고 있다. 네드 프라이스(Edward Price) 국무부 대변인은 바이든 행정부의 대북정책과 관련 "북한의 핵미사일 시험보다 더 우려스러운 것은 한국, 일본과 긴밀히 조율하지 못하는 상황"이라면서 한·미·일 공조의 중요성을 강조했다. 문제는 한·미·일 공조가 약화되고 있는 원인에 대해 미국은 한국을 문제의 원인으로 보고 있다는 것이다. ≪동아일보≫ 2021년 2월 10일 자 기사에 따르면 바이든 행정부의 고위 인사가 "한국이 한일관계에서 앞으로 나아가지 않는다면 바이든 행정부가 파트너로서 한국에 대한 기대를 포기할 수도 있다"고 말했다고 보도했다. 익명으로 처리한 언급이 갖는 한계가 있지만 최근 바이든 행정부 인사들이 한국에 대해 갖고 있는 인식과 맥을 같이 하고 있다는 점에서 가볍게 들어서는 안 되는 내용이다. 이수혁 주미대사는 2021년 10월 13일 주미대사관 국정감사에서 한일관계가 개선이 되지 않는 이유에 대해 미국이 한국에 책임이 있다고 보고 있지 않으며 오히려 일본이 너무 강경하다는 입장을 갖고 있다고 말했다. 한국을 대표하는 외교관으로서 그렇게 이야기할 수밖에 없겠지만 미국의 입장을 정확히 설명한 것은 분명히 아니라는 점을 개인적으로 강조하고 싶다.

 2021년에 와서는 한국이 한일관계를 개선하려는 움직임을 보이고 있다. 그러나 일본 측은 한국의 이러한 움직임에 전혀 화답하지 않고 있다. 일본은 한국의 이러한 급격히 변화된 태도를 전혀 신뢰하지 않고 있다. 그리고 한국이 강제징용 및 위안부 관련 현안에 대해 진정으로 해결하려는 움직임을 보이지 않는 한 한일관계 개선은 불가능하다는 입장이다. 이 문제를 누가 먼저 잘못했나를 따지는 식으로 접근해서는 절대 돌파구가 나올 수 없다. 문제는 한국 정부가 한·미·일 3국 안보협력에 대해 중국의 눈치를 보면서 형식적인 선에서의 시늉만 내고 있다는 것이다. 중국에게 약속한 '3불' 중 하나가 '한·미·일 3국 협력이 군사동맹으로 진전되지 않는다'는 것에서 보이듯이 중국은 3국 협력에 대해 자신을 겨냥한 메커니즘으로 보고 있고 문제인 정부는 그러한 중국의 눈치를 보면서 일본에게 책임이 있는 한일관계의 악화 때문에 3국 안보협력이 차질이 있다는 식으로 책임을 회피하는 태도를 보이고 있다. 미국은 아마도 한일 양국에 압박을 가해야 한다는 식으로 인식하고 있을 것이다. 미국의 압박이 본격화되었을 때 한국이 변화된 자세를 보이기 위해서는 한·미·일 3국 협력에 대한 존재 의의, 중요성 등에 대해 국가전략 차원에서의 확고한 규정과 국민적 공감대를 조성하기 위한 노력을 해야 할 것이다.

4. 한미동맹이 처한 도전들과 해법

한미동맹은 1953년 이후 70여 년간 한국의 안보에 핵심적인 역할을 해왔다. 특히 1970년대 중반까지 한국의 군사력은 북한에 훨씬 못 미치는 수준이었고 그로 인해 주한미군의 존재는 대한민국의 생존에 필수불가결한 존재였다. 그러나 한국의 국력이 신장하면서 동맹이 초래하는 자율성의 제약에 대한 인식이 확산되었다. 또 진보정부 집권 시기에 한미관계의 비대칭성, 주한미군의 존재에 대한 비판적 문제 제기들이 등장하기도 했다. 한미관계가 중요한 것은 부인할 수 없는 사실이고 주한미군의 존재가 한국의 안보에 중요하다는 것도 부정하기 어렵다. 따라서 한미관계와 한미동맹에 대한 과제는 어떻게 하면 한미관계가 호혜적 관계를 유지하면서 한미동맹이 한국의 안보와 동아시아 지역에서 미국의 안보전략에 기여할 수 있는가 그리고 동시에 한국이 신장된 국력에 걸맞은 자율성을 확보할 수 있는가에 대한 해답을 찾는 것이 될 것이다.

한미동맹의 발전적 변화의 모색

한미동맹 역시 국제정세의 변화, 탈냉전기 미국의 대외정책의 변화에 따라 역시 변화를 겪어왔다. 노무현 정부에서는 협력적 자주국방이라는 개념을 내놓고 전시작전권 전환 결정을 내리는 등 동맹을 재조정하는 시도가 이루어졌다. 미국의 세계 전략 변화와 발맞추어 한미동맹의 지역동맹화 그리고 주한미군의 전략적 유연성에 대해 한미 양국이 합의했다. 이명박 정부에서는 2010년 한미 전략동맹을 선언하여 동맹의 업그레이드를 천명했다. 또 한미 미사일 지침이 개정되었고 한미원자력 협정 개정 협상이 시작되어 박근혜 정부 때(2015) 한국이 원자력 개발 활동을 자율적으로 할 수 있도록 하는 한미 원자력 협정 개정이 이루어졌다. 문재인 정부에 와서 문재인 정부의 핵심 전략가들이 한미동맹의 존재 그리고 주한미군의 필요성 등에 대해 근본적 문제를 제기하면서 미국의 정책 서클에서 한국의 대외정책 방향에 대한 우려가 커지기 시작했다. 문재인 정부의 통일외교안보특보는 한미동맹을 결국 (다자안보체제로) 대체되어야 할 메커니즘으로 보았고 이인영 통일부 장관 역시 한미동맹은 '냉전동맹'이고 평화동맹으로 전환되어야 한다고 언

▶ **전략적 유연성** 탈냉전 이후 해외 주둔 미군의 보다 효율적인 활용을 목표로 하는 전략으로 대만해협의 위기와 같은 주변 지역의 유사시에 주한미군을 활용할 수 있도록 하는 것을 말한다. 한국 정부는 이런 전략이 한국을 원하지 않는 분쟁에 끌고 들어갈 수 있다는 생각에 강력히 반대했지만 결국 미국에 합의를 해주었다.

급한 바 있다. 미국에서 한국을 대표하는 이수혁 주미대사는 "사랑하지도 않는데 70년 전에 동맹을 맺었다고해서 앞으로도 70년간 미국을 선택하는 것은 미국에 대한 모욕이다"라고 말했다.

그동안 보수정부들의 경우 한미동맹을 강화하고 또 변화하는 국제정세에 맞추어서 업그레이드해야 한다는 입장이 대세를 이루었다고 보인다. 한미동맹의 존재 이유는 첫째는 북한의 위협이고 두 번째 존재 이유는 중국의 부상 이후 공세적인 대외정책의 등장과 함께 중국의 잠재적 위협으로부터 한국의 생존과 안보를 확보하는 것이다. 향후 한미동맹이 유지·강화되어야 하는가 아니면 동맹이 해체되고 전략적 동반자 관계로 다운그레이드 되어야 하는가는 이 두 가지 차원에서 국익을 가장 잘 확보할 수 있는 방향으로 결정되어야 할 것이다. 북한이 사실상의 핵보유국이 되었고 핵 능력과 미사일 능력이 계속적으로 향상되고 있는 상황에서 한국이 북한의 핵 위협하에서 생존을 지킬 수 있는 길은 북한 핵에 대한 억제력을 갖추는 일이다. 한국은 핵무기가 없기 때문에 독자적인 핵 억제는 불가능하고 그 대신 미국의 동맹국에 대한 핵 억제(확장 억제)를 통해 생존을 확보하고 있는 상황이다. 동맹의 해체는 이러한 기본적인 한국의 안보 확보 구도가 변하는 것을 의미한다. 한미동맹이나 주한미군이 평화체제 등으로 대체되어야 한다고 주장하는 사람들은 남북 간의 평화체제가 더 이상 주한미군이나 미국의 핵우산에 대한 의존을 없앨 것이라고 주장하지만 그런 구도는 기본적으로 핵을 가진 북한이 미국의 도움 없는 한국과의 관계에서 선의를 유지하면서 평화로운 관계를 유지할 것이라는 가정에 근거하고 있다. 이러한 주장은 국가 생존을 걸고 북한의 선한 의지를 믿어보자는 도박에 가까운 선택을 주장하는 것일 뿐이다. 그래서 이들의 주장처럼 최악의 경우 동맹을 다운그레이드 하더라도 미국의 확장 억제는 유지하고 전시에 미군의 신속한 개입 메커니즘은 유지하는 절충적 방안이 그나마 현실성 있는 옵션이 될 것이다.

또 하나의 변화 방향은 한미동맹을 군사동맹을 넘어서는 보다 포괄적인 동맹으로 발전시키는 것이다. 포괄동맹은 여러 가지 형태가 있을 수 있지만 한미가 자유민주주의의 가치를 공유하고 자유롭고 개방적인 경제체제를 만드는 데 협력하며 군사안보를 넘어서서 인간안보를 위협하는 테러, 마약, 환경오염, 해적 행위, 전염병 등 비전통 안보 위협에 공동 대처하는 변화하는 국제 질서에 맞는 새로운 동맹으로 진화하는 것을 의미한다. 이러한 비전은 2010년 한미전략동맹 선언에서 이미 포괄적인 동맹 비전으로 제시된 바 있다.

이와는 달리 현재의 한미동맹을 장기적으로는 해체해야 한다는 의견도 우리 사회에 분명히 존재한다. 이러한 생각은 주한미군이 철수하면 북한은 체제위협이 사라지므로 북한은 핵에 대한 집착을 버릴 것이고 한반도에 평화가 정착할 가능성이 커진다는 논리를 바탕으로 한다. 하지만 주한미군과 한미동맹이 한반도 평화의 걸림돌이라고 보는 시각은 북한의 핵이 갖는 군사 위협을 도외시하고 북한이 핵을 핵 억지를 위해서만 활용할 것이라고 보는 비합리적 전제에서 출발하고 있다. 그동안 북한은 핵을 포기할 수 있다는 언급을 여러 차례 해왔다. 최근의 언급은 2018년 3월 6일 한국의 정의용 안보실장이 김정은을 만나고 와서 전달한 내용으로 '북한이 핵무기를 포기한다는 결단을 내렸다'고 미국에게 전했지만 그 결단에는 '체제가 보장되고 위협이 해소되면 핵무기를 내려놓겠다'는 조건이 달려 있었다. 체제 보장과 위협 해소는 북한이 계속적으로 해오던 주장이고 북한이 생각하는 체제 보장은 주한미군 철수와 한미동맹의 해체를 통해 이루어질 수 있다는 것이다. 이는 북한의 비핵화 의지가 현실성이 없는 허구에 가깝다는 것을 의미한다.

한미동맹은 비핵화 과정에서 북한의 군사적 위협 전술에 대한 대응에 필수불가결하다. 또 핵을 가진 북한을 상대해야 하는 한국에게 반드시 필요하다. 또한 한반도 주변에서의 중국과 러시아의 공세적 대외정책에 대한 대응에도 한미동맹은 절대적이다. 미국의 군사적 지원이 없는 한국에게 지금도 전투기들을 동원해 독도 주변에서 훈련을 하고 한국의 영공을 침범하고 있는 중국과 러시아가 어떻게 행동할지는 명백하다. 한미동맹의 미래는 한미동맹의 해체가 아닌 한미동맹의 강화, 특히 중국과의 기술패권 경쟁을 마주하고 있는 미국의 초관심 영역에서의 협력까지 포함하는 동맹으로의 진화, 한미동맹에 대한 양국의 신뢰 강화, 가치를 공유하는 동맹, 그리고 좀 더 균형적인 동맹으로 나아가는 것이다.

한미동맹과 관련해 우려할 만한 일은 한미동맹 존재 이유 자체에 대한 논란이 한국 내부에서 시작되었다는 것이다. 이 문제는 문재인 정부에 들어와서 심각성을 띠게 된 문제이다. 문재인 정부 이전에는 한미동맹의 문제점이나 개선 방향에 대한 논의가 있었지만 한미동맹을 폐기해야 한다는 수준의 논의는 일부 좌파 진영에서만 제기 되었었다. 하지만 문재인 정부의 핵심 외교안보 전문가들이 한미동맹을 한반도 평화에 걸림돌로 생각하면서 한미동맹 그리고 미군 주둔을 청산해야 할 대상으로 거론하기 시작했다. 몇 가지 언급만 소개하기로 하자. 우선 문재인 정부의 전 외교안보특보인 문정인 명예교수는 미국의 시사지 ≪애틀랜틱(The Atlantic)≫과의 인터뷰에서 단기·중기적으로는 한국이 동맹에 의존하는 것은 불가피하지만 "한국이 동맹관계에서 벗어나야만 지정학적 덫(미국과 중국 사이에 낀 한국의 처지를 말함)에서 벗어날 수 있다"고 말했다. 문 특보는 이전에도 한미동맹이 동북아의 다자안보협력체제로 대체되어야 한다는 언급을 한 바 있다. 학자로서 장기적인 대안을 이야기했기 때문에 이해할 수 있는 수준이라고 생각한다. 그런데 김준형 전 국립외교원장은 한발 더 나아가 자신의 저서에서 한미동맹 자체가 실질적으로 한국의 안보에 기여하는 것이 아니라 오히려 한국의 안보에 짐이 되고 있으며 그럼에도 한국인들이 한미동맹에 대한 지지를 보내는 것은 정신적 의존 상태 때문이라고 주장했다. 문재인 정부의 외교안보 핵심 브레인인 김 전 원장은 한국이 미국의 가스라이팅에 의해 한미동맹에 중독되어 있고 한국은 상식적·합리적·실용적인 판단을 하지 못하게 되었다고 주장하며 한반도 평화체제 구축을 위해 주한미군 철수가 중요한 과정이라고 주장했다. 한미 간의 군사동맹도 한국의 대외 환경을 힘들게 하기 때문에 손해가 될 수 있다고도 했다. 이 정도 주장은 선을 넘은 것이라고 생각한다. 그러나 김 원장은 한미 정상회담을 앞둔 2021년 4월 서울 경제 포럼(Seoul Economic Forum) 행사에서 한국 정부의 전략이 "한미동맹을 근간으로 하되 한중관계를 훼손하지 않는 선에서 외교력을 발휘해야 한다"고 말했다. 어떤 것이 김준형 전 원장의 진심인지 궁금하다.

문재인 정부의 주요 인사들이 대외적으로 또는 미국에 가서 어떠한 언급을 하든 간에 한미동맹에 대한 문재인 정부의 부정적 태도는 여러 곳에서 발견된다. 연합훈련의 축소는 대화 분위기를 조성한다는 측면에서 그나마 이해할 수 있는 것이지만 북한의 핵 능력이 계속 고도화되고 있는데도 북핵 대응을 위한 협의체인 '확장억제전략협의체(EDSCG)'가 가동된 지 2년이 지나도록 열리지 않고 있다. 2021년에는 남북협력과 비핵화를 추진하는 과정에서 한미 간의 소통과 공조를 위해 한국의 요청으로 출범시킨 '한미워킹그룹'도 종료를 검토하기로 2021년 6월에 한미 간에 합의했다. 한국의 집권당 내부에서 한미워킹그룹이 오히려 남북관계 개선에 걸림돌이 된다고 계속적으로 비난을 해오던 끝에 일어난 일이다. 미국은 종료가 아니라 재조정이라고 한국의 종료 입장에 불편한 기색을 드러냈다.

최근 미국 내에서 한미동맹에 대한 신뢰가 금이 가고 있다. 신뢰가 금이

간다는 말은 한국이 한미동맹을 버릴 수 있다는 생각을 미국의 정책 전문가들이 하기 시작했다는 것이다. 2021년 5월의 한미 정상회담이 이러한 균열을 봉합할 수 있는 기회가 된 것은 맞지만 문재인 정부가 과연 남은 임기 동안 정상회담에서 약속한 방향으로 움직일 것인가를 미국은 주시하고 있을 것이다.

한미관계에서 한국의 자율성 강화

한미동맹관계에서 보다 균형적인 한미관계는 한국에게는 중요한 과제이다. 한국이 한반도 평화체제를 비롯한 남북관계에 대한 주도권을 행사하고 대중관계, 대미관계에서 주도적인 역할을 할 수 있는 외교적 자율성을 확보하는 것은 한미관계 속에서 한국이 모색해야 할 부분이다. 한국은 언제나 원칙에 입각해 한반도 주변 강대국들과의 관계를 관리해야 한다. 동맹국으로서 미국과 협력하지만 미국의 불합리한 정책에 대해서는 반드시 문제를 제기해야 한다. 미국이 원했던 사드(THAAD)를 한국에 배치하면서 한국이 중국으로부터 보복을 당했을 때 미국이 왜 아무런 조치도 취하지 않았는지 문제를 제기했어야 한다. 한국이 동맹국으로서의 책임을 이행함으로써 생기는 경제적 불이익을 미국이 모른 체해서는 안 되는 것이었다. 방위비 분담금 문제에서 비합리적인 요구를 하는 것도 강력히 항의해야 한다. 한중관계의 중요성에 대해서도 미국에게 우리의 입장을 설득시켜야 한다. 미국의 중국 포위나 압박으로 명확히 인식될 수 있는 구상에 한국의 참여를 강요해서는 안 된다는 점을 미국에 전달해야 한다. 한국이 중국에게 '한국은 단지 규칙에 기반한 국제 질서가 동아시아에서도 유지되기를 원하는 측면에서 미국과 같은 입장을 가진 것'이라고 설득할 수 있도록 미국의 세련된 동아시아 정책을 요구할 필요도 있다. 그런데 이러한 원칙에 따른 한미관계가 현실에서 가능하기 위해서는 한미 간의 신뢰가 확고해야 한다. 한미 간에 신뢰가 있을 때 미국의 정책에 대한 한국의 반대가 미국에 대한 반대가 아니라 한국이 존중하는 원칙과 합리성에 배치될 때 제기할 수 있는 문제라고 미국을 이해시킬 수 있다. 한미 간의 신뢰는 한국이 자유민주주의와 법에 의한 지배, 자유시장경제 등의 가치를 공유하고 한미관계 그리고 한미동맹에 대해 확고한 지지를 유지하고 있다는 것을 미국이 믿을 때에만 가능하다.

한국의 군사적 능력의 강화

자율성 강화를 위한 외교적 노력과 함께 동반되어야 할 것은 한국의 군사적 능력의 강화이다. 동맹은 국가 간의 약속이지만 그 약속은 언제든 상황 변화에 따라 그 효력이 중단될 수 있다. 따라서 한미동맹 차원의 연합 전력의 강화와 동시에 우리 스스로가 안보를 책임질 수 있는 군사적 능력을 강화하는 것을 게을리하면 안 된다.

미국은 점차 해외에서의 군사적 역할에 대한 축소 경향을 보이고 있기 때문에 전진 배치된 미국 지상군의 축소 가능성을 대비해야 할 필요도 있다. 그렇게 될 경우 한국의 군사적 역할이 강화되어야 필요가 생기게 된다. 동맹은 기본적으로 한국이 군사적 능력의 부족함을 메우기 위해 선택한 방법이었다. 따라서 최우선의 과제는 한국의 군사적 능력을 키워 미국에 대한 군사적 의존을 줄이는 것이다. 전시작전권 전환도 그러한 노력의 일부라고 이해해야 한다.

기본적으로 북한을 상정한 군사력 강화와 중국의 군사력에 대한 억제 능력을 확보하고 군사 충돌 시 대응할 수 있는 미래전력을 개발할 필요가 있다. 한국의 미사일 사거리 연장과 탄두 중량 제한 해제, 고체 연료 사용 허용 그리고 SLBM(잠수함발사탄도미사일) 발사실험 성공 등으로 한국의 군사적 능력이 향상되고 있다. 앞으로 한국은 미래전력 강화를 위해 인공지능을 활용한 무인전투기, 사이버 공격 능력 확보와 해상과 공중 거부 능력을 강화하기 위한 위성, 장거리 레이더 드론 등의 정보·감시, 정찰 능력(ISR) 등의 강화가 필요하다. 잠수함 전력의 강화도 중국과의 군사적 충돌에 대한 대비에 있어 매우 중요하다. 핵잠수함의 개발이 전략적 군사 능력에 미치는 영향이 매우 크기 때문에 가장 시급하지만 한미원자력협정이 핵물질 이동을 제한하고 있기 때문에 미국을 설득해야 하는 어려움이 있으며 중국의 반발과 한국의 그러한 움직임이 일본의 핵 잠수함 도입을 자극할 것이라는 우려도 있다.

Understanding Diplomacy and
Contemplating Korea's Diplomacy

제4장

한일관계의 수렁에서 벗어나기

1. 한일관계: 어떻게 여기까지 왔는가?

한일관계는 한국 외교의 영원한 숙제이다. 식민 지배의 굴욕과 일본 제국주의가 준 피해에 대한 아픈 기억 그리고 완전히 해결되지 못한 책임과 배상의 문제는 한일관계의 발전을 막는 질긴 굴레이다. 과거사 문제뿐만 아니라 독도 문제, 동해 표기 문제와 같은 영토 문제는 한일관계를 더욱 복잡하게 만들고 있다. 그러나 이웃은 바꿀 수가 없고 지나간 역사도 되돌릴 수 없다. 앞으로 닥칠 많은 도전 속에서 우리는 생존하고 번영해야 한다. 한국은 일본이라는 이웃과 잘 지내야만 하는 지정학적 환경 속에서 한일관계를 관리해 나가야 하는 숙제를 가지고 있다. 서로에게 필요한 일본과 적으로 살 수는 없기 때문이다.

일본과의 관계는 한국의 대외관계에도 중요한 영향을 미친다. 예를 들어 한중관계가 중국의 공세적인 외교에 한국이 절절매는 형태가 되지 않고 건강하게 발전하려면 튼튼한 한일관계가 중요한 지렛대 역할을 해야 한다. 한·미·일 간의 삼각관계 역시 한일관계를 더욱 복잡하게 만드는 요인이다. 일본과 적대적 관계가 되면 미국과의 관계에도 문제가 생긴다. 미국은 동북아에서 자국의 안보 이익 확보를 위해 안정적인 한일관계가 중요했고 그것을 위해 한일 양국에게 인센티브를 제공하거나 때로는 압박을 행사해 왔다. 일본은 그런 미국의 구상에 적극 동조하며 미국의 가장 가까운 친구로 행동해 왔다. 때로는 한국과 미국을 이간질하려는 듯 한국이 미국이나 일본과 같은 가치를 공유하지 않는다는 이야기를 미국에 설파하고 한국의 중국경사론(中國傾斜論)을 과장해서 퍼뜨리기도 했다. 미·중 갈등이 첨예해진 현재, 일본은 미국에게 미·일 두 나라가 한국 없이도 대중국 견제를 잘 해낼 수 있다고 설득하는 데 많은 노력을 하는 듯하다. 호주를 끌어들여도 되고 필요하면 인도도 끌어들여 동아시아에서 미국이 원하는 안보 시스템을 한국 없이도 갖출 수 있다고 집요하게 이야기하고 있다. 한국의 대외관계에 또 다른 과제를 던지고 있는 것이다. 요약해 보면 한일관계는 과거사 문제라는 말로 요약되는 여러 가지 문제의 존재, 양국의 국내 정치, 그리고 한·미·일 간의 삼각관계 등이 얽혀 있는 복잡한 문제이다. 잘 관리되어야 하지만 위안부, 징용자 배상 문제로 인해 최악의 상태에 와 있고 얽힌 실타래가 풀릴 기미가 보이지 않고 있다.

여기서 한일관계의 역사를 다시 복기하지는 않겠다. 내 평가를 요약하면 1965년 국교 정상화 이후 두 나라 모두 한일관계를 발전시키고자 하는 의지를 가지고 있었다고 보이고 양국이 나름대로의 노력을 한 것도 사실이지만 한일관계는 양국의 집권 세력의 성격 그리고 국내 정치적 환경에 따라 심한 굴곡을 겪어왔다. 문재인 정부에 들어와서 한일관계를 최악으로 몰고 간 위안부 문제와 강제징용자 배상 문제는 새로 등장한 문제가 아니다. 이들 문제는 한일관계의 복병으로서 항상 물밑에 존재했던 문제이지만 양국은 상호 이익과 공통의 이해 특히 심각한 안보 현안(북한 핵이나 중국 부상과 미국의 대응 등)에 대처하기 위해 그러한 갈등 요인들을 봉합하면서 외교관계를 관리해 왔다. 국내 정치에서 민족주의적 감정을 자극해 정치적 이득을 얻으려는 정치인들은 한국과 일본 모두에서 항상 존재해 왔고 이들은 자신들의 정치적 이익을 위해 한일 간의 과거사 문제를 이용해 왔다. 그렇지만 한일관계가 과거만을 바라볼 때 결국 그 피해는 한일 두 나라 모두가 져야 한다는 것을 이해하는 외교관, 정치인, 학자, 시민사회의 노력으로 인해 한일관계는 지금까지 어려운 도전을 헤쳐왔다.

한일관계의 역사에서 한일관계를 이용하여 이득을 보려는 유혹에서 벗어나 한일관계의 진정한 진전을 위해 용기 있는 노력을 한 이들이 많았다.

1998년 김대중-오부치 공동선언('21세기 새로운 한일 파트너십 공동선언')으로 상징되는 외교적 성과는 한일관계를 연구하고 관심을 가지고 있는 모든 사람들이 한일관계의 가이드라인으로 삼아야 한다고 입을 모으는 한일관계의 외교적 성과이다. 김대중-오부치 선언은 일본의 과거사에 대한 통절한 반성과 사죄 표명을 한국이 받아들이며, 한-일이 21세기를 향해 미래 지향의 파트너십을 구축해 나가자는 비전을 제시했다. 한국은 제2차 세계대전 이후 국제사회에서 평화와 번영을 위한 일본의 역할을 인정하고 평가했다. 또 엄청난 국내적 반대를 무릅쓰고 일본 만화와 같은 대중문화 개방을 단행했다. 김대중 대통령은 한일관계의 새로운 진전을 바탕으로 남북교류협력 그리고 동아시아 공동체 비전의 동력으로 활용했다. 발전된 한일관계를 경제위기 극복에 활용하기도 했다. 이 선언은 또 국제사회에서 보다 큰 존재감과 역할을 할 수 있는 토대를 양국 모두에게 마련해 준 계기이기도 하다. 그러나 한일관계를 미래 지향적으로 발전시킬 수 있는 계기를 마련했던 이 선언은 그 후 한일 양국의 정권이 교체되면서 동력을 상실하게 되고 양국의 국내 정치의 희생물이 되어버렸다.

한국 국민들은 지금의 한일관계 파탄은 압도적으로 일본의 책임이라고 생각한다. 일본의 문제는 계속되는 우익 정치인들의 망언과 일본의 제국주의적 과거 자체를 부정하는 극우 세력의 존재이다. 이런 사람들에 대해서는 길게 말할 필요가 없다. 한일관계의 파탄을 일본이 사과를 하지 않아서라고 생각해서는 안 된다. 실제로 한일관계는 한일 양국이 1965년 기본 조약의 불충분함을 인정하고 과거사 문제에 대해 보완 조치를 취하면서 발전할 수 있었다. 특히 일본군 위안부에 대한 일본군의 책임과 강제성을 인정한 1993년 고노 담화(河野 談話)가 기반이 되어 아시아 국민들의 피해와 고통에 사죄하는 1995년 무라야마 담화(村山 談話), 미래 지향적인 한일관계를 만들고자 했던 1998년 김대중-오부치 한일공동선언, 한국을 직접 언급하며 사죄한 2010년의 간 담화(菅 談話), 2015년 한일 위안부 합의로 이어졌다. 위안부 합의에서는 아베 총리조차도 위안부 문제에 대한 책임을 인정하지 않을 수 없었다. 2015년 위안부 합의에 대해 정확히 모르는 사람들을 위해 합의문 중 일본의 사과 부분을 적어둔다. "…군이 관여한 위안부 문제에 대해 일본 정부는 책임을 통감한다." "아베 내각 총리대신은 일본국 내각 총리대신으로서 … 깊은 사죄를 표명한다."

고노 담화에서 일본 정부가 사과했고, 김대중 대통령도 오부치 총리의 사과를 받아들인다고 했으니 일본이 사과를 안 했다는 주장은 하지 말자. 한국에서 계속 사과를 주장하는 사람들의 정확한 입장은 일본이 "진정성" 있는 사과를 하지 않았다는 것과 일본이 국가 책임을 인정하지 않는다는 것, 그리고 잘못에 대한 '배상'을 하지 않았다는 것이다. 한일관계를 끝없는 악순환으로 끌고 들어가는 것은 일본의 사과가 불충분한 것보다는 역사를 부정하는 일본 극우 인사들의 인식과 행태라고 생각한다. 이들은 자신들이 한 이전의 사과와 책임 인정(예를 들어 고노 담화) 입장을 뒤집으려는 시도를 끊임없이 하는 사람들이다. 이들이 있는 한 그리고 그 생각과 언행을 바꾸지 않는 한 일본의 총리나 천황이 한 어떠한 사과도 그 의미를 잃게 된다. 그리고 한국인들이 일본에 대해 "이제 그만하면 되었다. 과거는 뒤로 하고 이제 앞으로 나가자"라고 말하기 어렵다.

여기에 더해 한일관계를 어렵게 만드는 것은 정기적으로 반복되는 일본의 여러 가지 행사들이다. 매년 2월 22일 시마네현이 주관하는 행사인 다케시마의 날에 2012년부터 정부 대표가 참석함으로써 한국인의 분노를 자극하게 되고 매년 3월 말이나 4월 초에 일본의 학교에서 사용될 교과서 검정 결과가 발표되고 이때 독도를 일본 영토로 기술한 교과서들이 검정을 통과하면서 한일 간에 갈등이 발생한다. 매년 8월 15일 종전기념일에 야스쿠니 신사를 참배하는 행사에 수상이나 각료들이 참석하는 일이 반복되면서 한국인들은 일본이 전혀 반성을 하지 않는다는 생각을 더욱더 굳히고 한일 간의 외교적 충돌이 벌어지게 된다.

일본 보수 정치가들의 시각에서 보았을 때 한국 쪽의 문제는 과거사 문제에 집착하면서 일본이 했던 그동안의 사과를 전혀 인정하지 않으며 한일 간에 맺은 협정이나 약속 등을 지키지 않는다는 것이다. 한일협정으로 배상 문제가 마무리된 것으로 합의했는데 한국이 때때로 다른 소리를 한다는 것, 국가 간 합의인 2015년 위안부 합의를 사실상 무효화한 것 등을 공격한다. 일본인들은 천황의 사과를 비롯해 무라야마 담화, 고노 담화, 오부치 선언 등에서 과거사에 대해 사과했지만 한국이 일본은 과거사에 대해 사과를 하지 않는다고 비판하는 것에 당황해한다. 위안부에 대한 배상에서도 일본은 한일협정에 의한 배상금 이외에도 다른 형태의 보상도 제공했다고 생각한다. 1995년 일본 정부 주도로 민간기금인 아시아여성기금을 조성하여 배상을 받아들인 일부 위안부 피해자들에게 배상했고 2015년 위안부 합의에 의해 일본 정부의 예산으로 화해·치유재단이 설립되고 일본 정부가 조성한 재원 10억 엔으로 생존자 37명과 사망자 199명의 유족 64명에게 기금을 전달했다.

일본이 주장하듯이 한국 정부가 계속 진정성 있는 사죄를 지속적으로 요구한다는 것은 맞는 말이지만 그런 요구를 하게 되는 것은 일본 정부가 피해자가 원하는 사죄와 배상이 아니라 일본이 하는 수 없이 한국의 요구를 받아들일 수밖에 없는 상황을 인식하고 한국과 타협할 수 있는 최소한의 사과와 금전적 보상을 고집하기 때문이다.

2. 위안부와 징용자 배상 문제와 한일관계의 파국

현재 한일관계는 최악의 상황에 있다. 문재인 정부에 들어와서 한일관계를 정치적으로 전혀 관리하지 않았기 때문이다. 물밑에서 펄펄 끓고 있던 양국 간의 예민한 현안들이 터져 나오는 것을 예측할 수 있었는데도 문재인 정부는 아무런 대처도 하지 않고 방치했다. 아니 더 나아가서 국내 정치에 이용했다고 말해도 과언이 아니다. 첫째, 문재인 정부에 들어와서 위안부 합의를 재검토하고 절차상의 문제를 들어 합의 무효와 재협상 등 모든 가능성을 검토하겠다고 발표해서 한일관계가 급속히 악화되었다. 2021년 10월 4일 취임한 기시다(岸田) 총리도 한일관계 악화의 책임이 한국에 있으며 위안부 문제와 강제징용자 배상 문제는 한국 정부가 해결책을 내놓아야 한다고 이야기한 바 있다. 문재인 정부가 이 문제에 대한 일차적 책임을 져야 하지만 문제의 근원을 따져 올라가면 문재인 정부에만 현재 한일관계 파탄의 책임을 물을 수는 없다.

사실 2015년 위안부 합의가 한국 국민의 지지를 받지 못하고 유명무실해진 책임은 합의의 내용보다는 합의 이후 일본 측의 행동에 있다. 일본의 고위급 인사들은 합의 직후 합의의 정신을 훼손시키고 일본의 사과에 대한 진정성을 의심하게 만드는 언급과 행태를 보임으로써 한국 국민이 위안부 합의의 진정성을 의심하게 된 것이다. 한국과 일본의 외교장관들의 합의 발표 직후 기시다 외상은 일본 기자들의 질문에 일본이 지급하기로 한 10억 엔은 배상금이 아니라고 답했다. 일본은 합의를 타결시키기 위해 일본 정부의 자금을 내기로 했지만 그것이 일본의 잘못된 행위에 대한 배상금이라는 것을 명문화하는 것까지는 받아들이지 않았다. 일본이 이 위안부 합의에서 모든 것을 다 내주기 싫었던 것이다. 이런 일본 측의 협상 전략을 이해 못 하는 것은 아니지만(나는 외교 협상에서 100 대 빵이란 없다고 이미 여러 번 강조했다) 협상 직후 굳이 이런 식의 언급을 할 필요는 없었다. 합의가 한국에서 정치적으로 생존할 수 있도록 합의의 정신을 존중해서 언급을 피했어야 했다.

그 후 아베 총리의 언급은 더 실망스럽다. 2016년 1월 일본 국회에서 "이번 합의에 의해 전쟁범죄에 해당하는 유형을 인정한 것은 아니다"라며 일본군의 위안부 모집 행위가 전쟁범죄임을 부정했다. 사실 일본이 그동안 고집해 오던 일본군 책임 부분의 내용을 되풀이한 것이다. 2016년 10월 "위안부 할머니들에게 사죄 편지를 쓸 생각은 털끝만치도 없다"고 말한 것은 한국 국민들을 분노케 했고 위안부 합의에 대한 일본의 진정성에 대한 기대를 날려 버렸다. 일본 외무성의 외무심의관은 제네바에서 개최된 유엔여성차별철폐위원회에서 "위안부는 성노예가 아니다. 일본국에 의한 위안부 강제 연행은 완전히 날조"라고 주장했다. 이 언급 역시 2015년의 위안부 합의에도 불구하고 위안부 문제에 대한 기존의 일본의 입장이 전혀 진전되지 않았다는 것을 말해 준다. 일본은 위안부 문제를 한국이 원하는 방향으로 인정하고 사과를 할 생각이 처음부터 없었던 것이다. 일본이 그동안 인정해 온 부분을 전제로 사과를 한 것이고 또 전쟁범죄에 대한 배상이 아닌 형태로 보상을 한 것이다. 안 그래도 한국에서 절차상의 문제로 정당성에 대한 공격을 받고 있던 위안부 합의는 일본의 이런 행태로 더욱더 비난의 대상이 되었다. 하지만 문재인 정부가 나서서 위안부 합의를 매국적 행위로 프레임화하고 재협상과 파기를 포함한 모든 가능성이 열려 있다며 화해치유재단을 해산하는 등 사실상 무효화한 것은 잘못된 행동이다. 몇 년 못 가서 뒤집을 결정을 왜 성급하게 했는지 안타깝다. 이런 행동으로 인해 일본이 아닌 한국이 위안부 합의로 인한 양국 관계 파국의 책임을 뒤집어쓰게 되었다. 위안부 합의를 국가 간 공식 합의로 인정하지만 그것으로는 진정한 해결책이 될 수 없다는 애매한 입장 그리고 한국 정부는 추가 청구는 하지 않겠지만 개인의 청구는 막을 수 없다는 무책임한 입장이 한국 정부의 옹색한 처지를 대변한다.

한일관계가 최악의 상황으로 가고 그로 인해 미국과의 관계를 비롯해서 여러 가지 문제가 등장하자 문제인 정부는 그제야 한일관계를 외교적으로 관리하기 시작했다. 그 첫 번째 움직임이 2018년 발표한 '2015 위안부 합의 처리 방향'이다. 강경화 외교부 장관은 2015년 위안부 합의가 문제의 진정한 해결이 될 수는 없지만 일본에게 재협상을 요구하지 않겠다고 말했다. 그리고 2021년 1월 18일 기자회견에서 문재인 대통령은 2015년 한일 위안부 합의가 양국 간 공식 합의였다는 사실을 인정한다고 발언했다. 위안부 합의에 대한 2017년의 무효화 시도를 번복한 것이다. 문 대통령은 또 위안부 피해자들에게 1억 원씩 배상하라는 2021년 1월 한국 법원의 판결에 대해 갑자기 '곤혹스럽다'고 언급했다. 그 기자회견에서 문 대통령은 "과거사는 과거사고 미래 지향적 발전은 그것대로 해나가야 한다"고 발언했다. 그리고 "2015년 한일 정부 간 위안부 합의가 양국 정부 간 공식적 합의"이며 "그 토대 위에서 피해자 할머니들도 동의할 해법을 찾도록 한일 간에 협의하겠다"고 발언했다. 이런 식으로 입장을 바꿀 것이라면 왜 2017년에 위안부 합의를 만신창이로 만들었을까? 이제 이유가 무엇이었는지는 중요하지 않다. 이미 엎질러진 물은 주워 담을 수 없다.

문재인 정부는 위안부 문제를 2015년 합의보다 후퇴하게 만들면서 미해결의 과제로 남겨두었을 뿐이다. 2015년 위안부 합의의 절차의 문제(피해 당사자의 의견을 반영하지 못했다는 점) 그리고 미공개 이면 합의가 있었다는 점 등만을 문제 삼아 정치적으로 이용하면서 실질적으로는 위안부 피해자들의 명예 회복을 위한 외교적 교섭을 하지 못했다. 한국 정부의 입장은 위안부 합의를 국가 간 합의로 인정하고 이를 토대로 피해자들이 동의할 수 있는 해법을 찾을 수 있도록 일본과 협의하겠다는 것이지만 국가 간 청구를 하지 않 겠다고 했고 일본은 한국이 위안부 합의를 사실상 파기했고 한국 법원이 일 본 정부의 배상 책임을 인정한 판결이 국제법 위반이라고 강력히 반발하고 있기 때문에 그런 교섭을 할 가능성이 완전히 막혀버렸다.

두 번째는 징용자 배상 문제이다. 강제징용자 배상 문제도 정치적 계산으 로 방치해 한일 갈등의 핵으로 만들어버렸다. 강제징용자 배상 문제는 노무 현 정부 시절 이미 정치적으로 현명한 처리를 한 적이 있다. 이해찬 국무총 리가 위원장이고 문재인 정무수석이 정부위원으로 참여한 위원회였다. 위 원회는 1965년 한일 청구권 협정으로 일본으로부터 받은 무상자금 3억 달러 에 강제징용 보상금이 포함되었다고 본다고 결론 내렸다. 또 "1965년 협정 체결 당시 제반 상황을 고려할 때 어떠한 경우에도 국가가 개인 권리를 소멸 시킬 수 없다는 주장을 하기 어렵다" 그리고 "정부가 일본에 다시 법적 피해 보상을 요구하는 것은 신의칙상 곤란하다"라는 결론을 내렸다.

한국 정부는 이미 1975년 징용 사망자 8522명에 대해 사망자 1인당 유족 에게 30만 원을 지급했고 임금으로 받은 일본 정부 발행의 유가증권에 대해 서도 약 9700여 건에 대해 1엔당 30원씩으로 환산해 지급한 적이 있었다. 공 동위원회는 1975년 한국 정부가 보상을 하면서 강제동원 부상자들을 보상 대상에서 제외하는 등 도의적 차원에서 보상이 불충분했다는 결론을 내리고 2007년 특별법을 제정해 정부 예산으로 징용 피해자 7만 2631명에게 6184 억 원을 지급했다. 이러한 조치 이후 한국 정부는 강제징용 문제는 청구권협 정으로 종료되었다는 입장을 유지해 왔다. 개인배상 소송에 대한 법원의 판 결도 이러한 근거로 개인배상 청구를 기각해 왔다. 문제가 생긴 것은 2012 년 대법원에서 일본 기업이 징용자들에 대한 개인배상 책임이 없다고 판결 한 1, 2심의 판결을 고등법원으로 파기 환송한 판결 때문이다. 그리고 2013

년 고등법원에서 일본 기업이 피해자 1인당 1억 원씩을 지급하라는 판결이 나왔고 일본 기업이 불복하면서 다시 대법원으로 사건이 가게 되었다. 그리고 5년 2개월 만인 2018년 10월 30일 대법원이 일본 기업의 배상을 최종 판결했다. 처음으로 징용자들의 개인배상 청구 권리를 한국 법원이 인정한 것이다. 일본은 이러한 사법부의 판단이 국가 간 약속(한일청구권협정)에 위반된다며 강력히 반발했다.

문제는 문재인 정부가 고도의 정치적 해법이 필요한 한일 외교관계의 핵심 쟁점을 사법부의 결정을 '존중'할 수밖에 없다는 논리로 방치한 것이다. 그리고 당시 정무수석으로서 문 대통령도 참여했던 2006년 노무현 정부 시기 관민합동위원회의 결정을 번복하고도 아무런 설명을 하지 않으면서 문제를 일본에게만 돌린 것이다. 징용자 배상 문제에 대해 2019년 일본 정부가 중재를 요청했는데도 이를 무시하면서 한일 간 협의의 시간이 있음에도 이를 놓쳐버렸다. 결국 한국의 대법원에서 강제징용 배상 판결이 확정되고 그 결과 배상을 위해 한국 내 일본 기업의 재산을 강제 매각할 상황에 이르기까지 한국 정부가 아무런 조치를 취하지 않자 일본은 한국에 경제적 보복을 시작했다. 아베의 섣부른 수출규제 조치도 비난받아 마땅하지만, 이를 방치하면서 한일 대립을 격화시킨 문재인 정부도 책임을 피할 수 없다.

징용자 배상 문제는 한국 정부가 대신해서 배상하면서 대법원의 판결을 존중한다는 차원에서 해당 일본 기업, 그리고 일본으로부터 받은 한일협정 배상금으로 만들어진 포스코와 같은 한국 기업도 보상에 참여하는 방식으로 배상 문제를 마무리 짓고 일본의 잘못된 과거의 행동을 준엄하게 지적하는 정도의 정치적 해결을 모색했어야 한다. 하지만 한국 정부는 국내 정치적 이익을 위해 '사법부의 판결을 존중한다'는 입장만을 내놓고 한일관계가 위기로 치닫는 것을 방치했다. 결국 일본은 보복성 조치로 반도체 관련 3대 소재와 같은 수출 금지 조치를 내렸고 이에 대한 보복으로 한국은 일본을 백색국가 리스트(무역상 절차 간소화 특혜로 보면 됨)에서 제외하는 조치를 단행했다. 양국이 정면충돌한 것이다. 이런 와중에 법적 절차는 계속 진행되어 일본제철과 미쓰비시의 국내 자산에 대한 압류가 확정되어 이제 현금화를 통한 배상이 가능한 상태가 되었다. 2021년 9월 13일 대법원이 미쓰비시 중공업의 상표권·특허권 압류명령에 대한 재항고 사건을 기각함으로써 압류 조치가 최종 확정되었다. 그리고 2021년 9월 28일 대전지법이 매각명령(현금화명령)을 내림으로서 현금화가 가능해졌다. 미쓰비시가 항고, 재항고를 할 가능성이 크기 때문에 당장 현금화가 실행되지는 않을 것이다. 일본은 만일 일본기업 재산의 현금화가 이루어진다면 한일관계에 심각한 상황이 올 것이라고 경고하고 있다. 이제 공이 다시 한국 정부에게 넘어왔다. 문재인 정부는 이 문제를 어떻게 처리할 것인가? 한일 간의 외교관계를 사법부가 좌지우지하게 둘 것인가? 문재인 대통령은 2021년 1월 18일 신년 기자회견에서 징용자 배상 문제와 관련 현금화 문제가 강제집행의 방식으로 판결이 실행되는 것은 "한일 양국 간의 관계에 있어서 바람직하지 않다"고 말했다. 그리고 양국 정부가 합의하고 원고들을 설득하면서 문제를 해결해야 한다고 말했다. 이럴 것이라면 왜 이 사안이 여기까지 오게 만들었는지 이해할 수가 없다.

최근의 충돌로 한일 간의 갈등이 과거와는 질적으로 달라졌다. 일본은 이제 한국에 대한 미련을 버린 것으로 보인다. 과거사 문제에 있어 일본의 전전 세대, 즉 제2차 세계대전을 경험한 세대는 한국에 대한 부채 의식이 있었다. 피해자인 한국이 계속 사과를 요구해도 일본의 극우 세력들을 제외하고는 그런 한국에 대해 '그럴 수 있다'라고 생각하는 사람들이 많았다. 그때의 일본은 아직도 전쟁을 경험한 세대들이 주류를 이루고 있었고 또 부유했고 한국보다 훨씬 더 앞서 있었다. 그러나 지금 주류가 된 전후 세대들은 한국에 대한 부채 의식이 없다. 오직 '끊임없이 사과를 요구하고 과거사에 집착'하는 한국에 대한 피로감만이 있을 뿐이다. 잃어버린 10년을 겪으면서 일본의 경제적 자신감은 사라졌고 기술면에서도 여러 분야에서 한국에 따라잡혔다. 한국에게 너그러운 마음을 가질 여유가 없어졌다. 일본의 집권 세력도 아시아 중시 세력에서 미·일동맹을 중시하는 **호소다파**로 넘어갔다. 한국이 중요하다고 생각하는 일반인들의 여론도 점점 소수가 되고 있다. 한국에 대해 우호적 정서를 가지고 있던 일본인도 급격히 줄어들었다. 한국의 젊은 세대들이 유니클로, 일본 맥주에 대해 불매운동을 펴는 것을 보고 일본은 앞으로의 한일관계가 희망이 없다고 생각한 듯하다.

  수출규제 조치로 한일 대립이 지속되는 와중에 2019년 가을부터 문 정부는 일본에 대한 전향적 조치들을 내놓으며 일본과의 대화를 재개하려 하고 있지만 일본은 철저히 무시하고 있다. 쉽게 할 수 있는 G7과 같은 다자회의에서의 간략한 정상회담도 거부했고 문 대통령 지지자들이 보이콧해야 한다고 소리를 높였던 도쿄 올림픽에 참석해 스가(菅) 총리와 정상회담을 할 의사를 전달했지만 일본은 '15분 정상회담' 이야기를 흘리며 한국 정부를 자극하고 도저히 한국 정부가 수용할 수 없는 분위기를 만들어버렸다(통역이 중간에 낀 한일 정상회담에서 15분이라는 시간은 인사만 하고 한일관계가 중요하다는 의견을 공유한다는 원론적인 입장 정리를 하면 끝나는 시간이다. 한국과는 별 할 얘기가 없다는 의미로 보면 된다). 결국 정상회담은 없던 일이 되어버렸다. 일본은 위안부 문제나 강제징용 배상 문제에 대해 한국이 의미 있는 행동을 취하지 않는다면 양국 관계를 정상화하지 않을 것으로 보인다. 대선을 코앞에 둔 문

▶ **호소다파**   세이와정책연구회라는 이름을 가진 호소다 히로유키(細田博之)가 이끄는 일본 자민당의 최대 계파로 아베 총리를 배출했다.

재인 정부가 과거사 문제에서 일본에게 양보를 하는 것도 쉽지 않다.

더욱더 문제인 것은 양국 정부가 파탄으로 치닫는 한일관계에 반창고 하나를 붙인다고 해도 결코 한일관계의 근본적인 개선이 이루어지기 어려운 상황이 되었다는 것이다. 한국의 민간 싱크탱크 동아시아연구원(EAI)과 일본의 비영리 싱크탱크 '겐론(言論) NPO'가 발표한 '한일 국민 상호 인식조사'에서 일본에 대한 한국 국민의 호감도는 2018년 31.7%에서 2019년 12.3%로 1991년 이후 최하로 떨어졌다. 일본은 다시 한 번 과거사를 반성하지 않는 나라로 한국 국민들의 뇌리에 각인되었고 한국 국민들의 불매운동이 보여주는 것처럼 또다시 한국의 공적 1위 나라가 되었다. 이미 문재인 정부의 반일 민족주의 동원으로 인해 한국인들의 반일 감정은 너무 깊어졌기 때문에 앞으로 과거사, 영토 문제 등이 등장할 때마다 반일 감정은 더 강하게 불붙을 것이며 그런 민족주의적 정서를 악용하려는 정치인들은 계속 나타날 것이다. 일본 역시 한국에 대한 혐한 감정이 이제 되돌아올 수 없는 강을 건넌 것으로 보인다. 마지막 보루인 일반 시민들 간의 유대 관계조차 깨져나가고 있다. 가장 우려스러운 부분이다. 특히 EAI·겐론 NPO의 2021년 인식조사를 보면 한국인들의 일본에 대한 호감도나 한일관계 개선 필요성 의견은 상승한 반면 일본인들의 한국에 대한 호감도 그리고 한국과의 관계 개선 필요성은 오히려 하락했다. 다만 긍정적인 조사 결과는 한일 응답자 모두 한·미·일 안보협력이나 중국에 대한 견제를 위해 한일관계가 개선되어야 한다는 응답이 크게 늘었다는 점이다. 양국의 현재 관계가 나쁘지만 미래의 공동의 이익을 위해 양국 관계의 개선이 필요하다는 인식이 높아졌다는 것은 긍정적으로 볼 수 있는 변화라고 생각한다.

3. 한일관계, 어떻게 풀어야 하나?

한일관계는 그 자체의 경제적 그리고 정치적 중요성과 함께 동북아 국제질서에서 한국의 안보와 밀접하게 연결되어 있다. 한·미·일 삼각협력체제에서 미·일동맹은 한국이 유사시에 군사적 지원을 하는 중요한 역할을 수행해야 하며 한일 간의 군사협력을 통해 북한과 중국, 러시아 등의 군사적 위협에 대응하는 역할을 하게 된다. 한일 군사정보보호협정의 중단에서 보듯이 한일관계가 악화되면 안보협력에까지 영향을 미치게 되고 미국이 중심이 된 동북아의 안보협력 메커니즘도 그 기능에 문제가 생긴다. 한일관계가 현재의 위기를 극복하고 근본적인 변화를 만들어내기 위해서는 어떻게 해야 할까? 한일 간의 갈등에 대해서는 한국의 많은 전문가도 말을 아끼고 두리뭉실한 양비론으로 면피를 하고 있다. 어쩌면 딱 부러지는 해결책이 없어서일 수도 있고 누구도 민족주의적 광기에 맞설 자신이 없기 때문일 수도 있다. 나도 사실 욕 안 먹으면서 이 문제에 대한 생각을 제시할 자신은 없다. 소수의견일 가능성이 크다는 걸 알지만 내 생각을 적어본다. 일본이 해야 할 일도 많고 따라서 일본에게 해줄 말도 많지만 일본 정부가 내 말에 감복하여 자신들의 입장을 바꿀 리 만무하기 때문에 한국이 무엇을 해야 할 것인지에 대해서만 이야기하겠다.

한일관계, '국내용 외교'가 아닌 국익을 위한 진정한 외교가 필요하다

한일관계를 과거사 중심으로 접근하고 '진정성 있는 사과'를 한일관계 개선의 조건으로 거는 형태의 외교는 한일관계를 풀기 위한 진정한 외교가 될 수 없다. 솔직히 일본이 과거사에 대해 한국이 원하는 수준의 사과와 원하는 형태의 배상을 앞으로도 하지 않을 것이라는 것을 한국 정부는 다 알고 있다. 그렇다면 일본에게 '진정한 사과'를 계속 요구하는 것은 일본과의 관계에서 일본을 압박하는 수단은 될 수 있지만 한일관계의 근본적 해결을 위한 올바른 외교 방향이 아닌 것이다. 나는 이런 행태를 '국내용 외교'라고 부른다. 외교 성과를 목표로 한 외교가 아닌, 외교 상대 일본이 아닌 한국 국민을 염두에 두고 행해지는 국내용 외교이다. 역대 거의 모든 정부가 일본에 대한 '진정성 있는 사과'를 직접적으로나 또는 에둘러서 요구해 왔다. 문재인 정부에 와서도 서대문형무소에서 치러진 첫 번째 삼일절 기념사에서 "전쟁 시기에 있었던 반인륜적 인권범죄 행위는 '끝났다'는 말로 덮어지지 않는다", "가까운 이웃 나라답게 진실한 반성과 화해 위에 함께 미래로 나아가길 바랄 뿐" 등의 언급을 했다. 한국의 지도자로서 할 수 있고 해야 하는 이야기지만 이런 것들이 아무런 외교적 성과를 낼 수 없다는 것도 사실이다. 삼일절이나 광복절의 대통령 연설 중 일본에 관한 부분은 일본에 대한 외교적 메시지이고 외교 행위이다. 그러나 지금까지 한일관계의 근본적 해결에 아무 효과도 없는 국내 정치적 목적으로 하는 국내용 외교를 해왔던 것이다.

한국이건 일본이건 '국내용 외교'는 양국 관계를 오히려 더욱 악화시킨다는 측면에서 하등의 효과가 없는 잘못된 외교이다. 국제사회에서도 그런 외교를 하는 쪽을 곱지 않은 시선으로 본다. 안타깝게도 현재의 한일관계의 상태를 만든 것을 한국 측의 잘못이라고 보는 시각이 국제사회에 존재한다. 문재인 정부가 집권 초기 정치적 목적을 위해 한일관계를 이용하는 국내용 외교를 하다가 한일관계를 파국으로 끌고 갔다고 보는 시각들이다. 이렇게 어떤 측면에서 보더라도 부정적 결과만을 가져오는 '국내용 외교'의 유혹에서 벗어나야 한다.

그렇다면 한일관계의 돌파구를 마련하기 위한 진정한 외교는 어떤 방향이어야 하는가? 일본과의 관계 개선을 위한 좀 더 적극적인 움직임이 국제적으로 좋은 평가를 받을 수 있다. 항상 일본이 무엇인가를 해서 한일관계의 실마리를 풀어야 한다는 소극적·수동적 자세에서 벗어나 한국이 실마리를 푸는 담대한 외교를 하는 것도 '국내용 외교'와는 차별되는 진정한 외교이다. 김대중 대통령이 과거사를 더 이상 문제 삼지 않겠다는 입장과 함께 일본의 사과를 받아내고 한일관계에 획기적 개선을 이룬 것은 적극적이고 능동적인 진정한 외교의 성과이다.

과거사 문제에 대해 사법부의 판단에 맡겨 놓지 말고 파국을 피하기 위해 한국 정부가 해야 할 바를 하고 일본의 성의 있는 행동을 요구하는 것이 외교적 해법이다. 싸우고 있는 상대를 아무리 압박해 봐야 효과는 없다. 특히 지금처럼 일본이 한국과의 관계를 거의 포기하다시피 한 상황에서 아무리 한국이 과거사 문제 가지고 일본을 물어뜯어도 그 효과를 얻을 수 없다. 과거사 문제에 대해 일본에게 좀 더 진전된 모습을 원하고 일본을 외교적으로 압박하려면 차라리 국제사회를 상대로 외교를 하자. 종군위안부나 강제징용 문제를 보편적 인권 문제로 규정하고 국제사회에서 그 부당성을 지적하고 그것에 대한 일본의 진정성 있는 기여를 요구하는 것이다. 사실 이러한 외교전략이 일본이 가장 싫어하고 아파하는 것이다.

과거사 문제에 대한 한국 주도의 대범한 해법

한일 갈등의 핵심은 과거사와 영토 문제이다. 두 문제 다 민족 정서, 주권, 애국심 등이 결부된 양보가 불가능한 영역이다. 영토 문제는 실효 지배를 하고 있는 한국이 좀 더 느긋해도 된다. 일본의 입장에서도 우리와 마찬가지로 독도 문제는 영토 문제이고 한국이 실효 지배를 하고 있다 하더라도 주권국가로서 그 현실을 아무 소리 없이 그냥 받아들일 수는 없는 것이다. 그렇기 때문에 일본은 독도에 대해 한국 국민이 싫어하는 도발을 계속할 것이다. 그것은 실제로 독도를 빼앗아보겠다는 차원보다는 자국 국민을 대상으로 해야 하는 국가의 정상적 책무 차원이다. 전쟁으로 해결하는 경우가 아니라면 영토 분쟁은 대부분 영구 미제 사건이다. 절대 해결되지 않지만 그렇다고 큰 변화를 일으키지도 않는다. 그저 각자가 자국민에게 하고 싶은 얘기를 하고 자기 주장을 하며 현상을 유지하는 것이다. 일본과 러시아도 북방 4개 섬에 대한 영유권 분쟁을 하고 있지만 러시아가 지배를 하고 있는 상황에서 양국은 각자의 주장을 하면서 때로는 협상을 하면서 현상을 유지하며 살아가고 있다.

1965년 한일협정 이후 한일 간에는 그 존재 자체가 비밀로 되어 있는 하나의 '밀약'이 있어왔다. 그 밀약의 핵심은 독도 문제가 두 나라의 외교관계에 장애가 되는 것을 막기 위해 한국이 실효 지배하고 있고 일본이 독도에 대한 영유권을 주장하는 '현상'을 변경 없이 유지하는 것이다. 유지라는 의미는 한국이 실효적 지배 이상의 조치들, 예를 들어 군 병력의 배치, 기반 시설의 건설 등의 현상 변경을 하지 말라는 것이다. 그런 합의의 이유는 그러한 현상 변경이 이루어지면 일본으로서는 국내 정치적 차원에서 가만히 있을 수 없고 그에 대응하는 조치를 취할 것이고 그렇게 되면 다시 독도 문제가 한일 간의 갈등을 재점화할 것이기 때문이다. 한국 외교부가 이명박 대통령의 독도 기습 방문 전까지 취했던 독도 문제에 대한 '조용한 외교'도 독도 영유권 문제의 현상 변경을 하지 않고자 하는 목표를 가지고 있었다. 한국이 반드시 피해야 할 사태의 전개는 독도 문제가 일본에서 국내 정치 문제로 등장해 영토 문제가 해결점이 없는 한일 갈등을 재점화하고 독도 문제가 국제적 영토 분쟁으로 부각되는 것이다. 독도 문제는 현재 상태를 유지하고 있으면 된다. 일본이 자국 지도에 독도를 그려 넣든 외교부 홈페이지에 독도가 자국의 영토임을 홍보하는 동영상을 올리든 그것은 일본이라는 주권국가가 국내적으로 해야 할 일이라고 생각하고 그것에 대한 상응하는 대응만 열심히 하면서 그냥 무시하면 된다. 그것을 못 하게 할 방법도 없다.

위안부와 강제징용 문제는 사법적 방식으로 해결하려 해서는 안 된다. 국교 정상화가 된 지 56년이 지났는데 아직도 과거사 문제에서는 양국 관계가 되돌이표를 반복하며 한 발짝도 진전을 보지 못하고 있다. 가해자는 이 과거사를 둘러싼 갈등을 마무리할 수 없다. 피해자가 용서할 때만이 그런 갈등은 마무리되는 것이다. 한국이 정치적 해법을 찾아내어 외교를 통해 일본과 함께 이 문제를 해결해야 한다. 또 일본에 대한 사과 요구는 한국의 외교적 악수일 뿐이다. 사과 이야기를 하려거든 일본에게 무라야마, 고노, 간 담화 등에 담긴 일본의 사과를 계승하고 이들 담화의 정신을 이어받으라고 엄중하게 이야기해야 한다. 한국의 이런 요구가 일본을 부끄럽게 만들고 반성하게 할 수 있는 것이다.

"일본의 사과가 진실성이 없다"는 식의 압박으로는 일본을 납득시킬 수 없다. 한국 국민이 그렇게 느끼는 것은 일본이 사과를 했음에도 불구하고 일본의 수상을 비롯한 고위층들이 그런 사과를 부인하거나 사과의 정신을 훼손하는 발언들을 계속해 왔기 때문이다. 따라서 중요한 것은 또 다른 사과, 소위 진심 어린 사과가 아니다. 위안부 문제를 독점·사유화하고 정치화하려는 정의연(정의기억연대)과 같은 단체들의 문제, 민족주의를 정치적으로 이용하려는 정치인들의 존재 등 국내의 복잡한 이해관계는 일본의 어떠한 사과도 위안부 문제가 해결될 수 없도록 할 것이다. 또한 일본 쪽에서도 일본 정부의 진정한 사과와 책임 인정이 이루어진다 하더라도 일본의 우익 세력과 민족주의 세력은 일본의 책임을 부정하고 사과를 뒤집는 발언을 계속 할 것이다. 한마디로 말해 과거사 문제는 사과로 해결되는 문제가 아니다. 이젠 사과 중심의 해법에서 벗어날 때가 되었다. 상대가 뭘 해주기만을 바라는 수

동적 외교에서 벗어나 우리가 용기를 내어 반성하지 못하는 상대를 부끄럽게 하는 도덕적 외교를 시도해 봐야 할 때가 되었다. 그것이 현재의 대한민국의 위상에 맞는 행동이고 한국의 국익을 위한 행동이다. 문재인 정부도 위안부 합의를 국가 간 합의로 인정했고 정부 차원에서는 추가적인 청구를 하지 않겠다는 입장을 표명했기 때문에 이런 담대한 해법의 가능성은 열려 있다고 생각한다.

역대 여러 대통령들이 했던 방식으로 한국 정부가 피해자들을 지원하는 방식으로 봉합하는 방법을 제안한다. 다만 한국 사법부가 배상 판결을 내렸기 때문에 이를 존중하기 위해 일본 정부, 기업과의 협의를 통해 일본 기업이 보상에 참여할 수 있는 방법을 찾아야 할 것이다. 그리고 한국이 도덕적 우위를 가지고 그동안 일본의 지도자들이 한 사과의 정신을 계승하고 과거의 잘못을 후세에 알리고 다시는 과거의 야만적인 역사를 되풀이하지 말기를 요구하는 성명을 내는 방식으로 마무리하면 된다. 좀 더 구체적으로는 일본 정부가 무라야마 담화와 고노 담화의 정신을 존중하고 이에 따라 행동할 것을 요구할 수도 있다. 한국의 도덕적 우위 해법을 일본과 국제사회에 제시하고 미래를 위한 한일관계의 복원을 이야기하는 대국적 면모를 보여주는 것이 이제 일본과 대등한 국제적 지위에 도달한 한국의 외교적 자세가 될 것이다. 국제사회도 한국의 이러한 해법에 박수와 존경을 보낼 것이다. 한국이 이러한 자세를 보였는데도 일본의 일부 지도자들이 일본의 과거사를 부정할 경우 일본은 국제사회에서 정당성을 잃고 더 큰 도덕적 비난을 받게 될 것이다.

과거사와 관련된 해묵은 갈등을 봉합하고 이제 미래를 위한 한일관계의 시동을 거는 노력이 필요하다. 한일 간에는 서로 도와야 할 일이 많다. 북한 관련 문제는 특히 그렇다. 군사적으로 북한을 감시하고 견제하는 한일 간의 군사협력을 다시 시작해야 한다. 남북관계에서 양국의 협력이 필요한 부분이 많다. 북한의 핵 문제가 진전을 이루었을 때 북한에 대한 경제적 지원과 협력 등에서 일본의 역할이 필요하다. 일본은 납치자 문제가 북한 관련 가장 큰 현안이고 한국은 이 문제를 일본과 공조하면서 도움을 줄 수 있다. 또 코로나19 관련 보건협력, 반도체 공급망 관련 협력, LNG 수입 협력 등 기능적 분야에서 실현 가능하고 양국의 공통 이익이 될 수 있는 분야가 많다. 이들 분야에서의 협력을 시작으로 실질적 협력 사업을 추진해야 한다.

반일 포퓰리즘의 유혹을 뿌리칠 수 있는 지도자의 용기와 현명한 국민들의 역할

꼬일 대로 꼬인 한일관계를 풀기 위해서는 한일관계가 미래 지향적인 관계로 나아가야 한다는 지도자들의 결단이 필요하다. 민족주의적 감정을 정치적으로 이용하거나 과거사 문제를 정치적 위기 때마다 들고 나오는 지도자는 결코 한일관계를 해결하지 못하고 국제사회에서 좋은 평가를 받을 수 없다. 한국과 일본은 앞으로도 주권국가로서 자신들이 해야 할 일을 할 것이다. 일본은 독도가 일본의 영토라고 주장할 것이고 보수적 일본인들은 야스쿠니 신사를 참배할 것이고 과거 일본의 제국주의적 과오에 대해 애매한 입장을 계속 유지할 것이다. 일본의 교과서들은 계속 학생들에게 독도가 자신의 영토라고 가르칠 것이다. 한국인으로서는 이런 일본의 행태에 분노할 수밖에 없지만 모든 나라가 자국의 입장에서 역사를 해석하고 다음 세대에게 가르친다. 매년 계속되는 그리고 앞으로도 계속될 주권국가 일본의 자국 중심의 역사 해석이나 국가 정통성 차원의 행위에 대해 한국도 주권국가로서 항의하고 잘못된 것은 시정을 요구하면 된다. 거기까지이다. 그것을 꼬투리 삼아 반일 감정을 선동하고 정치적으로 이용하는 지도자는 퇴행적 지도자이다.

일본의 그런 행동에 대해서는 엄중하게 꾸짖지만, 국민들이 분노하고 화를 내더라도 과거보다 앞으로의 미래가 더 중요하며 양국의 미래를 위해 과거에 집착하지 않겠다고 국민들에게 용기 있게 말할 수 있는 지도자가 필요하다.

이미 한국의 여러 지도자가 한일관계의 현안들을 해결하기 위한 용기 있는 결단을 내려왔다. 앞에서 이야기한 김대중 대통령과 오부치(小渕) 총리의 선언을 보면 일본의 사과를 받아들이고 더 이상 과거사 문제에 대해 일본에게 요구하지 않을 것임을 분명히 했다. 김영삼 대통령도 일본과의 관계를 끝까지 잘 관리하지는 못했지만 위안부 문제에 대해서는 일본에게 금전적 보상을 요구하지 않고 한국 정부가 직접 피해자들을 지원하며 일본에게는 위안부 문제 진상 조사와 후세 교육을 요구하는 도덕적 우위를 추구하는 해법을 제시했다. 노무현 대통령도 고이즈미 총리가 야스쿠니 신사를 참배하기 전까지는 한일관계를 잘 관리했다. 징용자 배상 문제도 징용자 문제가 한일협정으로 종료되었다는 기존의 입장을 유지하면서 정치적으로 보상 문제를 해결하여 한일관계의 암초를 잘 피해 나갔다. 특히 민간공동위원회를 만들어 강제징용 배상 문제에 대한 객관적 조사 결과를 내놓았고 1975년 한국 정부가 했던 보상이 불충분했다고 보고 2007년 특별법을 통해 정부 예산으로 징용 피해자들에게 추가 보상을 했다.

박근혜 정부의 위안부 합의도 한일관계에 계속적인 걸림돌이 되고 있는 위안부 문제를 해결해야 한다는 대통령의 결심으로 참모진의 반대를 무릅쓰고 추진된 것이다. 당시 외교부는 위안부 문제를 포함한 과거사 문제는 일본의 기존 행태를 볼 때 어떤 합의가 나오더라도 국민을 만족시키지 못하고 공격의 대상이 될 뿐이라는 논리로 협상 추진을 반대했다. 이 협상이 만족스러운 것은 아니지만 훗날 이 협상을 사실상 무효화시킨 문재인 대통령도 이 합의를 양국 정부 간의 공식 합의로 인정하며 그 토대 위에서 피해자 할머니들도 동의할 해법을 찾도록 한일 간에 협의하겠다고 말했다.

문재인 정부에게 닥친 결단의 시점이 다가오고 있다. 징용자 배상 판결이 일본 기업의 한국 재산에 대한 압류 판결을 내렸고 실제 집행 시점까지 얼마 남지 않았다. 만일 2022년에 실제로 압류된 일본 기업의 재산 현금화가 진행된다면 한일관계는 아마도 언제 나올 수 있을지 모르는 길고 긴 암흑의 터널에 들어가게 될 것이다. 일본은 비자 면제 철회, 농산물, 수산물 검역, 전략 물자에 대한 개별 수출 허가를 전면적으로 확대(현재는 3개 품목만)하는 것을 포함한 전면적 보복을 가해올 것이다. 그렇게 되면 한국도 그에 상응하는 보복 조치를 취할 수밖에 없다. 그러한 파국을 막으려면 문재인 정부는 일본과의 화해의 길을 뚫어야 할 것이다. 2021년에 들어와서 한국의 사법부는 다시 위안부(2021년 4월 21일 판결)와 징용자의 개인배상 소송(2021년 6월 7일 서울중앙지법 판결)을 기각하고 있다. 기존의 법원 판결(2021년 1월 위안부 배상 1심 판결, 2018년 징용자 배상 대법원 판결)과 배치되는 판결을 내리고 있는 것이다. 이처럼 같은 사안에 대한 사법부의 상반된 판결은 한일 양국 간의 최대 현안을 사법부의 판단에 맡겨 놓아서는 안 된다는 것을 분명히 보여준다. 이 문제는 한일 양국이 정치적으로 해결해야 할 문제이며 문재인 정부는 위안부와 강제징용자 배상 문제에 대한 문제를 마무리할 수 있는 협상안을 가지고 일본과 마주 앉아야 할 것이다.

파탄 난 한일관계를 회복할 수 있는 통 큰 결단을 할 수 있는 사람은 대통령밖에 없다. 대통령이 정상외교를 통해 이 문제를 한국 주도적으로 해결하겠다는 것을 결심하고 국민에게 설득해야 한다. 문 대통령이 2015년 위안부 합의를 국가 간의 공식 합의라고 인정한 것에 대해 비난하는 국민들이 있지만 그것은 한국의 국익을 위한 올바른 판단이라고 생각한다. 김대중 대통령은 일본 대중문화에 대한 시장 개방 결정으로 엄청난 비난과 공격을 받았다.

그러나 당시 남북관계, 동아시아에서 한국의 외교적 역할 강화 등을 위해 일본과의 좋은 관계가 필요하기 때문에 어려운 결단을 내린 것이다. 반일 감정을 정치적 이익을 위해 동원하는 지도자는 절대로 할 수 없는 일이었다. 과거사를 가지고 소모적인 싸움을 계속 할 수는 없다. 문재인 정부의 일본과의 관계 회복 노력은 한국이 그러한 길을 계속 갈 수 없다는 것을 상징적으로 보여주는 것이다.

양국 국민은 한일관계의 마지막 보루이다. 지도자의 결단을 끌어낼 수 있는 것도 현명한 국민의 몫이다. 학생들 간의 교류로 생긴 유대관계, 서로의 문화를 좋아하고 호감을 갖고 있는 많은 사람, 이들이 양국 관계의 희망이다. 평범한 다수의 양국 국민 사이에 신뢰와 이해가 유지된다면 정치적 이익을 위해 한일관계를 악용하는 정치인들의 망언과 망동이 있더라도 한일관계는 희망을 가질 수 있다. 반대로 한국과 일본의 보통 사람들이 서로 미워하게 된다면 정치인들이 아무리 노력하더라도 양국 관계는 미래가 없다. 일본의 양심적 지식인과 시민사회는 한일관계가 좋지 않을 때 일본 사회에 이런 질문을 던진다. "한국은 일본의 적 입니까?" 한국은 일본의 적이 아니라는 것을 일깨우기 위한 질문이다. 일본도 한국의 적이 아니다. 우리 민족에게 고통과 아픔을 준 나라이지만 그것은 과거의 일이다. 과거를 잊지 말아야 하지만 한국이 앞으로 나아가는 데 걸림돌이 될 만큼 과거 지향적이어서는 안 된다.

현명한 양국의 국민이 이 위기의 한일관계를 풀어나갈 동력을 제공할 수 있다. 일본은 미국에 패전했고 인류 역사상 유일하게 두 발의 핵폭탄 폭격을 받았다. 두 도시에서 민간인 21만 명 이상이 사망했다. 일본의 군부 지도자들과 재벌 총수 등은 전범으로 처형되었다. 불과 70년이 안 된 일이다. 그러나 지금 일본은 미국의 가장 믿음직스러운 동맹국이다. 미국의 세계 전략의 변화에 항상 가장 적극적으로 지지를 보내고 일본이 해야 할 역할을 기꺼이 담당한다. 과거는 과거이고 그렇게 하는 것이 일본의 안보에 최선이며 미국의 안보 우산 속에서 일본의 번영이 가능하기 때문이다. 베트남 전쟁 중 한국군 일부가 저지른 잘못에 대해 베트남이 사과를 요구한 적이 있는가? 그들이 그 사실을 잊어서가 아니다. 베트남 중부 지방에 가보면 많은 마을에 증오비·위령비가 있다. 한국 군인들이 어떤 짓을 했는지 당시의 상황이 적혀 있고 희생자들의 이름이 새겨져 있다. 그들은 결코 잊은 것이 아니다. 현재를 위해 또 미래를 위해 마음속에 새겨두지만 문제 삼지 않기로 한 것이다. 현재 베트남과 미국의 관계가 가까운 것을 보면 한국에 대한 베트남의 용서는 아무것도 아니다. 앞으로의 베트남이 살아가야 할 세상을 위해 과거의 일은 묻어두고 미래를 위해 사는 것이다.

한국 국민은 한일 과거사를 자신의 이익을 위해 악용하는 정치인, 시민운동가, 학자들의 피해자들이다. 일본인들의 상당수가 한국에 대해 사죄하는 마음을 가지고 있고 일본의 제국주의 지배에 대해 반성하고 부끄러워한다. 그런데 한국인이 생각하는 일본인은 자신들의 과거 잘못을 인정하지 않고 사과하지 않으며 군국주의를 찬성하고 일본의 재무장에 열광하는 사람들로 인식된다. 보통의 일본인들도 일본의 나쁜 정치인, 극우익 인사, 극우 언론의 피해자들이다. 일본을 정확히 모르면서 일본을 혐오하고 공격하는 일은 한일 양국의 저질 정치인들만을 이롭게 해주는 일이다. 한일관계가 파탄 나더라도 우리가 원하는 사과에 단 1%라도 부족하면 받아들일 수 없다는 생각을 하지 않았으면 좋겠다. 제대로 알지도 못하면서 흥분만 하고 죽창가나 부르는 어리석은 국민은 되지 말자. 하나도 겁나지 않고 우습게만 보인다. 나는 베트남 국민들이 두렵다. 더 큰 미래의 이익을 위해 과거의 아픔을 결코 잊지는 않지만 겉으로는 전혀 표현하지 않고 묻어두는 그 결기가 무섭다. 그런 국민이 진정 무서운 국민이다.

Understanding Diplomacy and
Contemplating Korea's Diplomacy

제5장

변화된 중국에 대응하는 한중관계 모색

1. 한중관계의 현황

1992년 한국은 중국과 수교했다. 냉전이 끝난 이후 한국의 북방정책의 일환으로 중국과의 관계 정상화가 이루어진 것이다. 그 이후 한중관계는 큰 어려움 없이 발전을 거듭해 왔다. 두 나라 간의 보완적 경제구조는 양국 간의 경제협력이 활성화되는 데 크게 기여했다. 중국의 급속한 경제 성장으로 인해 중국은 한국의 가장 중요한 시장으로 떠올라 2022년 현재 한국의 제1의 수출 대상국이 되었다. 정무적으로도 한중관계는 '선린우호관계'에서 출발하여 '협력동반자 관계', '전면적 협력동반자 관계', 그리고 '전략적 협력동반자 관계'로 격상되었다. 북한 문제에서도 양국이 완벽하게 같은 목표를 추구한 것은 아니지만 북한 문제를 안정적으로 관리하고 북한의 핵 개발을 저지해야 한다는 공동의 이해관계를 가지고 있었고 중국도 6자 회담을 주도하고 미국 주도의 대북제재에 동참하는 등 북핵 문제 해결을 위해 나름대로의 역할을 해왔다. 상대적으로 한미동맹을 중시했던 이명박·박근혜 정부에서도 중국과의 관계는 안정적으로 발전을 했고 경제적 상호 의존도 강화되었다. 하지만 2008년 이후 중국의 부상이 명확해지고 미국 중심의 질서에 도전을 시작하면서 한중관계도 긴장이 발생하기 시작했다. 중국의 새로운 대외정책이 미국의 동맹 파트너로서의 한국의 대외정책에 선택을 요구하기 시작한 것이다. 특히 시진핑이 등장한 2013년 이후부터 한중관계는 좀 더 복잡한 양상을 띠기 시작했다.

한국은 남중국해 문제, 일대일로에 대한 입장, AIIB 참여, TPP 참여 문제 등에서 중국과 충돌을 피하고 한국 경제에 중대한 영향을 미치는 중국과의 안정적 관계를 갖기 위해 노력했다. 이러한 한국의 스탠스로 인해 미국과 일본은 한국이 중국으로 기울어져가고 있는 것이 아닌가 하는 우려를 하기도 했다. 한중관계의 터닝 포인트는 박근혜 정부 시절 결정한 고고도 미사일 방어체계(THAAD) 한국 배치였다. 중국은 사드 배치를 막기 위해 많은 외교적 노력을 했지만 한국은 북한의 미사일로부터 한국의 안보를 확보해야 한다는 명분으로 한반도 사드 배치를 결정했다. 이후 중국의 경제적 보복이 시작되었고 그 여파는 아직도 계속되고 있다. 이 사건 이후 한국인의 반중 정서는 급격히 악화되었고 한중관계는 긴장기에 접어들었다. 특히 이 사건은 한중관계가 미·중관계에 종속되기 시작한 것을 알리는 상징적 사건이 되었다. 미국과 중국이 본격적으로 충돌하기 시작하기 전까지는 중국은 동아시아에서 미국의 **역외(域外) 균형자**로서의 역할을 인정했고 미국의 그러한 역할 속에서 중국이 안정적으로 경제적 성장을 추구하면서 강대국으로 부상하는 전략을 폈다.

미국은 트럼프 정부 후반기에 들어 중국과 무역전쟁을 시작하면서 본격적으로 중국을 경쟁자로 보고 중국을 견제하기 위한 다양한 수단을 시도하기 시작했고 동맹국 한국에게 미국의 대중 견제에 협조할 것을 명시적으로 때로는 암시적으로 요청하기 시작했다. 미국은 한·미·일 삼각 안보협력의 중요성을 강조하고 한국이 일본과의 관계를 개선할 것을 압박했고 자국의 인도-태평양 전략에 참여하고 중국이 자국에 대한 포위망으로 생각하는 쿼드(quad)에 대한 참여를 타진해 왔다. 바이든 정부에 들어서서 미국이 대중 견제를 위한 동맹 네트워크와 다자협력체를 적극적으로 활용할 것을 천명하면서 한국의 부담이 더욱 커졌다. 문재인 정부에서 한국은 남북관계에서 중

▼ **역외 균형자** 미국이 동아시아에서 힘의 균형을 유지하면서 안정에 기여하는 역할을 하는 것이다. 구체적으로는 중국과 일본이 충돌하는 것을 막고 남북 간의 군사적 충돌을 억제하는 역할을 말한다.

국의 전략적 역할, 경제적 중요성 등을 이유로 중국과의 관계 개선을 위해 많은 노력을 기울였다. 가장 상징적인 것이 2017년 10월, 한국 정부의 소위 사드 관련 3불 입장 표명이다(문정인 전 외교안보특보는 이것은 합의나 약속이 아닌 중국 측의 요구에 한국 정부의 입장을 설명한 것이라고 주장한다). 중국 측 요구에 대한 한국의 답변에서 한국은 사드가 북핵 위협을 막기 위한 방어용 무기라는 것을 재차 강조하면서도 한국이 이미 한국형 MD를 추진하고 있으므로 미국의 미사일 방어체계에 편입되지 않을 것, 사드 추가 배치는 여러 여건상 어려우므로 추가 배치에 대해 우려하지 않아도 되고, 한·미·일 군사협력을 군사동맹으로 발전시키는 것은 일본의 헌법 개정이 전제되어야 하므로 고려하지 않고 있다고 중국에 설명했다. 그리고 2017년 12월 한중 정상회담을 통해 한중관계를 정상화하고 경제, 무역, 에너지, 보건 등 7개 분야의 양해각서를 교환하는 등 중국과의 관계 정상화를 추진했다. 그러나 미국의 중국 압박이 거세지고 새로 등장한 바이든 정부의 대중정책 역시 한국의 더 많은 협력을 요구하면서 한국은 선택을 해야 하는 입장에 처했다.

한국의 입장을 어렵게 하는 또 다른 요인은 한국이 북·미 간의 대화 유지를 간절히 원한다는 점이었다. 문재인 정부는 미국과 북한의 대화가 진전을 보아야 남북관계의 개선과 한반도에서의 평화와 안정이 가능하다는 인식을 가지고 있고 이러한 고려로 인해 미국의 요구를 심각하게 고려해야 할 입장이 되었다. 2021년 바이든 대통령과의 첫 번째 정상회담은 한국이 미국이 원하는 많은 것을 수용하면서 중국으로서는 불편할 수밖에 없는 결과를 가져왔다. 특히 중국이 민감하게 생각하는 대만해협에서의 평화와 안정 유지의 중요성, 남중국해 문제 등이 명시되었고 쿼드 등 개방적이고 투명하며 포용적인 다자주의와 한·미·일 협력의 중요성을 인식한다는 내용에도 합의했다. 또 미·중 간의 중요 현안이 된 공급망 재편 문제에서도 반도체 등 미국 중심의 공급망 재편에 한국이 참여하기로 했다. 한국이 미국의 동맹국으로서 미국의 기대에 부합하는 방향으로 행동했다고 해서 한국이 중국으로부터 등을 돌린 것은 아니었다. 결국 실패로 끝나기는 했지만 한국은 베이징 동계올림픽에서의 남북 정상회담 개최, 시진핑 주석의 방한에 큰 기대를 걸었고 이를 위해 중국에 대한 외교적 노력을 계속했다. 한미 정상회담에서 미국에 합의해 준 내용도 아마도 사전에 중국에 양해를 구했을 가능성이 크다.

2. 중국 전랑(戰狼)외교 시대의 한중관계의 현안

2022년 현재 문재인 정부가 한중관계의 회복을 위해 외교적 노력을 기울이고 있기 때문에 양국 관계는 큰 충돌 없이 유지되고 있지만 사실 한중관계는 사드 보복 이후 이전 수준으로 회복되지 못하고 있다. 회복은 고사하고 앞으로 두 나라 사이의 관계가 악화될 수 있는 여러 가지 현안이 도사리고 있다. 특히 중국의 외교가 공세적인 성격을 강화해 가면서 한미동맹을 보는 중국의 시각, 그리고 한국에 대한 중국의 인식, 한국인들의 극도로 악화된 중국에 대한 인식 등이 향후 한중관계의 가장 큰 도전이 될 것으로 보인다.

중국의 한국에 대한 인식

중국은 2013년 시진핑 등장 이후 중국몽을 내세우며 '위대한 중화민족의 부흥'을 외치고 있다. 중국의 민족주의는 다른 나라와 달리 중국이 세계의 중심이며 모든 문명은 중국에서 출발한다는 극단적 중화주의에 근거하고 있다. 청의 멸망 이후 100년을 굴욕의 역사로 보고 중화주의를 부활시키려는 중국몽은 시진핑 집권 이후 모든 대외관계에 영향을 미치고 있다. 한중관계 역시 중국의 세계관과 신중화주의에서 예외가 아니다. 트럼프 대통령은 ≪월스트리트 저널(The Wall Street Journal)≫과의 인터뷰에서 시진핑 주석과의 2017년 4월 정상회담에서 시 주석이 중국과 한국의 역사적 관계에 대해 설명했다고 하면서 '한국은 사실상 중국의 일부였다'고 이야기한 바 있다. 시진핑이 실제로 이런 언급을 했던 것인지 적어도 시진핑의 역사 설명이 트럼프 대통령이 그렇게 생각하도록 만든 것인지 알 수는 없다. 미국 대통령과의 정상회담에서 시진핑이 굳이 이런 류의 언급을 하는 이유는 하나밖에 없다. 미국이 아무리 애써도 한국은 역사적으로 볼 때 중국의 일부이며 결국 중국의 영향력하에 들어올 것이라는 것을 깨달아야 한다고 충고한 것이다. 중국의 해묵은 중화주의의 망령이 21세기에도 살아 있음을 보여준다.

중국은 말뿐만 아니라 행동으로도 한국은 중국과 대등한 관계가 아니라는 것을 계속해서 보여주고 있다. 중국을 방문한 한국의 고위 사절에게 다른 나라 사절들에 대한 대접과 완전히 다른 무례한 의전을 하는 것(이해찬 대통령 특사와 시진핑의 환담에서의 좌석 배치)은 물론이고 국빈 방문한 한국의 대통령이 10번의 식사 중 국빈만찬을 포함해 두 끼만을 고위급과 가졌으며 나머지는 사실상 중국 고위 관계자 없이 한국 대표단하고만 식사를 했다. 리커창(李克强) 총리와의 식사 요청도 거절하고 면담만을 허락했다. 취재하던 한국 기자들이 중국 측 경호원들에게 집단 구타를 당하는 말도 안 되는 일도 벌어졌다. 사드 배치에 대한 보복성 외교 의전 무례라고 생각한다. 한국에 부임한 주한 중국 대사는 신임장 제정도 하기 전에 한국 내정에 개입하는 발언을 서슴지 않았다. 싱 하이밍(邢海明) 대사는 한국 정부가 후베이성을 방문한 모든 외국인의 입국을 제한한데 대해 WHO는 교역·이동의 제한을 권고하지 않았다면서 한국의 조치를 비난했다. 싱 대사는 이때 신임장도 제정하기 이전으로서 행동과 발언에 신중했어야 하는 시기였다. 2021년 7월 윤석열 전

검찰총장이 사드 배치는 한국의 주권 문제이며 사드 문제를 제기하고 싶으면 중국은 한국을 겨냥한 레이더부터 철거하라고 말한데 대해 싱 하이밍 주한 중국대사는 윤 전 총장이 중국의 레이더를 언급한 것을 이해할 수 없다고 비난하며 "천하의 대세를 따라야 창성한다는 말이 있다"며 "앞으로 중국이 10년 동안 22조 달러의 상품을 수입할 것"이라고 말했다. 중국에 잘못 보이면 경제적 피해를 입을 수 있다는 협박으로밖에 들리지 않는다. 이보다 더 극명하게 중국의 한중관계에 대한 중화주의적 인식이 드러난 사건이 있다. 2016년 한국이 사드 배치를 결정했을 때 중국 외교부 아주국 부국장 천하이(陳海)는 한국의 재계 인사들을 만나 "소국이 대국에 대항해서 되겠냐"며 한국 정부가 사드 배치를 하면 단교 수준으로 엄청난 고통을 주겠다고 협박한 바 있다. 문제는 중국의 이러한 주권 침해적 외교 행태가 해가 지날수록 더욱 자주 그리고 더욱 안하무인격으로 이루어지고 있다는 점이다. 군사력과 경제력을 바탕으로 한 노골적인 공격적·보복적 외교 행태는 이제 전랑(늑대전사)외교라고 불리며 전 세계의 비난을 받고 있다.

중국의 최근 도를 넘고 있는 문화공정은 중국이 한국을 어떻게 보는지에 대한 심각한 우려를 하게 한다. 중국은 2002년부터 고구려와 발해 등 한반도의 역사를 중국의 역사로 만들기 위한 동북공정을 추진한 바 있다. 한국은 이러한 중국의 역사 왜곡에 대응하기 위해 2004년 고구려연구재단을 발족했고 2006년 동북아역사재단을 출범시켰다. 중국의 동북공정은 지금도 끝난 것이 아니라 사회·문화 영역 전반으로 확대되고 있다. 베이징 동계 올림픽 홍보 영상에 한국식 한복을 입고 아리랑에 맞추어 부채춤을 추는 모습, 상모돌리기 등을 담고 김치를 중국의 음식으로 세계에 홍보하고 있다. 중국은 이미 2008년에 한복, 농악 등을 자국의 국가비물질 문화유산으로 등재하는 등 한국 문화를 중국의 속국 문화로 치부하려는 시도들을 계속하고 있다.

'중국은 기회다'라고만 외치는 사람들이 중국이 한국을 어떻게 인식하고 어떻게 대우하고 있는지를 생각해 본 적이 있는지 궁금하다.

한국의 안보 관련 한중 간의 충돌

이 문제는 두 가지 차원에서 일어나고 있다. 하나는 한미동맹 차원에서 행해지는 한국의 군사안보적 활동에 대해 중국이 문제를 제기하는 것이고 두 번째는 현재 시급한 현안은 아니지만 잠재적으로 중국의 군사력 강화가 한국 안보에 미치는 부정적 결과이다. 첫 번째 중국은 한미동맹 차원의 군사적 활동에 대해 지속적으로 압박을 가하고 있다. 한국은 사실상 핵보유국이고 미사일 능력을 계속해서 강화하고 있는 북한과 군사적으로 대치하고 있다. 한국은 독자적 군사 능력의 강화와 함께 한미동맹을 통한 억지력을 바탕으로 북한의 위협에 대응하고 있다. 그런데 중국은 이러한 한국의 한미동맹 중심의 군사적 활동과 능력 강화에 대해 부정적 입장을 보인다. 사드의 한국 배치에 대한 중국의 압박과 경제적 보복이 대표적인 예이다. 시진핑 주석은 2014년 7월 한중 정상회담에서 박근혜 대통령에게 미국의 사드 배치를 한국이 거부할 것을 요청했다. 2016년에는 주한 중국대사 추궈훙(邱國洪)이 야당의 비대위원장을 만나 사드가 배치되면 한중관계가 파괴될 수 있다는 발언을 하기도 했다. 한국은 자위권 차원에서 북한의 핵미사일 방어를 위한 무기 체계가 필요하며 그런 차원에서 미국의 사드 배치가 필요하다고 주장했고 사드는 공격용 무기가 아니기 때문에 중국이 주장하는 것처럼 중국 인민들이 위협을 느낄 이유가 없다고 설득했다. 그러나 중국은 이러한 한국의 설명을 받아들이지 않았다. 아마도 중국은 사드 시스템의 X 밴드 레이더(X band radar)를 통한 중국의 군사 시설에 대한 탐지를 두려워하는 것일 것이다. 하지만 한국은 한미동맹을 통해 북한의 위협으로부터 생존하기 위해 해야 할 일을 할 권리가 있다. 중국이 북한의 핵 개발을 용인하면서 한국에게 북한 핵으로부터 생존을 지킬 자위권을 포기하라고 요구하는 것을 한국은 받아들이기 어렵다. 이 밖에도 중국은 한국의 국방 관련 사안에 압박을 가해오고 있다. 2010년 서해에서 열린 한미연합해상훈련 계획에 대해 격렬하게 항의해서 결국 이 훈련은 동해에서 열렸다. 이러한 중국의 태도는 계속되어 2021년 8월 아세안지역안보포럼(ARFL: ASEAN Regional Forum)에서 왕이 외교부장은 한미합동 군사훈련이 남북 간에 긴장을 고조시킨다며, 이 훈련을 해서는 안 된다는 발언을 한 바 있다.

두 번째로 중국의 군사력 강화는 장기적으로 한국의 안보에 위협으로 작용할 것이다. 한국과 중국은 여러 측면에서 군사적 충돌의 가능성이 존재한다. 우선 중국이 이어도의 영유권을 주장하고 있고 또 계속적으로 한국의 방공식별구역을 침범하고 있기 때문에 이어도를 둘러싼 해양 분쟁이나 KADIZ(한국의 방공식별구역)에서의 우발적 충돌 가능성이 상존한다. 물론 현재로서는 중국이 한국의 안보에 직접적 위협은 아니지만 중국의 군사력 강화 추세에 한국이 남의 일 보듯이 할 수만은 없는 일이다.

미·중관계가 악화되고 미국이 본격적으로 중국을 견제하기 위한 수단들을 강구하면서 중국의 한국에 대한 간섭과 압박은 더욱 노골화되고 있다. 미국이 중요시하고 있는 한·미·일 삼각 안보협력이 발전하는 것에 대해 매우 민감하게 반응하고 있다. 문재인 정부가 한·미·일 협력이 군사동맹화 하지 않을 것을 약속한 것은 중국의 이런 압박에 굴복한 것이라 볼 수 있다. 최근에는 쿼드에 대한 한국의 불참을 압박해 왔다. 한국이 쿼드의 참여에 부정적인 가장 큰 이유는 중국이 이것을 자국에 대한 군사적 견제로 인식하고 반대하고 있기 때문이다. 그러는 사이 미국은 한국을 **인도-태평양 전략** 차원에서 구축하고 있는 쿼드에 참여시키려는 바람을 잠시 접어두고 새로운 대안들을 찾고 있다. 2021년 9월 15일 미국이 호주, 영국과 함께 오커스(AUKUS) 안보협정을 체결했다. 그리고 호주에 핵추진 잠수함 기술을 제공하기로 했다. 오커스도 쿼드와 함께 미국이 인도-태평양 전략 차원에서 추진하는 동맹국 안보협력 메커니즘이다. 2021년 6월에는 쿼드 4개국이 참여하는 말라바르 21 합동군사훈련이 2020년에 이어 다시 열렸다. 쿼드에 다른 국가들이 참여하는 합동훈련도 계속되고 있다. 2021년 4월에는 쿼드 네 나라와 프랑스가 참여하는 합동훈련이 열린 바 있다. 동맹국인 한국이 중국의 눈치를 보고 있는 사이 인도-태평양 차원의 중첩적인 소다자안보협력체가 형성되고 있다.

한중 경쟁의 심화와 경제적 의존 관계의 위험성

1978년 중국의 개방이 중국 경제발전의 기본 조건을 갖추게 된 계기였다면 2001년 중국의 WTO 가입은 중국이 본격적으로 '세계의 공장'으로 발돋움할 수 있는 기회를 제공했다. 전 세계로부터 밀려들어온 투자를 가지고 제조업 대국으로 발전한 것이다. 2003년 이후 중국은 한 해 2000~3000억 달러의 무역흑자를 기록하면서 2001년 미국 대비 12.7%였던 중국 GDP 비중이 2011년 미국의 48.6%까지 성장했다. 한중 양국 간의 경제적 관계도 빠르게 강화되었다. 한중 수교 29년이 지난 2022년 1월 현재 한국 전체 수출의 25%가 대중 수출이고 이것은 대미 수출과 대일 수출을 합친 것보다 많다. 또 한국에게 중국은 수입 1위의 국가이며 수출 3위의 국가이다. 한중 수교 이후

▶ **인도-태평양 전략** 인도-태평양 전략은 2019년 미국 국방부의 인도-태평양 전략 보고서로 공식화된 미국의 지역 전략으로 기존의 태평양 중심에서 인도양을 포괄하는 새로운 지역 전략이다. 인도, 호주, 일본, 미국을 핵심 국가로 하여 법의 지배, 개인의 권리, 항행, 비행의 자유 등을 기본 원칙으로 자유롭고 개방된 인도·태평양을 비전으로 하고 있다. 미국은 부인하지만 중국의 일대일로에 대응하고 중국을 견제하는 전략이라고 볼 수 있다.

한국과 중국이 수교의 경제적 과실을 따먹을 수 있었던 이유는 두 경제의 보완관계 때문이었다. 양국의 서로 다른 비교우위와 상호보완성에 의해 두 나라의 교역은 수교 당시 64억 달러에서 2019년 2400억 달러로 비약적으로 증가했다. 2017년에는 2800억 달러를 넘어서기도 했다.

이러한 경제적 상호 의존의 심화는 한편으로는 한국의 중국에 대한 경제적 의존도를 높이는 결과를 가져왔다. 쉽게 말해 중국이 자국의 시장을 무기화 해서 한국의 수출에 제한을 가한다면 한국 경제는 심각한 타격을 입게 된다는 것이다. 또 중국은 외환보유고 1위 국가로서 한국의 상장채권을 가장 많이 보유한 나라가 되어 중국이 이것을 무기화 하여 외교적으로 사용할 가능성도 커지고 있다. 중국의 사드 배치에 대한 보복이 주로 경제적인 것이고 중국이 한국산 제품이나 서비스에 대한 수입 금지나 수요를 통제하는 방식으로 이루어지고 있는 것을 보면 이러한 위험성은 이미 현실화되고 있는 것으로 봐야 한다. 2021년 윤석열 후보의 사드 관련 발언에 대한 싱 하이밍 대사의 반박에서 중국의 구매력을 들먹이며 대세에 따라야 한국이 발전할 수 있다는 언급 역시 이러한 한국의 대중 경제 의존을 무기화 할 수 있다는 것을 암시한 것이다. 미국이 대중 견제를 위한 다양한 전략에 한국의 참여를 기대하고 있지만 만일 한국이 그러한 결정을 내릴 경우 중국은 분명히 경제적 보복 카드를 활용할 것이다. 어떤 방향의 결정이든 간에 한국이 중국의 경제적 보복이 두려워 대외정책을 국익에 따라 결정하지 못한다는 것은 매우 심각한 문제라고 볼 수 있다.

한국 경제의 대중 의존 심화와 함께 중국은 이제 한국의 경쟁국으로 전환하고 있다. 중국은 이제 단순 완제품 생산을 넘어서서 자동차, 반도체, IT 등을 공급하는 글로벌 밸류 체인(Global Value Chain)의 중간 위치를 점하게 되었다. 그리고 이러한 중국의 발전은 이미 그 자리를 차지하고 있던 한국과의 경쟁이 시작되었다는 것을 의미한다. 이제 양국의 경제는 상호보완적이라기보다 경쟁관계로 변화하고 있다. 양국의 제조업경쟁력을 보면 유엔산업개발기구(UNIDO)의 제조업경쟁력 지표인 CIP 지수에서 2018년 중국이 2위 한국이 3위를 차지했다. IMD(국제경영개발대학원)의 국가경쟁력 순위도 2021년 한국이 23위이고 중국은 16위로 한국을 추월했다. 그동안 중국이 한국에 의존하던 주요 품목이었던 LCD 디스플레이 분야는 이제는 중국이 국산화에 성공해 한국의 주요 경쟁자가 되었다. 조선 그리고 모바일 폰, 배터리, 전기차도 비슷한 상황이다. 아마도 중국이 한국에 계속 의존할 수밖에 없는 분야는 메모리 반도체 분야일 것이다. 메모리 반도체의 특성상 후발 주자의 추격이 어렵기 때문이다. 그러나 비메모리 반도체 분야는 중국의 진입이 가능한 분야이고 메모리 반도체 분야도 새로운 기술 등장에 의한 중국의 진입이 가능할 수도 있다. 만일 중국이 한국의 주력 수출품인 메모리 반도체 분야까지 진출해 한국과 경쟁한다면 한국은 또 중국에 앞서는 새로운 산업 분야를 개발, 육성해서 다시 중국에 앞서 가야 하지만 이제 과연 그런 분야를 쉽게 찾을 수 있을지 의문이다. 이미 5G, 빅데이터, AI, 항공우주, 바이오 등등의 분야에서 세계 수준에 와 있는 나라가 중국이다. 한국 기업이 중국 시장에서 성공할 수 있는 분야가 있을까? 삼성 휴대폰의 시장 점유율이 27%에서 1% 아래로 떨어지는 것은 순식간의 일이었다. 한국 차의 시장 점유율도 10년 사이에 3%대로 떨어졌다. 과연 중국기회론은 아직도 유효한가? 분명한 것은 한국의 경제적 미래 역시 중국의 경제적·기술적 부상과 함께 매우 어려운 상황을 맞게 될 것이다. 중국 전문가 이희옥 교수는 '한국이 10년 내에 중국의 하청기지로 전락할 가능성이 없다고 할 수 있는가?'라는 질문을 던지고 있다.

3. 건강한 한중관계를 위한 한국의 외교전략

한중관계에 대한 전략을 고민할 때 제일 먼저 인식해야 하는 것은 지난 5~6년 전에 했던 한중관계에 대한 고민과 해답은 이제 더 이상 의미가 없다는 사실이다. 지난 몇 년 사이, 좀 더 정확히는 미·중 간의 대결이 본격화한 2018년을 전후해서 중국의 대외정책은 중요한 변화를 겪었고 한중관계에서도 그런 새로운 중국의 모습이 그대로 투사되었다. 새로운 중국의 대외정책을 한마디로 표현한 용어가 전랑외교이다. 전랑은 늑대전사를 의미하고 중국의 애국주의 영화 〈특수부대 전랑〉에 등장하는 중국군 특수부대를 말한다. 전랑외교는 중국의 강화된 경제력과 군사력을 바탕으로 보복과 무력시위를 불사하는 공격적 성격의 대외 행태를 말한다. 남중국해에서의 무력시위, 코로나19 바이러스 확산에 대한 중국 책임을 언급한 호주에 대한 경제보복, 대만에 대한 무력 위협 등이 대표적 사례이다. 한국의 사드 배치에 대한 보복도 같은 맥락에서 보아도 무방하다고 생각한다. 이제 도광양회(韜光養晦, 재능을 감추고 때를 기다린다), 유소작위(有所作爲, 적극적으로 참여해 해야 할 바를 한다)의 중국은 없다. 후진타오(胡錦濤) 시대의 화평굴기(崛起外交, 다른 나라에 위협이 되지 않는 방향으로 강대국으로 부상한다)도 옛날이야기가 되었다. 요즘 중국 지도자들은 '중국을 건드리면 누구든 대가를 치를 것이다'라는 류의 협박조의 언급을 하는 데 주저하지 않는다.

한중관계에서 한국의 대응의 첫 번째 과제는 미·중 신냉전 시대 한국이 상대하는 중국이 어떻게 변했으며 어떤 대외 전략의 특성을 가지고 있는가를 이해하는 것이다. 중국의 국력이 미국을 위협할 만큼 성장하면서 중국의 한국에 대한 인식도 바뀌었고 외교적 행동도 바뀌었다. 자신들이 원하는 바가 있으면 압박하고 밀어붙이는 행태가 현재 중국의 대한국 외교의 모습이다. 호주에 대한 중국의 거친 보복외교가 정확히 한국이 상대하는 중국의 모습이라는 것을 알아야 한다. 호주는 한때 중국과 정치적·경제적으로 친밀한 국가였다는 것을 상기시켜 주고 싶다. 중국이 예전처럼 다른 나라와의 관계에서 불쾌한 일이 있더라도 경제적 번영을 위한 안정적 대외 환경을 위해 인내하고 덮어두는 시대는 지났다.

지난 3~4년 동안 한국은 힘을 키운 중국을 두려운 눈으로 보며 우리의 국익을 중국에게 분명히 하지 못하고 임기응변적으로 한중관계의 문제들을 얼버무려왔다. 중국의 공세적 외교를 목격하면서도 바뀐 중국에 대한 새로운 대응책을 만들지 못했던 것이다. 한국은 이제 자신의 정체성을 분명히 하고 한국이 추구하는 국익과 가치를 명확히 강조해야 한다. 외교 상대로서의 한국의 위상을 격하하고 속방으로 대하려고 하는 중국의 움직임에 대해서는 강력한 경고를 발신해야 한다. 명확한 원칙과 규범 및 가치에 입각한 대중정책 말고는 전랑외교로 무장한 중국에 맞설 수 있는 방법은 없다. 한국은 민주주의적 가치와 인권을 중시하고 기존의 국제 규범을 존중하는 국가이며 한미동맹을 근간으로 하는 안보정책을 가지고 있는 나라이다. 한중관계에 대한 한국의 원칙은 한미동맹을 근간으로 중국과의 전략적 협력동반자 관계를 유지하는 것이다. 이것을 중국에게 계속 주지시켜야 한다. 국제 규범을 무시하거나 민주적 제도나 절차를 무시하거나 인권을 침해하는 중국의 행위에 대해서는 분명히 반대 입장을 표해야 한다. 동시에 전략적 협력동반자 관계인 중국의 핵심적 국익을 존중한다는 것을 분명히 해야 한다. 중국이 한국의 국익을 침해하는 행위(예를 들어 사드 보복, EEZ(배타적 경제수역)와 KADIZ 침범, 문화공정) 등에 대해 문제를 회피하거나 묵인하거나 소극적으로 처리하는 태도를 버려야 한다. 원칙에 입각한 대중정책은 5년마다 단기적 시각과 당파적 시각에서 만들어지고 시행되고 또 바뀌는 그동안의 대중정책에서 벗어나 상대의 본질을 이해하고 장기적으로 한국의 이익을 확보하기 위한 전략이다.

두 번째, 공세적으로 변한 중국에 한국 혼자의 힘으로 대응하는 것은 역부족이다. 중국이 외교 상대를 존중하는 외교가 아닌 신장된 군사력·경제력을 외교적 목적을 위해 공세적으로 활용하는 외교를 하는 경우 한국의 전략적 가치와 주권을 지킬 수 있는 수단이 필요하다. 두 가지 방향을 강조하고 싶다. 한미동맹관계는 공세적인 중국을 견제하는 가장 중요한 수단이다. 왜 중국이 집요하게 한미동맹을 약화시키려고 하는지 생각해 보면 역설적으로 한미동맹이 얼마나 한국에게 중요한지 알 수 있다. 한국의 한미동맹에 대한 헌신이 굳건할 때 중국은 한미동맹 속에서 한국이 미국의 대중 견제에 적극적으로 동조하지 않고 중국의 핵심적 이익을 존중하도록 설득하기 위해서라도 한국에게 함부로 할 수 없다. 한중관계에서 중국의 선의를 기대하고 동맹을 약화시키는 것은 국제정치의 기본을 무시하는 일이다. 힘의 불균형이 커진 현재의 한중관계에서 힘의 격차를 보완할 수 있고 한국의 전략적 가치를 보장할 수 있는 동맹의 역할은 더욱 중요하다는 것을 이해해야만 한다.

둘째, 지금 미국은 부상한 중국을 견제하기 위한 본격적 행보에 나서며 뜻을 같이 하는 나라들을 모으고 있다. 중국과 건강한 공존을 하려면 대중국 견제 움직임에 참여 가능성을 열어두어야 한다. 어정쩡하게 양쪽 눈치를 보는 전략이 결국 중국으로부터 속방 대접을 받는 최악의 선택이라고 생각한다. 중국의 공세적 외교에 대응하기 위한 다양한 네트워크를 만들어야 한다. 사실 중국이 가장 두려워하는 것은 한·미·일 삼각협력이다. 중국이 동북아에서 마음대로 행동하지 못하게 하는 수단이며 중국의 군사적 확장을 견제하는 가장 중요한 수단이기 때문이다. 하루빨리 한·미·일 협력을 정상화할 수 있도록 한일 간의 관계를 개선해야 한다. 사실 한·미·일 협력의 회복은 한국의 고민 중의 하나인 쿼드 참여 문제를 해결해 줄 수 있다. 한·미·일 협력체계가 회복되는 경우 한국이 굳이 쿼드의 군사적 분야에 참여할 필요가 줄어든다. 한국은 기후변화, 신기술, 코로나19 대응 등 중국이 덜 예민하게 생각하는 분야의 쿼드 협력에 참여하면 된다. 한·미·일 협력 이외에도 아세안과의 협력체계, 2014년 포럼형태로 시작된 데모크라시(Democracy) 10(G7 7개국에 한국, 호주, 인도를 포함), 경제번영네트워크(EPN) 등 다양한 협력체에 참여해서 다방면에서의 중국 압력을 혼자 맞서지 않도록 해야 한다.

세 번째, 중국이 북한 핵 문제를 포함한 북한 문제에 역할을 할 수 있다는 생각과 기대를 버려야 한다. 한국의 대중 저자세 외교는 두 가지 요인에서 설명할 수 있는데 하나는 중국이 북한을 움직여 한국의 한반도 평화·안정을 위한 구상에 협조하게끔 할 수 있다는 생각과 북한의 비핵화에 중국이 도움이 된다는 생각이다. 하지만 이런 생각은 북한이 중국의 지시에 따라 한국과의 협상 테이블에 나와 앉고 비핵화를 위한 조치들을 받아들인다는 것인데 그런 기대가 현실적인 것인지 묻고 싶다. 지난 30여 년 동안 북한 핵 문제는 해결되지 않고 더욱더 심각해지고 있는데 도대체 중국은 어디에 있었으며 이미 북한이 수십 개의 핵을 보유한 상황에서 중국이 어떻게 북한 핵 문제에 기여할 수 있다는 것인가? 지금까지 북한 핵 문제에 대해 중국이 기여한 것은 6자 회담을 주도하고 UN 대북제재를 지지한 것 정도라고 생각한다. 그때도 그렇고 앞으로도 북한 문제에 대한 중국의 역할은 한국이 이끌어낼 수 없는 결정이다. 미국과의 관계 속에서 중국이 미국으로부터 무엇인가를 얻기 위해 한 거래의 결과일 가능성이 크다. 불편한 이야기일 수 있지만 북핵 문제는 미국과 북한과의 문제이고 이 문제를 풀 수 있는 것은 미국이며 문제 해결을 위해 중국을 움직여야 한다면 그 역할을 할 수 있는 것은 미국일 것이다. 한국의 통일 과정에서 중국이 건설적 역할을 할 수 있다는 기대 때문에 공세적인 중국을 견디며 잘 지내야 한다는 얘기는 언제 올지도 모를 미래의 상황을 위해 명확한 현재의 피해를 감수해야 한다는 이야기밖에 안 된다.

넷째, 한중관계의 관리에서 중요한 원칙은 중국의 핵심 이익을 존중해야 한다는 것이다. 동시에 중국에게 한국의 핵심 이익을 존중해 줄 것을 분명히 요구해야 한다. 중국이 핵심 이익으로 생각하는 것 중 대만 문제와 같은 주권에 관한 문제에서 중국의 입장을 존중해 주어야 한다. 중국의 인권 문제에 대해서도 한국이 큰 목소리를 낼 필요는 없다. 한국의 국익과 충돌하지 않는다면 상대방의 아픈 곳을 건드릴 필요는 없다. 이 원칙은 상대가 우리의 핵심 이익을 존중하도록 하기 위해서는 우리도 그래야 한다는 측면에서 이해하면 된다. 하지만 미·중관계의 예민한 현안에 대해서는 한국의 입장을 정해야 한다. 문재인 정부는 바이든 대통령과의 첫 번째 정상회담에서 대만해협에서의 평화와 안정, 남중국해 문제, 쿼드와 한·미·일 협력의 중요성, 반도체를 포함한 글로벌 공급망 협력에 등을 공동성명에 포함시켰기 때문에 중국이 이 문제들에 대한 한국의 입장에 촉각을 곤두세울 가능성이 있다. 그러나 선언 차원의 언급보다 중요한 것은 한국의 행동이다. 한·미·일 안보협력의 강화, 쿼드에의 참여, 글로벌 공급망 재편 참여 등은 한중관계에 즉각적 영향을 미칠 것이다. 이런 사안에 대해 국익의 관점에서 기본적 입장을 정하고 양국이 서로의 핵심 이익을 존중하는 방향으로 균형점을 찾는 노력이 필요하다.

에필로그

국력에 걸맞은 21세기 한국 외교를 위해

많은 국민이 한국 외교의 문제점을 지적하고 외교부를 욕한다. 국민으로서 당연한 권리이지만 그 전에 국민들도 해야 할 일이 있다. 외교가 무엇인지를 이해하고 외교가 실제로 어떻게 행해지고 있는지 한국 외교부와 외교관들이 어떠한 현실적 제약 속에서 일하고 있는지를 알아야 한다.

세계 10위권의 경제 대국, 군사 대국인 한국의 대외관계를 담당하는 한국의 외교는 과연 대한민국의 위상에 걸맞게 세계 10위권의 수준인가? 긍정적인 답을 하기는 어렵지만 왜 그렇지 못한지도 알아야 한다. 핵을 보유한 북한과 대치하고 중국, 일본, 러시아, 미국이라는 강대국 사이에서 생존과 번영을 모색해야 하는 환경 자체가 한국 외교에게는 큰 부담일 수밖에 없다. 하지만 외교가 중요한 개방 국가인 한국이 외교의 구조적 어려움과 환경 탓만 할 수는 없다. 대한민국이 차지하는 국제적 위상에 걸맞은 수준의 외교를 수행하기 위해 대한민국 외교의 업그레이드를 국가적 프로젝트로 상정하고 노력을 시작해야 할 것이다.

1. 스마트한 외교 포트폴리오가 필요하다

문재인 정부의 외교를 비판하는 사람들이 공통적으로 지적하는 문제가 있다. 한반도 평화프로세스에 지나치게 몰두해서 남북관계에 모든 외교 역량을 집중했다는 것이다. 그럼에도 불구하고 성과가 나왔다면 다행이었겠지만 그렇게 정성을 들인 북한에게서도 '촉진자니 중재자니 하며 나대지 말라'는 거친 비난만 듣는 상황이 되었고 미국에게도 북한의 핵 폐기 진정성을 과장되게 전달했다가 신뢰를 잃고 말았다. 그러다 보니 문재인 정부의 외교는 이제 임기가 끝나가는 상황에서 내세울 만한 성과가 없다. 성과가 없는 것이 아니라 북한과의 평화 이벤트(남북 정상회담, 종전선언 이벤트 등)에 모든 것을 걸고 이를 위해 중국에 매달리는 사이 변화하는 세계 질서에서 낙동강 오리알이 되었다. 북한도 2022년 들어 한 달 만에 일곱 차례의 미사일을 발사하며 문재인 정부의 한반도 평화프로세스의 침몰을 공식화했다. 미국이 중국과의 대결을 대비하면서 새로운 판을 짜고 인도·태평양에 새로운 네트워크들을 만들어가고 여기에 일본, 호주, 인도는 물론 유럽의 강대국 영국, 프랑스, 독일도 관심을 보이고 있다. 쿼드 플러스를 준비 중이고 미국, 영국, 호주의 새로운 안보동맹인 오커스(AUKUS)가 출범하면서 이제 미·중 대결은 중국과 민주주의 국가 진영과의 전선으로 확대·형성되고 있다. 이런 질서 변화의 시기에 한국은 북한만 바라보면서 스스로를 외교적으로 고립시키고 말았다. 마치 주식 투자에서 한 종목에만 '몰빵'하다가 투자금을 몽땅 날린 주린이 신세를 연상시킨다. 한반도 평화는 물론 중요하고 그것을 위해 남북관계에서 성과를 내서 그 동력으로 북·미 간의 적대관계 청산과 같은 목표를 이루고자 하는 것을 이해 못하는 것은 아니다. 그러나 한 나라의 외교는 그런 식으로 한 종목에 외교력을 '몰빵'하면 안 된다. 더더군다나 남북 정상회담이나 종전선언과 같은 이벤트는 북한이 핵을 포기하지 않는 한 공허한 평화 쇼에 불과한데도 그것에 목을 매고 외교적으로 설 자리를 잃어가는 것은 국가적 위기를 자초하는 것이다.

한 나라의 외교도 포트폴리오가 중요하다. 한 종목에서 실패해도 다양한 섹터에 분산 투자해 손해를 줄일 수 있는 건강한 투자를 해야 하는 것처럼 한국의 외교도 포트폴리오를 잘 짜야 한다. 문재인 정부에 와서 속으로부터 곪아가고 있는 한미관계를 중국에 정성을 기울이는 만큼 노력을 들여 치료하고 강화해야 한다. 내팽개친 한일관계도 한국의 국익에 치명적으로 중요하고 신남방정책으로 상징되는 동남아시아에 대한 외교도 좀 더 관심을 가지고 성과를 냈어야 했다. 신남방정책은 그 시작은 창대했으나 그 실질적 결과는 너무나도 미미한 용두사미 외교가 되었다. 동아시아 차원의 지역협력체에 대한 한국의 적극적 역할도 문재인 정부에 와서는 아예 잊힌 외교 어젠다가 되었다. 김대중·노무현 정부의 동아시아 지역협력체에 대한 적극적 참여와는 너무나 차이가 크다. 신북방외교도 문재인 정부의 주요 외교 구상인데 이것도 거의 성과가 없다. 이것 역시 북한 문제에 '올인'한 결과이다. 신북방 구상이 가스 및 철도 연결 등 현실적으로 불가능하고 선전하기만 좋은 사업만을 내세우며 홍보를 하다 보니 실질적 성과는 하나도 없다. 요약하자면 포트폴리오를 잘 짜놓고도 그대로 실행하지 않고 한 분야에만 '몰빵'해서 큰 손해를 본 것이다.

모든 외교의 관심이 국가안보와 국가 생존에 맞추어져 있다 보니 외교 대상도, 외교 영역에서도 너무나 제한적인 그런 외교를 해왔다. 한국은 주변 4강을 제외하면 특별히 관심을 가지고 있는 나라나 지역이 별로 없었다. 다만 1990년대까지는 북한과의 외교 경쟁 측면에서 동남아시아, 아프리카, **비동맹권** 국가에도 관심을 기울였지만 그것은 그냥 수교국을 늘리는 경쟁 차원에서일 뿐이었다.

외교 대상국이나 지역외교뿐만 아니라 외교 영역에서도 포트폴리오를 잘 구성해야 한다. 외교 영역에서도 안보 말고는 한국이 특별히 관심을 가진 영역은 없었다. 냉전이 끝난 1990년대 이후에 경제적으로 성장한 한국이 녹색성장이나 개도국의 개발과 관련한 새로운 외교 영역에 관심을 가지기 시작

▶ **비동맹권** 냉전 시기에 서방진영이나 공산진영 어디에도 속하지 않고 독자 노선을 선택한 나라들의 모임이다. 제국주의, 강대국의 간섭 등을 배격한다. 1961년 유고슬라비아에서 창설되었고 주로 제3세계 국가들로 구성되어 있다. 2011년 기준 120개 회원국이 있다. 북한은 회원국이며 한국은 옵서버(observer) 지위를 갖고 있다.

했다고 보면 된다. 정무나 경제외교를 벗어나 21세기의 새로운 외교 영역을 개발하고 자원을 투입해야 한다. 특히 4차 산업혁명 시기의 핵심 영역인 기술과 관련한 외교, 즉 기술외교에 국력을 집중시켜야 한다. 예를 들어 현재 미·중 간 경쟁의 핵심 영역은 5G를 둘러싼 경쟁, 즉 기술 경쟁이다. 이 기술 경쟁의 한 부분은 누가 더 공고한 공급망을 확보하는가의 경쟁이다. 이 경쟁은 정확히 외교의 영역이다. 미국은 2021년 한미 정상회의에서도 또 G7 정상회의에서도 중국을 배제한 글로벌 공급망의 건설에 외교적 노력을 기울였다. 미국의 경제번영네트워크(EPN) 구상이 한국의 공급망 전략에 선택을 요구할 가능성이 있을 때 한국은 기술적 차원 그리고 외교적 차원이 결합된 기술외교를 현명하게 수행해야 한다. 4차 산업혁명 시대에는 기술이 국가 생존과 번영의 핵심이며 이런 시대에 걸맞은 외교의 영역 확대 노력이 절대적으로 필요하다. 지난 5년 동안 미래를 위한 새로운 외교에 힘을 기울였어야 하는데 해놓은 일이 없다. 2021년 외교부의 과학기술외교 예산은 3억 원이다. 30억 원도 아니고 3억 원이다. 2022년에 겨우 8억 원으로 늘렸다. 세계 10위권 경제대국 한국의 과학기술외교 예산이 8억 원이라는 사실이 슬프기만 하다.

2. 한국만의 외교 브랜드가 필요한 때가 왔다

한국의 외교는 4강 중심 외교이다. 전쟁을 겪고 휴전 상태에 있고 남북이 분단된 나라에서 국가안보는 최우선 순위가 될 수밖에 없고 안보를 확보하고 전쟁을 막기 위한 주변 강대국과의 외교가 외교의 핵심이 될 수밖에 없다. 미국, 일본, 중국, 러시아 4강 외교, 그리고 UN의 집단안보를 통해 국가 생존을 지킨 나라로서 당연히 국제사회와의 접점인 UN 외교가 대한민국 외교의 핵심이다. 외교부에서도 이 다섯 개 포스트가 빅(big) 5로서 가장 중요한 포스트이고 외교관들이 가장 선망하는 포스트이다. 적어도 냉전이 끝나기 전인 1980년대까지는 한국에서 외교는 그냥 안보외교였다. 그 후 탈냉전에 들어와서 외교의 두 축이 정무외교(안보 및 정치관계)와 경제외교로 확립되었다. 2011년부터는 정무외교, 경제외교, 공공외교의 3축으로 확대되었다.

얼마 전까지도 한국은 아직도 북한과 대치하는 나라, 미국의 동맹국 정도의 정체성을 가진 나라일 뿐이었다. 그러나 2000년대에 들어와서 한국의 경제적 성장은 한국에 대한 세계인들의 인식을 바꾸기 시작했다. 삼성, LG, 현대·기아 자동차 등 글로벌 브랜드들이 세계인들의 뇌리에 자리 잡기 시작했으며 반도체 강국, 소니를 제친 가전 강국 등의 이미지가 생겨났다. 반도체 분야에서 세계 최고 수준의 역량을 가지고 있고 첨단산업 분야에서도 선도적 위치를 차지하고 있다. 세계 10위의 경제 대국이고 높은 수준의 산업국가가 된 것이다. 한국이 세계에서 이런 이미지를 가지고 있음에도 외교라는 측면에서 한국의 브랜드는 없다. 좀 더 정확히 말하면 한국 나름대로의 외교 브랜드를 가질 여유가 없었다. 그러나 이제는 한국만의 외교 브랜드, 즉 외국인들이 한국을 생각하면 떠올릴 수 있는 외교의 특화된 영역이나 대표 외교 메뉴가 필요하다. 이젠 국제사회에서 그런 외교 브랜드를 가질 만한 위상을 갖게 되었다.

국제사회에서 특정한 외교 브랜드를 가지고 있는 나라가 있다. 캐나다는 그런 나라들 중 하나이다. 캐나다의 외교적 정체성은 국제사회에 기여하는 모범 국가이다. 한때 스스로를 국제소년단원(international boyscout)이라는 이미지를 부여하던 시기도 있었다. 소년단원처럼 국제사회에서 기여, 희생, 봉사하는 나라라는 것이다. 이런 기본 정체성을 바탕으로 특정한 이슈에 헌신하는 외교 브랜드를 가지고 있었다. 로이드 액스워디(Lloyd Axworthy) 외무장관 재직 시 캐나다는 인간안보(human security) 발전을 위한 매우 적극적인 외교를 펼쳤다. 2015년 트뤼도 수상이 취임한 이후에는 글로벌 차원에서 여성의 역량 강화에 초점을 맞춘 여성주의 외교(feminist foreign policy)를 외교 브랜드로 채택하고 페미니즘 국제원조정책(feminist international assistance policy)을 핵심 정책으로 펴고 있다. 노르웨이는 국제분쟁의 평화적 해결과 국제협력을 외교정책의 최우선 순위로 하는 외교 브랜드를 가지고 있다. 일본의 경우 최근의 외교 브랜드는 아베 수상이 2013년부터 홍보하고 있는 '적극적 평화주의를 통한 세계 평화와 안전에 기여'이다. 일본은 군사적 역할 강화가 가져올 부정적 반발을 중화시키기 위한 '쿨 재팬(cool Japan)'이라는 소프트파워 외교전략을 병행하고 있다.

외교 브랜드를 갖춘 나라들을 보면 대체로 틈새외교(nich diplomacy)를 추구하는 나라들이다. 틈새외교는 국력의 한계로 인해 모든 분야에서 의미 있는 성과를 기대하기 어려울 때 자국이 잘할 수 있고 다른 나라들이 상대적으로 관심이 적은 분야를 발굴·선택해서 외교적 역량을 집중시키는 외교전략이다. 노르웨이의 평화, 캐나다의 인간안보 등은 이들 국가의 강대국도 아니고 약소국도 아닌 중견국(middle power)의 국가 역량과 추구하는 가치 등을 반영한다. 이들 국가가 한국과 다른 점은 한국은 분단국가이고 국가안보에 대한 중요성이 다른 외교 현안들을 압도하고 있다는 점이다. 캐나다와 노르웨이와는 달리 다른 외교 브랜드를 개발할 여유가 없다. 한국은 이런 제약 속에서 국제사회에서 어떤 인식과 존재감을 가질 수 있을까?

그동안 한국이 추구했던 국제사회에서의 기여 활동들을 보면 방향을 잡는 데 도움이 될 수 있을 것이다. 그동안 한국이 많은 노력을 기울인 분야는 녹색성장, 기후변화와 같은 지속 가능한 발전과 관련한 활동 그리고 개도국에 대한 개발 관련 지원 등이다. 기후변화를 해결하기 위한 이산화탄소 감소 노력 그런 기술을 바탕으로 하는 지속 가능한 성장을 위해 이명박 정부는 외교적 노력을 했다. 그와 함께 개도국의 개발(development)에 기여하는 개발기여외교도 강조되었다. G20에서 개발 의제를 주도하고 '서울개발 컨센서스'와 '다년간 행동계획'을 수립했다. 부산에서 열린 세계개발 원조총회에서 '부산글로벌파트너십' 규범을 수립하는 데 큰 공헌을 했다. 특히 개발 분야는 한국이 국제사회의 원조를 받던 나라에서 원조를 주는 나라로 전환한 최초의 나라라는 상징성으로 인해 국제적인 주목을 받을 수 있었다. 결국 한국은 UN과 미국을 비롯한 우방국들의 도움을 받고 최빈국에서 세계 10대 경제 대국으로 성장한 나라라는 상징성과 이러한 국제사회의 도움을 이제 돌려줘야 한다는 당위성, 그리고 한국 경제력에 걸맞은 세계 기여를 해야 한다는 책무성 등을 고려해 외교 브랜드를 설정하는 게 좋을 것이다.

그동안 많은 외교 전문가가 한국 외교의 브랜드 제안을 했다. 한국의 중간적 위치를 염두에 두고 강대국과 약소국 사이에서의 역할, 선진국과 개도국 사이의 연결 역할 등에 중점을 맞춘 가교외교(bridge diplomacy), 국제사회에서 일이 성사될 수 있도록 촉매제 역할을 하는 촉진자 외교(facilitator diplomacy)도 최근 많이 나오는 이야기인데 특히 한반도에서 평화가 정착될 수 있도록 미국과 북한 사이에서 관계 개선을 촉진하거나 미·중 사이의 관계 개선을 촉진하는 역할 등을 염두에 둔 것 같다. 이러한 역할을 꼭 한반도나 동북아 차원에 한정할 필요는 없다. 지구촌의 주요 현안인 기후변화 문제, 빈곤 문제, 전염성 질병 문제 등에서 국가 간 입장과 이익의 차이로 해결을 위한 협력이 원활하지 않은데 이런 현안에서도 촉진자 역할을 하는 한국의 이미지가 북·미, 미·중 사이에서의 촉진자 역할보다 더 현실성이 있어 보인다. 크게 보면 촉진자 역할도 국제사회에서 기여의 한 모습이다. 이명박 정부 때 이미 기여외교가 외교 국정과제로 제시되었지만 10년이 지난 지금 한국은 더 높은 국제적 위상을 가지게 되었다. 이제 문화적으로도 전 세계에 존재감을 과시하는 '인싸' 국가가 된 것이다. 그러므로 다시 한 번 '세계에 기여하는 한국'이라는 한국 외교의 정체성과 비전을 추진해야 한다고 생각한다. 국가안보와 평화를 추구하지만 그것에 매몰되지 않고 세계 속에서 한국의 자리를 확실히 하고 세계의 다양한 지역에서 또 다양한 영역에서 더 나은 지구촌을 위해 기여하는 그런 외교를 본격적으로 시작할 때가 되었다.

3. 국제 질서의 수용국에서 국제 질서 창출의 주역으로

2009년 미국발 금융위기 이후 G20 정상회의 출범이 상징하는 것은 전후 경제 질서를 만들고 관리해 왔던 미국을 비롯한 서구 선진국들만으로는 더 이상 세계경제의 문제들을 관리할 수 없다는 것이 분명해졌다는 점이다. 2008년 금융위기를 맞은 미국은 신흥경제국(emerging market economies)들을 격상된 G20 메커니즘(장관급 회의체에서 정상회의체로)에 참여시켜 새로운 글로벌 경제 거버넌스를 구축했다. 중국, 한국, 인도와 같은 아시아의 신흥경제국들의 도움이 없이 세계경제를 적절히 관리하기에는 미국을 비롯한 서구 선진국의 상대적 역량과 영향력은 많이 감소했기 때문이다. 중국의 주도로 2016년 설립된 아시아 인프라 투자은행(AIIB: Asia Infrastructure and Investment Bank)이 100개 이상의 회원국을 가진 개발 분야 최대 금융기관으로 성장한 것은 이제 글로벌 거버넌스가 꼭 미국과 기존 선진국들의 독점적 영역이 아니라는 것을 상징적으로 보여준다. 금융·통화 영역에서뿐만 아니라 기후변화, 전염병 관리, 글로벌 공급망 구축 등에서도 이제 세계경제의 새 주역들의 역할이 없이는 효과적인 글로벌 거버넌스 체계를 구축할 수 없다.

한국은 2020년 세계 경제규모 10위에 올라섰다(미국 CNBC 조사, 명목 GDP 기준). 10위권에서 기존 G7 멤버가 아닌 나라는 중국, 인도, 한국뿐이다. 2021 G7 정상회의에 인도와 한국이 초청 받은 것은 우연이 아니다. 이러한 국제적 위상과 경제력, 기술력을 바탕으로 국제사회에서 새로운 역할을 할 시점이 되었다. 한국은 G20 정상회의 전까지 글로벌 거버넌스 형성의 주인공이 아니었다. 미국과 소수의 선진국이 디자인하고 추진하는 글로벌 거버넌스 메커니즘을 수용하는 질서 수용자였다. 수용자는 글로벌 거버넌스 메커니즘의 혜택만을 누리는 게 아니라 불합리한 질서도 수용해야만 한다. 1997~1998년의 아시아 경제위기에서 한국이 IMF의 구제금융을 받으면서 겪었던 IMF의 불합리한 조치(정확히는 선진국 채권자들 중심의 문제 해결과 서구 선진국 중심의 신자유주의 정책들)는 글로벌 거버넌스의 수용자들이 겪는 비극을 보여주는 사례이다. 중국은 이러한 서구 중심의 통화 질서에 대해 그들의 경제적 영향력을 바탕으로 계속적으로 문제를 제기해 브레턴우즈(Bretton Woods) 체제 속에서 자신들의 위상과 영향력을 확대시켰다. 그리고 기존 브레튼우즈 체제의 대안적인 중국 중심의 경제 질서를 만들기 위한 노력도 시작했다. 한국도 이제 한국이 영향력을 보유한 분야에서 글로벌 거버넌스의 구축이나 발전에 건설적인 역할을 해야 할 때가 왔다. 특히 4차 산업혁명과 함께 신기술과 그로 인한 국제 질서의 변화가 일어나고 있는 지금의 시기에 새로 형성될 거버넌스 메커니즘의 형성에 적극적으로 참여해야 한다. 예를 들어 신기술과 관련된 기술 이전, 기술 무역, 바이오 기술의 사회적·윤리적 측면, 기술의 독점적 성격의 관리 문제 등을 다루는 글로벌 규범의 형성에 관심을 가지고 참여해야 한다. 4차 산업혁명 시대의 도래가 가져오는 기회를 놓치지 말아야 하며 한국의 역량이 단독으로는 충분치 않은 경우 다른 국가들과 파트너십을 통해 새로운 글로벌 거버넌스 구축의 주인공이 되어야 한다.

그러나 한국의 외교가 지나치게 4강 외교, 안보외교, 남북관계에 매몰되어 있기 때문에 이런 외교 과제의 시급성을 인식하지 못하고 있는 듯하다. 또 한국 외교의 자신감 결여도 문제다. 한국을 잘 아는 외국의 전문가들은 한국의 약소국 마인드, 개도국 마인드 그리고 질서를 만들기보다 질서를 수용하고 활용하려는 소극적 태도에 안타까워한다. 한국의 외교 커뮤니티(외교부, 국정원, 청와대 외교안보실, 전문가와 학계 등)가 글로벌 거버넌스 구축에 참여하기 위한 능력 배양 작업을 체계적으로 진행해야 한다. 글로벌 거버넌스의 주인공이 되기 위한 역량은 지구촌을 위한 새로운 의제를 발굴하는 능력, 그러한 의제를 글로벌 의제로 만들 수 있는 능력, 그 의제의 실천을 위해 국가들의 국제적 참여를 유도하고 협력 과정을 이끄는 능력 등이다. 한국 외교 부서도 그러한 경험이 적기 때문에 그런 노력을 체계적으로 지원하기 위한 조직 개편과 인력의 양성 계획들을 세워 추진해 나가야 한다. 아마도 다자외교 분야에서 새로운 역할을 상정하고 그에 맞는 외교 인프라 정비가 필요할 것이다. 한국의 지적 자원은 충분하다고 생각한다. 그러한 자원들을 잘 조직화하고 길을 인도해 줄 국가 차원의 계획, 외교 차원의 목표와 실행 계획의 수립, 추진 등이 이루어진다면 지구촌의 주요한 현안에서 질서를 만드는 데 건설적 기여를 하는 주도 국가의 대열에 들어갈 수 있을 것이다.

4. 지역외교 강화를 통한 동아시아 핵심 국가의 위상 만들기

국제사회에서 약소국의 최대 관심사는 자국의 생존이다. 외교전략도 외적의 침략으로부터 안전하고 최소한의 경제적 안정을 누리는 것을 목표로 세워진다. 다른 극단에는 미국과 같은 초강대국이 있다. 미국에게 자국의 안보나 경제적 번영은 기본적인 외교 목표이고 더 많은, 더 중요한 목표들이 있다. 요즘 중국이 사용해서 흔하게 쓰이게 된 용어인 '핵심 이익'을 사용해서 설명하자면, 미국의 핵심적 국가이익은 매우 복잡하다. 좀 더 정확히는 다층위적이다. 다층위적이란 미국 국가 차원의 목표가 있고 지역 차원의 국가이익 그리고 국제체제 차원의 국가이익들로 구성되어 있다는 것이다. 예를 들어 한때 미국 국익위원회가 규정한 동아시아 지역에서 미국의 핵심 국익 중의 하나는 이 지역에서 적대적인 패권국이 등장하는 것을 막는 것이었다.

국가의 국력이 커질수록 국가이익과 외교적 목표도 다양해지고 커지게 된다. 양자외교 차원에서의 목표를 넘어서서 지역 전략, 나아가 세계 전략을 가지게 된다. 한국은 4강 중심의 양자외교에 외교 방점이 찍혀 있지만 국력 신장과 함께 한국이 속한 지역에 대한 지역 전략이 필요한 시점이 되었다. 특히 동아시아를 구성하는 동남아시아를 중심으로 하는 본격적인 지역 전략이 필요하다.

동아시아는 중국의 폭발적 성장 이전까지는 일본이 주도적 지위를 누려 왔다. 경제적으로 일본의 영향력은 압도적이었으며 정치적으로도 동남아시아 대부분의 국가들에게 영향력을 행사할 수 있는 지위를 누리고 있었다. 일본에 대한 호감도 역시 매우 높다. 이런 일본의 위상은 일본이 그리 멀지 않은 과거에 침략자로서 이 지역의 사람들에게 많은 고통을 주었다는 것을 생각하면 경이로운 일이다. 일본의 동남아시아에 대한 외교의 중요한 분기점은 1977년 후쿠다 독트린이다. 1977년 '후쿠다 독트린(Fukuda doctrine)'은 일본의 본격적인 동남아시아 외교 구상이다. 당시 일본은 동남아시아에 진출하여 무역과 투자를 통해 경제적 이득을 얻고 있었다. 그러나 이 지역에서 일본이 돈만 벌어가는 경제적 동물이라는 비판이 생겨나고 반일 감정이 심해지자 이에 대한 대응책으로 후쿠다 다케오(福田赳夫) 수상은 '동남아시아 사람들의 마음을 얻고 진정한 친구가 되겠다'는 내용의 '후쿠다 독트린'을 발표했다. 이후로 일본은 동남아시아에 엄청난 인프라 투자와 교육 투자를 하게 된다. 단순히 동남아시아를 일본 경제와 기업의 시장으로 개척하려는 경제 외교로부터 동남아시아인들의 마음을 얻고 그를 바탕으로 영향력을 확보하겠다는 외교 목표를 추진했던 것이다.

지금 동아시아의 패권은 중국으로 넘어갔다. 일본은 '잃어버린 10년'을 겪으면서 약화되었고 2008년 이후 중국은 가파르게 성장했다. 마침내 중국은 2010년 국내총생산(GDP)에서 일본을 제치고 세계 제2위의 경제 대국으로 올라섰다. 중국이 남중국해 댜오위다오(釣魚島)에서 공세적 태세를 취하기 시작한 것도 이때부터이다. 그 후 10년이 지난 지금 중국의 지역 패권은 더 확고해 보인다. 한국의 동아시아 지역에서의 위상은 어떠한가? 물론 역사적으로 한국이 이 지역에서 중국과 일본과 같은 영향력을 가진 적은 없다. 한국이 동남아시아를 중심으로 하는 이 지역에서 영향력을 확보하려고 노력한 것은 김대중 대통령 시기로 볼 수 있다. 한국은 1977년부터 ASEAN과 대화 파트너가 되고 싶어 했지만 북한과 가까웠던 많은 동남아시아 국가들의 반대로 뜻을 이루지 못했다. 한국은 1989년에 처음으로 통상, 투자, 관광 등 비

▶ **ASEAN의 대화 파트너** 동남아시아 10개국의 연합인 ASEAN(동남아시아 국가연합)은 자신들과 목표와 비전을 공유하고 높은 수준의 관계를 유지하고 있는 나라들에게 10개국의 합의를 통해 대화 파트너 지위를 부여하고 있다. 전 세계에 11개의 대화 파트너가 있고 한국은 1991년에 대화 파트너가 되었다. 가장 최근에 대화 파트너 지위를 얻은 나라는 2021년에 지위를 얻은 영국이다.

정치적인 영역에서 아세안의 부문별 대화 파트너가 되었고 1991년에 (전면적) 대화 파트너가 되었다. 아시아 금융위기 이후 동아시아 국가들만의 협력에 대한 관심과 수요가 증가했고 아세안은 한·중·일을 초청해 정상회담을 열었다. 이것을 계기로 1998년 ASEAN + 3(한·중·일) 프레임워크가 출범했고 지금까지 동아시아 지역협력의 주요 협력체로서 기능하고 있다. 2005년에는 동아시아 정상회의가 출범했고 2009년에는 미국과 러시아가 가입하여 18개국의 회원국으로 이루어진 지역 정상협의체로 자리 잡았다.

한국은 김대중 정부 시기, 'EAVG(동아시아 비전그룹, East Asia Vision Group)', 'EASG(동아시아 연구그룹, East Asia Study Group)'를 제안하고 주도적인 역할을 하면서 동아시아 지역협력 프로세스에 적극 참여했다. 김대중 정부 이후 지역 전략의 지리적 범위가 줄어들어 노무현 정부는 동북아 중심국가 외교를 펼치게 된다. 그러나 이 시기에도 한국은 'CMI(Chiang Mai Initiative)', 'CMIM(Chiang Mai Initiative Multilateralisation)' 등 통화 스와프(currency swap), 그리고 다자화기금 창설 등 동아시아 금융협력에 적극 참여했다.

한국의 이러한 동아시아 지역에 대한 관심에도 불구하고 주요 지역협력 구상에서 항상 중국과 일본이 주도적 역할을 했다. 중국과 일본은 서로 상대방이 주도적 위치를 독점하지 못하도록 견제했고 필요하면 외부의 도움(미국이나 호주 등)을 끌어들여 동아시아 지역협력이 어느 한 국가에 의해 좌지우지되는 것을 막았다. 한국의 역할은 제한적이 될 수밖에 없었다. 예를 들어 2009년 통화 스와프 메커니즘인 치앙마이 구상을 공동펀드로 발전시킨 치앙마이 구상 다자화(CMIM: China Mai Initiative Multilateralization)에서도 공동펀드의 분담금 배분에서 중국과 일본이 각각 32% 한국이 16% ASEAN이 20%를 부담하는 것으로 결정되었다.

그러나 13년이 지난 지금의 상황은 조금 다르다. 물론 중국의 영향력은 더 커졌고 일본의 영향력은 상대적으로 축소되었다. 국력 면에서는 아직도 한국이 열세인 것이 사실이지만 한국이 역할을 할 공간은 더 커졌다고 생각한다. 첫째, 인식 측면에서 한국은 국력이 상승세에 있는 나라라는 인식이 자리 잡았다. 둘째, 신남방정책과 함께 한국의 존재감도 개선된 것이 사실이다. 셋째, 한류 붐으로 인해 한국에 대한 호감도나 매력도 등이 크게 상승했으며 이러한 긍정적 인식은 한국 외교에 유리한 환경을 제공하고 있다. 마지막으로 국력이 압도적인 중국이 주는 위협감이나 홍콩 사태, 남중국해에서의 공세적 행동, 일대일로의 부작용 등에 비해 한국에 대한 위협 인식은 거의 없는 것도 한국에게는 유리한 환경이다. 따라서 지금 시점은 한국이 동아시아 지역에서 좀 더 적극적인 역할을 통해 존재감을 확보하고 지역 거버넌스에서 영향력 확대를 시도해야 할 때라고 생각한다.

10년 전까지만 해도 동아시아 지역에서 한국의 역할은 중국과 일본 사이에서 중재 역할을 하거나 두 나라의 관심이 적은 분야를 발굴해 역할을 하는 틈새 메우기 역할 정도가 목표였지만 지금의 상황은 동아시아 지역에서 한국이 나름대로의 리더십을 구축하려는 좀 더 적극적인 목표를 가져야 한다고 생각한다. 더 많은 자원을 투입하고 창의적인 동아시아 지역 차원의 거버넌스 이슈들을 선점해서 제기하고 ASEAN의 관심사에 대한 적극적인 지원과 제도 구축에 주도적인 역할을 한다면 한국은 만년 3등의 지위에서 벗어나 중국이나 일본과는 다른 차원의 지역 위상을 확보할 수 있을 것이다. 문제는 동아시아 지역을 바라보는 한국 외교의 고정관념과 그에 따른 턱없이 부족한 자원 투여이다. 문재인 정부의 신남방정책은 동남아시아에 대한 지역 전략을 한국이 처음으로 천명했다는 점에서 의미가 있다. 그러나 2017년 이후 4년 동안의 성과를 보았을 때 신남방정책은 그동안 소홀했던 동남아시아와의 관계 강화 정도의 성과를 넘어서지 못한 것으로 보인다. 신남방정책의 등장과 함께 외교자원의 분배 차원에서 동남아시아에 대한 중요성이 커지긴 했지만 동남아시아 국가들에 대한 ODA(공적개발원조)나 메콩 국가(메콩 국가들은 동남아시아 10개국 중 메콩강을 끼고 있는 5개국, 즉 베트남, 태국, 라오스, 캄보디아, 미얀마를 말한다. 태국를 제외하면 다른 5개국에 비해 경제적으로 빈곤하지만 젊은 인구층이 두터우며 미래 발전 가능성이 크다고 평가된다)와의 협력체 기금 면에서 한국은 중국과 일본에 비해 많이 뒤쳐져 있다. 예를 들어 중국의 메콩 협력기금은 한국의 200배가 넘는다. 한국이 중국이나 일본보다 더 많은 개발원조나 경제적 지원을 할 수는 없지만 자국 영향력 확대라는 큰 틀에서 원조를 하는 중국과 달리 지역 국가들의 필요나 수요에 부합한 지원 등을 하면 되고 일본이 잘하는 부분을 벤치마킹해서 새로운 분야를 개척하면 된다. 일본은 지난 50년 이상 동남아시아에 많은 투자를 해왔기 때문에 일본이 그동안 쌓아온 신뢰나 성과 등을 단 시간에 따라잡을 수는 없다. 하지만 일본에 필적할 수 있는 수준이 되기 위해 노력하는 것이 중요하다. 최근 일본의 전반적인 활력이 떨어지고 동아시아 관련 대외관계에서도 주춤하고 있는 상황을 잘 활용할 필요도 있다. 중국보다는 매력적이고 일본에 필적하는 수준의 경제적 기여와 협력을 추진하는 나라의 이미지 정도면 동아시아 지역에서 한국의 영향력은 의미 있는 수준에 도달할 수 있을 것이다.

* * *

여기 언급된 분야에서의 노력들을 통해 한국이 외교 강국으로 발돋움하는 토대를 만들어가기를 소망한다. 그러기 위해서는 더 많은 자원이 외교에 투자되어야 한다. 그런 외교에 대한 투자는 국민의 외교에 대한 관심과 지지 없이는 이루어질 수 없는 일이다. 한국 외교에 침을 뱉기 전에 우리 외교를 알고, 이해하고 더 나은 외교가 될 수 있게 사랑하고 지원해 주시기를 바란다. 부족하다며 욕하고 내팽개친 자식이 바르게 잘 커서 성공하는 걸 기대하기는 어려운 일이 아닌가….

지은이

유 현 석

어릴 때 장래 희망이 외교관과 자선사업가였던 유현석 교수는 연세대학교 정치외교학과, 미국 콜로라도 대학교(University of Colorado, Boulder), 그리고 노스웨스턴 대학교(Northwestern University)에서 학사, 석사(정치학), 박사학위(정치학, 1995)를 받았다. 2004년까지 중앙대 국제관계학과 교수로 일했고 그 후 현재까지 경희대학교 정치외교학과 교수로 학생들을 가르치고 있다. 2010~2011년 태국 출라롱콘 대학교 안보국제문제연구소(ISIS: Institute of Security and International Studies) 방문학자와 일한문화교류기금 펠로우로 일본 게이오 대학교 법정대학 방문교수로 연구 활동을 했다. 2013년 외교부 산하 KF(한국국제교류재단) 이사장으로 일했으며 2016년 특임대사로 임명되어 주말레이시아 한국대사로 2018년 2월까지 일했다.

『국제정세의 이해: 복합위기의 시대, 지구촌의 어젠다와 국제관계』(제6개정판), 『유현석 교수의 공공외교 수업』, 『동아시아 지역주의: 평화, 번영, 인간안보의 지역적 모색』의 저자이며 현재는 동아시아 다자협력, 한국의 대외 전략, 아세안(ASEAN)과 동남아시아 국가들의 대외정책, 공공외교, 외교환경 변화에 따른 외교의 진화 등에 대해 연구하고 있다.

서울 모처에서 가족들과 말레이시아에서 입양한 고양이 탱고와 함께 살고 있다. 참고로 MBTI는 ESFJ.

한국 외교에 침을 뱉기 전에
외교의 이해와 한국 외교의 성찰

ⓒ 유현석, 2022

지은이 **유현석** | 펴낸이 **김종수** | 펴낸곳 **한울엠플러스(주)** | 편집 **조인순**

초판 1쇄 인쇄 2022년 3월 10일 | 초판 1쇄 발행 2022년 3월 15일

주소 **10881 경기도 파주시 광인사길 153 한울시소빌딩 3층**
전화 **031-955-0655** | 팩스 **031-955-0656**
홈페이지 **www.hanulmplus.kr** | 등록번호 **제406-2015-000143호**

Printed in Korea.
ISBN 978-89-460-8162-8 03340 (양장)
    978-89-460-8163-5 03340 (무선)

※ 책값은 겉표지에 표시되어 있습니다.
※ 무선제본 책을 교재로 사용하시려면 본사로 연락해 주시기 바랍니다.